천재의 지도

The GEOGRAPHY of GENIUS

위대한 정신을
길러낸
도시들에서
배우다

천재의 지도

The GEOGRAPHY
of GENIUS

에릭 와이너 지음 ✦ 노승영 옮김

문학동네

샤론에게

나라에서 존경받는 것이 그곳에서 양성될 것이다.

― 플라톤

차례

일러두기

* 본문의 고딕체는 원서에서 저자가 이탤릭체로 강조한 것이다.
* 옮긴이주는 '—옮긴이'로 표기했다.

머리말

|

골턴 상자와 함께 떠나는 무모한 모험

아직 어렸던 시절, 사람들은 나의 특별함을 눈치챘다. 열 살 때, 물리법칙에 호기심이 동했던 나는 아빠의 아파트 15층 베란다에서 커다란 물풍선을 던지면 어떻게 될까 궁금했다. 그래서 뉴턴과 다윈 그리고 전 세계의 위대한 과학자들을 본받아 실험을 하기로 마음먹었다.

"잘했어, 아인슈타인!" 물풍선의 놀라운 위력 때문에 자동차 앞 유리창이 박살난 차 주인이 말했다. 내 실험이 인상 깊었던 게 틀림없었다. 당연하지 않은가? 당시 나는 '과학의 진보에는 대가가 따르는 법이야'라며 자기합리화를 했다. 몇 해 뒤에는 벽난로, 막힌 연통, 동네 소방서와 엮인 또다른 사건이 있었다. 소방수가 한 말이 아직도 생생하다. "너 뭐냐, 천재라도 되냐?"

애석하게도, 나는 천재가 아니다. 이로써 나는 급속히 소수파가 된다. 오늘날 우리는 천재 인플레이션이라는 중병을 앓고 있다. 어디서나 '천재'라는 말이 난무한다. 테니스 선수와 앱 디자이너도 천재 소리를 듣는다. '정치 천재'는 말할 것도 없고 '패션 천재' '요리 천재'도 등장했다. 우리 아이들은 죄다 리틀 아인슈타인 아니면 리틀 모차르트다. 최신식 애플 제품을 쓰다가 문제가 생기면 애플 스토어의 지니어스바에 달려간다. 한편 산사태처럼 쏟아져나오는 자기계발서에서는 모든 사람의 내면에 작은 천재가 잠재한다고(내 경우 아주 깊은 곳에) 말하는데, 모든 사람이 천재라면 아무도 천재가 아니라는 자명한 이치를 깨닫지 못한 채 우리는 희희낙락한다.

천재 개념이 진화하는, 아니 어쩌면 퇴화하는 광경을 한동안 지켜보니 천재에 매혹되는 것은 벌거벗은 사람이 옷에 매혹되는 것과 같다. 우리가 천재의 하향 평준화 시대를 살아가는 걸까? 아니면 우리에게, 심지어 나 같은 사람에게도 희망이 있는 걸까?

천재. 기분 좋아지는 단어다. 하지만 정말 이 단어의 뜻을 아는 걸까? '지니어스genius'는 라틴어 '게니우스'에서 온 단어지만, 로마 시대 때와는 뜻이 사뭇 달라졌다. 게니우스는 본디 우리를 졸졸 따라다니는 수호신으로, 초능력을 가진 헬리콥터 부모와 비슷한 개념이었다. (램프의 요정 '지니genie'도 어원이 같다.) 누구에게나 게니우스가 있었다. 모든 장소도 마찬가지였다. 도시, 마을, 장터에는 저마다 '게니우스 로키genius loci' 그러니까 수호신이 있어서 끊임없이 그 장소에 활기를 불어넣었다. "남다른 지적 능력, 특히 창조적 행위에서 발현되는 지적 능력"이라는 오늘날의 사전적 정의는 18세기 낭만주의의 산물로, 예술 때문에 고통받은 우울한 시인들을 일컫는다. 지금이라면 **창의성**이라고 표현할 테지만, 이 말은 아주 최근에야 등장했다. 1870년대 이전에는 아예 없던 말이며 1950년대까지도 널리 퍼지지 못했다.

천재라는 단어는 '매우 똑똑하고 지능 지수가 높지만 지나치게 편협하고 남을 현혹하는 사람'을 일컫기도 한다. 지능 지수가 극단적으로 높은 사람 중 상당수가 별다른 업적을 이루지 못하며, 반대로 지능 지수가 '평균'인 사람 중 상당수가 위대한 업적을 이뤘다. 하지만 내가 말하는 천재는 창조적 의미에서의 천재, 즉 최고 수준의 창조성을 가진 사람이다.

창조적 천재의 정의 가운데 가장 마음에 드는 것은 연구자이자 인공지능 전문가인 마거릿 보든의 정의다. 그녀는 창조적 천재란 "참신하고 경이롭고 유용한 아이디어를 떠올리는 능력"을 갖춘 사람이라고 정의했다. 이는 발명 특허의 요건을 판단할 때 미국 특허청에서 쓰는 기준이기도 하다.

간단한 예로 커피잔을 들어보자. 특이하게 형광 주황색 커피잔을 발명했다고 해보자. 물론 참신하긴 하나 유난히 경이롭다거나 그다지 유용하지는 않다. 이번에는 바닥 없는 커피잔을 발명했다고 가정해보자. 분명히 참신하고 틀림없이 경이롭긴 하나 이번에도 특별히 유용하지는 않다. 특허를 따려면, 저절로 설거지가 되는 커피잔이나 반으로 접으면 USB 메모리가 되는 커피잔처럼 참신함, 경이로움, 유용함 세 가지 요건을 모두 충족하는 물건이어야 한다. 특허를 받거나 천재 칭호를 얻으려면 한 걸음씩 나아가는 점진적인 혁신으로는 안 된다. 방법은 도약뿐이다.

지리 애호가이자 역사학도인 나 같은 사람에게 흥미로운 것은 이런 도약이 어떤 모습이냐가 아니라 언제 그리고 어디서 일어나느냐다. 그래서 또다른 종류의 실험을 해보기로 했다. 물풍선은 빼고. 이번 실험은 일종의 대유람이었다. 18~19세기 잉글랜드 젠트리 계급 청년들이 견문을 넓히려고 외국여행을 떠났던 것처럼 말이다. 물론 나는 젠트리 계급이 아니고, 앞서 말했듯 천재도 아니다. 대학 시절 하면 싸구려 맥주와 부적절한 이성관계만 떠오를 뿐이다. 더 정신차렸어야 했는데. 맹세코 이번에는 다를 것이다. 이번에는 장인어른의 조언을 유념할 것이다. 장인어른은 음악적이면서 불명확한 어조로 이렇게 말했다. "자네, 스스로를 에드-유-케이트해야 하네."

내 에듀케이션은 런던에서 출발한다. 숱한 천재가 배출되었을 뿐 아니라 천재 연구가 시작된 도시. 여러분이 나와 비슷하고 이른바 천재학에 매료되었다면, 아니면 남몰래 작은 핀을 펠트천에 꽂기를 좋아한다면 골턴 상자에 관심이 끌릴 것이다. 골턴 상자는 유니버시티 칼리지 런던UCL에 가면 볼 수 있다.

꽃샘추위가 매서운 어느 흐린 아침, 킹스크로스행 열차에서 내려 몇백 미터를 걸어가 호그와트 마법학교처럼 생긴 UCL 캠퍼스에 도착한다. 골턴 상자 관리자 수바드라 다스가 나를 반긴다. 첫눈에 마음에 든다. 그녀의 미소와 나를 바라보는 눈빛에 왠지 마음이 놓인다. 그녀를 따라 평범한 복도를 지나 평범한 방으로 들어가자 탁자 위에 골턴 상자가 놓여 있다. 그녀가 라텍스 장갑을 끼더니 게르빌루스쥐의 신경을 수술하듯 신중하게 상자에 손을 뻗는다.

골턴 상자에는 프랜시스 골턴 경의 소유물이 들어 있다. 별나지만 총명했던 그에게 걸맞은 별난 수집품이다. 19세기 과학자이자 박식가이며 찰스 다윈의 사촌인 골턴은 통계 분석과 설문지 사용, 인물사진 합성(특정한 유형에 속하는 사람들의 사진을 한 장의 필름에 겹쳐 촬영해 전형적 얼굴을 찾는 방법—옮긴이), 지문 감식법을 개발했다. 또한 초기 기상학자 중 하나였다. **본성 대 양육**도 그가 만든 용어다. 그의 지능 지수는 200에 육박했다.

골턴의 좌우명은 "셀 수 있으면 꼭 세라!"였다. 그는 할 가치가 있는 모든 일은 수량화할 가치가 있다고 생각했으며, 어떤 문제든 일단 '단어로부터 해방시키지' 못하면 제대로 파악할 수 없다고 털어놓은 바 있다. 지독히 비사교적이라 사람보다 숫자 다루기를 더 편안해했다.

수바드라가 상자에서 펠트천과 핀 여러 개를 꺼내 조심조심 탁자에 놓는다. 그녀의 설명에 따르면, 이는 골턴의 괴짜 실험도구 중 하나로, 대영제국의 '미인 지도'를 만들기 위한 물건이었다. 골턴은 영국에서 가장 아름다운 여인들이 사는 지역을 알아내 그 결과를 지도화하고 싶었다. 하지만 당시는 빅토리아 시대였고 골턴은 너무나 수줍음이 많았기에 미인 대회 개최는 엄두도 못 냈다.

골턴은 펠트천과 핀을 조심스럽게 외투 주머니에 넣은 채 도시 이곳저곳의 길모퉁이에 서서 지나가는 여인들을 관찰하는 해결법을 생각해냈다. (자신이 보기에) 매력적인 여인이 지나가면 펠트천에 핀 네 개를 꽂았다. 그보다 덜 매력적인 여인이면 핀 세 개, 그이하이면 두 개, 그보다 더 이하는 한 개를 꽂았다. 골턴은 영국 전역을 돌아다니며 이런 식으로 남몰래 여성의 외모를 평가했는데, 아마 아무에게도 안 들켰을 것이다. 그는 가장 매력적인 여인들은 런던에 살고, 가장 매력 없는 여인들은 스코틀랜드 애버딘에 산다고 결론 내렸다.

골턴의 미인 지도는 세상의 관심을 끌지 못했지만, 그의 기념비적 저작 『천재는 유전된다』는 사람들의 눈길을 사로잡았다. 1869년에 출간된 이 책에서 골턴은 저명한 창작자, 지도자, 운동선수의 족보를 깊이 파고들었다. 골턴은 이 사람들이 유전 또는 그의 표현으로는 '타고난 능력' 덕분에 성공했다고 믿었다. 이로써 왜 어떤 집안에는 저명한 인물이 많은데 어떤 집안에는 아무도 없는지가 설명됐다. 이로써 왜 이민자와 난민이 많을수록 사회가 번성하는지도 설명됐다. 이렇게 새로 유입된 사람들이 '귀중한 혈통을 들여와서'라는 것이었다. 왜 어떤 나라가 다른 나라보다 잘사는지도 설명됐다(「인종 간 가치 비교」라는 개탄스러운 제목의 장에서 자세히 다뤘다). 한때 위대했던 문명이 쇠퇴한 이유도 설명됐다. 이를테면 고대 그리스인들은 '열등한' 민족과 피가 섞여 그들의 혈통이 희석되었다는 식이다. 마지막으로, 왜 당대의 천재가 모두 골턴 자신처럼 백인이고 유럽 대륙에서 떨어진 작고 음울한 섬나라에서 사는지도 설명됐다. 여성에 대해서는 「문인들」이라는 장에서 딱 한 번 언급했다.

골턴의 책은 호평을 받았는데, 놀랄 일은 아니다. 사람들이 오랫동안 마음속에 품어온 생각을, 그러니까 '천재는 타고나는 것이지 만들어지지 않는다'를 과학적 언어로 명확히 설명했으니 말이다.

수바드라가 핀과 펠트천을 조심조심 골턴 상자에 다시 넣는다. 그녀는 이 상자에 대해, 또한 특권 계층에서 태어났으나 그런 조건이 자신과 친구들에게 얼마나 유리한지 인식하지 못했던 골턴에 대해 복잡한 감정을 털어놓는다.

"골턴은 자신이 능력주의 사회에 산다고 생각했어요." 하지만 그녀는 골턴의 명석함도 부인하지 않는다. 그녀에 따르면, 골턴은 측정할 수 없다고 생각하던 것을 측정한 최초의 인물이며 "의문의 여지가 없다고 여기던 것에 의문을 던진" 사람이었다. 골턴은 오로지 혼자 힘으로 창조적 천재라는 주제를 시인과 신비주의자의 손에서 떼어내 정정당당하게 과학자의 손으로 옮겨놓았다.

하지만 천재가 유전된다는 골턴의 생각은 완전히 틀렸다. 천재는 파란 눈이나 대머리와 달리 유전되지 않는다. 천재 유전자는 없다. 천재가 천재를 낳은 적은 없다. 문명의 흥망성쇠는 유전자 풀의 변동 때문이 아니다. 물론 창조적 천재의 탄생에 유전자가 한몫하기는 하지만, 비교적 작은 부분을 차지할 뿐이며 심리학자들의 추산에 따르면 그 비율은 10~20퍼센트에 불과하다.

천재가 타고난다는 속설이 깨지자 또다른 미신이 등장했다. 천재가 만들어진다는 속설이다. 언뜻 그럴듯해 보인다. 유명한 연구 결과로 알 수 있듯이, 천재는 고사하고 숙련자가 되기 위해서도 십년 이상, 적어도 1만 시간을 노력해야 한다. 말하자면, 현대 심리학은, 성공은 99퍼센트의 땀과 1퍼센트의 영감으로 이루어진다는 에디슨의 격언을 뒷받침하는 실증적 증거를 찾아냈다.

땀이라는 요소는 중요한 퍼즐 조각이다. 하지만 퍼즐은 여전히 불완전하다. 무언가가 빠졌다. 대체 무엇이? 이 물음을 골턴의 수학 퍼즐인 양 곱씹으며 빅토리아풍 캠퍼스를 활기차게 걷는데 꽃샘추위가 가시고 대신 가랑비가 추적추적 내린다.

몇 달 뒤, 1만 1000킬로미터가량 떨어진 또다른 캠퍼스에서 또다른 상자를 접한다. 여기에는 인덱스카드가 들어 있는데, 족히 수백 장은 되어 보인다. 각 장에는 역사적 사건과 당시 저명인사의 이름이 작지만 또렷한 필체로 쓰여 있다. 이를테면 이탈리아 르네상스는 미켈란젤로와 짝짓는 식이다. 카드는 날짜별 장소별로 가지런히 분류되어 있다. 너무도 체계적이고 너무도 골턴스럽다. 하지만 이 상자의 주인은 버젓이 살아 있다. 지금 내 앞에 서서 내 손을 힘차게 흔든다.

딘 키스 사이먼턴은 까무잡잡하고 건강한 사람이다. 지금은 안식년이라지만, 그의 무한한 정력과 바쁜 일정을 보면 믿기지 않을 것이다. 그는 청바지에 슬리퍼 차림이며, 여느 때와 마찬가지로 천재나 지도자의 모습이 담긴 티셔츠를 입었다. (오늘의 인물은 오스카 와일드다.) 산악자전거가 책장에 기대 세워져 있다. 슈베르트의 곡이 잔잔히 흐르고 캘리포니아의 햇살이 창문으로 흘러든다.

사이먼턴은 캘리포니아대학 데이비스 캠퍼스의 심리학 교수이며 지력을 사용하는 동굴 탐험가를 자처한다. 그는 미지의 심연, 어둡고 외로워서 남들이 두려워하는 곳을 탐사하기를 무엇보다 좋아한다. 그래서 그를 보면 골턴이 떠오른다. 골턴과 마찬가지로 사이먼턴 역시 천재 연구에 강박적으로 매달리며 심각한 수數 중독자다. (한번은 그가 내게 "당신의 미분방정식은 어때요?" 하고 물었다. 신통치 않네요. 당신 건요?)

하지만 골턴과 달리 사이먼턴은 펠트천에 핀을 꽂지 않으며 눈 맞추기를 비롯한 기본적인 사교술도 완벽히 익혔다. 특권층 출신이 아니라는 점도 골턴과 다르다. 사이먼턴 가문은 블루칼라 계층이고 그의 아버지는 고등학교를 중퇴했다. 결정적으로, 그는 골턴과 달리 인종 편견에 사로잡히지 않았다. 사이먼턴은 세상을 명료하게 바라보며, 대단한 성과를 눈앞에 두고 있다.

사이먼턴의 강박은 으레 그렇듯 일찍 시작되었다. 유치원에 다닐 때, 그의 가족이 『월드 북 백과사전』 전집을 샀다. 어린 사이먼턴은 백과사전을 처음 본 순간 푹 빠졌다. 다른 아이들이 야구 선수나 가수 사진을 넋놓고 바라보듯 그는 아인슈타인과 다윈 같은 천재들의 사진을 몇 시간이고 바라보았다. 그 시절에 벌써, 이러한 신적인 사람들의 성취에 매혹됐을 뿐 아니라 그들의 삶이 뜻밖에도 서로 얽혀 있다는 사실을 흥미로워했다. 레오나르도 다빈치와 미켈란젤로가 피렌체 길거리에서 옥신각신하고 프로이트와 아인슈타인이 베를린에서 커피를 마시며 말참견을 하는 식으로 말이다.

사이먼턴은 대학에서 문명사를 공부했지만, 천생 과학자인지라 그의 논문에는 수식이 난무하고—"명성은 이름의 등장 횟수에 정비례한다. 즉, $F = n(N)$이다"—열역학법칙이 등장한다. 아연한 지도교수는 그를 엄히 꾸짖었다. "역사가 엄격한 보편법칙에 따라 전개된다고 착각한다면 역사를 이해하기가 여간 힘들어지지 않을 걸세." 사이먼턴은 지도교수의 말이 틀렸다는 사실을 입증하는 데 지난 50년을 쏟아부었다. 심리학 박사 학위를 받은 그는 '천재학'이라는 신생 학문 분야에 뛰어들었다.

쉬운 일은 아니었다. 학계가 아량이 넓다고는 하나 말썽꾼에게는 너그럽지 않기 때문이다. 사이먼턴이 연구를 시작한 1960년대와 1970년대만 해도 창조성과 천재성은 진지한 학문 주제로 취급받지 못했다. 대학의 임무가 천재 양성임을 고려하면 의아하지만, "어떤 문화에 대한 연구가 거의 이뤄지지 않는 데는 두 가지 이유가 있다. 업신여기기 때문이거나 떠받들기 때문이다"라는 로버트 그루딘의 탁견을 생각하면 그리 놀랍지는 않다. 천재라는 주제는 두 경우에 다 들어맞는다. 우리는 담대하게 난관을 이겨내고 자신에게 맞서는 멍청이 연합을 물리치는 고독한 창조자의 이야기는 좋아한다. 하지만 안다니들, 특히 위험한 새 아이디어를 내놓는 사람은 남몰래(때로는 대놓고) 업신여긴다.

사이먼턴이 내게 이렇게 말한다. "천재를 연구할 계획이라고 했더니 정신나갔다고 하더군요. 제 논문이 실리지 **않을** 학술지 목록을 보여준 사람도 있었습니다." 자칭 고집불통인 사이먼턴은 그들이 틀렸음을 입증하겠노라 다짐했다.

지난 반세기 동안 사이먼턴은 계량역사학이라는, 모호하지만 매혹적인 분야를 개척했다. 이 학문은 현대 사회과학, 특히 통계학을 도구 삼아 과거를 연구한다. 계량역사학은 일종의 심리학적 부검으로, 한 개인이 아니라 사회 전체를 대상으로 한다는 점이 다를 뿐이다. 하지만 계량역사학은 평범한 역사에는 흥미가 없다. 전쟁, 암살, 재난은 이 분야의 관심사가 아니다. 계량역사학은 역사의 밝은 부분들, 즉 아름다운 예술과 뛰어난 철학과 과학적 돌파구를 낳은 시대에 관심을 둔다.

연구 초기, 사이먼턴은 계량역사학 분야의 핵심 현상에 주목했다. 천재가 장소와 시간에 따라 들쭉날쭉하게 출현한다는 점이었다. 천재는 무작위로—한번은 시베리아 다음번에는 볼리비아 같은 식으로—나오는 게 아니라 무리지어 등장한다. 천재는 군집한다. 기원전 450년 아테네가 그랬고 서기 1500년 피렌체가 그랬다. 특정 시기에, 특정 장소에서 명석한 정신과 훌륭한 아이디어를 가진 이가 풍성히 배출되었다.

문제는 왜다. 이제 우리는 유전 때문이 아님을 안다. 이 황금기는 유전자 풀보다 훨씬 빨리 떴다가 저문다. 그렇다면 무엇 때문일까? 기후? 돈? 그냥 운?

지금까지는 누구도 창조적 천재에 대해 이런 의문을 갖지 않았다. 천재 논의는 거의 전적으로 '내면'에 국한되어 있었다. 하지만 이것이 사실이라면 천재 집단은 생길 수 없다. 그리고 창조성이 오로지 내적 과정이라면 심리학자들은 지금쯤 보편적인 '창조적 성격'을 찾아냈을 것이다. 그런 성격은 발견되지 않았으며 앞으로도 그럴 것이다. 미켈란젤로처럼 뚱한 내성적 성격의 천재가 있는가 하면 티치아노처럼 밝은 외향적 성격의 천재도 있다.

골턴과 마찬가지로 우리는 엉뚱한 지점에 핀을 꽂고 엉뚱한 물음을 던졌다. '창조성이란 무엇인가?'보다는 '창조성은 어디에 있는가?'라는 질문을 던지는 편이 더 낫다. 초밥집과 극장이 즐비한 트렌디한 대도시를 말하는 게 아니다. 그런 것들은 창조적 도시의 산물이지 원천이 아니다. 공짜 음식과 빈백 소파를 말하는 것도 아니다. 그보다는 황금기를 빛나게 하는, 근본적이면서 종종 예상을 뛰어넘는 조건, 한마디로 문화다.

문화의 의미는 '공유된 태도, 가치, 목표의 집합'이라는 사전적 정의를 뛰어넘는다. 문화는 우리가 헤엄치는 거대한, 하지만 보이지 않는 바다다. 아니, 현대 디지털 용어로 표현하자면 문화는 공유된 정보통신망이다. 물론 정보통신망은 변덕스럽고 곧잘 먹통이 되지만 그게 없으면 우리는 서로 소통할 수 없으며 해낼 수 있는 일도 거의 없다. 하지만 최근에 들어서야 문화적 환경과 창조적 아이디어 간의 연관성이 온전히 이해되기 시작했다. 사이먼턴을 비롯한 소수의 사회학자들이 새로운 창조성 이론을 조용히 발전시켰는데, 천재의 조건을 수치화하는 게 그 목표였다.

이러한 천재의 지리학을 탐구하여 사이먼턴의 수치에 피와 살을 붙이고자 한다. 이런 천재 집단은 특정 장소뿐 아니라 이미 지나간 특정 시기에만 존재했으니 쉽지 않은 일이란 걸 안다. 이를테면 오늘날의 아테네가 소크라테스 시절의 아테네와 다르다는 사실에 전적으로 동의한다. 그럼에도 그 정신, 게니우스 로키의 무언가가 남아 있으리라는 희망은 버리고 싶지 않다.

사이먼턴에게 내 계획을 말하자 그가 고개를 끄덕인다. 그런데 일어서서 작별인사를 하려는 순간 알퐁스 드캉돌이라는 이름을 툭 던진다.

"처음 들어보는 이름이네요."

"그럴 겁니다." 사이먼턴에 따르면 캉돌은 스위스의 식물학자로, 골턴과 동시대인이었다. 캉돌은 천재가 유전된다는 골턴의 이론이 완전히 틀렸다고 생각했으며 이를 1873년에 책으로 발표했다. 캉돌은 유전이 아니라 환경이 천재를 결정한다는 주장을 철저하고도 설득력 있게 전개했다. 심지어 골턴과 달리 문화적 편견을 솔직히 털어놓기까지 했다. 캉돌은 스위스 과학자를 천재로 분류하려면 외국 과학자들도 동의해야 한다고 생각했다. 사이먼턴은 캉돌의 『과학과 과학자의 200년사』를 "천재에 대한 역대 최고의 책"으로 꼽는다.

하지만 캉돌의 책은 흔적없이 가라앉았다. 세상 사람들은 캉돌의 이야기를 듣고 싶어하지 않았다.

"그냥 친구로서 경고하는 거예요"라는 사이먼턴에게 작별인사를 건넨 뒤, 나른한 캘리포니아 캠퍼스를 가로질러 술집에 들어가독주를 주문하고는 앞으로의 계획을 궁리한다.

천재와 관련된 역사적 장소 여섯 곳과 현대의 장소 한 곳을 선정한다. 그중에는 1900년 빈 같은 대도시도 있고 르네상스 시대 피렌체처럼 현대적 기준에서는 작은 도시도 있다. 고대 아테네처럼 잘 알려진 곳도 있고 19세기 콜카타처럼 덜 유명한 곳도 있다. 하지만 각 장소는 인류가 거둔 성취의 정점을 대표한다.

이 장소들은 대부분 도시다. 숲을 거닐고 폭포수 소리를 들으며 자연에서 영감을 얻을 수는 있겠지만, 도시에는 창조성을 자극하는 특별한 무언가가 있다. 한 아이를 키우는 데 온 마을이 필요하다는 아프리카 속담처럼 천재 한 명을 길러내는 데는 도시 하나가 필요하다.

내 앞에 놓인 돈키호테 같은 여정을 심사숙고하자니 질문들이 밀려온다. 이 천재 집단의 성향은 한 가지일까, 여러 가지일까? 이런 장소들의 공기에는 분명 무언가가 있었을 텐데 그건 같은 것이었을까, 다른 것이었을까? 그리고 시대정신이 시들해진 뒤에 그 장소의 천재성은 완전히 증발했을까, 흔적을 남겼을까?

하지만 한 가지 질문이 맨 앞줄로 비집고 나온다. '어떻게'나 '무엇을'이 아니라 '왜'다. 왜 이 여정을 떠나야 하지? 간단히 대답하자면 이 여정은 행복의 추구든 영적 완성의 탐구든 인류의 가장 위대한 열망을 조사하는 데 바친 내 커리어의 자연스러운 연장선상에 있다고 할 수 있다. 어쩌면 내가 맞닥뜨리는 천재 중 몇몇에게 영향을 받을 수 있으리라 기대하는 걸까? 물론 그렇긴 하지만, 나는 중년이고 제2의 아인슈타인이나 레오나르도 다빈치가 될 가망은 머리숱과 함께 사라진 지 오래다. 하지만 이제 총명함과 무한한 가능성으로 가득한 아홉 살 난 우리 딸은 또다른 얘기다. 이 아이에겐 아직 희망이 있다. 그리고 자기 자식이 제2의 다윈이나 마리 퀴리가 되기를 남몰래 바라지 않는 부모가 어디 있겠는가? 이를 위해 우리는 **그들**에게 에너지를 집중한다. 예를 들자면, 어떤 부모는 좋은 공부 습관을 길러주고 어떤 부모는 지적 가능성의 뷔페를 차려준다.

부모들은 자녀에게 어떤 유전자를 물려줬을까 전전긍긍하기도 하지만, 나는 그런 고민이 없었다. 우리 딸은 카자흐스탄에서 입양했기에 내 신경증 유전자의 저주를 받지 않았다. 아내와 나는 딸에게 본성이 아니라 양육을 선사하며, 이게 가장 중요하다고 믿는다.

가족은 씨족, 부족, "자연의 걸작"(조지 산타야나), "비정한 세상에서의 피난처"(크리스토퍼 래시) 등 여러 이름으로 불렸다. 가족은 이 모든 것이지만, 무엇보다 직접적이면서도 심오하게 우리를 빚어내는 소집단 문화이기도 하다. 여느 문화와 마찬가지로 가족 문화는 창의성을 북돋을 수도 있고 억누를 수도 있다.

생각해보면 이는 크나큰 책무다. 지금껏 우리가 이 문제를 회피한 것은 이 때문이다. 이제는 바뀌어야 한다. 창의성은 관대함이 그런 것처럼 가정에서 시작된다. 대륙과 세기를 가로지르는 여정을 시작하면서 이 중요한 진리를 마음에 새기겠노라 다짐한다.

1장

천재는 단순하다

**모든 도약의 첫 단계는
자신의 앎이 불완전함을 깨닫는 것이다.**

아테네
ATHENS, GREECE

모든 도약의 첫 단계는, 도약이 필요함을 깨닫는 것, 자신의 앎이 불완전함을 깨닫는 것이다. 스코틀랜드의 물리학자 제임스 클러크 맥스웰이 '속속들이 의식적인 무지'라고 이름 붙인 이 능력을 가진 사람은 자신이 모든 것을 안다고 확신하는 사람보다 창조적 도약을 해낼 가능성이 크다.

빛. 어쩌면 빛이었는지도.

그건 약에 취한 시골뜨기 고전학자처럼 비틀거리며 나의 몽롱한 뇌에 밀려든 생각이었다. 보잉 항공기의 퀴퀴한 냄새 속에서 몇 시간째 눈을 꿈벅거리며 생각한다. 그래, 빛이야.

대부분의 빛은 내게 해주는 게 별로 없다. 오해 마시라. 빛은 근사하다. 당연히 어둠보다야 빛이 낫지만 엄밀히 실용적인 관점에서만 그렇다. 하지만 그리스의 빛은 다르다. 그리스의 빛은 살아 움직인다. 풍경을 가로질러 춤추며 여기서 깜박거리고 저기서 타오르고 세기와 질감이 끊임없이 미묘하게 달라진다. 그리스의 빛은 날카롭고 뻣뻣하다. 이런 빛은 주의를 기울이게 하는데, (금세 알게 되겠지만) 주의를 기울이는 것이야말로 천재로 향하는 첫걸음이다. 눈이 아리도록 밝은 아침 햇살을 손으로 가려가면서 택시 창

밖을 내다보자니 이런 물음을 던지지 않을 수 없다. '나는 그리스라는 퍼즐의 한 조각을 발견한 것일까?'

그랬으면 좋겠다. 이 퍼즐은 수 세기 동안 그리스인 자신은 말할 것도 없고 역사가와 고고학자를 골탕 먹인 까다로운 퍼즐이기 때문이다. 나를 괴롭히는 물음이 바로 이것이다. '왜지?' 더 정확히 말하자면, '왜 여기지?' 대체 왜, 빛은 좋지만 다른 면에서는 별 볼일 없는 이 땅에, 세상 어느 곳과도 다른 민족이—그러니까 위대한 고전학자 험프리 키토 말마따나 "수가 많지도 힘이 세지도 조직이 탄탄하지도 않지만, 인간의 삶이 무엇을 위한 것이냐는 질문에 완전히 새로운 개념을 제시하고 인간의 정신이 무엇을 위한 것인지를 처음으로 보여준" 민족이—출현한 걸까?

이 믿기지 않는 승승장구는 오래가지 않았다. 정말이다. '고전 시대 그리스'는 공식적으로 186년간 존립했으나 두 전쟁(페르시아 전쟁과 펠로폰네소스전쟁—옮긴이) 사이에 낀 문명의 정점은 24년에 불과하다. 인류사에서 보면 여름 하늘에 번쩍거리는 번개요, 봉헌용 양초의 깜박임이요, 트윗 한 번이다. 왜 이렇게 짧았을까?

고대 그리스. 택시가 느려지다못해 달팽이걸음을 하자(러시아워는 고대인들의 고민거리가 아니었으리라) 이 두 단어를 곱씹는다. 이 두 단어는 나를 위축시키고, 내가 얼마나 무지한지 절감하게 만들고, 나의 하찮은 성취를 환멸스럽게 여기도록 한다. 그리스인을 생각하면—생각만 하면—삶의 불가해함을 즐거이 궁구하는 은발 노인들의 이미지가 떠오른다. 그들이 대체 내게 무엇을 해줄 수 있을까? 내게는 처리해야 할 청구서와 보내야 할 이메일과 지켜야 할

마감일이 있다. 내 삶에서 고대 그리스인은 토성의 고리나 삼각법 정도의 의미일 뿐이다.

매번 그렇지만, 이번에도 내가 틀렸다. 사실 고대인 가운데 그리스인보다 더 생동감 있고 오늘날에도 유의미한 민족은 없다. 우리는 모두 알게 모르게 조금씩 그리스인이다. 투표를 하거나, 배심원을 맡거나, 영화를 보거나, 소설을 읽거나, 친구와 포도주를 마시면서 어젯밤 축구 경기에서 진리의 본질에 이르기까지 어떤 주제로든 대화를 나눈 적이 있다면 그리스인에게 고마워해야 한다. 합리적으로 사고하거나, '왜?'라는 질문을 던지거나, 고요한 경외감을 품고 밤하늘을 바라본 적이 있다면 그리스식 순간을 맞닥뜨린 것이다. 영어로 말한 적이 있다면 그리스인에게 고마워해야 한다. 그리스어의 풍부한 어휘에서 유래한 영단어가 얼마나 많은가 하면 한번은 그리스 총리가 영어로만 연설을 했는데 그때 쓰인 모든 단어의 어원이 그리스어였다. 민주주의, 과학, 철학은 물론이요 서면 계약, 은화와 동화, 세금, 글쓰기, 학교, 상업 융자, 기술 교본, 대형 범선, 분산 투자, 부재지주 제도에 대해서도 그리스인에게 고마워해야(또는 그들을 원망해야) 한다. 우리 삶의 거의 모든 부분이 그리스인에게 영감을 받았다. 영감이라는 개념조차. 역사가 이디스 해밀턴은 이렇게 결론 내린다. "우리가 다르게 생각하고 다르게 느끼는 것은 그리스인 덕분이다."

낡은 3층 건물 앞에 택시가 정차한다. 토니 호텔이라는 작은 간판을 제외하면 여느 낡은 3층 건물과 구별되지 않는다. 로비로 추정되는 곳에 들어선다. 흰 타일이 깔린 방인데 (감상주의 때문이든

타성에 젖어서든) 더는 필요 없지만 차마 떠나보낼 수 없는, 부서질 듯한 의자와 망가진 커피 머신 같은 물건이 높게 쌓여 있어서 지하실처럼 보인다. 그리스와 마찬가지로 토니 호텔도 호시절은 이미 지나갔다.

토니도 그랬다. 그리스의 태양은 그의 얼굴에 깊은 골을 팠으며 그리스 요리는 그의 위장을 엄청나게 팽창시켰다. 다부진 면과 다정다감한 면을 겸비한 토니를 보면 드라크마 시절(그리스가 유럽연합에 가입하기 이전—옮긴이)의 옛 그리스가 연상된다. 유로화는 적었지만 더 사랑스러웠던 시절. 여느 그리스인처럼 토니는 타고난 연예인이다. 대화 주제가 아무리 따분해도 한껏 목청을 높이고 연기하듯 팔을 흔든다. 〈그릭 아이돌Greek Idol〉 오디션이라도 치르는 것 같다. 늘 이런 식이다.

침대에 털썩 드러누워, 챙겨온 책들을 훑어본다. 고대 그리스가 낳은 드넓은 잉크의 대양에서 닥치는 대로 골라온 책들이다. 『페리클레스 시대 아테네의 일상생활』이라는 얇고 별난 책이 눈길을 끈다. 산꼭대기에서 내려다보듯 고고하고 사막만큼이나 메마른 평범한 역사책에 맞서는 상쾌한 해독제 같은 책이다. 역사가들은 전쟁과 격동 그리고 사회를 휩쓴 이념운동을 날씨 이야기하듯 다루지만, 대부분의 사람들은 날씨를 그런 식으로 경험하지 않는다. 우리는 날씨를 바로 여기서 경험한다. 거대한 저기압대가 아니라 머리카락을 흠뻑 적시는 소나기, 몸을 뒤흔드는 우렛소리, 얼굴을 벌겋게 익히는 지중해의 태양으로 경험한다. 역사도 마찬가지다. 세상의 이야기는 쿠데타와 혁명의 이야기가 아니다. 잃어버린 열쇠와

눌어붙은 커피, 품에 안겨 잠든 아이의 이야기다. 역사는 수백만 개의 일상적 순간을 무수히 합친 것이다.

이 예사로운 스튜 안에서 천재성이 조용히 끓어오른다. 빈의 카페 란트만에서 좋아하는 스펀지케이크를 조금씩 베어무는 지그문트 프로이트. 베른의 스위스 특허청 사무소에서 창밖을 내다보는 아인슈타인. 덥고 먼지 자욱한 피렌체 공방에서 이마의 땀을 닦는 레오나르도 다빈치. 그렇다. 이 천재들은 세상을 변화시킬 원대한 생각을 품었지만, 이들의 행위는 작은 공간에서 이뤄졌다. 바로 여기서. 모든 천재는 모든 정치가가 그렇듯 국지적으로 행동한다.

이 새로운 지상적 시점에서 고대 그리스인에 대해 많은 것을 배운다. 그들이 춤추기를 좋아했다는 사실을 알게 되고, '고기 훔치기'나 '가려움' 같은 이름의 춤이 정확히 뭐였을까 궁금해진다. 젊은이들이 운동 전 몸에 올리브유를 발랐다는 사실과 "김나지움에서 나는 올리브유의 남자 냄새는 향수보다 감미로웠다"는 사실을 배운다. 그리스인이 속옷을 입지 않았고 일자 눈썹이 미의 징표였으며 메뚜기가 애완동물이자 별미였음을 배운다. 많은 것을 배우지만, 이런 자질구레한 지식 말고 내가 배우는 것은 그리스인이 이걸 **어떻게** 만들었느냐가 아니라 **무엇을** 만들었느냐다. 그러나 내가 궁금한 것은 **어떻게**다.

하지만 우선, 고대 그리스인에게 없었던 무언가가 필요하다. 커피다. 그래도 신들의 넥타르를 아무데서나 마실 수는 없다. 장소가 중요하다.

내게 카페는 제2의 집이자 사회학자 레이 올든버그의 말대로 '참 좋은 공간'의 적절한 예다. 음식과 음료는 상관없다. 적어도 거의 상관없다. 중요한 것은 분위기, 그러니까 식탁보나 가구가 아니라 좀더 무형의 무언가. 죄책감 없이 빈둥거릴 수 있으면서 배경 소음과 사색적 고요 사이에서 적절한 균형을 찾을 만한 분위기다.

고대인은 어땠는지 모르겠지만 21세기 그리스인은 확실히 아침형 인간은 아니다. 오전 8시. 길거리에는 잠에서 덜 깬 상인 몇 명, 로보캅처럼 생긴 폭동 진압복 차림의 경찰 대여섯 명을 빼면 나뿐이다. 현대 아테네가 고대와 마찬가지로 불안한 도시임을 일깨우는 풍경이다.

토니가 정신 사납게 팔을 휘두르며 알려준 대로 가다가 재미난 길에 들어선다. 카페와 구멍가게가 고대 그리스의 특징인 공동체 의식을 잘 보여준다. 여기서 나의 참 좋은 공간을 발견한다. 브리지라는 카페다. 여러 세기를 잇겠다는 돈키호테식 과업을 앞둔 내게 걸맞은 이름이다.

브리지는 드라코가를 마주보는 야외 탁자 몇 개가 전부인 단출한 카페여서 여기 앉아 있으면 길거리에서 벌어지는 연극을 관람하는 관객이 된 기분이다. 이런 카페에서 그리스인들은 국민적 여가 행위에 탐닉한다. 바로 앉아 있기다. 그리스인들은 함께 앉기도 하고 혼자 앉기도 한다. 여름 햇볕을 쬐며 앉기도 하고 겨울 찬바람을 맞으며 앉기도 한다. 의자가 없어도 앉는 데 지장이 없다. 빈 도로경계석이나 버려진 골판지 상자만 있으면 그만이다. 그리스인처럼 앉는 사람은 세상 어디에도 없다.

"칼리메라!" 하고 아침인사를 건네고는 브리지에 앉은 사람들 사이에 낀다. 에스프레소를 주문해 컵에 손을 녹인다. 아침 추위가 가시진 않았지만, 그리스의 멋진 하루는 이미 시작된 듯하다. 아까 내가 바깥을 내다봤을 때 토니가 의기양양하게 말했다. "국가는 부도났어도 날씨는 여전히 근사하다고요." 맞는 말이다. 멋진 햇빛뿐 아니라 구름 한 점 없고 뽀송뽀송한 날이 300일이나 되니 말이다. 기후로 아테네의 천재성을 설명할 수 있을까?

애석하게도 그렇지 않다. 기후가 고대 그리스인의 정신을 날카롭게 벼렸을지 모르지만, 그 정신을 설명할 수는 없다. 무엇보다 그리스의 기후는 기원전 450년이나 지금이나 똑같은데 오늘날 그리스는 천재의 장소가 아니다. 게다가 여기보다 기후가 덜 좋은 곳에서도 황금기가 만개하지 않았던가. 이를테면 엘리자베스 시대 런던의 음유시인들은 어두침침한 잉글랜드 하늘 아래서 마법을 부렸다.

에스프레소를 두 잔째 주문하고 뇌가 재부팅되자 내가 김칫국부터 마셨다는 걸 깨닫는다. 천재를 찾겠다고 호기롭게 나서긴 했는데, 천재가 무엇을 뜻하는지 정말로 아는 걸까? 앞서 말했듯 천재는 지적이거나 예술적인 도약을 하는 사람이지만 뭐가 도약인지는 누가 판단하나?

우리가 판단한다. 프랜시스 골턴이 많은 오류를 범했을지는 몰라도 천재에 대한 그의 정의는 (성차별적이긴 하지만) 중요한 요점을 짚는다. "천재는 큰일을 했다고 세상으로부터 인정받는 사람이다." 천재 클럽에 가입하느냐 마느냐는 천재 자신이 아니라 그의 동료들, 그리고 사회에 달렸다. 천재는 개인의 판단이 아니라 공공의 평결에 따른다. 한 천재 이론에서는—패셔니스타 천재론이라고 하자—이 점을 분명히 한다. 천재 클럽에 가입하느냐 마느냐는 전적으로 당대의 분위기와 유행에 달렸다. 이 이론을 주창한 심리학자 미하이 칙센트미하이에 따르면 "창의성은 그에 대한 우리의 인식과 분리할 수 없다". 더 노골적으로 말하자면, 누군가가 천재인 것은 우리가 천재라고 말해줘서다.

언뜻 직관에 반하거나 심지어 모독적으로 들릴지도 모르겠다. 천재는 대중의 판단을 넘어선 존재 아니던가.

하지만 이 이론의 지지자들은 그렇지 않다고 말한다. 바흐를 예로 들어보자. 그는 평생 별달리 존경받지 못하다가 사후 75년가량 지난 뒤에야 '천재'로 공언되었다. 그전에는 '미발견된 천재'의 연옥에 갇혀 있었으리라. 하지만 이 말이 무슨 뜻일까? 칙센트미하이는 "무의식적인 자만심을 제외하면 어떤 근거로 그렇게 말할 수 있을까?"라고 묻는다. 바흐의 천재성을 우리가 발견했다고 말하는 것은 우리보다 앞서 살았던 사람들이 멍청이였다고 말하는 것과 같다. 게다가 앞으로 언젠가 바흐가 좌천되어 천재의 만신전에서 쫓겨나면 어쩔 텐가? 우리는 뭐가 되는가?

예는 얼마든지 있다. 스트라빈스키의 발레곡 〈봄의 제전〉이 1913년 파리에서 초연되었을 때 청중은 거의 난동을 부렸으며 평론가들은 이 작품을 '변태적'이라고 평했지만, 오늘날 이 곡은 고전의 반열에 올랐다. 모네의 후기작 〈수련〉 연작이 처음 발표되었을 때 미술

평론가들은 이 작품을 눈에 보이는 대로, 즉 모네가 시력을 잃어간 결과로 받아들였다. 추상표현주의가 득세하고서야 이 그림들은 천재의 작품으로 인정받았다.

그리스 도자기는 패셔니스타 천재론의 또다른 좋은 예다. 오늘날 전 세계 수많은 박물관에서 그리스 도자기를 볼 수 있다. 이 도자기는 방탄유리 상자 안에 보관되고 무장 경비원이 지키며, 관광객들은 이 예술작품 앞에서 넋을 잃는다. 하지만 그리스인들의 생각은 달랐다. 그들에게 이 도자기는 철저히 실용적인 물건이었다. 일용품에 불과했다. 1970년대 뉴욕 메트로폴리탄미술관에서 도자기 한 점에 백만 달러 이상을 지불한 뒤에야 그리스 도자기는 고급 예술품으로 격상되었다. 그렇다면 이 진흙 도자기가 천재의 작품으로 바뀐 시점은 정확히 언제일까? 우리는 그리스 도자기가 처음부터 천재의 작품이었으며 우리가 그 천재성을 뒤늦게 '발견'했을 뿐이라고 생각한다. 물론 그럴 수도 있다. 하지만 패셔니스타 천재론 지지자들은 메트로폴리탄미술관이 화폐라는 언어로 그렇게 선언한 1970년대에야 그리스 도자기가 천재의 작품이 됐다고 주장할 것이다.

천재성의 상대성에 대해 생각의 나래를 펴다가 에스프레소를 한 잔 더 시키고 '그리스의 위대한 수수께끼'를 공략할 계획을 짠다. 무엇이 이곳을 빛나게 했을까? 기후는 이미 후보에서 제외했다. 어쩌면 기후만큼 명백한 요소일지도 모른다. 돌밭 때문일까? 통기성 좋은 의류 덕분일까? 포도주가 흔해서일까?

아테네가 마침내 기지개를 켜기 시작하는데, 브리지는 전망을 보기 적합한 위치다. 의자에 기대앉아 인파를 살핀다. 이 사람들이 진정 플라톤과 소크라테스의 후손이란 말인가? 많은 학자들도 같은 물음을 던졌다. 오래전 호주의 한 인류학자가 현대 그리스인은 플라톤의 계승자가 아니라 몇 세기 뒤 여기로 이주한 슬라브인과 알바니아인의 후손이라고 주장했다. 그의 이론은 그리스에서 가벼운 논란을 일으켰다. 사람들은 무엇보다도 자기네가 플라톤의 후손이 아니라는 주장을 반박했다. 한 정치인은 이렇게 단언했다. "우리는 의심할 여지 없이 고대인의 직계 후손이다. 그들과 똑같은 악덕을 가졌으니까."

그들의 악덕은 정말이지! 고대 그리스인은 결코 보이스카우트는 아니었다. 그들은 괴상한 축제를 일주일 내내 열었고, 포도주를 어마어마하게 마셔댔으며, 어떤 방식의 성행위도 마다하지 않았다. 이 모든 기행에도, 아니 어쩌면 그랬기 때문에 고대 그리스인은 모든 문명 위에 우뚝 섰다. 이 사실만은 분명하다. 그 외엔 한 잔의 우조(아니스 열매로 만든 그리스 전통술로, 물을 타면 뿌애진다—옮긴이)처럼 뿌옇다. 실제로, 나의 고대 그리스 탐사는 고대 그리스라는 장소가 어디에도 존재하지 않았음을 발견하면서 처음으로 문제에 봉착한다. 존재한 것은 고대 **그리스들**이었다. 수백 개의 독립 폴리스, 즉 도시국가는 언어와 일부 문화적 특징을 공유했지만, 오늘날 캐나다와 남아프리카공화국만큼이나 서로 매우 달랐다. 폴리스마다 정부와 법률과 관습이 독자적이었고 심지어 역법도 달랐다. 물론 이따금 교역을 하고, 운동 실력을 겨루고, 피비린내나는 결전을 몇 차례 벌였지만, 그들은 대개 서로를 무시했다.

그리스는 왜 그렇게 여럿이었을까? 그 답은 땅덩어리 자체에 있다. 언덕과 바위가 천연 방벽이 되어 그리스 도시국가들을 서로 단절시킨 탓에 사실상 육지의 섬이나 마찬가지였다. 여기서 온갖 소문화가 꽃핀 것은 놀랄 일이 아니다.

　그리스 문화는 그야말로 찬란하게 꽃피었다. 조물주는 공백뿐 아니라 독점도 싫어한다. 인류가 가장 위대한 창조적 도약을 이룬 때는 분열의 시기였다. 다닐렙스키의 법칙으로 알려진 이 추세에 따르면 민족은 (그 규모가 작더라도) 독립국을 이루었을 때 자신들의 창조적 잠재력을 최대한 발휘할 가능성이 크다. 생각해보면 말이 된다. 세상이 아이디어 실험실이라면 배양접시가 많을수록 유리할 테니 말이다.

　그리스에서는 한 배양접시가 독보적이었으니, 다름아닌 아테네였다. 소크라테스부터 아리스토텔레스에 이르기까지 아테네가 배출한 지성인의 수는 전 세계를 통틀어 전무후무하다. (르네상스 피렌체만이 명함을 내밀 수 있다.)

　하지만 당시만 해도 아테네가 그렇게 위대한 지역이 될 가능성은 좋게 말해도 희박했다. 우선 언덕과 바위투성이 땅은 확실히 비옥하지는 않았다. 플라톤이 "앙상한 뼈"라고 불렀을 정도. 게다가 아테네는 소도시로, 오늘날 캔자스주 위치토와 인구수가 비슷했다(약 30만 명이다―옮긴이). 그리스의 다른 도시국가 중에는 시라쿠사처럼 더 크거나 코린트처럼 더 부유하거나 스파르타처럼 더 강성한 곳도 있었다. 하지만 어디도 아테네만큼 번성하지는 못했다. 왜일까? 아테네인의 천재성은 단순한 운, 그러니까 역사가 피터 왔슨 말마따나 "여러 상황이 적절히 맞아떨어진" 결과물이었던 걸까, 아니면 아테네인들이 스스로 운명을 개척한 걸까? 이것은 델포이의 신탁으로도 풀 수 없는 수수께끼인 듯하다. 하지만 완전히 카페인에 취한 채 하룻강아지의 용기로 무장한 나는 수수께끼를 풀고야 말겠다는 일념으로 뚜벅뚜벅 전진한다. 일단 알맞은 사람부터 만나야겠다.

📍

아리스토텔레스가 토니처럼 연극적으로 팔을 벌리며 말한다. "아리스토텔레스의 사무실에 오신 것을 환영합니다." 아리스토텔레스가 이 대사를 써먹은 것은 이번이 처음이 아닐 테지만, 아테네가 한눈에 내려다보이는 아크로폴리스 꼭대기에서 들어보니 이보다 절묘한 대사가 있을까 싶다.

우리는 몇 시간 전 토니 호텔 로비에서 만났다. 흰 피부와 얼굴에 커튼처럼 늘어진 덥수룩한 빨간 머리로 보건대 아리스토텔레스의 첫인상은 도무지 그리스인 같지 않았다. 하지만 어리석은 판단임을 금세 깨달았다. 프랑스인답거나, 미국인다운 외모라는 것이 없듯 그리스인다운 외모도 존재하지 않는다. 그리스인은 단일민족이 아니다. 한 번도 그런 적이 없다.

아리스토텔레스에 대한 두번째 인상은 산만해 보인다는 것이다. 명성의 무게 때문인지, 요즘 그리스가 겪는 만성적 위기로 인한 스트레스 때문인지는 모르겠지만 그는 확실히 들떠 있다. 그런데 함께 걸으면서 이야기를 나눠보니 불안스럽게 보이던 모습이 실은 열정이라는 걸 깨달았다. 그의 몸에는 역사에 대한 열의가 전류처럼 흐른다. 220볼트는 될 것 같다. 더 셀 수도 있고.

함께 아크로폴리스를 향해 걸어가면서 그의 이름에 대해 물을 기회를 엿본다. 가이드 이름이 아리스토텔레스라는 말을 듣고는 처음엔 신의 계시라고 생각했다. 아리스토텔레스와 함께 아리스토텔레스의 자취를 밟는 것보다 역사적으로 정확하고 그리스적인 일이 어디 있겠는가?

이제 부산해진 보도를 가로지르면서 단도직입적으로 묻는다. 800파운드 철학자('800파운드 고릴라'라는 숙어에 빗댄 표현으로, 너무 막강해서 규칙이나 위협이 통하지 않는 인물을 뜻한다─옮긴이)를 맞이하려면 이게 최선이다.

쭈뼛거리며 "근데 어쩌다 이름이 아리스토텔레스가 됐어요?"라고 묻는다.

아리스토텔레스는 어깨를 으쓱한다. 이름 때문에 불편하다면서도 정확히 어떤 불편이 따르는지는 내 상상에 맡긴다. 친구들이 '아리'라고 부르는 게 싫다면서도, 그 덕분에 역사적 인물 아리스토텔레스나 억만장자 선박왕이자 재클린 케네디와 결혼한 아리스토텔레스 오나시스와 어느 정도 거리를 둘 수 있음은 인정한다. 아리스토텔레스 같은 이름을 가진 사람에게는 거리감만한 자기편이 없다.

관광객과 전투경찰 사이를 요리조리 피해가면서 아리스토텔레스는 자신이 관광안내업에 종사하게 된 내력을 들려준다. 그는 원래 그리스군에 입대하고 싶었으나 심사에서 탈락했단다. 정확히 왜였는지는 말하지 않았지만, 아직도 상처가 남아 있는 것 같아 캐묻지는 않았다. 군대에서 퇴짜를 맞은 뒤, 그는 대신 고고학을 공부하며 줄곧 과거를 돌아보았다. 엄밀히 말하자면 약 2500년 전의 과거를. 아리스토텔레스의 전문 분야이자 관심사는 고대 지붕널이다. 그는 지붕널을 관찰하면 문명에 대해 많은 것을 알 수 있다고 장담한다.

그가 말한다. "지금 우리가 하는 일은 매우 그리스적입니다."

"정말요? 우리는 걷고 있을 뿐이잖아요."

"바로 그겁니다. 고대 그리스인은 언제 어디서나 걸었습니다." 그들은 위대한 산책자인 **동시에** 위대한 사색가였으며 걸으면서 철학하기를 즐겼다.

다들 그렇듯 그리스인들은 걷는 게 생각에 좋다는 사실을 알았다. 많은 천재가 걸으면서 최고의 아이디어를 떠올린다. 디킨스는 『크리스마스 캐럴』을 쓸 때, 도시가 잠든 밤마다 런던 뒷골목을 25~30킬로미터씩 걸으면서 줄거리를 뜯어고쳤다. 마크 트웨인은 어디도 안 가면서 많이도 걸었다. 딸의 회상에 따르면 그는 서성거리며 집필했다. "아버지는 구술하시면서 방을 걸으셨는데…… 마치 새로운 영혼이 방에 들어온 것 같았어요."

얼마 전부터 연구자들은 걷기와 창의성의 관계를 과학적으로 탐구하기 시작했다. 최근 연구에서 스탠퍼드대학의 심리학자 메릴리 오페조와 대니얼 슈워츠는 실험 참가자들을 두 집단으로 나눠한 집단은 걷게 하고 한 집단은 앉아 있게 했다. 그러고 나서 일상적 사물의 대안적 쓰임새를 생각해내는 길퍼드의 창의성 검사를 했다. 이는 창의성의 주요소인 '확산적 사고divergent thinking'를 측정하기 위해 고안된 검사다. 확산적 사고란 어떤 문제가 발생했을 때 예상 밖의 해결책을 다양하게 떠올리는 능력을 일컫는다. 확산적 사고는 즉흥적이며 자유분방하다. 이에 반해 수렴적 사고convergent thinking는 일차원적이며 선택지를 넓히기보다는 좁힌다. 수렴적 사고는 질문의 답을 찾지만 확산적 사고는 질문의 틀을 바꾼다.

『실험심리학 저널』에 실린 실험 결과는 고대 그리스인의 생각이 옳았음을 입증한다. 걷는 사람의 창의성 수준이 앉아 있는 사람보다 "일관되고 유의미하게" 높았다. 흥미롭게도 야외에서 신선한 공기를 마시며 걷든, 빈 벽을 바라보며 러닝머신 위에서 걷든 차이가 없었다. 둘 다 앉아 있던 집단에 비해 창의적 답변을 두 배 많이 생각해냈다. 많이 걸을 필요도 없었다. 5~16분이면 충분했다.

옛날에는 러닝머신이 없었으므로 고대 그리스인들은 나가서 걸었다. **모든 일**을 밖에서 했다. 집은 보금자리라기보다는 잠자리였다. 깨어 있는 시간 중 집에서는 약 30분 정도 보낼 뿐이었다. 아리스토텔레스가 "아내에게 해줘야 하는 일을 하기에는 충분한 시간이었죠"라고 말하는 사이 아크로폴리스 관문에 거의 다 왔다. 고대 그리스인들은 하루의 나머지 시간을 시장인 아고라에서 보내거나, 김나지움이나 레슬링 연습장 팔라이스트라에서 운동하거나, 도시 주변의 완만한 언덕을 거닐었다. 가외의 활동은 하나도 없었다. 그리스인들은 우리와 달리 신체활동과 정신활동을 구분짓지 않았기 때문이다. 현대 대학의 전신인 플라톤의 아카데미아는 지성과 더불어 신체를 단련하는 곳이었다. 그리스인들은 몸과 마음이 어우러져 전체를 이루며 둘을 뗄 수 없다고 생각했다. 건전한 신체와 건전한 정신이 서로 붙어 있지 않으면 둘 다 어딘지 불완전하다고 여겼다. 그리스인들이 무엇을 이상적으로 여겼는지 알고 싶다면 로댕의 〈생각하는 사람〉을 떠올려보라. 사색에 잠긴 근육질 사내의 모습을.

드디어 아크로폴리스에 도착했다. 말 그대로 '높은 도시'를 뜻하는 아크로폴리스는 건물이 아니라 장소이며, 천연 샘과 가까운 가파른 고원 꼭대기에 자리잡은 것은 우연이 아니다. 그리스인들의 장소 감각은 매우 세련됐다. 이를테면 소크라테스는 뉴욕 부동산 업자들보다 2000년 앞서 남향의 이점을 칭송했다. 건물은 단순한 물리적 대상이 아니며, 거기에는 게니우스 로키, 즉 장소의 정령이 자리했다. 그리스인들은 장소가 생각에 영향을 미친다고 믿었으며, 건축 양식에서 이름을 딴 유명 철학 학파도 있다. 스토아학파는 스토아라는 근사한 돌기둥 아래에서 철학을 논했기 때문에 그런 이름이 붙었다.

좀더 걸어 꼭대기에 이르자, 논란의 여지가 있지만 고대 건축물 중에서 가장 유명한 파르테논 신전이 사우디아라비아 국왕이나 대법관처럼 근엄한 자신감을 내뿜으며 서 있다. 종신직이면 그렇게 된다. 아리스토텔레스는 파르테논 신전이 그럴 만하다고 단언한다. 파르테논 신전은 전례 없는 공학적 위업을 상징한다. 무엇보다 노동자들은 주변 지역에서 대리석 덩어리 수천 개를 날라야 했다. 이 프로젝트에는 목수, 거푸집장이, 청동장이, 돌장이, 염색장이, 칠장이, 무늬장이, 새김질장이, 밧줄장이, 길쌈장이, 신기료장수,

도로공, 광부가 동원됐다. 놀랍게도 파르테논 신전은 기한을 넘기거나 예산을 초과하지 않고 완공되었는데 이를 달성한 건설 프로젝트는 전무후무하다.

"기둥을 보세요. 어떻게 보이죠?" 아리스토텔레스가 묻는다.

무슨 꿍꿍이셈일까 궁금해하며 대답한다. "아름답네요."

"똑바르게 보이나요?"

"그래요."

아리스토텔레스가 짓궂게 미소 짓는다. "전혀 똑바르지 않아요." 그가 배낭에서 파르테논 신전 도해를 꺼내어 보여준다.

파르테논 신전은 직선적 사고와 합리적 생각을 돌에 구현한 것처럼 보이지만, 이것은 환각이다. 건물에는 직선이 하나도 없다. 기둥은 죄다 이쪽저쪽으로 조금씩 휘었다. 하지만 파르테논 신전을 보노라면 프랑스 작가 폴 발레리의 말에 공감하게 된다. "거의 감지할 수는 없지만 어마어마하게 강력한 곡선과 휘어짐에서 자신의 만족감이 비롯됐다는 걸 아무도 알지 못한다. 관람객은 건축가가 작품에 숨겨둔 규칙성과 불규칙성의 조합에 자신이 반응한다는 사실을 모른다."

'규칙성과 불규칙성의 조합'이라는 구절이 머릿속에서 떠나지 않는다. 기발한 공학 기술보다 이런 설명이 더 주효하지 않을까 싶다. 고대 아테네의 모든 요소에서 직선과 곡선의 조합, 질서와 혼란의 조합을 찾을 수 있다. 도시 성벽 안에는 명료한 법률과 혼잡한 장터, 자로 잰 듯한 조각상과 무질서한 길거리가 공존한다. 우리는 그리스인을 합리적 민족이자 올곧은 사상가의 원조로 여기고 실제로도 그렇지만, 이들도 비합리적 면모를 가졌으며 고전기 아테네에는 일종의 '광적인 지혜'가 만연했다. 사람들은 '탐보스 thambos'의 인도를 받았는데, 역사가 로베르 플라실리에르에 따르면 탐보스는 "어떤 초자연적 힘이나 존재가 가까이 있음을 알았을 때 유발되는 경건한 공포와 외경심"이다. 그리스인들은 광기를 두려워하면서도 이를 '신의 선물'로 여겼다.

무질서는 그리스 창조 신화에 담겨 있는데, 태초에 있던 것은 빛이 아니라 카오스였다. 꼭 나쁜 일은 아니었다. 그리스인에게―나중에 알게 되겠지만, 힌두인에게도―카오스는 창조의 원료였다. 뒤죽박죽인 도시의 배치를 '체계화'하라는 요구에 아테네 지도자들이 왜 저항했는지가 이로써 설명되지 않을까? 지도자들의 논리는 부분적으로는 실용적이었지만―길이 구불구불하면 침략자가 혼란스러울 테니까―혼돈이 창의적 사고를 자극한다고도 생각했으리라.

그렇다고 그리스인들이 다른 탁월한 문명을 지닌 사람들에 비해 게으름뱅이였다는 의미는 아니라고, 아리스토텔레스는 말한다. "이집트인들은 자기네가 완벽하다고 생각하는 수준에 도달하자 거기서 멈췄어요. 하지만 그리스인들은 늘 그 이상을 바랐죠. 그들은 언제나 최고가 되고 싶어했어요." 완벽을 향한 이런 모색 때문에 그리스 장인들은 조각상의 뒷면에도 앞면 못지않게 시간과 노력을 쏟았다. 파르테논 신전 또한 다른 도시국가를 엿먹이려는 노골적 수작이었다. 파르테논 신전을 설계한 건축가 익티노스는 올림피아의 제우스 신전을 보고서 더 근사한 신전을 짓겠노라고 다짐했다.

아리스토텔레스가 말한다. "늘 이런 경쟁심이 그들에게 동기를 부여했죠." 그렇다면 이런 경쟁의 열정으로 그리스인의 천재성을 설명할 수 있지 않을까?

발전하는 천재학은 이 물음을 탐구했다. 한 기념비적 연구에서 하버드대학의 심리학자 테레사 에머빌은 보상 약속이 창의력에 어떤 영향을 미치는지 밝혀냈다. 에머빌은 자원자들을 두 집단으로 나누고 각 집단에게 콜라주를 만들게 했다. 그러면서 한 집단에게는 미술가 심사단이 그들의 작품을 평가할 것이며 가장 창의적인 콜라주를 만든 사람은 금전적 보상을 받을 것이라고 말했다. 두번째 집단에게는 그저 즐거운 시간을 보내라고 말했다.

결과는 박빙도 아니었다. 평가도 관찰도 받지 않은 집단이 (미술가 심사단의 판정에 따르면) 훨씬 창의적인 콜라주 작품을 만들어냈다. 에머빌 연구진은 많은 후속 연구를 진행했지만 결과는 비슷했다. 보상이나 평가에 대한 기대는 **설령 긍정적 평가이더라도** 창의성을 억누른다. 에머빌은 이 현상을 내적 동기설이라 일컬었다. 간단히 말하자면 이렇다. "사람들은 외부 압력이 아니라 관심, 즐거움, 만족, 일 자체의 난이도에서 주된 동기 부여를 받을 때 가장 창의력을 발휘한다." 에머빌은 많은 학교와 기업에서 보상과 평가를 강조하는데 이 때문에 본의 아니게 창의성이 억압된다고 경고한다.

설득력 있고 직관적으로도 말이 되는 얘기다. 비밀 일기를 쓰거나 공책에 낙서를 하면서, 이런 엉뚱한 글을 아무도 보지 않으리라는 사실을 알기에 창의적 해방감을 느낀 적 다들 있지 않은가.

하지만 이 이론은 현실과 늘 맞아떨어지지는 않는다. 행위의 순수한 기쁨만이 동기라면 운동선수들이 훈련 때보다 경쟁의 열기 속에서 더 나은 성적을 거두는 것은 왜일까? 작곡 의뢰가 취소되자 모차르트가 작품을 미완성 상태로 중단한 것은 왜일까? 많은 과학자에게 노벨상의 유혹이 동기 부여가 되는 것은 왜일까? DNA 구조를 처음으로 밝힌 과학자 제임스 왓슨과 프랜시스 크릭은 애초부터 내로라하는 상을 받는 게 목표라고 공언했으며 1962년 그 약속을 지켰다. 또한 고대 아테네에서는 확실히 이 같은 약육강식이 위대함의 원동력이었다. 호메로스는 "늘 일인자가 되고 남보다 뛰어난 인물이 되어라"라고 충고했는데, 그리스인들이 누군가의 말을 따랐다면 그것은 호메로스였다.

하지만 최근 들어 내적 동기설에 의문을 던지는 연구들이 발표되었다. 더블린 유니버시티 칼리지의 경영학 교수 제이컵 아이젠버그와 매쿼리대학의 심리학 교수 윌리엄 톰프슨에 따르면 노련한 음악가들은 현금 보상과 인기로 유혹받았을 때 더 창의적인 연주를 선보였다. 이 결과는 내적 동기설과 어긋나는 듯하다. 이론이 틀린 걸까, 연구가 틀린 걸까?

실은 둘 다 아니다. 아이젠버그와 톰프슨이 보기에 문제는 연구 대상자의 특성이었다. 에머빌의 피험자들은 미술에 문외한이었던 반면 아이젠버그의 피험자들은 경력이 최소 5년 이상인 베테랑 음악인이었다. 경쟁은 노련한 창작자에게는 동기 부여가 되지만 비숙련자에게는 걸림돌이 된다.

이후 전개된 이론에서는 내적 동기와 외적 동기의 접목을 이상적으로 본다. 이를테면 처음에는 외적 보상(돈, 지위 등등)의 약속이 동기 부여가 되지만 일에 빠져들면 '몰입flow'이라는 심리 상태에 이르는데, 그러면 외부의 압박을 잊고 심지어 시간 가는 줄도 모른다. 왓슨과 크릭도 이를 경험했다고 한다. 두 사람은 노벨상을 간절히 바랐지만, 일단 연구에 빠져들자 노벨상은 안중에도 없었다.

중요한 질문은 누군가가 경쟁력을 갖췄느냐 아니냐가 아니라 무엇을 놓고(아니면 누구와) 경쟁하느냐다. 고대 아테네에서는 그 답이 분명했다. 도시였다. 우리로서는 상상하기 힘든 일이지만 고대 아테네인들은 자신의 도시와 매우 밀접한 관계를 맺었다. 이런 정서에는 '시민의 의무civic duty'라는 표현이 가장 잘 어울리지만, 여기에는 어쩔 수 없이 한다는 뉘앙스가 있고 즐거운 느낌이 전혀 없다. 아테네인들의 정서는 그보다는 '시민의 기쁨civic joy'에 가까웠다. 이 단어들을 나란히 놓는 게 어색해 보인다는 사실로 우리와 고대인의 간극이 얼마나 큰지 알 수 있다.

하지만 시민으로서의 삶은 선택사항이 아니었다. 아리스토텔레스는 공무에 종사하기를 거부하는 자들을 '이디오테스'라는 단어로 지칭한다고 말한다. 우리가 쓰는 '멍청이idiot'의 어원이다. 고고하고 냉담한 아테네인은 있을 수 없었다. 적어도 오랫동안은. 위대한 역사가 투키디데스는 이렇게 말했다. "우리 아테네인들만이 정치에 참여하지 않는 자들을 비정치가가 아니라 무용지물로 간주한다." 뜨끔. 2주간 배심원 임무를 수행해야 했을 때 심통난 아이처럼 투덜댔던 일이 떠오른다.

아리스토텔레스와 나는 바위를 찾아 앉는다. 여기에서는 아테네가 훤히 내려다보인다. 사방 어디를 보아도 눈 닿는 곳이 전부

영락없는 도시다. 저층 아파트, 사무실 건물, 고속도로 인터체인지, 송신탑이 가없는 바다를 이룬다. 이곳에서 무엇보다 불편한 진실을 정면으로 맞닥뜨린다. 오늘날 아테네가 기원전 450년 아테네가 아님을. 현대 아테네의 실내에는 배관이 설치되어 있고 실외에서는 시위가 벌어지고 있다. 현대 아테네에는 차량과 부도와 아이폰과 자낙스(항불안제—옮긴이)와 위성 텔레비전과 가공육이 있다.

'과거는 외국이다'라는 말이 있다. 과거 사람들은 현재와 다르게 행동한다. 정말이지 그렇다. 안타깝게도 고대 그리스로 알려진 이 외국은 국경 통제가 극도로 삼엄하며 나 같은 불청객을 너그럽게 맞이하지 않는다. 하지만 아테네의 수수께끼를 풀려면 과거로 가야만 한다. 어떻게 한담?

"눈을 가늘게 떠." 아테네 방문 계획을 얘기하자 고국의 친구가 내게 이런 조언을 해줬다. 그때는 웃어넘겼지만 지금 보니 기발한 작전이다. 이따금 시야를 넓히기보다는 좁혔을 때 더 잘 보이기도 한다. 줌렌즈는 광각렌즈만큼 넓게 보여주며, 더 많이 보여줄 때도 있다.

"너무 가늘게 뜨진 마쇼." 아리스토텔레스가 경고한다. 기원전 450년경 아테네로 시간여행을 한다면 아마 실망하리라는 것이다. 서구 문명의 요람이자 과학과 철학 그리고 우리가 애지중지하는 수많은 것들의 발상지인 위대한 아테네는 쓰레기장이었다. 길거리는 좁고 지저분했다. 나무와 (햇볕에 말린) 진흙으로 지은 집은 하도 엉성해서 도둑이 벽만 파면 침입할 수 있었다. (고대 그리스어에서 도둑은 '벽에 굴을 뚫는 자'라는 뜻이다.) 당시로 시간여행을 하면 소음—아고라에서 호객하는 상인, 틀린 음정으로 깽깽거리는 류트 소리—도 들리지만, 시간여행자인 나의 주의를 끄는 것은 악취다. 사람들은 자기 집마당이나 심지어는 대로에서 볼일을 봤으며, 노예가 씻어낼 때까지 똥이 널브러져 있었다. 이런 상황이었으니 역사가 야코프 부르크하르트 말마따나 "우리 시대의 지각 있고 평화를 사랑하는 사람이라면 아무도 거기 살고 싶어하지 않을 것"이었다. 게다가 부르크하르트가 저 글을 쓴 것은 19세기였다!

지금까지 살펴본 것을 정리해보자. 작고 더러운 도시, 척박한 토양, 적대적인 주변국, 그리고 역사가 로베르 플라실리에르 말마따나 "사실대로 말하자면, 결코 이를 닦지 않고 결코 손수건을 쓰지 않으며 손가락을 머리카락에 닦고 아무데나 개의치 않고 침을 뱉고 말라리아나 결핵에 걸려 떼로 죽은" 사람들. 이를 천재의 장소를 만드는 비결이라고 보기는 힘들다. 하지만 과연 그럴까?

알아가다보니, 천재의 장소가 낙원과 비슷하리라는 생각이야말로 무엇보다 큰 오해다. 결코 그렇지 않다. 낙원은 천재와 상극이다. 낙원에서는 아무것도 요구되지 않는 데 반해 창조적 천재는 새롭고 기발한 방식으로 요구를 충족하는 데 그 뿌리를 두기 때문이다. 니체는 "아테네인들이 성숙한 것은 사방에서 도전을 받았기 때문이다"라고 말했다. "나를 죽이지 않는 것은 나를 더욱 강하게 만든다"라는 그의 유명한 금언과 같은 맥락이다. 창의성은 환경에 대한 대처다. 그리스 회화는 복합광에 대처한 결과였고(그리스의 화가 아폴로도로스는 깊이의 착시를 만들어내는 기법을 처음으로 개발했다) 그리스 건축은 복잡한 지형에 대처한 결과였으며, 그리스 철학은 복잡하고 불확실한 시대에 대처한 결과였다.

낙원의 문제는 완벽하기에 대처할 필요가 없다는 것이다. 부유한 사람과 장소는 그래서 곧잘 정체된다. 아테네는 부유하기도 하고 그렇지 않기도 했다. 1960년대 미국을 묘사한 존 케네스 갤브레이스의 표현을 뒤집자면, 공공 서비스가 큰 부분을 차지하고 민간 재화는 하찮은 것으로 치부되는 장소였다. 부자의 집은 가난뱅이의 집과 구분되지 않았다. 둘 다 누추하기는 매한가지였다. 아테네인들은 사적인 부를 매우 수상쩍어했으며, 아이스킬로스 희곡은 그로 인한 고통을 주요 테마로 삼았다. 장인부터 의사에 이르기까지 거의 모두가 같은 월급을 받았다. 장례식에 쓸 비용이 법으로 정해져 있었으며, 여자는 길을 떠날 때 옷을 세 벌 넘게 가져갈 수 없었다. 위대한 도시학자 루이스 멈퍼드의 말을 빌리자면, 고대 아테네에서 "가난은 부끄러운 일이 아니었으며, 오히려 부자들이 의심을 받았다".

이런 방침에는 단점도 있었지만—아고라에서 눈독들인 근사한 물시계는 잊어라—그 덕에 아테네인들은 광적인 치부致富와 소비의 굴레에서 벗어날 수 있었다. 멈퍼드가 말한다. "아름다움은 값쌌으며 이 삶에서 가장 좋은 것 그러니까 무엇보다 도시 전체는 공짜였다."

하지만 공공 건축으로 말할 것 같으면 아테네인들은 돈을 아끼지 않았으며, 가능하다면 남의 돈으로 공사비를 충당했다. 그들은 파르테논 신전을 비롯한 으리으리한 건축물을 지을 때 델로스동맹에서 조성한 자금을 동원했다. 델로스동맹은 오늘날 북대서양조약

기구 격으로, 공동의 적 페르시아에 맞서기 위해 결성되었다. 동맹은 효과적이었는데, 아테네인들은 아마도 이런 식으로 말했을 것이다. "이렇게 고마울 데가! 우리가 이 돈을 가져다 좋은 일에 쓰겠소." 아무도 천재의 장소가 점잖다고는 말하지 않았다.

남의 돈을 두둑이 챙긴 아테네는 금세 고대 사회의 명소가 되었다고 아리스토텔레스가 파르테논 신전을 돌면서 설명한다. "선생님께서 기술자나 건축가, 조각가 혹은 철학자라면 여기 살고 싶으실 겁니다."

나는 이것을 '자석 천재론'이라고 부른다. 고대 아테네나 오늘날의 실리콘밸리 같은 장소는 똑똑하고 야심찬 사람들을 끌어당기기 때문에 창조적이다. 이런 곳은 재능 자석 같다. 이 말은 사실이지만 다소 편의적인 구석이 있으며 논리가 순환적이기도 하다. 창조적 장소는 모든 창조적인 사람들이 몰려드는 장소이기에 창조적이다. 물론 그렇긴 하지만, 애초에 이 장소가 사람들을 끌어당긴 매력은 무엇이었을까? 자석은 어떻게 자성을 띠게 된 걸까?

관건은 타이밍이다. 아테네의 위대한 지도자 페리클레스는 절묘하게 타이밍을 맞췄다. 아테네의 역사는 대부분 전쟁을 준비하거나 전쟁을 벌이거나 전쟁에서 회복하는 시기였다. 하지만 페르시아전쟁과 펠로폰네소스전쟁의 막간인 기원전 454~430년 무렵 아테네는 평화를 누렸으며, 바로 이때 페리클레스가 파르테논 신전 같은 문화적 프로젝트의 규모를 두 배로 늘렸다. 황금기의 전제조건 중 하나는 평화다.

하지만 잠깐, 독자 여러분의 수군거림이 들린다. 제트엔진이나 레이더 같은 온갖 종류의 혁신이 전시에 등장하지 않았느냐고? 물론 전쟁으로 몇몇 혁신이 촉발될 수는 있지만, 화력이 더 센 무기, 더 빠른 항공기처럼 그 범위가 좁다. 이렇게 개발된 기술이 민간에 적용될 때도 있지만, 딘 사이먼턴이 방대한 조사 끝에 내린 결론에 따르면, 전쟁의 최종 수지는 적자이며 "모든 형태의 창의성, 심지어 기술에서도 부정적 효과가 나타난다".

아리스토텔레스와 나는 수천 년 묵은 돌판에 앉아 있다. 지중해의 태양이 우리를 비추고 관광객들이 성난 말벌처럼 몰려다닌다. 아리스토텔레스에게 어떻게 생각하느냐고 다짜고짜 묻는다. 왜 아테네였을까요? 당시의 공기에는 무엇이 있었을까요?

아리스토텔레스는 선뜻 답을 내놓지 못한다. 배낭에서 꺼내 보여줄 도해도, 재치 있는 농담도 없다. 그가 이런 질문을 받는 일은 거의 없다. 아테네의 위대함은 당연하다고 간주되니까. 아리스토텔레스가 곰곰이 생각하다 마침내 입을 연다.

"정치체제 때문이었을 겁니다. 무엇보다 연설과 열린 토론의 자유가 보장됐으니까요. 다른 도시국가는 그렇지 않았습니다. 일 년에 마흔 번 민회가 열릴 때마다 아테네 사람들은 연단에 서서 약 7000명의 남자들 앞에서 연설을 해야 했지요. 어떤 주제든 상관없었습니다. 정치에 야심이 있다면 대중 연설의 기술을 습득해야 했고 교육도 받아야 했습니다. 거기다 체력도 좋아야 했죠. 민회는 동틀녘부터 저물녘까지 계속됐거든요. 처음에는 상수도나 곡물 공급 같은 일상과 관련된 사안을 다루다가 점차 중대한 사안으로 넘어갔죠."

아리스토텔레스가 확신에 찬 목소리로 덧붙인다. "그래요, 그건 민주주의였습니다."

그렇게까지는 확신하지 못하겠다. 무엇보다 닭이 먼저냐 달걀이 먼저냐는 오랜 논란거리 아닌가. 아테네는 민주적이어서 창조적이었을까, 창조적이어서 민주적이었을까? 그때 머릿속에서 딘 사이먼턴의 목소리가 다시 울려퍼진다. 그는 숫자를 계산하더니, 황금기와 민주주의는 서로 전혀 무관하다고 말한다. 필요한 요소는 민주주의가 아니라 자유라는 것이다. 둘은 같지 않다. "계몽된 독재자를 생각해보세요. 중국은 민주주의였던 적이 한 번도 없지만 그들에겐 계몽된 독재자가 있었죠." 몇몇 심리학자는 한술 더 떠서 민주주의보다 과두제가 사실상 창조성을 **더욱** 북돋울 수도 있다고 주장한다. 대중의 감시가 줄면 위험하거나 '불필요한' 사업에 더 기꺼이 뛰어들 테니 말이다. 아리스토텔레스라는 이름을 가진 사람의 의견에 반대하긴 죽기보다 싫지만 민주주의만으로 아테네의 위대함을 설명할 수는 없다. 더 파고들어야 한다.

다시 출발이다. 이번에는 고대 아테네의 심장부로 갈 거라고 아리스토텔레스가 잘라 말한다. (나를 비롯한) 많은 사람의 생각과 달리 아크로폴리스가 아니었다. 그 성스러운 장소는 지나친 지 오래다. 몇 분 뒤, 출입문 안으로 들어서자 잔해 무더기가 펼쳐진다. 거의 멀쩡한 것도 있고 돌조각에 지나지 않는 것도 있다. 아리스토텔레스가 의기양양하게 말한다. "바로 여깁니다."

아고라. '사람들이 모이는 장소'라는 뜻이지만, 실제 의미는 사전적 의미를 훌쩍 뛰어넘는다. 페르시아 때문에 쑥대밭이 된 도시를 재건하면서 아테네인들은 예상과 달리 아크로폴리스의 신전부터 짓지 않았다. 여기, 도시의 진정한 심장부부터 시작했다.

이 어수선하고 혼란스러운 장소는 물건을 호객하는 상인들과 웅변술을 호객하는 소피스트들로 와글거렸다. 위험도 도사렸다. 종종 논쟁이 벌어졌으며 가끔 드잡이가 벌어지기도 했다. 아테네인들은 아고라를 사랑했지만, 다른 사람들은 그 매력을 알아보지 못했다. 페르시아의 키루스 왕은 "함께 모여서 서로를 속이고 거짓 맹세를 하는" 특별한 장소를 마련한 자들을 도무지 존경할 수 없다고 말했다.

아테네의 아고라는 만물상의 원조였다. 고대 세계에 존재하는 물건은 무엇이든 아고라에서 구할 수 있었다. 해학 시인 에우불루스는 아고라에서 구할 수 있는 물건으로 "무화과, 소환장 증인, 포도, 순무, 배, 사과, 증거 제출인, 장미, 죽요리, 벌집, 병아리콩, 소송, 초유 푸딩, 도금양, [배심원을 무작위로 고르는] 배정기, 붓꽃, 양, 물시계, 법, 고발장" 등을 나열했다. 다 자기 자리가 있었다. 생과와 건과, 훈제 생선과 날생선, 향신료와 향수, 신발, 말을 파는 구역이 따로따로 존재했다. 심지어 '케르코페스'의 아고라라고 장물을 파는 도둑의 시장도 있었다.

소크라테스는 누구보다 아고라를 좋아했다. 그는 아고라에 와서 상인들과 흥정하고 따끈따끈한 풍문을 수집하고 아름다움의 본질을 논했다. 전하는 말로는 시몬이라는 구두장이의 가게에서 몇 시간씩 죽치고 있었다고 한다. 하지만 진위 여부는 아무도 모른다. 고고학자들이 옛 소크라테스의 흔적—이를테면 시몬이라는 이름이 새겨진 진흙 잔—을 발견했다 싶으면 이내 가짜임이 드러난다. 소크라테스의 웃음소리가 세기를 뛰어넘어 들리는 것 같다. "여기 야. 아니, 거기 말고. 나 잡아봐라." 소크라테스는 살아서든 죽어서 든 잡히기를 거부하는 사람이었다.

시간이 늦었다. 아리스토텔레스에게 작별인사를 하려는 찰나 그가 걸음을 멈추고 뒤돌아본다. 나의 천재 지리학에 대해, 천재의 비결을 알아내려는 나의 시도에 대해 생각하던 눈치다. 낙관적인 표정은 아니다. 치렁치렁한 적갈색 머리카락을 얼굴에 늘어뜨리고 그답지 않게 손은 가만히 둔 채 말한다. "솔직히 말해서 이 천재의 장소에 대한 공식은 못 찾으실 것 같아요." 그의 말은 내게 부딪친 뒤 언덕을 굴러내려가 아고라의 단단하고 오래된 잔해에 쿵 하고 떨어진다.

우리는 작별인사를 나누고 반대 방향으로 걷는다. 오후의 따갑 던 햇살이 상쾌한 진홍색으로 부드러워졌다. 토니 호텔까지는 꽤 멀지만, 소크라테스처럼 걷기로 마음먹는다.

◉

"소크라테스는 난놈이었어요."

반어법의 기미가 전혀 없이 확신에 찬 말소리가 들린다. 뭐라 고 대답해야 할지 모르겠다. 이제는 나도 소크라테스에 대해 좀 안 다. 그가 서구 철학의 창시자이고, 질문하기를 좋아했으며, 신앙심 이 없고 "젊은이를 타락시킨다"는 부당한 고발로 애석하게도 자신 이 사랑한 도시에 의해 처형당했음을 안다. 하지만 그가 난놈이라니 참신한 얘기다. 내가 잘못 들었나?

"소크라테스는 난놈이었다고요." 이번에는 더더욱 확신에 찬 소리다. 목소리의 주인공은 시인이자 오랜 아테네 주민이자 공인된 천재 얼리샤 스탈링스다. 그녀는 비공식적으로 천재 상이라 불리는 영예로운(데다가 짭짤한) 맥아더상의 수상자다. 아테네의 천재성을 설명해주기에는 확실히 얼리샤만한 사람이 없다. 난놈 운운하기 전까지만 해도 그렇게 생각했다.

앞서, 얼리샤는 자기네 동네 카페에서 만나자고 했다. "제우스 신전 근처예요." 세상에서 가장 흔한 랜드마크를 가리키듯 대수롭지 않은 말투였다. 그리스인들이 길을 가르쳐줄 때 내가 좋아하는 점이 이거다. 내 고향보다 훨씬 **흥미진진하다는** 것. "제우스 신전을 찾으세요"라는 안내는 "던킨도너츠에서 좌회전하세요"라는 말보다 더 심오하고 역사적인 말로 들린다. 아테네인들이 거들먹거리려고 신의 이름을 들먹이는 게 아니다. 그냥 있으니까 말하는 것일 뿐. 제우스 신전이든 맥도날드든 모두 아테네 거리 풍경의 일부다.

그렇게 나는 포도주를 손에 든 채 '소크라테스는 난놈이다' 이론을 이해해보려고 여기에 왔다. 얼리샤는 영화 〈위대한 레보스키〉와 같은 맥락에서 **난놈**이라는 표현을 쓴 게 분명하다. 뜻은 정확하지만, 역사상 가장 위대한 사상가를 코언 형제의 영화 속 백인 고주망태 마약쟁이에 비유해도 될까? 모르겠다. 그러면 안 될 것 같다.

내가 미심쩍어하자 얼리샤가 진상을 보라고 말한다. 세상이 그를 중심으로 돌아가는 동안에도 소크라테스는 고요한 섬이었다.

바위섬. 과연 난놈다운 행동이다. 오래고 충만한 삶을 살아가는 동안 소크라테스는 단 한 글자도 남기지 않았다. 난놈으로 살기에도 너무 바빴으니까. 그리고 바로 이것. 처형의 순간이 찾아와, 자신의 거대한 심장을 잠재울 독미나리 사약을 마시기 직전 소크라테스는 제자들에게 이렇게 부탁했다. "자네들은 소크라테스는 덜 염려하고 진리를 훨씬 더 염려하게." 이 말은 이타적이라는 점에서—자신이 아니라 진리를 언급했다는 점에서—좋은 의미로 난놈다울 뿐 아니라 자신을 삼인칭으로 지칭했다는 점에서도 눈길을 끈다. 이보다 더 난놈다울 순 없다.

그렇다, 소크라테스는 난놈이었다. 하지만 그냥 난놈이 아니라 아테네 난놈이었다. 그 아테네의 난놈이 소크라테스였다. 한 인물과 도시가 이토록 완벽하게 맞아떨어진 적은 그전에도 그후에도 없었다. 소크라테스는 아테네를 사랑했으며 다른 곳에서 살겠다—아니면 죽겠다—는 생각은 전혀 하지 않았다. 아테네에서 달아나면 처형을 면할 수 있었지만, 탈옥 제의를 일언지하에 거절했다. 그는 도시와 계약을 맺었으며, 최후까지 의무를 다하고자 했다.

맨발의 기인이자 사랑스러운 고집쟁이인 소크라테스는 여느 천재와 마찬가지로 위태로운 자리—내부자와 외부자의 중간 지점—에 서 있었다. 참신한 시각으로 세상을 볼 만큼 주류에서 멀리 떨어져 있으면서도 자신의 참신한 시각을 남에게 설득할 만큼 가까운 자리였다.

천재를 이루는 요소는 많지만 아름다움은 거기 들지 않는다. 소크라테스는 지독한 추남이었다. 역사가 폴 존슨에 따르면 "낮고 평퍼짐한 코, 두드러지게 튀어나온 눈, 두꺼운 입술에 수염을 기른 털북숭이"였다. 하지만 소크라테스는 자신의 외모에 조금도 주눅 들지 않았으며 이를 곧잘 농담거리로 삼았다. 크세노폰의 『향연』에 소크라테스가 잘생긴 젊은이 크리토불로스에게 아름다움을 겨뤄보자고 도전하는 얘기가 나온다. 크리토불로스가 소크라테스의 들창코를 추남의 증거로 지목하자 위대한 철학자 소크라테스는 섣부르게 판단하지 말라며 이렇게 받아친다. "신이 냄새를 맡으라고 코를 만들었는데 당신의 콧구멍은 땅 쪽을 향하지만, 내 콧구멍은 하늘을 향해 넓게 퍼져 있어서 어디서 냄새가 나든 맡을 수 있죠." 남보다 큰 입술에 대해서도 소크라테스는 "당신의 키스보다 더 달콤하고 감미롭지 않겠느냐"며 반박한다.

소크라테스에게 결핍된 육체적 아름다움이 무엇이었든, 그는 절묘한 타이밍으로 그것을 보완했다. 소크라테스는 인류사에서 손꼽히는 호시절인 페리클레스 시대에 태어났다. 공자가 죽은 지 9년밖에 지나지 않은 때였다. 소크라테스가 열두 살 때 히브리인의 선지자 에스라는 바빌로니아를 떠나 예루살렘으로 향했는데, 그의 손에는 갓 필사된 모세오경 그러니까 토라의 처음 다섯 권이 들려 있었다. '축의 시대Axial Age'로 알려진 이 시기에 옛 질서는 무너지되 새 질서는 아직 다져지지 않았다. 틈이 벌어졌는데, 옛말에도 있듯이 틈으로는 빛이 들어온다. 빛과 함께 천재도.

소크라테스는 여느 천재와 마찬가지로 '시대정신에 부합'하여 덕을 보았다. 그렇다고 해서 당대의 정신에 순순히 들어맞았다는 말은 아니다. 천재는 시대와 빈틈없이 맞물리느냐가 아니라 심리학자 키스 소여 말마따나 "겉보기에는 들어맞지 않는 것을 활용하는 능력"으로 구분할 수 있다. 소크라테스가 바로 그런 경우였다. 그는 용인되는 담론의 한계를 끝까지 밀어붙였다. 그의 사상은 짜증스러울 정도로 되풀이됐다. 이것이 천재의 방식이다. 천재가 자신의 시대에 들어맞는 것은 조개껍데기에 진주가 들어맞는 것과 같다. 불편하지만 이 방법뿐이다. 훌륭한 자극제.

소크라테스는 위대한 철학자로 기억되지만, 무엇보다 대화하는 사람이었다. 소크라테스 이전에도 사람들은 말을 했지만 대화는 아니었다. 독백을 주고받을 뿐이었고 한쪽의 신분이 높으면 더더욱 그랬다. 소크라테스는 대화를 지적 탐구의 수단으로 활용하는 방법을 개척했다. 이것은 너무나 깊이 각인되어 인식조차 못하는 가정에 의문을 던지는 방법이다.

내가 깨달은바, 대화는 집단적 천재성의 매개체이기도 하다. 아이디어는 대화의 의도적 산물일 수도 있지만, 그에 못지않게 예상치 못한, 그렇다고 덜 즐겁지는 않은 부산물로 생기기도 한다. 헨리 제임스는 자신의 소설 『포인턴 저택의 소장품』이 "대화의 물살에서 그저 떠다니는 입자들"에서 자라났다고 회상한다. 소크라테스는 이 물살에 곧잘 몸을 담갔으며, 똑같은 물살이 결코 다시 찾아오지 않고 자신도 결코 똑같은 소크라테스가 아님에 기뻐했다.

종업원이 포도주를 한 병 더 가져왔을 때 얼리샤가 젊은 시절 그리스 열병에 걸렸노라며 이야기한다. 그녀는 외견상 모순을 즐거워하는 듯하다. "고대 작가들은 현대 작가들보다 더 현대적이에요. 그들의 글에는 시의성이 있답니다."

포도주를 홀짝거리며 그녀의 말을 곱씹는다. 듣고 보니 많은 것이 설명된다. 얼리샤가 고대 그리스인을 왜 현재 시제로 언급하는지도 설명된다. 좋은 작품, 심지어 위대한 작품을 진정한 천재의 작품과 구별하는 기준이 무엇인지도 설명된다. 좋은 시나 그림은 특정 시기의 사람들을 대상으로 한다. 하지만 천재의 작품은 그런 시간적 제약을 뛰어넘으며 뒤이은 세대들에게 새로이 재발견된다. 이런 작품은 정적이지 않다. 새로운 수용자가 작품을 만날 때마다 작품은 수용자를 바꾸고 수용자는 작품을 바꾼다. 파블로 피카소는 이렇게 말했다. "미술에는 과거도 미래도 없다. 미술 작품이 늘 현재를 살 수 없다면 그건 결코 미술이라 할 수 없다. 그리스인의 미술, 이집트인의 미술, 다른 시대를 산 위대한 화가의 미술은 과거의 미술이 아니다. 그 어느 때보다 오늘날 더 생생히 살아 있는 것인지도 모른다."

얼리샤는 내게 그리스 정신을 이해하려면 한 걸음 물러나 그리스인의 샌들을 신어야 한다고 말한다. 그리스인들은 '창조하다'라는 단어를 쓰지 않았다. 적어도 우리가 생각하는 뜻으로는 그런 단어는 없었다. 그리스 시인에게 지금 무엇을 하느냐고 물으면 그는 '포이에시스' 중이라고 말할 것이다. '만들다'라는 뜻의 이 단어는 시를 지을 때나 불을 피울 때나 일을 엉망으로 망칠 때 두루 쓰인다. 얼리샤가 말한다. "그들은 시를 **짓거나** 창조적이 **되려고** 애쓰지 않았어요." 그리스인들은 우리가 지금 예술이라고 여기는 많은 것을 창조했지만, 도자기에서 볼 수 있듯 이를 떠받들지는 않았다. 일상생활에서 예술이 너무나 많은 비중을 차지했기에 오히려 당연시되었다. 예술은 실용적이었으며 아름다움은 보너스였다.

이렇듯 내재한 아름다움이야말로 최상의 아름다움 아닐까. 오늘날 우리는 고상한 예술을 비루하고 평범한 삶에서 분리하려고 안간힘을 쓴다. 우리는 예술을 '특별'한 것으로 선포하고 손닿지 않는 곳에 모셔두었다.

얼리샤는 예술과 삶의 교집합에 대해 뭔가 아는 사람이다. 얼마 전 그녀가 여덟 살배기 아들과 집에 있을 때였다. 남편이 치과에 간 사이 전화벨이 울렸다.

상대방이 물었다. "혼자 계세요?"

얼리샤는 이상한 질문이라고 생각했다. "아이가 옆방에서 놀고 있긴 하지만, 그것만 아니면 혼자예요. 무슨 일이시죠?"

그러자 상대방은 그녀에게 맥아더상 수상 소식을 알렸다. 상금은 50만 달러였으며 '천재' 칭호도 비공식적으로 따라왔다.

얼리샤는 전화를 끊었다. 그녀의 기억은 거기까지다. 그 이후의 일은 모두 흐릿하기만 하다. 천재가 세속의 신이라면 얼리샤는 올림포스산 꼭대기에 앉아 필멸자들을 내려다보는 셈이다. 위에서 내려다보는 풍경은 근사하지만, 신성함에는 혜택뿐 아니라 부담도 따른다. 그녀는 잠깐 동안 숨을 쉴 수 없었다. 다행히 호흡은 정상으로 돌아왔지만 이번에는 잠이 오지 않았다. 불면증이 2주간 이어졌다. 흥분과 근심으로 밤을 새웠다. 샘난 시인들이 자신을 비난할까봐 걱정스러웠다. 새로 얻은 명성이 뜻밖의 결과를 가져올까 두려웠다. 그녀는 갑작스러운 천재 등극이 자신에게는 '헤쳐나가야 할 길'이었다고 말한다. 거친 급류나 출퇴근길 아테네 도로를 묘사하는 듯한 말투다. "때로는 제가 천재 같아요. 단어가 그냥 흘러나올 때요. 그러다 어떤 때는 시를 써놓고 이렇게 생각해요. '이걸 발표해도 될까? 이건 천재의 작품이 아니잖아. 쓰레기 같은 시야.'"

마지막으로, 느지막이 포도주로 정신이 몽롱한 채 얼리샤에게 시간여행에 대해 묻는다. 기원전 450년경 아테네로 갈 수 있다면 누구와 포도주 한 병을 나눠 마시고 싶으냐고. 당연히 소크라테스라고 하지 않을까. 난놈 소크라테스.

얼리샤가 말한다. "아스파시아요."

"그 남자가 누굽니까?"

"여자예요. 페리클레스와 동거했죠."

고전에는 아테네 여인들 이야기가 거의 나오지 않으며, 나와봤자 별로 긍정적이지 않다. 다른 사람 눈에 띄지도, 다른 사람 귀에 들리지도 않는 게 여성으로서 최고의 성취였다.

하지만 아스파시아는 이런 익명성을 받아들이지 않았다. 그녀는 눈에 띄었으며 틀림없이 귀에도 들렸다. 유명한 '장례식 연설'을 비롯한 페리클레스의 연설문 중 일부를 그녀가 썼다는 소문이 있다. 아스파시아는 페미니즘이 등장하기 약 2400여 년 전의 페미니스트였으며 아테네의 부흥에 함께한 이름 없는 영웅이었다. 나중에 알게 된 사실이지만, 황금기에는 이런 보이지 않는 조력자가 꼭 필요하다. 막후에서 일하는 이들은 때로는 매우 영웅적으로 타인에게서 천재성을 이끌어낸다.

"아테네 사람들은 그녀를 두려워했어요." 마치 이것이 좋은 일이라는 듯한 말투로 얼리샤가 말한다. 아주 좋은 일이라고 생각하는 듯.

📍

이튿날 아침, 자명종이 울리자 플라톤을 원망한다. 그는 명석한 철학자이자 역사를 통틀어 가장 위대한 사상가로 손꼽히지만, 물시계의 발명자이기도 하다. 수압을 이용하여 자명종을 울리는 기발하면서도 사악한 장치 말이다. 플라톤의 시계는 정치 회합에서 시간을 잴 때도 쓰였다. 그래서 평민들은 장광설을 늘어놓는 연설가를 욕할 때 '길이가 아홉 갤런'이라고 표현했다.

플라톤의 물시계는 그리스 기술의 희귀한 사례다. 오늘날 혁신이라고 일컫는 것은 거의 모두 기술 혁신이지만, 고대 그리스에서는 그렇지 않았다. 천한 일은 노예가 도맡았기에 시간을 절약해주는 장치를 발명할 이유가 없었다. 옥스퍼드대학의 고전학자 아르망 당구르에 따르면 신기술 연구는 "하찮고 사소한" 일로 여겨졌다. 고대 아테네에서 땜장이나 발명가가 되는 것은 계층 사다리의 맨 밑단으로 추락하는 일과 같았다.

이를테면 '클레로테리온Kleroterion'은 배심원을 무작위로 선발하는 기발한 장치였지만, 그 발명을 둘러싸고 스티브 잡스 이야기 같은 설화는 고사하고 발명가의 이름조차 전혀 언급되지 않는다. 실리콘밸리의 기술 천재가 갑자기 고대 아테네에서 환생하더라도 그는 여느 장인처럼 쥐꼬리만한 월급을 받고 인정도 못 받고 등뒤에서는 조롱당할 것이다. 전사나 운동선수나 사상가가 아니라 손으로 일하고 **물건**을 만드는 사람이기 때문이다. 고대 그리스의 스티브 잡스는 빈털터리에 무명으로 죽었을 것이다.

천재 플라톤도 생각지 못한 기능인 다시알림 버튼을 누르고, 아래층에 위치한 카페 브리지로 허둥지둥 내려와 자리를 잡고서 커피를 주문한 다음, 아테네의 대수수께끼를 공략하기 위한 오늘의 작전 계획을 짠다. 소크라테스가 열쇠를 쥐고 있으리라는 의심이 든다. 그는 자신이 지혜롭다고 주장하지도 추종자를 두지도 않았다. 귀에 거슬리는 질문만을 줄기차게 던졌을 뿐. 나와 같군, 이라고 생각하며 미소 짓는다. 그래, 소크라테스적 탐구에는 대화가 제격이지. 그런데 누구랑 한담?

"브래디죠. 브래디를 불러야 해요." 다들 그렇게 말한다. 소크라테스, 그리고 고대든 현대든 아테네를 이해하고 싶은 사람은 브래디를 찾아가면 된다고 다들 장담한다.

도시마다 브래디가 있다. 브래디는 대개 외국인이지만 늘 그런 것은 아니다. 현지인일 때도 있다. 어느 쪽이든 브래디는 그 장소의 원기와 골수를 쫙 빨아들여 그 정수를 철저히 흡수했기에 어디까지가 장소이고 어디부터가 브래디인지 구분이 불가능하다. 아테네처럼 복잡하고 혼란스러운 장소를 파악하려는 나 같은 사람에게 브래디는 없어서는 안 될 존재다.

그래서 브래디를 부른다. 알고 보니 그는 전직 미국 외교관이며 역시나 천재다. 그가 심포지엄(향연)이 열린다며 나를 자신의 아파트에 초대한다. 뭐 사실은 디너파티지만 이 특별한 디너파티는 브루클린이 아니라 아테네 플라카 지구의 다층 건물에서 열리므로, 심포지엄이라고 부르고 싶다. 솔직히 말해서 **디너파티**보다는 **심포지**

엄이 훨씬 그럴듯하게 들리니 말이다. 물론 더 그리스적으로 들리기도 하고.

심포지엄은 '함께 마시다'라는 의미로 옛 아테네에서 삶의 중심이었으며 소크라테스는 이를 뻔질나게 드나들었다. 음식이 제공되기는 했지만, 이것이 핵심은 아니었다. 역사가 로베르 플라실리에르의 말을 빌리자면 심포지엄의 주된 매력은 "화기애애한 담소와 지적인 퍼즐 게임부터 음악, 무희, 그 밖의 여흥에 이르는 모든 것"으로 이루어진 오락이었다. 하지만 심포지엄은 포도주, 그것도 다량의 포도주로 완성됐다. 그리스인들은 으레 그렇듯 알코올에 대해서도 우스꽝스러운 견해를 가지고 있었다. 아리스토텔레스는 포도주를 너무 많이 마시면 앞으로 고꾸라지고 맥주를 너무 많이 마시면 뒤로 자빠진다고 믿었으며, 이유는 확실치 않지만 그리스인들은 포도주에 늘 물을 타서 마셨다―크라테르Krater라는 커다란 항아리에 물과 포도주를 5 대 2 비율로 섞었다.

여기서 아테네인의 천재성을 설명하는 한 가지 후보가 등장한다. 술이다. 보기만큼 터무니없는 얘기는 아니다. 대중의 상상 속에서, 또한 시대를 막론하고 술독에 빠진 작가와 예술가의 상상 속에서, 알코올과 창조성은 오래전부터 연관되어 있었다. 윌리엄 포크너는 잭대니얼스 위스키병 없이는 백지를 마주할 수 없었다고 한다. 고흐에서 잭슨 폴록에 이르는 여러 화가들도 그림을 그리면서 술 한두 잔을 즐겼다. 윈스턴 처칠은 자신의 뮤즈인 술이 없었다면 다섯 권짜리 회고록 『세계의 위기』를 쓰지 못했으리라고 장담한다. 하긴 알코올이 생산성을 향상시키는 성향을 '처칠 유전자'라고도 부르니까. 이런 유전자가 실재한다는 증거는 없지만, 연구자들은 G변이라는 유전적 변이를 찾아냈다. G변이를 가진 사람에게 알코올은 모르핀 같은 아편제와 비슷한 작용을 한다. 이론적으로 (물론 이론은 이론일 뿐이다) 이 독특한 유전적 성질은 어떤 사람들에게는 창조적 사고의 바퀴에 기름을 칠하지만 다른 사람들에게는 아무런 효과가 없다. 아니면 마크 트웨인의 말처럼 "나의 악덕이 나는 보호하지만 그대는 살해할 것이다!".

이 주제에 대한 관심이 지대하고 자원자도 차고 넘칠 테니 알코올과 창조적 천재 간의 연관성에 대한 연구가 어마어마할 것 같지만, 실험에 근거를 둔 연구는 놀랍게도 거의 찾을 수 없다. 하지만 몇몇 용감한 연구자들이 이 문제를 실험실로 가져갔다.

이 연구의 의미를 이해하려면 한발 물러나 준비, 부화, 발현, 검증이라는 창조적 과정의 네 단계부터 살펴야 한다. 알코올은 각 단계마다 다르게 작용한다. 스웨덴 심리학자 토르스텐 놀란데르의 연구에 따르면 알코올 섭취는 문제 해결에 적극적으로 나서 무의식이 답을 찾도록 생각을 숙성하는 부화 단계를 촉진하지만 검증 단계에는 해롭다. 즉, 번뜩이는 아이디어를 떠올릴 수는 있지만 그걸 인지하지는 못한다.

일리노이대학 심리학자들이 수행한 다른 연구에서는 자원자 스무 명이 보드카와 크랜베리 주스를 섞은 적당량의 알코올을 섭취했다. 연구진은 피험자들의 혈중 알코올 농도가 운전 허용 기준치인 0.075퍼센트가 되었을 때 멈췄다. 적당히 취한 피험자들은 맨정신의 통제군 스무 명과 함께 확산적 사고─다시 말하지만 이는 창의성의 중요한 특징이다—를 측정하는 검사를 받았다.

그 결과는 학술지 『의식과 인지』에 발표되었는데, 술맛을 돋우기에 충분했다. 맨정신의 피험자들은 창의적 답을 생각해내는 데 평균 15.4초가 걸린 반면, 보드카를 마신 피험자들은 11.5초밖에 걸리지 않았다. 연구자들은 나중에(아마도 술이 깬 뒤) 피험자들에게 어떤 식으로 과제에 접근했는지 물어보았다. 술 취한 집단은 대체로 자신의 접근법을 '직관적'이라고 서술한 반면 맨정신 집단은 '분석적' 같은 단어를 썼다. 이 연구는 우리가 오래전부터 품어온, 알코올은 억압을 줄여줘 적어도 일부의 경우 닫혔던 창의적 통로를 열어준다는 생각을 뒷받침하는 최초의 실증적 증거가 되었다.

하지만 해결되지 않은 두 가지 핵심 질문이 남아 있다. 알코올은 어떤 사람들에게 효과적일까? 알코올을 얼마나 섭취해야 할까? 알코올 섭취량을 두 배, 세 배로 늘려서 똑같은 실험을 실시했으면 좋으련만 연구진은 그러지 않았다. 장담컨대 알코올 섭취량이 많아지면 결과는 달라질 것이다. 소량의 알코올을 섭취했을 때 관찰된 창의력 상승 효과는 자취를 감출 것이다.

고대 그리스인들도 확실히 그렇게 생각했다. 그들은 포도주에 물을 탔을 뿐 아니라, 꿀꺽꿀꺽 못 마시고 홀짝홀짝거리도록 얕은 잔에 따랐다.

마침내 플라카 지구 근처 돌길을 가로질러 몇 번 길을 잘못 든 끝에 브래디의 아파트를 찾는다. 아늑하고 낡은 집이다. 여러 현대어와 고어로 쓰인 책들이 욕실을 비롯하여 방마다 명당자리를 차지하고 있다. 브래디는 똑똑하다. 겁나게 똑똑하다. 그는 "오늘 아침에 리시아스의 글을 그리스어 원어로 읽는데 말이지"와 같은 구절로 문장을 시작한다. 내 문장은 그런 식으로 시작되지 않는다. "오늘 아침 내 페이스북 담벼락에 영어로 글을 올리는데 말이지"라면 모를까.

손님들이 도착하자 고대 그리스식으로 심포지엄이 시작된다. 무희가 없고, 음식을 나르고 포도주에 물을 탈 노예가 없다는 것만 빼면 고대 그리스의 심포지엄과 똑같다. 포도주에 물 타는 절차가 무엇보다 중요한데, 누군가 포도주(아니면 모히토나 진이나 토닉)를 그만 마시자고 말하지 않으면 심포지엄이 금세 술판으로 전락할 수 있기 때문이다. 오늘 심포지엄도 그 꼴이다. 이날 저녁에 심오한 대화를 숱하게 나눈 것 같은데, 하나도 기억나지 않는다. 빛 얘기만 빼고. 누군가 "여기 아테네는 빛이 달라"라고 말하자 다들 고개를 끄덕였다. 소크라테스를 언급한 사람도 있었다. 아니, 플라톤이었나? 내가 말했듯 아무도 포도주를 그만 마시자고 말하지 않았다. 차라리 완전히 고대 그리스식으로 진행했으면 좋았을 것을.

이튿날 아침, 물을 듬뿍 마시고는 브래디에게 전화를 걸어 다시 만나기로 한다. 이번에는 알코올 없이. 그의 집 근처 카페에 앉았다. 뜻밖에 구름이 끼고 이슬비가 내려 반갑다. 숙취는 아테네의 따가운 햇볕과는 어울리지 않으니까. 브래디와 그의 똑똑함을 접할 기회가 두번째로 주어진 점에도 감사하다. 나는 질문에 대한 대답을 찾고 싶다. 아니 적어도 소크라테스 말마따나 더 나은 질문을 찾고 싶다.

이 카페는 브리지와 전혀 다르지만 그에 못지않게 쾌적하다. 탁자는 대부분 야외에, 커다란 차양 아래 놓여 있으며 전반적으로 이런 암묵적 권유가 느껴진다. 어서 오시게, 지친 여행자여. 커피 한 잔 주문하고, 한 잔이면 **충분할 테니 종일 앉아 계시게나**.

브래디가 고고학과 첫사랑에 빠진 이야기를 들려준다. 납득이 된다. 그가 수줍음을 타고났으며 살아 있는 사람보다 고대 유물을 더 편안해한다는 사실은 이미 알고 있었다. 고고학은 브래디나 아리스토텔레스 같은 사람에게 꼭 어울리는 학문이다. 바위와 유골은 이야기를, 때로는 놀라운 이야기를 들려주지만, 눈을 맞추거나 잡담을 나누거나 화요일 저녁에 뭐하느냐고 묻지 않는다.

나는 브래디에게 천재를 만든 환경에 대해 조사하는 중이라고 말한다. 그는 에스프레소를 한 모금 마시더니, 세그웨이를 탄 관광객들이 헬멧 쓴 거위떼처럼 가이드를 따라가는 광경을 외면하고 먼 곳을 응시한다.

브래디는 내가 제정신이라고 생각할까, 아니면 고대 그리스어의 용법이 아니라 현대적 용법에서 완전히 '이디엇'이라고 생각할까? 그는 아무 말도 하지 않고 표정에서도 아무것도 드러나지 않는다. 포커페이스로 명성이 자자했던 소크라테스와 판박이다.

내가 읽고 있는 책 몇 권을 배낭에서 꺼내 브래디에게 보여준다. 그는 동조도 반박도 아닌, "그래요, 이게 유력한 용의자로군요"라고 단순히 인정하는 양 고개를 끄덕인다. 그러다 『그리스인과 새로움』이라는 책을 보여주자 "그건 못 읽어봤네요"라고 말한다. 승리감에 짜릿하다. 내가 브래디를 놀라게 하다니. 그의 표정이 전혀 변함없는 것을 보면 틀림없다.

브래디는 이스라엘, 모로코, 아르메니아에서 살면서, 여느 사람들이 보풀을 집어올리듯 언어를 집어올렸다. 하지만 그의 마음을 훔친 것은 아테네였다. 왜 아니겠는가? 아테네에서는 그 어느 곳보다 가까이서 과거를 느낄 수 있으며 브래디는 그런 밀접함을 싫증 내는 법이 없다. 아식도 틈만 나면 박물관에 간다고 한다.

나는 박물관 알레르기가 있다고 털어놓는다. 박물관이 싫다. 한 번도 좋아한 적이 없다. 박물관은 거대하고, 위압적이며, 나를 무력화하려고 만들어진 것 같다. 문화 시설로 위장한 죄책감 공장이라고나 할까. 브래디가 공감을 표한다. "박물관의 진가를 아는 데는 시간이 걸립니다. 우선 고고학을 오랫동안 공부한 다음 오랫동안 그걸 잊어야 합니다. 그러고 나면 박물관에 가도 좋아요."

매우 그리스적인 표현이다. 고대인들은 앎이 좋은 것이라고 믿었지만, 닥치는 대로 무작정 앎을 축적하는 일이 위험하다는 사실도 알고 있었다. 얼리샤 말마따나 그들에게는 '빛나는 무지'가 있었다. 그중 가장 찬란하게 빛난 것은 소크라테스였다. "진정 유일한 앎은 아무것도 모른다는 사실을 깨닫는 것이다"라고 말한 소크라테스.

◉

소크라테스가 이 말을 한 지 2500년가량 지난 뒤, 사회과학자들이 그가 정말로 무언가를 알고 있던 것이 아닌지 탐구하기 시작했다. 한 연구자는 질병인식불능증anosognosia이라는 희귀한 신경성 질환에 초점을 맞췄는데, 이 병에 걸린 사람은 몸이 마비되었는데도 자신의 장애를 전혀 인식하지 못한다. 이 병을 앓는 환자에게 오른손 앞쪽에 놓인 물잔을 집어보라고 하면 그러지 못하는데, 이유를 물어보면 피곤하다거나 목마르지 않다고 대답한다. 마비를 일으킨 뇌손상 때문에 마비 자체를 인식하지 못해서다.

코넬대학의 심리학자 데이비드 더닝은 질병인식불능증을 은유로 삼아 자신의 무지 연구를 설명한다. 그는 동료 저스틴 크루거와 함께 학부생들을 대상으로 논리 추론, 문법, 유머 등의 능력을 검사하는 일련의 실험을 수행했다. 그런 다음 각 참가자에게 검사 결과를 보여주면서 자신의 성적이 남들에 비해 어떨지 추측해보도록 했다. 뛰어난 성적을 받은 학생들은 자신의 순위를 정확하게 추측했다. 이건 놀랄 것이 없다. 놀라운 사실은, 성적이 나쁜 학생들 또한 자신이 잘했다고 확신했다는 것이다. 거짓말을 하는 게 아니었다. 그들은 그저 자신의 능력을 평가할 수 없었을 뿐이다. 아니, 영화 제작자 에롤 모리스와의 인터뷰에서 더닝이 말한 것처럼 "우리는 자신이 뭘 모르는지 아는 일에 능숙하지 못하다".

문제를 해결하는 데 필요한 기술과, 문제를 해결할 수 없음을 깨닫는 데 필요한 기술이 같기 때문에 이런 현상이 생긴다. 이는 지성적 측면의 질병인식불능증인데 더닝 크루거 효과로 알려진 이 현상으로 많은 것이 설명된다. 대다수 사람들은 자신의 운전 실력이 평균 이상이라고 생각하는데, 이는 통계적으로 불가능한 일이다. (누군가는 평균 이하여야 한다.) 우리 중에 왜 천재 아닌 사람이 더 많은지도 이로써 설명된다. 모든 도약의 첫 단계는, 도약이 필요함을 깨닫는 것, 자신의 앎이 불완전함을 깨닫는 것이다. 스코틀랜드의 물리학자 제임스 클러크 맥스웰이 '속속들이 의식적인 무지'라고 이름 붙인 이 능력을 가진 사람은 자신이 모든 것을 안다고 확신하는 사람보다 창조적 도약을 해낼 가능성이 크다.

📍

　브래디와 함께 카페에 앉아 세계 최고 수준의 담소를 나눈다. 우리의 대화는 파르테논 신전의 기둥 못지않게 굽어 있다. 뭐, 나쁘지 않다. 미국과 달리 이곳에서는 상호 합의된 컷오프 시점이 없다. "여기까지 합시다"라는 암묵적 신호를 교환하지도 않는다. 아테네 아닌가. 4000년 넘도록 그랬고 앞으로도 그럴 것이다. 왜 바꿔야 하겠는가? 우리 주위에, 우리 아래에 자리한 이 모든 과거 덕에 현재가 조금 덜 위태롭게 느껴진다. 오늘날 그리스인들이 걷기를 포기하고 앉기를 이토록 좋아하는 것은 그래서인지도 모르겠다. 위안이 되는 역사를 깔고 앉은 채 잔혹한 현실에서 평정심을 유지하고 싶은 것이다.

　우리는 에스프레소를 두 잔 더 시키고, 점심 식사와 맥주 두 잔, 마지막으로 에스프레소 두 잔을 더 주문한다. 브래디가 말한다. "균형을 맞춰야죠." 이해한다. 그리스에서 보내는 모든 시간은 알코올과 카페인 사이에서 시소를 타며 균형을 찾는 과정인 듯하다. 그러다 '메덴 아간'(무엇이든 지나치지 않게)이라는 그리스 금언에 작고 지저분한 비밀이 있음을 발견한다. 그것이 거짓이라는 사실을. 고대 그리스인들은 중용을 열심히 설파했지만 실천에는 게을 렀다. 그들은 중용을 수단이 아니라 목적으로 보았다. 양극단에 충 분히 가까워지면 결국 두 극단이 상쇄되어 사실상 완벽한 중용을 찾으리라는 것이다. (적어도 이론상으로는 그렇다.) 그리스인들은 은 밀한 극단주의자였으며, 투키디데스의 말을 빌리자면 "능력 이상 으로 저돌적이고, 상식 밖의 모험을 했다". 아마도 천재의 장소는 어디든 아테네 못지않게 열성적일 것이다. 천재의 장소가 영원하 지 않은 것은 이 때문인지도 모른다.

이런 궁금증이 들었다. 당대인들은 당시가 황금기임을 알았을 까? 자신이 특별한 시대에 산다는 걸 알았을까? 아니면 이런 판단 은 훗날에나 가능한 것일까? 고전 문헌을 뒤적이다 아테네인들이 자기네가 걸물임을 알았다는 증거를 찾아냈다. 해학 시인 리시포 스의 거들먹거리는 말투를 보라. "아테네를 보지 않은 자는 바보 다. 아테네를 보고도 심드렁한 자는 당나귀다. 아테네를 떠나고 싶 어하는 자는 짐말이다."

이 문구는 매우 의미심장하다. 첫째, 고대 아테네에서 가장 심 한 욕이 짐말이었음을 알 수 있다. 둘째, 여기에는 오만에 가까운 자신감이 드러나 있다. 페리클레스는 한술 더 떠서 아테네를 "그리 스의 학교"라고 칭송했다. 이는 스파르타인과 코린토스인과 나머 지 그리스인 전부를 학생으로 전락시키는 표현이며, 아테네인들이 왜 그렇게 두루 멸시받았는지 짐작게 한다. 하지만 이런 자신감이 노골적 오만함으로 변질되는 일은 드물었다. 왜일까?

소크라테스처럼 돌부처 같은 표정으로 지금껏 듣고 있던 브래디가 말한다. "휴브리스이지요."

아, 그렇지. 휴브리스. 지나친 자부심.

"그렇긴 한데 '휴브리스'라는 단어는 조심해서 써야 합니다." 유난히 위험한 설치류나 실적이 나쁜 주식 종목을 들먹이는 듯한 말투다. "그리스인들은 '휴브리스'를 지금과 같은 의미로 쓰지 않았습니다. 단순히 지나친 자부심을 뜻하는 게 아니었어요. 신들에 대한 모욕을 일컬었죠." 고대 그리스가 우리에게 가르쳐주는 뭔가가 있다면, 신을 분노케 하면 대가를 치른다는 점이다.

휴브리스한 사람을 벌하는 신이 따로 있는데, 그의 이름은 네메시스다. 브래디에 따르면 이 이름은 '자신에게 할당된 것을 넘어서다'라는 뜻이라고 한다. 말이 된다. 휴브리스는 일종의 탐욕이다. 신이 내게 준 몫에 만족하지 못하여 더 움켜쥐는 것. 휴브리스가 신에 대한 잘못crime(죄sin가 아님을 명심할 것. 죄는 기독교적 개념으로, 500년 뒤에야 창안된다)이었기에 그리스적 자신감은 자만심으로 부풀지는 않았다. 적어도 자주 그러지는 않았다.

브래디는 그리스인들의 경우 덕과 천재성이 분리되지 않았다고 설명한다. 우리가 세상에서 가장 위대한 시인이나 건축가가 될 수는 있겠지만, 우리가 건방지기 짝이 없다면 아무에게도 인정받지 못할 것이다. 현대의 천재관과는 놀라울 만큼 다르다. 우리는 어떤 성격상의 결함이 탁월함을 낳는다면 이를 기꺼이 눈감아줄 뿐 아니라 천재에게서 그런 결함을 기대하기까지 한다. 스티브 잡스의 신경질적 성격을 생각해보라. 우리는 참된 천재라면 그래도 넘어갈 수 있다고 결론 내린다. 하지만 그리스인들은 그렇게 생각하지 않았다. 그들은 사람을 판단할 때 성과의 수준뿐 아니라 그의 성격도 잣대로 삼았다.

미토스 맥주 두 병이 서비스로 나왔다. 힘들게 얻은 중용이 흐트러질 위험이 있지만, 기꺼이 기회를 잡는다. 하지만 지금 내 질문이 변죽만 울린다는 우려에 다짜고짜 묻는다. "왜 아테네인 거죠? 적으로 둘러싸이고 올리브유 범벅인 작고 더럽고 붐비는 도시가 어떻게 세상을 바꾼 거죠?"

그 답은 전문성에, 아니 그보다는 전문성의 결여에 있다고 브래디는 말한다. 고대 아테네에는 직업 정치인도, 직업 판사도, 심지어 직업 성직자도 없었다. 모두가 모든 일을 했다. 군인이 시를 쓰고 시인이 싸우러 나갔다. 당시는 엄밀히 말해서 아마추어의 시대였으며, 그리스인들만 놓고 보자면 이것은 좋은 일이었다. 그들은 천재성이 단순함에 있다고 생각했기에 전문성에 의혹의 눈초리를 던졌다.

브래디는 다윈의 진화론에서 아인슈타인의 일반상대성이론에 이르기까지 지적 도약이 일어날 때마다 세상이 좀더 단순해졌다고 말한다. "연관성 없어 보이는 데이터가 널려 있는데 누가 이렇게 말하는 겁니다. '잠깐만, 이렇게 하면 전부 들어맞는군.' 근데 그걸 좋아하는 거죠."

이를테면 수학은 '우아한 증명'을 높이 평가한다. 우아한 증명이란 단순히 정확한 게 아니라 매우 간소화된 증명이다. 더할 것도 뺄 것도 없다. 우아한 증명은 우아한 디자인이 눈을 즐겁게 하는 것처럼 마음을 즐겁게 한다. 그리스인들은 어떤 문제에 대해서든 늘 가장 우아한 해결책을 모색했다. 이는 예외 없이 연관성을 찾는 다는 뜻이었는데 역사가 이디스 해밀턴 말마따나 "뭐든 다른 것과의 관계로 보는 것은 단순화하여 보는 것"이기 때문이다.

브래디는 자신이 겁나게 똑똑하지만 곧잘 복잡성의 덫에 빠진다고 인정한다. 어쩔 수 없다. 그는 학자 타입의 사람인데, 복잡성이야말로 학계에서 장려하고 보상하는 덕목이기 때문이다.

조지 H. W. 부시 대통령이 아테네를 방문했을 때 브래디가 통역을 맡았었다. 부시 대통령은 그리스 의회 연설을 앞두고서, 그리스어 몇 마디로 말문을 열면 좋겠다고 생각했다.

부시 대통령이 브래디에게 물었다. "'그리스 만세'를 그리스어로 뭐라고 말합니까?"

"대통령님, 그 질문에 대한 답은 간단하지 않습니다. '그리스 만세'라고 말하는 방법은 적어도 두 가지가 있는데, 뜻이 전혀 다르거든요. 이를테면⋯⋯."

브래디가 고개를 들었지만 부시 대통령은 이미 자리를 뜬 뒤였다. '그리스 만세'가 그리스어로 뭔지 가르쳐줄 다른 사람을 찾아간 것이다.

이 일화를 곱씹는 동안 내 머릿속에서 카페인과 알코올이 섞이던 차에 그가 아테네에서 누구도 하지 않던 행동을 한다. 시계를 본다. 갈 시간이다.

걸어나가던 브래디가 갑자기 멈춰서 돌아선다. "관건은 맞물린 피드백 고리입니다."

뭐라고? 브래디, 잠깐만. 그게 무슨 뜻이야? 하지만 이미 늦었다. 브래디는 떠났다. 그리스의 햇빛, 오후의 찬란한 영광을 발하는 저 햇빛에 빛나는 바다가 그를 삼켰다.

♀

포크를 집으려고 손을 뻗지만, 없다. 냅킨도 없고 무엇보다 놀랍게도 커피도 없다. 어디 갔지? 그것은 아직 존재하지 않는다. 지금 여기는 기원전 450년 아테네이기 때문이다. 아르케온 게프시스, 일명 고대의 맛이라는 식당에서 저녁 식사중이다. 이 식당은 소크라테스 시대 아테네의 저녁 식사를 재현하는 곳이다. 음식과 창조성의 관계를 탐구하기에 이상적인 장소 같다. 굶주린 예술가 같은 낭만적 이미지가 널려 있을 테니 말이다. 물론 헛소리다. 진짜 굶주린 예술가는 비참한 처지 말고는 무엇도 창조하지 못한다. 창조하려면 먹어야 한다. 하지만 무엇을 얼마나 먹어야 할까? 그리스인들은 먹어서 천재가 된 걸까?

식당은 관광객들로 북적거리는 길에서 훌쩍 떨어진, 이민자가 많은 동네의 작은 골목에 처박혀 있다. 식당에 들어섰을 때 대체로 현대판 토가처럼 생긴 헐렁한 옷을 입은 종업원이 메뉴판을 겸한 『고대 뉴스Ancient News』를 한 부 건네주었다. 마음에 든다. 실내는 모두 돌벽이고 조명은 흐릿한데 종업원의 복장과 똑같은 옷감처럼 보이는 흰 천으로 의자를 덮었다.

저녁 식사 동행자는 전미공영라디오NPR 아테네 통신원 조애나 카키시스다. 노스다코타에서 자란 그녀는 몇 해 전 조상의 나라에 돌아왔다. 나는 조애나를 좋아하는데다가 고대 아테네에서는 혼자

식사하는 걸 야만적 행위로 간주했다. 야만인이 될 수야 없지.

자리에 앉아서 『고대 뉴스』를 훑어본다. 에피쿠로스의 명언에 눈길이 간다. "모든 쾌락의 원천은 배를 채우는 것이다." 멋진 말이지만 오해의 소지가 있다. 아테네인들은 식도락가가 아니었다. 그 반대에 가까웠다. 사회적 지위가 어떻든 대다수 사람들은 빵 한 조각, 양파 두 쪽, 올리브 한 줌이면 만족했다. 전형적인 아테네식 정찬은 두 개의 코스로 이뤄졌는데, 역사가 앨프리드 치머른은 "첫번째 코스는 일종의 죽, 두번째 코스도 일종의 죽이다"라고 꼬집었다. 심지어 종교 축일에 먹는 음식도 밋밋했다. 그리스인의 천재성이 부엌까지는 미치지 못한 것이 분명하다.

아테네인들은 무엇을 먹을지, 아니 심지어는 얼마나 먹을지에도 관심이 없었다. 그들의 열량 섭취량은 눈에 띄게 낮았다. 풍자가 아리스토파네스는 아테네인들이 소식한 덕에 몸매가 호리호리하고 정신이 예리하다고 말했다.

이제 메뉴를 들여다보자. 올리브와 병아리콩 같은 몇몇 재료는 낯익다. 속을 채운 새끼 돼지나 염소 다리 같은 메뉴는 낯설다. 감자, 쌀, 토마토가 들어간 요리는 하나도 없다. 고대 그리스에는 이런 재료가 없었기 때문이다. 고맙게도 포도주는 있었다. 『고대 뉴스』에는 소포클레스의 명언도 실려 있다. "취하면 고통이 가라앉는다." 백번 동의한다. 적포도주 한 병을 주문한다. 기쁘게도 물을 타지 않고 나왔다.

석류 샐러드와 훈제 생선을 주문한다. 나쁘지 않다. **무난하다**라는 단어가 떠오른다. 양 정강이 요리를 주문한 조애나도 같은 감상이다. 장담컨대 포크의 효용은 과장되었다. 나이프와 스푼만으로도 거뜬하다.

밍밍한 음식을 잊어보려 대화를 시도한다. 이제 와서 생각해보니 그리스인들이 그토록 달변가인 것은 이 때문인지도 모르겠다. 끔찍한 음식을 머릿속에서 지우려는 대처 메커니즘이 아니었을까. 샐러드를 집으며 고대 그리스의 요리가 더 맛있었다면 그리스인들이 민주주의나 철학 혹은 어떤 다른 성취를 이루지 못하진 않았을까 하는 의문을 품어본다.

사실 그리 터무니없는 생각은 아니다. 창조적 에너지는 한정되어 있다. 우리는 그 에너지를 철학에 쏟을 수도 수플레에 쏟을 수도 있으며, 조각에 쏟을 수도 송로버섯에 쏟을 수도 있다. 물론 요리가 창조적 행위일 수 있다는 사실도 알고 줄리아 차일드가 의심할 여지 없는 요리 천재임은 인정하지만 경제학자들 말마따나 모든 행위에는 기회비용이 따른다. 통근하느라 쓴 시간은 자녀에게 쏟지 못한 시간이다. 케일과 루콜라 중에 뭐가 더 나은지 논쟁한 시간은 미와 진리의 본질에 대해 토론하지 않은 시간이다. 아무 맛도 없는 음식이 담긴 접시를 새삼 존경스러운 눈빛으로 내려다본다.

조애나를 만나러 온 데는, 배를 채우는 것 말고 또다른 이유가 있다. 그리스계 미국인인 그녀가 역사로 인한 부담을 어떻게 받아들일지 궁금했다. 일반적으로 부담이라 하면 전쟁이나 온갖 재난이 떠오르지만, 황금기도 상흔을 남길 수 있다. 후손들은 비교당하며 고통받을 수 있는데, 과거의 영광과 현재의 오욕이 아테네만큼

극명하게 갈리는 장소는 어디에도 없다.

조애나가 양 다리 고기를 뜯으며 말한다. "사람들은 자기네가 고대인에 필적할 수 있다고 생각도 안 해요. 그러니 뭐하러 신경쓰 겠어요?" 조애나 말로는 그래서 아크로폴리스를 찾는 아테네인이 그토록 적은 거란다. 이 장소가 친숙해서라기보다는 위대하기 때 문에 안 간다는 것이다. 한때 우리가 가졌던 것을 보라. 한때 우리가 행한 일을 보라. 아크로폴리스는 여러 의미에서 현대 아테네를 내려다본 다.

하지만 역사가 주는 이런 부담감을 모든 그리스인이 똑같이 느 낄까? 그리스인 택시 운전사나 핵물리학자라면 사정이 다르다. 고 대 그리스에는 없던 직업이니까. 하지만 철학은 분명히 존재했다. 그 그림자 밑에서 살며 일하는 기분은 어떨까? 포도주를 한 모금 마신 뒤 조애나에게 그리스인 철학자를 찾고 있다고 말한다.

"음, 소크라테스가 있고요, 물론 아리스토텔레스도요. 탈레스도 괜찮아요. 소크라테스 이전 사람이긴 하지만요."

"아니요. 제가 찾는 건 현대 그리스의 철학자예요. 살아 있는 사람 이요."

조애나가 미간을 찌푸린다. 예사로운 청은 아니다. 그리스를 찾 는 대다수 사람들은 죽은 철학자를 더 좋아하니 말이다. 철학은 포 도주와 같다. 작황이 좋은 해도 나쁜 해도 있지만, 대체로 오래될 수록 좋다.

"아는 철학자가 한 명 있긴 했는데…… 아, 아니에요."

"뭐라고요? 누구든 상관없어요."

"죽었어요. 자살했거든요."

내가 주문한 고대 음식을 바라보며, 태동기부터 철학과 고통이 함께한 이유가 무엇인지 조용히 궁리한다.

"잠깐만요." 갑자기 생기가 도는 표정으로 조애나가 말한다. "아는 철학자 있어요. 살아 있는 사람이요. 플라톤이라는 사람이에요. 여행을 많이 다니는 사람이라 알아보고 연락드릴게요."

처음에는 아리스토텔레스, 이제는 플라톤이라니. 다음번에는 소크라테스를 만나도 이상할 게 없겠군.

음식을 마저 먹고 나서, 조애나가 그리스인 특유의 너그러운 태도로 계산서를 집어든다. 그녀가 신용카드를 내밀자 종업원이 넙죽 받는다. 이 레스토랑도 21세기의 문물 한 가지는 받아들일 수밖에 없었나보다.

플라톤이 정중하게 거절의 뜻을 전해왔다. 출장중이라 나를 만날 수 없겠다고 한다. 이놈의 그리스인 철학자들은 만나기가 왜 이렇게 힘든 걸까? 조애나가 이제 살아 있는 철학자는 아는 사람이 없다며 죽은 철학자는 어떠냐고 다시 떠보지만 어림도 없다. 다른 경로로 물색해 살아 있는 진짜 그리스인 철학자를 찾아낸다. 이름은 니코스 디무. 그리스에서는 그럭저럭 이름이 알려져 있다. 그는 1970년대에 「그리스인으로 산다는 불행에 대하여」라는 논문을 썼다. 이 글은 처음 발표되었을 때도 그랬지만 그리스가 불행의 매장지를 더 깊이 파는 지금까지도 그리스인들의 심기를 여러모로 건들고 있다.

아테네 북쪽 끝 변두리 지역에 산다는 니코스는 전화로 이야기하자고 제안한다. 약속된 시간에 그에게 전화한다. 토니네 전화기가 작동하다니 놀랍다. 니코스의 말투는 다정하긴 하지만 목소리에 긴장이 배어 있다. 소크라테스의 자식이라는 사실은 생각만큼 좋지는 않다고 그가 말한다. "우리는 모두 조상을 무척 자랑스러워하고 철학과 연극이 이곳에서 탄생했음을 기쁘게 언급하면서도, 철학책이나 희곡을 실제로 읽지는 않습니다. 조상의 작품을 능가하는 것은 고사하고 이해도 못하는 현실이 개탄스럽습니다."

하지만 니코스는 이해한다. 말했듯이 그는 철학자, 그것도 훌륭한 철학자다.

"21세기에 그리스인 철학자로 산다는 건 어떤 기분인가요?"

"배가 고프죠. 무척 배고파요." 농담이라는데, 뭐 그렇다고 해두자. 고대 아테네의 소피스트들은 거액을 벌었겠지만 오늘날 아테네에서 철학은 별로 돈이 안 된다. 그 와중에 플라톤과 소크라테스의 유령이 상아탑의 복도에 출몰한다.

니코스는 해외에서 열리는 세미나에 참석할 때면 소위 '이 지긋지긋한 짐'을 뼈저리게 인식한다. "그리스인이라고 하면 그들은 이럽니다. '아하, 철학을 창조한 나라에서 오셨군요.' 그러니 처신을 똑바로 해야 합니다. 좋으면 매우 좋지만, 좋지 않으면 매우 나쁘니까요."

고대 아테네의 철학자들에게서는—이를테면 고대 아테네의 약사들과 달리—여전히 배울 부분이 많다. 니코스가 말한다. "위대한 철학자 한 사람 한 사람은 스스로 선 기념비와 같습니다. 결코 한물가지 않죠. 선생께서는 플라톤을 읽을 수 있습니다. 플라톤은 지금도 2000년 전처럼 생생하게 살아 있습니다. 하지만 실은 저는 플라톤을 읽지 않습니다. 안 좋아하거든요."

혁. 내가 제대로 들은 건가? 플라톤을 안 좋아한다고? 그리스인 철학자이자 철학의 제왕인 그를 안 좋아한다고? 클래식 음악을 하면서 모차르트를 안 좋아하거나 뉴욕에 살면서 베이글을 안 좋아하는 격이잖아.

니코스가 웃는다. 전화선 너머로 목소리가 갈라진다. 플라톤의 유령을 두려워하지 않는 게 분명하다. "플라톤은 훌륭한 저술가였지만 철학자로서는 별로였습니다. 그는 귀족이었고 민주주의를 증오했죠. 몸과 영혼을 구분하기도 했고요. 뭐, 플라톤이 뭐라든 관심 없지만요."

이것이야말로 21세기 그리스인 철학자가 얻는 몇 가지 이점 중 하나다. "플라톤을 안 좋아합니다"라고 얘기하고도 무사하다는 것. 유산은 부담도 안기지만 혜택도 있는 법이다.

작별인사를 하기 전에 물어볼 것이 있다. 철학은 가지가 많은 거목이다. 니코스에게 전문 분야가 뭔지 묻는다.

"회의론입니다. 회의론으로 박사 논문을 썼죠."

물론 그렇겠지, 라고 생각하며 전화를 끊는다. 물론 그렇겠지.

📍

이튿날 아침, 영감이 필요하다고 생각하던 찰나에 토니 호텔에서 멀지 않은 곳에 뮤즈의 언덕이라는 곳이 있다는 사실을 알게 된다. 듣기 좋은 이름이다. 어느 작가가 싫어하겠는가? 많은 그리스인들이 뮤즈를 잡신으로 여겼지만, 시인들은 아니었다. 시인을 비롯한 '창조적 유형'인 사람들에게 뮤즈는 단연 주신主神이었다. 뮤즈는 언제 쓸지뿐 아니라 무엇을 쓸지도 결정했다. 호메로스는 세계 최초의 작가였으며, 글럼프writer's block에 빠진 세계 최초의 작가이기도 하다. 그는 『오디세이아』 첫머리에서 뮤즈에게 감사를 표한다. 여느 작가와 마찬가지로 호메로스도 인정받기를 갈망했다. 오늘날에는 뉴욕타임스 서평과 굿리즈 같은 곳에서 작품을 보증하지만, 호메로스의 시대에는 뮤즈가 그런 일을 했다. 원조 검증자였다.

우리는 그리스의 이를테면 노예제 같은 많은 악습에서 벗어났지만 창작 과정에서만큼은 여전히 그리스인이다. 우리는 여전히 뮤즈를 부른다. 뮤즈가 실재한다고 믿지 않을지라도, 이런 힘은 뮤즈의 언덕에서 뛰놀던 님프처럼 여전히 신비하고 변덕스럽다. 친구들 말로는 이 신들을 이해하지 못하고서 그리스의 창조성을 이해하는 것은 불가능하다고 한다. 하지만 신의 말은 알아들을 수가 없다. 통역자를 데려오는 것이 상책이다.

내 통역자는 로버트 피트다. 로버트는 금석학자다. 벽에 쓴 글을 읽는 것이 그의 일이다. 도자기와 조각상에 쓴 글도 읽는다. 그는 고전어古典語를 구사할 뿐 아니라 여기에 생명을 불어넣고 진정한 그리스 방식으로 단순화해 나 같은 천치도 이해하게끔 해준다.

멀대처럼 호리호리한 로버트는 실제 나이인 서른 즈음보다 훨

씬 늙어 보인다. 하지만 실제로는 조금도 노쇠하지 않았음을 일러
둔다. 그저 타고난 노안일 뿐이다. 고대인과 마찬가지로 로버트도
장소의 힘을 믿는다. 그가 옥스퍼드나 보스턴이 아니라 아테네에
사는 것은 이 때문이다. 그는 그리스인을 진정으로 이해하려면 "그
들의 지형, 그들의 산, 소리, 냄새를 알아야 한다"고 설명한다.

　뮤즈의 언덕 꼭대기로 통하는 구불구불한 길을 올라가면서 로
버트는 영국에서 자란 어린 소년이 어쩌다 고대 그리스와 사랑에
빠졌는지 들려준다. "『일리아스』를 읽다가 그 예술성과 이야기에,
그리고 시의성에 반한 기억이 나요." 3000년 전 이야기에 시의성이
있다고? 생각해보니 로버트, 브래디, 얼리샤 같은 사람들에게 과거
는 낯선 나라가 아니다. 그들에겐 현재야말로 낯선 곳이 아닐까.

　아직 이른 시간이지만 지중해의 태양이 벌써 이글거린다. 잠시
쉬었다 가자고 제안한다. 벤치처럼 생긴 바위 두 개를 찾아 거기
에 앉는다. 로버트가 대수롭지 않은 듯 말한다. "소크라테스가 여
기 앉았을 수도 있어요." 이래서 아테네 사람들이 좋다니까. 과거
는 '소크라테스가 여기 앉았을 수도 있다'와 같은 감질나는 가정문
으로 늘 우리를 간질인다.

　그리스의 기적에서 언어가 무슨 역할을 했느냐고 로버트에게
묻는다.

　고대 그리스인에게 언어는 상상도 못할 만큼 중요했다는 답이
돌아온다. 그들에게 "대화는 생명의 호흡"이었다. 그들은 그리스어
를 못하는 자들을 '바르바로스barbaros'라고 불렀는데 야만인을 뜻하
는 영어 '바버리언barbarian'이 여기서 온 단어다.

로버트가 말한다. "그리스어는 남달리 시적이면서도 엄청나게 정확하고 섬세한 언어였습니다." 능동태와 수동태만으로는 만족하지 못한 그리스인들은 중간태를 만들었는데, 이 태는 어떤 언어에도 없었다.

늘 종합적인 걸 추구한 아테네인들은 언어에 대한 사랑을 음주에 대한 사랑과 결합시켰다. 그 결과로 시 짓기 실력을 겨루는 경기가 탄생했다. 로버트는 이 관습이 도자기에 남았다고 했다. "심포지엄에서 사용된 도자기가 많은데, 거기 보면 사람들이 시를 새기고 이렇게 감탄합니다. '오, 내가 이런 구절을 생각해내다니!'"

언어에 대한 사랑은 어릴 적부터 주입되었다. 아이들은 호메로스를 줄기차게 읽었는데 2만 7000행을 모조리 외워야 했다. 이 시기 그리스인들에게 호메로스가 끼친 영향은 아무리 강조해도 지나치지 않다. 셰익스피어, 프로이트, 마크 트웨인, 존 그리샴을 합친 인물을 상상해보면 그리스인의 상상력에서 호메로스의 자리가 얼마나 컸는지 짐작될 것이다.

상상의 세계에서만이 아니었다. 심리학자 데이비드 맥클럴랜드는 매혹적인 연구를 통해 그리스인의 성취가 당대 문학에서 '성취 동기'의 현저함과 직접적으로 연관되었음을 밝혀냈다. 성취욕을 고취하는 문학 작품이 많을수록 '현실'에서의 성취도 커졌다. 반대로 그런 작품이 줄면 성취도 줄었다.

언뜻 이상해 보일지도 모르겠다. 그 반대가 아니냐고 생각할 수도 있다. 우리는 생각이 언어를 빚는다고 믿지 그 반대라고는 믿지 않는다. 먼저 생각을 하고, 그다음에 그걸 표현한다. 아니, 과연 그럴까?

파란색을 생각해보자. 영어에는 파란색을 가리키는 단어가 하나다. 여기에 수식어를 붙여 연파란색이나 진파란색, 하늘파란색, 옅은 파란색 등으로 묘사할 수는 있지만 녹청색이나 군청색 같은 야릇한 색조를 제외하면 파랑은 파랑이다. 그런데 러시아어는 사정이 다르다. 파란색을 가리키는 단어가 두 개라 연파란색은 '골루보이'이고 진파란색은 '시니'라고 한다.

색을 칠한 플래시카드를 러시아인과 미국인에게 보여주면 흥미로운 일이 일어난다. 러시아인은 파란색의 명암을 더 많이 표현할 수 있을 뿐 아니라 실제로도 명암을 더 많이 본다. 1930년대에 언어학자 벤저민 워프와 에드워드 사피어는 19세기 사상가들이 제시한 언어상대성이론을 더욱 발전시켰다. 이 이론에 따르면 언어는 우리가 주위 세상을 묘사하는 방식뿐 아니라 세상을 어떻게 지각하는지까지 결정한다. 언어는 생각을 단순히 반영하는 게 아니라 형성하기도 한다. 그리스인들은 위대함을 기록하는 데만이 아니라 위대함을 만들어내는 데도 언어를 썼다.

따라서 사어든 아니든 가리지 않고 언어를 사랑하는 로버트가 '당대의 셰익스피어' 투키디데스를 가장 만나고 싶은 역사 속 인물로 고른 것은 놀랍지 않다. 로버트가 차분하지만 단호하게 말한다. "그는 천재였습니다. 그는 말 그대로 언어를 발명했죠. 그는 언어학자이자 심리학자였으며, 사건을 묘사할 뿐 아니라 그 사건이 왜 일어났는지도 들여다보았습니다. 왜 사람들이 그런 행동을 하는지, 행동에 어떤 패턴이 있는지, 말과 행동의 관계가 어떤지 탐구한 최초의 인물이죠. 그는 사실상 이 분야 전체를 발명했는데 투키디데스를 2000년째 연구하고 있는 오늘날에도 그에 대한 책과 논문을 읽으며 여전히 무릎을 칩니다. '오, 그렇지. 바로 이거야. 이 모든 층위 아래에 천재의 층위가 고스란히 있다고' 하고 말이죠."

투키디데스는 여느 천재와 마찬가지로 비극적인 삶을 살았다. 아테네에서 추방된 그는 명성을 얻지 못하고 죽었으며 걸작 『펠로폰네소스전쟁사』는 완성되시 못했다. 로버트는 미완성작임에도 이 작품이 빼어나다며 번역본을 읽어보라고 추천한다.

이만하면 쉴 만큼 쉬었다. 다시 발걸음을 떼어 뮤즈의 언덕을 향해 높이 더 높이 올라간다. 마침내 정상에 도착하자 로버트가 수줍게 말한다. "무엇이 아테네를 아테네이게 했는지 알고 싶으셨죠? 바로 저겁니다."

푸른 담요 같은 에게해가 오후의 밝은 햇살을 받아 우리 밑에서 빛난다. 20킬로미터쯤 떨어진 곳에서 물이 곶과 만난다. 피레에프스항이다.

로버트는, 저 항구가 없었으면 고대 아테네도 없었을 거라며 페리클레스를 인용한다. "우리 도시가 위대하기에 온 땅의 열매가 우리에게 흘러든다." 아테네는 세계 최초의 국제도시였다. 조선술과 항해술의 달인이었던 아테네인들은 이집트와 메소포타미아 너머까지 항해하여, 상상할 수 있는 온갖 물건을 가져왔다. 이런 물건에는 밀항자가 숨어 있었으니, 바로 아이디어였다. 이는 곧잘 일어나는 일이다. 아이디어는 물건에 스며들어서는 눈 밝은 관찰자가 꺼내줄 때까지 잠들어 있다. 정치는 안 되지만 경제는 개방할 수 있다고 믿는 전체주의 정권이 어리석은 이유는 그래서다. 시간이 걸릴지는 모르지만, 토마토 수프 깡통이나 크록스 신발에 들어 있던 전복적 아이디어는 언젠가 빠져나오기 마련이다.

그리스인들은 외국의 아이디어를 기꺼이 '빌렸다'. 관점에 따라서는 '훔쳤다'고 표현할 수도 있겠지만. 여기서 아래를 내려다보니, 불편하지만 피할 수 없는 결론을 알게 됐다. 고대 그리스인들은 스스로 발명한 게 별로 없다. 그들은 사실 지독한 거지였다. 페니키아인에게는 알파벳을, 이집트인에게는 의약과 조각을, 바빌로니아인에게는 수학을, 수메르인에게는 문학을 빌렸다. 그들은 지적 도둑질을 전혀 부끄러워하지 않았다. 아테네인들은 온갖 잘못을 저질렀지만(노예제와 여성에 대한 처우를 보라) '우리가 발명하지 않았어' 콤플렉스는 없었다. 그들은 괴테 말마따나 "자신이 표절했음을 솔직히 인정하지 않는 것은 무의식적 자만"임을 알고 있었다.

신성모독으로 들린다는 점, 알고 있다. 아인슈타인이 표절꾼이었나? 바흐는? 피카소는? 다른 사람에게서 자유롭게 아이디어를 빌렸다는 의미에서는 그렇다. 피카소는 벨라스케스와 고흐에게서, 또한 아프리카 미술에서 많은 영향을 받았다. 바흐는 비발디와 루터파 찬송가의 영향을 받았다. 물론 그들은 아이디어를 빌려 거기에 자신의 도장을 찍었다. 아테네인도 마찬가지였다. 무엇을 훔치든 그들은 '아테네화'했다. 플라톤은 휴브리스의 기미를 강하게 풍기며 이렇게 말했다. "그리스인은 외국인에게서 빌린 것을 완벽하게 만든다."

도자기를 예로 들어보자. 도자기 공예는 코린트인들이 발명했지만, 그들은 정형화된 동물 장식을 넘어서지 못했다. 물론 훌륭한 작품이긴 하지만, 정적이고 따분하다. 아테네인들은 여기에 색을 풍부하게 입혔으며, 끌어안은 연인, 놀이를 하는 아이, 술을 마시고 시를 읊는 남자 같은 서사를 더했다. 마찬가지로 이집트인은 수천 년 앞서 조각 작품을 만들었지만 그들의 조각 작품은 뻣뻣하고 생기 없는 재현에 불과했다. 아테네인들은 여기에 생명력을 불어넣었으며 인간의 형체를 돌덩이로부터 해방시켰다.

빌리고 훔치고 꾸미려는 의지 덕에 아테네인들은 주변 국가들과 구분되었다. 아테네인들은 낯선 아이디어에 개방적이었으며, 한마디로 열린 마음의 소유자였다. 심포지엄에서는 이방인의 시가 자국민의 시 못지않게 울려퍼졌다. 아테네인들은 많은 외국어를 자기네 어휘로 받아들였으며, 심지어 외국 옷까지 입었다. 아테네인들은 그리스인이자 외국인이었다. 뉴욕이 미국의 도시이기도 하고 아니기도 한 것처럼 말이다.

아테네인들은 외국 문물과 아이디어만 받아들인 것이 아니었다. 외국인 자체도 환영했다. 외국인은 심지어 전쟁중에도 도시를 활보할 수 있었다. "적의 눈이 우리가 부여하는 자유로 인해 이익을 얻을 수 있다"고 페리클레스도 자인했듯 이는 명백히 위험한 정책이었다. 이에 비해 스파르타인들은 벽을 쌓아 바깥세상과 단절했는데 창조성을 질식시키는 데 벽만한 것이 없다.

아테네에 사는 외국인은 '메틱스metics'라고 불렸다(오늘날에는 체류 외국인이라고 부른다). 그들은 도시에 적잖이 기여했다. 예를 들면 이름난 소피스트 중 몇몇은 외국 출신이었다. 아테네인들은 그들에게 월계관을 씌워주거나 평생 공금으로 식사를 대접하는 등 온갖 혜택을 주었다.

개인 차원에서 보자면, 이런 '경험에 대한 개방성'이야말로 남달리 창의적인 사람들의 가장 중요한 특징이라고 심리학자들은 말한다. 딘 사이먼턴의 연구에 따르면 사회 차원에서도 마찬가지다. 그는 역사적으로 세계에서 가장 폐쇄적인 사회로 꼽히는 일본을 조사했다. 580년부터 1939년까지의 오랜 기간에 걸쳐 일본의 '추가적 문화 유입'(외국여행, 이민 등)과 의학, 철학, 회화, 문학 같은 분야의 국가적 성취를 비교했더니 일관된 상관관계가 나타났다. 일본이 더 많이 개방할수록 성취도가 높아졌는데 이는 예술 분야에서 특히 두드러졌다. 사이먼턴은 이 현상이 모든 문화권에 적용될 것이라 생각한다. 도약이 이루어지기 앞서 반드시 낯선 아이디어에 노출된다는 것이다.

하지만 아이디어 자체가 혁신을 추동하지는 않는다. 아이디어는 문화라는 이름의, 평상시에는 보이지 않는 바다에 밝은 빛을 비춘다. 사람들은 자기네 문화가 자의적임을 깨닫고 사실상 가능성의 가능성에 마음을 연다. X를 하거나 Y에 대해 생각하는 또다른 방법이 있음을 깨달으면 온갖 종류의 새로운 길이 열린다. 사이먼턴은 "문화적 다양성을 자각하면 마음이 자유로워진다"고 말한다.

아테네인들은 낯선 외국인뿐 아니라 적지 않은 자국의 괴짜도 받아들였다. 도시 계획의 아버지 히포다모스는 장발, 귀금속, 허름한 옷차림으로 유명했는데 겨울이든 여름이든 옷을 갈아입지 않았다. 아테네인들은 히포다모스의 기행을 조롱하기는 했지만, 항구

도시 피레에프스를 건설하는 중책을 그에게 맡겼다. 아테네인들은 심지어 포도주통에서 살면서 툭하면 유명인과 권력자를 비웃은 디오게네스 같은 인물도 견뎠다. (플라톤이 인간을 합리적 동물이자 깃털 없는 새라고 규정하자 디오게네스는 털 뽑은 닭을 벽으로 던지며 이렇게 소리쳤다. "고개를 들라. 참된 인간 나가신다.") 철학자 크라튈로스도 빼놓을 수 없다. 모순을 피하겠다는 결심이 어찌나 확고하던지 그는 몸짓만으로 소통하는 지경에 이르렀다. 아테네인들은 이들 모두를 환영했다.

♀

그날 저녁 토니 호텔에 돌아와, 로버트의 조언을 새겨 투키디데스의 책을 손에 든 채 눕는다. 아니, 이건 옳지 않아. 투키디데스는 손에 들고 눕는 게 아니지. 투키디데스와는 싸우고 대립해야지. 전반적으로 볼 때 투키디데스에게는 매력적인 구석이 전혀 없다. 그는 진지하기 이를 데 없으며 건조한 사실만을 나열한다. 그를 이해해보려 하지만, 로버트 피트가 그에게서 발견한 것을 찾아보려 하지만, 여간 힘들지 않다. "투키디데스를 읽는 것은 즐겁지 않다"고 결론 내린 역사가 이디스 해밀턴의 말이 위로가 된다. 아멘.

즐거움은 없을지 몰라도 통찰은 차고 넘친다. 투키디데스는 세계 최초의 역사가이자 언론인이다(헤로도토스, 미안). 기원전 430년 대역병을 다룬 장에서는 의학적 세부 내용뿐 아니라 아테네를 휩쓴 엄청난 고통까지 묘사한다. "평소 건강한 사람들이 별 이유 없이 갑자기 감염되었는데, 머리에 고열이 나고 눈이 빨갛게 충혈되는 증세부터 보였다. (…) 이 병이 복부에 자리잡으면 복통을 일으키고 의사들이 이름을 붙인 온갖 담즙을 토하게 됐다." 투키디데스는 당시 의사들이 역병 앞에서 무력했다고 덧붙인다. "신전에 가서 탄원을 해도, 신탁에 물어도, 그 밖에 그와 비슷한 행위를 해도 소용없기는 매일반이었다."

투키디데스가 신들을 언급하는 부분은 이게 전부다. 제우스, 아폴론, 아테나를 비롯한 어떤 신도 그의 글에는 등장하지 않는다. 우연이 아니다. 투키디데스는 신들이 존재하지 않는다고 말할 수 없었기에—그랬다가는 불경죄로 소크라테스 못지않게 곤욕을 치렀을 것이다—너무나 현명하게도 아예 무시하는 방법을 택했다. 이따금 무엇이 천재의 작품인지 구별 짓는 것은 거기 무엇이 들어 있는가가 아니라 무엇이 빠져 있는가다.

계속 읽어가자 투키디데스가 다양한 형태의 죽음과 고통을 페이지마다 세세하게 기록했음을 발견한다. 고대 아테네인들은 자신의 필멸성을 통렬하게 자각했는데, 이러한 자각은 묘하게도 그들의 창조적 도약에 이바지했다.

최근 심리학자 크리스토퍼 롱과 데어라 그린우드는 죽음의 자각과 창의성 간의 연관성을 연구했다. 두 사람은 학부생들에게 『뉴요커』 만평에 유머러스한 설명을 달아보라고 했다. 그러면서 몇몇 학생에게는 부지불식간에 먼저 죽음의 메시지를 '점화'시켰다. 이 학생들이 만든 만평은 더 창의적이고 더 우습다는 평가를 받았다.

이 결과를 어떻게 해석할 수 있을까? 단지 죽음을 앞두고 웃음을 터뜨린다는 식일까? 아니면 더 깊은 의미가 있을까?

정신요법 훈련을 받은 고전학자 아르망 당구르는 비통함에 대처하는 이런 능력으로 그리스의 기적이 설명된다고 생각한다. 그는 『그리스인과 새로움』에서 이렇게 말한다. "상실을 받아들이고 애도하지 못하면 필수적인 창의적 충동이 차단된다. (……) 상실을 해결해야만 새로 시작할 수 있고 창의성의 원천에 새로 접근할 수 있다." 놀라운 견해다. 온전히 의식적으로 상실과 마주하는 애도가 정신 건강뿐 아니라 창조적 삶에도 필수적이라는 뜻이니 말이다.

시대를 막론하고 절대다수의 천재가 어릴 적에 부모를, 대개 아버지를 잃었었다는 사실을 이 역학관계로 설명할 수도 있다. 심리학자 J. M. 아이젠슈타트는 역사적 인물 약 700명을 조사했는데 그중 35퍼센트가 열다섯 살 이전에, 절반에 가까운 45퍼센트가 스무 살 이전에 부모를 여의었음을 밝혀냈다. 단테, 바흐, 다윈, 미켈란젤로, 도스토옙스키, 마크 트웨인, 버지니아 울프 등이 이 명단에 포함돼 있다. 이 천재들은 고통에서 회복하는 능력뿐 아니라 고통을 생산적이고 창조적인 배출구로 탈바꿈하는 능력을 갖췄다. 마찬가지로 어린 시절 아버지를 잃었던 윈스턴 처칠은 이렇게 말했다. "외딴 나무는, 자랄 수만 있다면 튼튼하게 자랍니다. 아버지의 보살핌을 받지 못한 소년은 어린 시절의 위험만 피할 수 있다면 독립적이고 정력적인 사고력을 발전시키는데, 이로써 어린 시절의 크나큰 상실에서 훗날 회복될 수도 있습니다."

하지만 여기에는 중요한 조건이 따른다. 심리학자 로버트 스턴버그는 자료를 검토하여 이렇게 결론 내렸다. "부모를 잃은 상실감으로 인한 유년기 트라우마를 겪은 집단과 거의 비슷한 정도의 트라우마를 겪는 이는 비행 청소년 그리고 자살 충동을 느끼는 우울증 환자뿐이다." 문제는 똑같이 부모를 잃고도 왜 어떤 사람들은 천재가 되고 어떤 사람들은 비행 청소년이 되거나 자살하는가다. 투키디데스의 책 귀퉁이를 접어두고 우조 한 잔을 손에 들고서 생각한다. 어쩌면 천재를 결정하는 것은 고통의 경험 여부가 아니라 어떻게 겪었느냐 아닐까. 카를 융은 신경증을 '정당한 고통의 대체물'로 정의했다. 그리스인들은 신경증 환자가 아니다. 그들은 정당하고 참된 고통을 겪었다. 존 애덤스가 "천재는 슬픔의 자녀다"라고 말하기 약 2000년 전에 그리스인들은 이미 알고 있었다.

이튿날 아침, 기분 나쁜 투키디데스 숙취와 함께 잠을 깬다. 증상은 두통, 입 마름, 그리고 스파르타인을 공격하려는 잦은 충동이다. 소크라테스라면 어떻게 했을까? 틀림없이, 귀에 거슬리지만 예리한 질문을 퍼붓고, 나조차도 모르는 나의 가정을 들여다보도록 구슬려서 진리가 줄곧 내 앞에 있었음을 일순간 깨닫도록 했을 것이다.

그건 됐고, 그것 말고는 소크라테스가 뭘 했을까? 산책을 했을 것이다. 늘 그랬으니까. 나도 그래야겠다. 걸어야겠다. 소크라테스처럼. 하지만 소크라테스와 달리 정처 없이 떠돌지는 않을 것이다. 마음속으로 정해둔 목적지가 있다. 박물관을 별로 안 좋아하긴 하지만, 이번 목적지는 박물관이다. 브래디가 아고라에서 내게 죄책감을 거의 느끼지 않을 거라고 장담하며, 아테네의 대수수께끼를 푸는 중요한 실마리를 찾을 것이라는 암시와 함께 추천해준 장소다.

아래층으로 내려가니 토니가 텔레비전을 향해 고함을 지르고 있다. 현대 그리스인을 흥분시키는 것은 시가 아니라 축구다. 토니에게 내 계획을 말하자 자기도 걷기를 좋아하지만 자신의 부푼 배로 보건대 현실성이 없다고 대꾸한다. 토니의 배는 고대 아테네와 현대 아테네 사이의 간극에 대해, 도서관을 가득 채운 책보다 많은 것을 알려준다. 아테네는 걸으며 사색하는 사람들의 도시에서 앉아서 근심하는 사람들의 도시로 변했다.

호텔 근처의 가파른 길을 따라 올라가자 뮤즈의 언덕을 둘러싼 흙길이 나온다. 옳거니. 고대 그리스인들이 걷기를 왜 그리 좋아했는지 알겠다. 걷기는 마음을 차분하게 하되 완전히 잠재우지는 않는다. 볼륨을 낮추면 내면의 소리가 다시 들린다.

숨을 몰아쉬며 달리는 사람들, 개를 산책시키는 사람들을 지나친다. 잠시 뒤, 또다른 아테네가 나타난다. 쾌적함을 위해 불쾌한 면을 지운 아테네. 장난감 기차처럼 색칠한 전차가 원을 돌고 승객들은 사파리에라도 온 듯 고대 유물을 촬영한다. 풍선 파는 여인이 다가온다. 물론 미키 마우스 풍선도 있다. 변신이 끝났다. 고대 아테네는 디즈니화되었다.

당시의 브로드웨이였을 만신로를 걸어 아치 길 아래를 지나 자그마한 아고라박물관에 입장한다. 전시실에서 유리로 된 상자에 든 작은 병들을 들여다본다. 어쩜 이렇게 예쁘담? 이게 뭐지? 작은 안내문을 실눈으로 읽는다. "유약을 바른 검은 약병. 독미나리를 담아두었다가 처형에 썼으리라 추정된다." 다시 생각해보니 별로 안 예쁜 것 같다. 아테네 동전이 전시된 곳으로 발걸음을 옮긴다. 현대의 동전이 무색할 만큼 정교한 디자인이 인상적이다. 고대인들이 일상의 물건에 아름다움을 불어넣은 것을 볼 때마다 감탄한다. 우리는 그렇지 않다. 우리는 형태와 기능을 분리한다. 이따금 누군가 나타나 그 둘을 합치면 그는 천재라 불린다.

모퉁이를 돌자 거기 내가 찾던 실마리가 있다. 수십 개의 불그스름한 도자기 파편이다. 각 파편에 흰색으로 글자가 새겨져 있는데, 수 세기가 지났어도 똑똑히 읽을 수 있다. 이것은 예사 파편이 아니라 '오스트라콘ostrakon'이다. '도편추방'을 뜻하는 영단어 '오스트러사이즈ostracize'가 여기서 왔다. 일종의 투표용지인데, 흰 글자는 사람 이름이다. 하지만 안내문에 나와 있듯 이 투표는 승자를 뽑으려는 게 아니었다. "각 투표자는 자신이 생각하기에 가장 부적격한 자의 이름을 도편에 새기거나 썼다." '당선자'는 십 년 동안 추방되었다. 십 년은 긴 시간이다. 물가 상승과 짧은 수명을 감안하면 당시에는 더욱 길게 느껴졌을 것이다.

아테네 시민들에게 부적격자의 기준은 무엇이었을까? 신의 존재에 의문을 제기하는 자였다. 당대의 리처드 도킨스 프로타고라스가 그 때문에 추방당했다. 지나치게 허영스러운 자도 부적격이었다. 화가 페이디아스는 아테나 여신의 조각상에 자기 초상화를 몰래 넣었다가 추방당했다. 오늘날로 말하자면 다른 사람이 사진 찍을 때 일부러 끼어들어 찍히는 격이다. 이런 경우는 납득할 수 있다. 무엇보다 의아한 것은 가장 성공한 시민들에게 엉터리 죄목을 씌워 추방한 이유다.

어느 아테네 시민의 말에서 그 까닭을 짐작할 수 있다. "우리 중 누구도 최고가 되어서는 안 된다. 그런 사람이 있다면 다른 곳에, 다른 사람들과 있게 하라." 말하자면 그 사람들은 **너무 훌륭해서** 추방되었다. 그리스인들에게 추방이란 경쟁의 공정성을 유지하고 니체 말마따나 "천재—제2의 천재에 대한 보호 수단으로" 사용되었다.

이 구절을 처음 읽었을 때 어리둥절했다. 제2의 천재라니? 이게 무슨 뜻이지? 제2의 천재가 있다면 제1의 천재는 누구(또는 무엇)일까? 정답은 아테네 자신이다. 아테네인들은 치열하게 경쟁했지만, 앞서 보았듯 개인의 영광을 위해서가 아니라 아테네의 영광을 위해서 경쟁했다. 이 의무를 망각하는 자는 누구든 추방을 감수해야 했다.

하지만 도편추방에는 의도하지는 않았지만 또다른 건설적 목적이 있었다. 이렇게 추방된 아테네인 중 몇몇은 유배 기간에 최고의 성과를 거뒀다. 이를테면 투키디데스는 군사 작전에 실패하여 추방된 뒤 최고 걸작을 썼다. 어떤 사람들에게 배제는 위대함을 향한 박차가 되는 걸까?

존스홉킨스대학 캐리 경영대학원 교수 샤론 킴은 일련의 실험을 통해 배제와 창의성의 관계를 탐구했다. 결과는 놀라웠다. 자신이 배제되었다고 느낀 사람들은 그렇지 않은 사람들보다 창의적 사고 검사에서 더 높은 점수를 받았다. 이는 설문지에 자신이 '독립적'이라고 묘사한 사람에게서 특히 두드러졌다. 킴에 따르면 이 사람들에게 배제는 "이미 가지고 있던 느낌, 자신이 남과 다르다는 느낌을 확증시키며" 이러한 확증은 실제로 더 큰 창의성을 이끌어낸다.

이러한 발견은 공공 정책과 관련해 흥미로운 물음으로 이어진다. 요즘 들어 미국 전역의 학교와 기업에서 통합을 강조하는데, 오히려 선별적 배제가 시행돼야 하지 않을까? 배제당해서 유익할 듯한 사람과 피해를 입을 것 같은 사람을 어떻게 가려낼까?

그리스인들은 이런 연구의 혜택을 누리지 못했지만, 배제의 힘과 그 절친한 사촌인 질투의 힘을 정확히 이해했다. 그들은 인간이란 질투를 타고났으며 **질투가 좋은 것**이라고 믿었다. 언뜻 보기에는 말도 안 되는 소리 같다. 칠죄종七罪宗의 하나인 질투는 칼럼니스트 조지프 엡스타인 말마따나 어떤 성품으로도 만회할 수 없는 유일한 죄 아니던가.

답을 알기 위해서는 늘 그렇듯 신에게 도움을 청해야 한다. 이번에는 불화의 여신 에리스를 찾아야 한다. 그녀는 사뭇 다른 두 가지 면을 갖췄다. 시인 헤시오도스는 이렇게 썼다. "한 에리스는 만나면 반갑지만 또다른 에리스는 만나면 증오스럽다." 헤시오도스에 따르면, 좋은 에리스는 사람들을 "일하도록 부추기고" 동료보다 앞서도록 북돋움으로써 높은 경지에 이르게 했다. 이 좋은 질투 덕에 그리스인들은 경쟁을 유해한 힘에서 생산적 힘으로 탈바꿈시킬 수 있었다. 왜인지 그들은 질투의 어두운 면(옆집 사람을 목 졸라 죽이고 싶어)에 굴복하지 않고 질투에서 동기 부여(옆집 사람을 이기고 싶어)를 이끌어냈다. 어떻게 그럴 수 있었을까? 그들이 할 수 있다면, 우리는 왜 못 할까?

뮤즈의 언덕을 내려와 장난감 기차와 미키 마우스 풍선을 지나치고, 철학자 달력을 파는 기념품점 앞을 지나고(소크라테스는 11월의 철학자다), 달리기하는 사람과 개를 산책시키는 사람을 지나면서 이 물음을 머릿속에서 이리저리 돌려본다. 어디에서나 볼 수 있는 수블라키 꼬치구이 노점에서 양꼬치를 돌리던 가게 주인처럼.

걸으면서 생각하고 생각하면서 걸으며 이 언덕만큼이나 오래된 의례를 부지불식간에 재현한다. 하지만 이를 깨닫기 전에 어느새 토니 호텔 로비에 들어선다. 바깥바람을 쐬어 기분이 한결 좋아졌지만 대답은 얻지 못했다. 더 나은 질문만을 찾았을 뿐. '좋았어.' 소크라테스의 말이 들린다. **계속 물어보게. 지혜에 이르는 길은 좋은 질문으로 포장되어 있으니 말일세.**

아테네에서의 마지막날, 최후의 에스프레소를 마시며 진지하게 앉아 있을까 싶어 브리지로 향한다. 내 전용석에 앉아 수첩을 꺼내 물음표를 그린다.

왜 아테네였을까? 이 신기하고 경이로운 사람들에 대한 수많은 책 중에서 플라톤의 한 문장이 선명하게 떠오른다. "나라에서 존경받는 것이 그곳에서 양성될 것이다." 이 간결함에 놀란다. 명백하고도 심오한 진실을 전하고 있음에 감탄한다. 우리는 우리가 원하고 우리에게 걸맞은 천재를 가진다.

아테네인들은 무엇에 경의를 표했을까? 그들은 자연과 걷기의 힘에 경의를 표했다. 미식가는 아니었지만 포도주를 즐겼다. 물을 많이 타긴 했지만. 심각할 정도로 개인 위생을 외면했으나 시민으로서의 책임은 진지하게 받아들였다. 그렇게 말은 안 했지만, 예술을 사랑했다. 그들은 단순하게 살았으며 단순히 살았다. 종종 아름다움이 덤으로 따라왔는데 그러면 관심을 기울였다. 그들은 경쟁으로 번성했으되 개인의 영광을 좇지는 않았다. 변화 앞에서, 심지어 죽음 앞에서도 위축되지 않았다. 그들은 언어를 정확하고 효과적으로 구사했다. 그들은, 빛을 보았다.

아테네인들은 무척이나 불안정한 시대를 살았으나, 사나운 스파르타인처럼 벽 뒤로 물러서거나 여느 도시국가처럼 향락과 산해진미에 빠지기보다는 불확실성과 고통과 모든 것을 힘차게 끌어안았으며 모든 방면에서 열려 있었다. 그러지 않는 편이 현명해 보일 때조차도. 외국 문물, 기이한 사람들, 낯선 아이디어에 대한 개방성. 이러한 개방성이 아테네를 아테네이게 했다.

아테네인들은 아주 훌륭했으나, 앞서 말한 것처럼 그들의 황금기는 놀랍도록 짧았다. 뭐가 잘못됐던 걸까? 어떤 면에서는, 아무것도 잘못되지 않았다.

1944년에 앨프리드 크로버라는 인류학자가 『문화 성장의 요소』라는, 거의 알려지지 않은 책을 펴냈다. 제목은 어마어마하지만, 이 야심차고 매혹적인 책은 단순히 인간 성취의 흥망성쇠만을 기록했다. 크로버는 아테네 같은 천재 집단은 유전이 아니라 문화로 설명된다고 믿었다. 또한 이 황금기가 어째서 예외 없이 사그라드는지에 대한 이론을 세웠다. 크로버에 따르면 모든 문화는 주방 요리사와 같다. 쓸 수 있는 재료(그는 '문화의 요소'라고 표현했다)가 많아질수록 만들 수 있는 음식의 가짓수도 많아진다. 하지만 아무리 재료가 넉넉한 주방이더라도 결국은 비기 마련이다. 아테네에서도 같은 일이 일어났다. 소크라테스가 처형된 기원전 399년 이 도시의 찬장은 텅 비었다. '문화의 요소'는 고갈되었다. 이제 할 수 있는 일이라고는 자기표절뿐이었다.

하지만 아테네인들은 몇 차례 헛발질을 하고 어느 역사가의 말마따나 "스멀거리는 허영"에 굴복함으로써 스스로 몰락을 앞당겼다. 그들은 안에서는 민주주의를 했지만 (적어도 일부 시민을 대상으로) 밖에서는 그러지 않았다. 페리클레스는 임기 말에 개방 정책을 번복하고 외국인을 배제했다. 또한 아테네는 숙적 스파르타의 집념을 과소평가했다. 결국 아테네인들은 (새 지도자의 지휘하에) 아테네의 베트남전 격인 시켈리아원정을 저질렀다.

아테네는 속도 썩어갔다. 주택은 점점 커지고 화려해졌다. 길이 넓어지고 도시 주민들은 서먹해졌다. 사람들은 식도락가가 되었다. (식도락의 유행이 문명의 몰락을 예시한다면, 미국의 거위는 바싹 구워졌다고 말해야 할 테지만 말이다['거위가 구워졌다goose is cooked'는 '망했다'를 뜻하는 숙어다—옮긴이].) 부자와 빈민, 시민과 비시민의 격차가 점점 커졌으며 곡예하듯 입을 놀리는 소피스트의 영향력이 날로 커졌다. 학문은 진리 추구보다는 분석에 열중했다. 생기 넘치던 도시의 삶은 서커스장의 쇼로 전락해 루이스 멈퍼드가 "자부심 있는 시민들이 차지하던 장소를 전문적인 괴물, 곡예사, 난쟁이가 빼앗았다"라고 표현할 정도였다.

천재의 장소에는 으레 자멸의 씨앗이 묻혀 있다. 그리스인들도 이를 알았던 것 같다. 자기네 낮이 언제 저물지는 정확히 알지 못했지만, 헤로도토스 말마따나 "인간의 행복이란 덧없는 것"이듯 인간의 천재성도 그러함을 그들은 분명히 알았다.

물론. 아테네가 몰락한 뒤 천재성은 동쪽으로 수천 킬로미터 떨어진 지역까지 흘러가 아테네와 전혀 다르지만 그에 못지않게 찬란한 황금기를 꽃피웠다.

2장

천재는
새롭지 않다

**중요한 건 몇 번 성공하느냐가 아니라,
몇 번이나 다시 시작하느냐다.**

항저우
HÁNGZHOU, CHINA

중국 우주론에서 우주, 즉 도道에는 시작도 창조주도 없다.
언제나 무언가가 있었으며 앞으로도 언제나 그럴 것이다.
따라서 창조적 행위는 발명이 아니라 발견이다. 중국의
방식은 '크레아티오 인 시투', 즉 맥락 안에서의 창조다.

차 한 잔으로 천재의 경지에 오를 수 있을까?

확신은 못하겠지만, 중국 항저우의 한 찻집에서 홀짝거리는 이 특별한 차라면 그럴 수 있을 것만 같다. 유리 찻주전자 속 뜨거운 물에 떠 있는 국화 꽃봉오리는 마치 버몬트의 연못에 뜬 수련 같다.

수술 도구나 신생아를 만질 때처럼 극도로 조심스럽게 주전자를 기울여 차를 따른다. 천천히 한 모금 마신다. 아름다움의 맛이다. 천재성은 어떤 사물에든, 그게 아무리 평범한 사물이래도 달라붙을 수 있다. 천재성, 특히 이런 종류의 천재성은 명사나 동사가 아니라 형용사라 사람이든 장소든 유달리 좋은 차든 알맞은 주인이 나타나길 기다리며 자유롭게 떠다닌다.

일전에 커피 중독에서 벗어난 사람을 만난 적이 있는데, 그는 하루에 예닐곱 잔씩 커피를 마시다가 어느 날 뜻한 바가 있어 그날로 커피를 끊었단다. 커피는 이제 그만. 오로지 차만. 그는 개종자답게 확신에 찬 말투로 이렇게 말했다. "커피를 마시면 생각이 빨라지지만 차를 마시면 생각이 깊어집니다." 항저우의 작고 완벽한 찻집에서 완벽한 차 한 잔을 손에 들고 앉은 지금, 그가 옳을 수도 있겠다 싶다. 중국의 천재성과 서양의 천재성이 어떻게 다른지가 이로써 설명될까. 우리 서양인은 카페인의 즉효성과 그로 인한 번득이는 통찰을 높이 사시만 동양에서는 자기네 카페인을 그보다 천천히 흡수함으로써 긴 안목을 기른다. 곧 알게 되겠지만, 창의성에 대한 동서양의 접근법 차이는 이것 말고도 많다.

찻집 이름은 타이구太古로 '오래된 곳'이라는 뜻이다. 노후하여 새것보다 열등하다는 의미가 아니라 오랫동안 뿌리내렸다는 의미다. 단단하게. 내 다탁은 자기만의 우주에 깃든 듯하다. 티파니 램프와 플러시 쿠션은 19세기의 화려한 열차 객실을 연상시킨다.

실내 장식 덕분인지 차를 한 모금 마실 때마다 즐거움이 배가된다. 앞에서 말했듯 이는 순수한 천재성이며 내가 항저우를 찾은 것도 그래서다. 천재를 찾아서. 서양은 천재라는 단어를 만들어 거의 종교에 가까운 지위로 격상시켰으나, 천재 개념을 서양이 독점하란 법은 없다. 천재의 맛과 향은 행복이나 젤라토 아이스크림만큼 다양하고 나는 중국식 천재를 맛보고 싶어 안달이 났다.

특히 서기 969년에서 1276년에 걸쳐 크게 부흥한 송왕조에 관심이 쏠렸다. 송왕조의 수도 항저우는 세계에서 가장 부유하고 인구가 많은 도시였다. 게다가 가장 혁신적이기까지 했다. 유럽인들이 머리에서 이를 잡으며 중세가 언제 끝나려나 막막해할 때 중국인들은 발명하고 발견하고 쓰고 그리고 삶의 제반 여건을 개선하느라 여념이 없었다.

이 황금기에는 아시아의 특징이 뚜렷했으니, 천재 집단은 갑작스러운 도약이 아니라 점진적 발전을 통해 등장했다. 이 혁신의 시기는 중국의 전형적 방식대로 전통이라는 기반을 단단하게 디디고 있었다. 서양보다는 카페인에 덜 취했지만 서양 못지않게 인상적으로 발전했다. 아테네처럼 철학적으로 엄숙하지는 않았지만 항저우는 예술과 시, 특히 기술 면에서 아테네를 앞섰다. 옛 항저우는 우리가 세상을 항해하는 방식을 말 그대로든 비유적으로든 바꿨다.

여러분이 나와 같다면, 중국이 화약과 폭죽을 발명한 사실은 알 것이다. 하지만 중국이 얼마나 폭넓고 깊은 성취를 이뤘는지는 아마 모를 것이다. 중국인은 나침반과 목판 인쇄에서 기계식 시계와 화장지(천재적 발명이라는 말이 있다면 여기에 붙여야 마땅하다)에 이르기까지 모든 것을 발명했다. 황금기 동안 의학도 발전했기에 정치학자 찰스 머리가 "당신이 〔12세기에〕 병에 걸리게 생겼는데 유럽과 중국 중 한 곳에서 살 수 있다면 어느 쪽이 올바른 선택인지는 의심할 여지가 없다"고 말할 정도였다.

부, 위생, 교육, 문해력 등 거의 모든 지표에서 중국은 서양을 능가했다. 중국인들은 세계에서 가장 훌륭한 직물과 도자기를 생산했으며 세계 최초로 지폐를 도입했다. 항해술의 발전도 선도했다. 유럽인들이 작은 갤리선을 타고 근력으로 노를 저을 때 중국인들은 구획이 나뉜, 최대 네 개의 갑판과 여남은 장의 돛을 갖추고 최대 500명의 선원을 수용할 정도로 거대한 범선을 출항시켰다.

또한 중국인들은 세계 최초의 해도와 천문도 중 일부를 제작했으며 고고학 분야를 개척했다. 그런가 하면 석탄과 수력 같은 동력원을 발전시켜 쟁기에서 불상에 이르기까지 엄청난 양의 물건을 찍어냈다.

송왕조는 철학적 정신적 천재성이 만개한 시기이기도 했다. 불교와 유교가 어우러지면서 놀랄 만큼 관용적인 분위기가 조성되었다. 사실 중국의 황금기를 이끈 기술인 목판 인쇄가 처음 완성된 것은 세계 최초의 책들이 출판된 불교 사찰에서였다. 또한 이 시기에는 위대한 사상가들이 많이 배출되었는데, 이들은 유럽의 철학자들과 달리 전혀 음울하지 않았다. 송왕조에 대해 많은 글을 남긴 역사가 자크 제르네는 "중국의 천재는 사변적인 고뇌와 불안과는 인연이 없다"고 했다.

마지막으로, 이 시기에는 예술적 재능이 폭발하여 수많은 미술관을 채우기에 충분할 정도로 많은 시와 그림이 배출되었다. 송대 중국인들은 미술뿐 아니라 대화술에서도 많은 성취를 거두어 제르네는 "중국 문명이 지금까지 탄생시킨 사람 가운데 최고의 문화인"이 이들이라고 결론 내렸다. '중국 문명'에 어떤 문명을 갖다붙여도 무방하다. 송왕조는 중국의 르네상스였으며 항저우는 중국의 피렌체였다.

우리가 아는 것은 여기까지다. 이 너머는 안개와 의문뿐이다. 당시의 공기에는 과연 무엇이 있었을까? 더 큰 수수께끼는 이것이다. 그것은 어디로 갔을까? 니덤이 던진 거창한 질문의 답은 무엇일까?

조지프 니덤은 영국의 과학자이자 중국학자로, 이전까지 알려지지 않은 고대 중국의 놀라운 과학과 기술의 전성기를 파악해 20세기 초에 이를 연대기로 작성했다. 그는 '당시에 서양보다 몇 광년은 앞서 있던 중국이 그뒤로 수 세기 동안 주도권을 잃고 뒤처진 이유는 무엇인가?'라는 거창한 질문을 던졌다.

천재의 차를 홀짝이며 중국에 대한 이 수수께끼를 곰곰이 생각해보지만, 오늘은 별 진전이 없겠다 싶다. 비행기를 오래 타서 아직도 그로기 상태다. 오늘밤 늦게 도착했는데, 한밤중에 낯선 도시에 내리는 것보다 더 혼란스러운 일은 없다. 항저우의 번쩍거리는 새 공항에 자리한 택시 승강장에서 눈빛이 게슴츠레한 사람들 틈에 섞여 있다가 차를 타고 도시로 진입하는데, 초현대식 고속도로와 아파트, 사무용 건물을 보고서 눈이 번쩍 뜨였다. 시장경제를 옹호한 작가 아인 랜드의 야심이 고스란히 구현된 듯 유리와 철로만 지어진 건물들이다. 중국에서 여러 해를 보낸 친구들의 목소리가 들려왔다. 그들은 이렇게 경고했다. "중국에서는 과거를 찾을 수 없어. 마오 주석이 다 쓸어버렸거든. 시간 낭비야." 친구들 말이 맞으면 어떡하나 걱정스럽다.

택시는 고속도로를 빠져나와 이내 깔때기처럼 생긴 좁고 구불구불한 도로로 진입했다. 길모퉁이를 돌다가 택시의 전조등이 늦은 밤 술집에서 나오는 웃음기 가득한 취객 무리를 비췄다. 그들의 태도에 스며 있던, 달빛에 빛나는 빗물 웅덩이에 들어 있던 무언가가 오늘날에서 나를 풀어 순식간에 서기 1230년경의 항저우로 옮겼다. 단순히 지적인 경험이 아니었다. 그 이상이었다. 찰나였지만 그 시대를 느낄 수 있었다. 과거는 그와 같았다. 부재했다가 갑자기 부재하지 않게 되는 것. 이런 일이 일어나면, 과거가 무작정 들이 닥치면, 우리는 경악하지 않고 수긍하면서 과거를 맞이한다. 그래, 물론이지, 라고 생각한다. 현재는 과거를 대체하지 않는다. 갓 내린 눈이 쌓여 생긴 담요처럼 숨길 뿐이다. 눈이 녹으면, 거기 늘 있던 것이 드러난다.

내가 묵는 호텔은 한쪽으로는 페라리 대리점을 다른 쪽으로는 애스턴마틴 대리점을 마주보며 서 있는데, 과거의 존재를 인정하기를 꿋꿋이 거부함으로써 과거를 숨기는 임무를 훌륭히 해냈다. 크리스털 오렌지 호텔 로비에는 가죽 회전의자, 크롬 가구, 앤디 워홀 프린트가 띄엄띄엄 놓여 있다. 직원들은 검은 제복을 맞춰 입고서 어울리지 않게 현대적인 표정을 짓고 있다. 내 방에는 전동 블라인드 같은 현대식 설비가 갖춰져 있고 조명에는 '뉴욕'과 '파리'라는 이름표가 붙어 있다(뭐가 다른지 도무지 모르겠다). 중국의 문화유산을 보여주는 거라고는 미니바 위에서 헤엄치는 작은 금붕어뿐이다. 시차 때문에 잠시 정신이 나간 건지도 모르겠지만, 이따금 금붕어가 내게 말을 건다고 맹세할 수 있다. "어이, 날 쳐다보지 마. 나도 내가 여기서 뭘 하고 있는지 모르겠다고."

이튿날 아침 타이구 찻집으로 돌아가 천재 차를 한 주전자 주문하고 내가 어디 있었는지, 어디로 가야 할지 생각을 정리한다. 아테네와 항저우. 이 두 천재의 장소는 시간상으로는 1500년, 거리상으로는 8000킬로미터 정도 떨어져 있고 문화적으로나 언어적으로나 뿌리가 전혀 다르지만, 깊이 들여다볼수록 비슷한 점이 점점 더 드러난다. 두 도시 다 계몽된 지도자 덕을 보았다. 아테네에 페리클레스가 있었다면 중국에는 시인 황제로 알려진 계몽 지도자가 잇따라 등장했다. 흔히 볼 수 있는 조합이 아니다. 노파심에서 말하는데, 이 지도자들은 단순한 시 애호가가 아니었다. 그들은 해리 트루먼이 피아노를 치고 빌 클린턴이 색소폰을 부는 수준으로 시를 지은 게 아니었다. 그들에겐 진짜 재능이 있었다. 황제 일 쪽이 부업이었다.

항저우는 아테네처럼 무역도시였다. 북적거리는 시장에서는 인도에서 가져온 코뿔소 뿔, 아프리카에서 온 상아, 거기다 진주, 수정, 단향, 장뇌, 정향, 카르다몸에 이르기까지 무엇이든 살 수 있었다. 항저우는 아테네와 마찬가지로 상품과 아이디어의 교차로에 자리잡았으며 중국 안팎에서 방문객이 찾아오는 목적지였다.

이곳의 명소 중 하나는 도시의 '유원지'였다. (여러분이 생각하는 그런 유원지가 아니다. 물론 옛 항저우에는 그런 데도 많았지만.) 이곳에서는 중국의 가로피리 연주법을 배우거나 연기 수업을 받을 수 있었으며 연중 눈앞에서 펼쳐지는 서커스(줄타기, 저글링, 칼 삼키기, 코미디, 레슬링, 개미 놀음)를 보며 그저 경탄할 수도 있었다. 제르네는 항저우에서 "대혼란이 거듭된다"고 했는데, 이 표현을 보자마자 아테네의 북적거리는 아고라가 떠올랐다. 여기서 어떤 패턴이 감지된다. 천재의 장소에는 어느 정도의 불확실성이, 아니 혼란까지도 필요하다.

하지만 아테네와 항저우는 중요한 점에서 달랐다. 아테네와 달리 항저우는 신기술을 받아들였다. 앞에서 말했듯 핵심 기술은 목판 인쇄술이었다. 목판 인쇄술은 당시의 인터넷이었다. 인터넷과 마찬가지로 목판 인쇄술은 진입 장벽을 없앴다. 필경사와 그들의 부유한 고객 같은 선택된 소수가 독점하던 문물이 갑자기 거의 모든 사람에게 개방됐다.

모든 성공한 기술과 마찬가지로 목판 인쇄술은 적시에 등장했으며 설령 사람들이 알아차리지 못했을지라도 필요를 충족했다. 이 경우의 필요는 정보였다. 갓 태동하여 세력을 넓혀가던 상인 계층 같은 사람들은 『논어』나 『노자』 같은 경전을 읽어 자신을 수양하고자 했다. 미국인들이 미국 건국의 아버지들의 역사를 탐독하듯 그들은 이 경전을 게걸스럽게 집어삼켰다. 금세 온갖 주제를 망라한 수천 종의 책이 해마다 출간되었다. 황궁에 있는 서고 한 곳에만 두루마리 8000권가량이 소장되어 있었다.

하지만 모든 기술이 수용되지는 않았다. 구텐베르크보다 400년 앞서 중국 장인들은 기계식 인쇄기를 개발했지만, 이는 흔적도 없이 사라졌다.

이 사실로 혁신의 가장 위대한 신화가 거짓이란 걸 알 수 있다. 진보는 중단시킬 수 없다는 신화 말이다. 사실 우리는 늘 진보를 중단시킨다. 그러지 않았다면 우리는 신기술—어떤 것은 유용하고 어떤 것은 쓸모없다—의 홍수에 잠겨버렸을 것이다. 진보가 중단될 수 없는 것이라면, 여러분은 틀림없이 코르넬리스 드레벨이라는 이름을 알 것이다.

드레벨은 17세기 네덜란드 발명가로, 잘생긴 외모에 차분한 목소리를 갖춘 온화한 사람이었다. 그는 망원경과 현미경, 자동연주 악기를 발명했으며 냉장과 부화를 위한 장치를 새로 개발했다. 그의 영구운동기계를 보고 적어도 두 명의 유럽 군주가 혀를 내둘렀다. 그는 여러 면에서 당대의 토머스 에디슨이었다.

1620년 드레벨은 자신의 가장 훌륭한 발명품이라고 기대한 발명품을 완성했다. 온전히 작동하는 잠수정이었다. 최대 열두 명의 승조원을 태울 수 있었는데 이들이 노를 저어 잠수정을 운항했다. 드레벨이 순수한 산소를 병에 넣어 잠수정에 비치한 덕에 이들은 오랫동안 잠수할 수 있었다. 잠수정은 템스강에서 시험 운항에 성공했지만 참담하게 실패했다. 그의 잠수정은 흥밋거리였지 유용한 혁신은 아니었다. 드레벨의 평판은 곤두박질했다. 만년에는 술집을 운영하다 파산했다. 오늘날 역사책에서는 그의 이름을 좀처럼 찾을 수 없다. 파장을 일으키지 못하는 혁신은 결코 혁신이 아니다. 인생사가 다 그렇듯 천재성의 관건은 타이밍이다.

모든 도시에는 과거로 통하는 현창舷窓이 적어도 하나씩 있다. 항저우의 현창은 시후西湖로, 오늘날도 12세기 때처럼 명성이 자자하다. 여기 오기 전, 중국인 친구들이 이 호수를 극찬했는데, 시후가 무슨 유명인이나 신이라도 되는 듯 목소리에 존경심이 서려 있었다. 수 세기 동안 이 호수를 소재로 지어진 시가 약 2만 5000수에 이르는데, 전부 연애시다. 심지어 낭만과는 거리가 먼 리처드 닉슨도 넋을 잃었다. 그는 1972년에 항저우를 방문했을 때 "아름다운 호수가 있는 남루한 도시"라고 말했는데 중국이 문화혁명에서 갓 벗어난 시기였으니 그리 틀린 말은 아니었다.

시후는 항저우의 천재성과 무슨 관계일까? 앞에서 말했듯, 천재성은 대체로 도시적 현상이지만 창조적인 사람들이 자연에서 영감을 얻는다는 점은 분명하다. 위대한 도시들이 결코 자연과 완전히 단절하지 않는 이유는 그래서다. 그런 도시들은 자연을 향유할 기회를 언제나 남겨둔다. 뉴욕에는 센트럴파크가 빈에는 비너발트가 도쿄에는 신주쿠 교엔이 있다. 자연과 완전히 분리된 도시는 죽은 장소이며, 그다지 창조적인 장소가 못 된다.

일찍이 시후에 매혹된 사람 중에 마르코 폴로가 있다. 이탈리아의 탐험가인 그는 13세기에 항저우를 찾았는데, 호수와 도시에 푹 빠졌다. 훗날 『동방견문록』으로 출간된 일기에서 그는 스무남은 페이지를 할애해 항저우의 놀라운 풍광을 "세상에서 가장 아름다운 최고의 도시임이 분명하다"라고 묘사한다. 항저우는 인구가 백만을 넘는(최대 250만 명으로 추산하기도 한다) 세계 최대의 도시였다. 마르코 폴로가 사랑한 도시 베네치아는 인구가 5만 명이었으니 항저우에 비하면 촌락에 불과했다. 아닌 게 아니라 폴로는 회의적인 유럽인들에게 항저우가 진짜로 존재하며 상상의 산물이 아님을 설득하느라 애를 먹었다.

폴로는 항저우의 일상생활을 예리하게 관찰했으며 주민들의 훌륭한 위생 상태를 찬미하는 데 상당량의 잉크를 소비했다. "매일 씻는 것이 풍습이며 일단 씻지 않고서는 밥상에 앉지 않는다."(이

기록은 마르코 폴로가 아니라 조반니 바티스타 라무시오가 남긴 기록이다—옮긴이)

물론 현대의 기준에서 보면 별것 아닐지도 모르지만, 남루하고 병에 찌든 유럽인 폴로의 눈에 항저우는 깨끗한 생활의 본보기였다.

하지만 폴로의 한결같은 찬사를 읽다보니 그가 항저우의 이름난 미주米酒를 너무 많이 마신 게 아닌가 하는 생각을 떨칠 수 없다. 그렇지 않고서야 "한 덩어리에 약 4.5킬로그램이나 나가는" 엄청나게 큰 배梨子나, 길이는 백 보 정도인데…… "온몸에 털이 난 물고기"가 어떻게 설명되겠는가?

오래전, 스카이프가 등장하기도 전에 폴로가 고향을 멀리 떠나 여행했다는 사실을 생각해보라. 그는 향수병에 걸렸다. 그런데 그가 수심에 잠기려는 찰나, 호수 위에 떠 있는 아름다운 도시가 눈앞에 나타난다. 수없이 많은 운하가 도로를 대신했다. 폴로는 눈을 믿을 수 없었다. 베네치아를 빼닮은 도시였다. 자신의 고향이었다.

항저우의 많은 것이 폴로를 매료시켰지만, 여인만큼 그의 눈길을 사로잡은 대상은 없었다. 폴로는 아름다움과 재치를 겸비한 항저우 여인들을 "아주 고상하고 천사 같다"고 묘사한다. "이 여인들은 매우 노련해서 갖가지 사람의 비위를 맞춰주고 그럴듯한 말로 기분 좋게 구워삶는다. 그래서 그들에게 한번 빠진 외국인들은 그들의 애교와 매력에 사로잡혀 그후로는 그들을 결코 잊지 못하게 된다."

이 구절을 읽으니 폴로가 자신의 경험을 토대로 말한다는 게 분명해진다. 그는 당대의 변태적 성행위에 대해 잘 알았을까? 남성의 자위는 금지되었지만 여성의 자위는 열렬히 장려되었음을 알았을까? 역사가(이자 마르코 폴로의 전기 작가) 로런스 버그린은 이렇게 썼다. "(항저우에서는) 여성이 오르가슴에 도달하게끔 돕는 섹스 토이가 흔하고 널리 회자된데다가 인기 많은 섹스 지침서에서 언급되기도 했다."

가장 인기 있는 지침서는 『소녀경』이었다(원서에는 『한무제전漢武帝傳』이라고 되어 있지만, 이는 착오인 듯하다—옮긴이). 이 책은 폴로가 중국에 오기 1000년 전에 쓰였지만 『조이 오브 섹스』처럼 한번도 구닥다리가 되지 않았다. 『소녀경』에는 용번(용이 변화하여 나는 모습—옮긴이), 봉상(봉황이 날아오르는 모습—옮긴이)이나 솔깃하지만 고통스러울지도 모를 어접린(물고기가 서로 비늘을 문지르는 모습—옮긴이) 등의 체위가 생생하게 묘사되어 있다. 자세한 내용은 독자 여러분의 상상에 맡기겠다. 항저우의 창조 정신이 침실까지 내밀히 확장되었다고 말하는 것으로 충분하리라.

폴로는 항저우 남자들에 대해서는 심드렁해서 그들은 마치 내시와 같으며 "왕들이 하도 오냐오냐해서 무기를 다룰 줄도 모르고 집에 갖다두지도 않는다"고 썼다. 이봐, 마르코. 총기 소지가 필요 없던 시대였다고. 항저우는 페리클레스 시대 아테네처럼 대체로 평화로운 황금기를 구가했다.

하지만 두 도시 다 평화의 대가를 치러야 했다. 아테네의 대가는 피였고 항저우의 대가는 재물이었다. 중국 황제들은 막강한 적들을 군사적으로는 막을 수 없음을 알았기에 공물을 주어 달랬다. 평화는 값비쌌으며 그래서 소중했다.

평화로운 시기라고 해서 따분했으리라 생각하면 오산이다. 옛 항저우는 지루함과는 거리가 멀었다. 천재의 장소는 결코 그런 곳이 아니다. 작가 그레이엄 그린은 스위스를 날카롭게 풍자하면서 이렇게 말했다. "그들에게는 형제애가 있고 500년간의 민주주의와 평화가 있었지, 그런데 그들이 뭘 만들어낸 줄 알아? 뻐꾸기시계라고!"(실은 그조차 아니다. 뻐꾸기시계는 독일인이 발명했다.)

딘 사이먼턴은 황금기에 대한 연구에서 정치적 음모, 소란, 불확실성이 팽배한 장소가 창조적으로 번성했음을 밝혀냈다. "마치 정계에 창궐하는 갈등이 젊고 진취적인 이들에게 더 급진적 세계관을 고려하도록 북돋우는 듯하다." 옛 중국 고사 중에 "난세에 사시길!"이라는 말이 있는데 이는 정치적 세계뿐 아니라 창의적 세계에도 적용된다.

♀

일어나니 어두운 하늘에 이슬비가 추적추적 내린다. 샤워를 하고 금붕어에게 미소를 던진 뒤 로비에 가서 데이나를 만난다. 여느 중국인처럼 그녀도 영어식 이름을 지었는데, 겉으로는 우리 같은 외국인을 위해서라지만 실은 자신을 위해서인 듯하다. 자기 이름을 엉터리로 발음하는 것을 듣고 싶지는 않을 테니 말이다.

두툼한 안경을 쓰고 실용적인 단발머리를 한 데이나는 앤디 워홀의 토마토 수프 깡통 아래 위치한 회전의자에 굳은 표정으로 멍하니 앉아 있다. 예전에 중국을 찾았을 때부터 데이나와는 알고 지내는 사이인데 이번에도 높디높은 언어 장벽을 넘는 일을 도와줬으면 좋겠다. 이왕이면 시간적 장벽도.

우리는 걷는다. 침묵의 장막이 빠르게 걷힌다. 데이나는 내 고향의 수다쟁이 친구들과 달리 뭔가 할말이 있을 때만 입을 연다. 나는 날씨 같은 잡담으로 침묵을 깬다.

"날씨가 지긋지긋하네요."

"아니요. 비는 나쁜 게 아니에요. 중국에서는 비 오는 날이 길일이에요. 비는 생명을 뜻하니까요."

그렇다면 발목 잠길 정도의 물웅덩이를 첨벙첨벙 걷는 지금은 운수대통한 날이겠군.

항저우에 도착한 지 24시간이 지났는데 아직도 호수를 보지 않았다고 데이나가 상기시킨다. 내가 중범죄라도 저지른 듯한 말투다. 당장 가자고 재촉하며 그곳에서 항저우의 천재 중 한 명인 소동파를 만날 수 있다고 나를 꼬드긴다.

호수는 실망스럽지 않았다. 삼면이 울창한 산으로 둘러싸였으며 탑과 절이 수없이 많아서 고요한 아름다움을 물씬 풍긴다. 잠시 뒤 조각상이 보인다. 금박을 입힌, 어느 모로 보나 완벽한 조각상이 우리를 굽어본다. 바로 항저우의 태수이자 시인이자 화가이자 여행 작가이자 공학자인 소동파다. 오늘날 항저우 사람들은 모두 그를 알고 그를 사랑한다. 누구나 그의 시를 암송하며 그의 그림을 한눈에 알아본다. 심지어 그의 이름을 딴 요리도 있다. 돼지고기를 육수에 넣어 졸인 동파육 말이다. 소동파가 채식주의자였음을 생각하면 아이러니한 일이다.

조각상을 바라보다가 데이나가 이렇게 말한다. "대부분의 사람들은 삶의 노예인 것 같아요. 하지만 소동파는 삶을 즐기는 법을 알았죠."

작은 다리—그림이나 성룡 영화에서 본 적은 있지만 정말 존재하는 줄은 몰랐던, 작고 그림 같은 중국식 다리—를 건너 자그마한 소동파 기념관에 들어선다. 안에는 소동파의 시가 몇 점 전시되어 있었는데, 몇십 개의 흰 두루마리에 쓰인 소동파의 독특한 서체는 놀랍도록 보존 상태가 양호하다. 소동파는 이따금 종이가 아니라 나무나 바위, 벽에 시를 끄적이기도 했다. 거의 무모하기까지 한 이런 즉흥성이야말로 그의 예술과 그 시대를 특징지었다.

목판 인쇄가 당대의 인터넷이었다면, 시는 트위터였다. 사람들은 풍부한 의미를 단 몇 글자로 축약한 짧은 편지를 주고받았다. 이전에는 시의 내용이 성스러운 주제로 한정되었지만 송대의 시는 오늘날의 소셜미디어처럼 철광에서 옷엣니에 이르기까지 태양 아래 온갖 주제를 다뤘다. 아테네와 마찬가지로 항저우에서도 예술은 일상생활과 분리되지 않았다.

특히 그 시대에 시가 어떤 역할을 했는지는 아무리 강조해도 지나치지 않다. 당대의 가장 유명한 시를 적은 종이로는 술값이나 찻값을 치를 수 있었다. 정기적인 경연도 열렸다. 심지어 아이들도 경연에 참가했다. 일곱 살짜리 신동이 황실에 불려가 형제들과의 작별을 주제로 시를 지으라는 주문을 받을 정도였다.

이별의 정자에서 잎이 훌쩍 날아갔네.
작별의 길에서 구름이 난데없이 걷혔네.

아! 기러기는 함께 날아가는데
어찌하여 인간은 따로 가야 하는가.

일곱 살치고는 나쁘지 않다. 아니 생각해보니 마흔일곱 살이어
도. 앞에서 말했듯 모두가 시를 썼지만 소동파만큼 뛰어난 시를 쓴
사람은 아무도 없었다. 특히 「밤길 가다 별을 보고夜行觀星」라는 시
가 눈길을 사로잡는다.

가까이서 들여다보면 무엇 같을까?
멀리서 생각해보니 이따금 닮은 것도 있는 것 같네.
아득히 멀리 있어 알 수 없으매
나를 길게 탄식하고 한숨 쉬게 하네.

소동파의 시에는 이런 경이감이 거듭 등장한다. 그리스인들과
마찬가지로 소동파 또한 경이감이야말로 모든 과학적 탐구의, 삶
자체의 핵심이라고 믿었다. 깊고 꾸준한 경이감은 천재성과 불가
분의 관계다. 막스 플랑크, 베르너 하이젠베르크, 한스 베테 등 위
대한 물리학자 중 상당수는 실험실이 아니라 우뚝 솟은 알프스산
맥 아니면 소동파처럼 별하늘을 바라보다가 영감을 얻었다고 말한
다. 그들은 모두 막스 베버의 표현처럼 '놀랄 줄 아는 능력'을 가진
자였다. 분야를 막론하고 모든 천재는 이 능력을 갖췄으며, 영국의
철학자 앨런 와츠 말마따나 이러한 능력이 "인간을 그 밖의 동물과
구별 지으며 지적이고 예민한 사람을 바보와 구별 짓는다"는 사실

을 안다.

앞에서 말했듯 소동파는 화가이기도 했다. 그의 연상적이고 인상주의적인 작품 몇 점이 여기 전시되어 있다. 그의 화풍은 비정통적이었다. 그는 빠르고 기운찬 붓질 몇 번만으로 그림 한 점을 완성했다. 소동파의 전기 작가는 이렇게 설명한다. "그는 성공하거나 실패하거나 둘 중 하나였다. 실패하면 화선지를 구겨 공처럼 말아 쓰레기통에 던져넣고 처음부터 새로 시작한다."

예술사가들이 걸작을 검사하려고 자외선 형광 기법을 쓰면, 시대를 막론하고 캔버스에 숨겨진 과거의 붓질이 종종 드러나곤 한다. 천재는 강철 같은 집념 그러니까 다시 또다시 시작하려는 의지를 가진 사람이다. 힘들이지 않고 창조하기라는 낭만주의적 개념에는 들어맞지 않지만 그럼에도 필수적인 덕목이다. 천재를 낙오자와 구분 짓는 특징은 몇 번 성공하느냐가 아니라 몇 번이나 다시 시작하느냐다.

음악심리학자 게리 맥퍼슨은 아이들에게 얼마나 오랫동안 악기 연주를 계획했는지 묻는 흥미로운 연구를 진행했다. 그러고는 아이들이 연습을 얼마나 많이 하는지 측정하고 연주를 얼마나 잘하는지 평가했다. 그랬더니 연주 실력을 결정하는 단일 최대 요인은 연습량이나 타고난 능력이 아니라 장기간의 노력이었다. 꾸준히 연주해온 아이들은 그러지 않은 아이들보다 연주 실력이 뛰어났다. 단기간 연습한 아이들의 연습량이 더 많아도 마찬가지였다. 장기간 연습한 아이들이 연습량까지 많을 경우 단기간 연습한 아이들에 비해 실력이 400퍼센트 이상 향상되었다.

나는 소동파의 노력과 어마어마한 양의 그림에 감탄했다. 이곳에만도 수십 점이 전시되어 있다. 데이나는 "이건 아무것도 아니에요"라고 한다. 그 말이 맞다. 2400여 수의 시가 남아 있으며 그림은 헤아릴 수 없이 많으니 말이다. 여기서 소동파와 그리스인의 공통점을, 아니 실은 시대를 통틀어 대다수 천재와의 공통점을 찾을 수 있다. 그들은 엄청난 다작가였다. 바흐는 하루 평균 20매씩 작곡했다. 피카소는 2만 점이 넘는 작품을 제작했으며 프로이트는 330여 권의 출판물을 썼다. (고흐는 많은 천재의 공통점인 성실함과 광기라는 두 가지 특성을 겸비했다. 그는 권총 자살하는 날까지도 그림을 그렸다.)

소동파는 시인이자 화가였을 뿐 아니라 존경받는 관리이자 유능한 공학자였다. 그의 설계 중에서 가장 유명한 것은 시후를 가로지르는 제방인데 오늘날까지도 남아 있다. 소동파는 르네상스 시대를 300년 앞선 르네상스인이었다.

데이나와 함께 기념관을 나와 개어가는 하늘을 보면서 왜 오늘날에는 이런 사람이 더 없을까 하고 의문을 품는다. 왜 우리는 야망을 버려야만 하는가? 이 물음에 자답하기 위해, 소동파 같은 팔방미인이 현대의 대학 캠퍼스로 걸어들어가면 어떤 일이 일어날지 상상해본다.

"소동파 씨, 문학에 흥미가 있으신가요? 그러면 인문대학을 알아보시죠. 오, 그림을 그리시나요? 미술대학에 들러주시죠. 그건 뭐죠? 공학에 관심이 있으시다고요? 저희는 훌륭한 공과대학도 있습니다."

"하지만 저는 전부 하고 싶은걸요."

"소동파 씨, 죄송합니다만 그렇게 하실 수는 없어요. 전공 분야를 정한 다음 다시 찾아오시죠. 그나저나 원하신다면 심리상담소를 안내해드릴 수도 있어요."

우리는 전문화Specialization의 논리에 좀처럼 문제를 제기하지 않는다. 디너파티에서 한 친구가 말한다. "물론 그때는 전문화의 수준이 낮았지. 세상이 덜 복잡했으니까." 물론 그랬다. 하지만 세상이 덜 복잡했던 것은 전문화의 수준이 낮았던 덕분이라고 말하고 싶다. 전문가는 자신이 선택한 분야를 잘게 더 잘게 나눠 그 자그마한 조각 주위로 높은 벽을 쌓을수록 인정받는데, 그럴수록 시야는 좁아질 수밖에 없다.

우리는 르네상스인의 죽음을 애도하지만, 우리가 그를 죽였으며 지금도 대학과 기업에서 매일같이 죽이고 있다는 명백한 사실을 망각한다.

책을 쓰는 것은 창조적 행위다. 읽는 것도 마찬가지다. 하지만 두 행위는 고대 중국에서 희귀 문헌을 구하는 데 필요한 노력에 비하면 아무것도 아니다. 중국 퍼즐의 중요한 조각인 책 한 권을 입수하려면 나의 정보력을 총동원해야 한다.

그 책은 11세기의 천재 심괄이 썼는데, 그는 많은 분야에서 중요한 업적을 남겼지만 무엇보다 나침반 연구로 유명하다. 심괄은 중국의 레오나르도 다빈치였으며, 레오나르도와 마찬가지로 자신의 온갖 기발한 발상을 글로 남겼다. 그의 문집은 수 세기 동안 행방불명이다가 발견되었으며 최근에야 영어로 번역되었다.

하지만 사본을 구하기란 쉽지 않았다. 처음에는 짜증이 났다. 지금은 책은 말할 것도 없고 무엇이든 클릭 한 번이면 구하는 세상 아닌가. 그러다 심호흡을 하고 시야를 넓힌다. 인류사의 대부분은 지금 같지 않았다. 책은 귀중한 소유물이었으며, 은유적으로나 실제로나 보물이었다. 책을 입수하려면 땀을 흘려야 했기에, 처음으로 책장을 손가락으로 어루만지는 순간은 지금보다 훨씬 감미로웠다.

심괄은 꿈의 개울가에서 붓으로 이야기한다는 뜻의『몽계필담』이라는 책을 썼는데, 제목이 호기심을 불러일으키는데다 중국의 레오나르도를 알고 싶은 격렬한 욕망 때문에 더더욱 사본을 구하고 싶다. 친구에게, 친구의 친구에게, 생판 모르는 사람들에게 매달린다. 애쓴 보람이 있어서 노먼이라는 사서(영어식 이름밖에 모른다)가 마약상이나 CIA와 접선하듯 은밀하게 그 물건을 호텔로 가져다준다.

두 권을 품에 안으니 묵직하다. 다른 세상에서 온 방문객인 양 기쁨과 의심의 눈초리로 책들을 가만히 쳐다본다. 당장 펼치고 싶지만, 먼저 카페인을 섭취하지 않고는 덤빌 만한 성질의 책이 아니다. 항저우의 천재 차가 좋아지기는 했지만 이따금 커피만이 효과적일 때도 있는 법이다.

근처에서 눈에 띄는 커피숍으로 향한다. 한엔이란 커피숍으로, 미술관과 골동품점 사이에 파묻혀 있다. 좋았어.

자리에 앉아 커피를 주문하다가 우마 서먼이 날 노려보는 걸 알아채고 깜짝 놀란다. 가죽 소파에 엎드려 담배를 피우는, 너무도 근사한 〈펄프 픽션〉 포스터다. 나중에 화장실에 갔더니 로버트 드니로가, 〈택시 드라이버〉의 드니로가 나를 째려본다. 전기 기타와 왼난 전통 악기—기타처럼 생겼다—가 벽에 걸려 있고 나무 꼭두각시 인형과 레코드판이 옆에 놓여 있다. 고맙게도, 감미로운 음향—부드러운 재즈, 에스프레소 머신의 은은한 소음, 알아들을 수 없는 중국어로 깔깔거리는 유쾌한 소리—이 정신 사나운 인테리어를 상쇄해줘 실내는 평온하기 그지없다.

여기서, 이 뜻밖의 정적 속에서 『몽계필담』 영어판 1권을 생전 처음으로 펼친다. 잠시 머뭇거리며 이 책에 얽힌 작은 기적에 대해 생각한다. 심괄이 죽고 200년 동안, 이 책의 유일본은 종적이 묘연했다. 그러다 1305년 몇 권의 사본이 제작되어 개인 수집가의 손에 들어갔다. 그뒤로 600년 넘도록 자취를 감췄다가 1940년대에 이름난 고서 수집가 천청중이 사본을 직접 홍콩에 가져갔는데 이것이 유일하게 남은 사본일 가능성이 크다. 홍콩에서 후다오징이라는 애서가가 일생을 바쳐 그 책을 엮고 교정하고 현대 중국어로 번역했으며 마침내 내 손에 들린 영어판이 탄생했다.

책을 펼쳐 손으로 무게를 가늠하고 울퉁불퉁한 책등의 굴곡과 매끄러운 책장 모서리를 느껴본다. 책장을 넘겨 심괄의 초상화를 본다. 그는 전통적인 비단 관복을 입고 검은색의 각진 모자를 썼다. 관례대로 턱수염을 뾰족하게 기르고 푸 맨추(색스 로머의 소설에 등장하는 악당—옮긴이)처럼 콧수염을 늘어뜨렸으며 무언가 무척 흥미로운 것을 발견한 듯 먼 곳을 바라보고 있다. 입술은 희미하게 미소 짓고 있다. 호감 가는 인상이긴 하지만, 이 그림이 그의 진면목을 보여준다고는 말하지 못하겠다. 그를 알려면 더 깊이 파고들어야 한다.

당시에도 명함이 있었는지는 모르겠지만, 만일 그랬다면 심괄의 명함은 엄청나게 커야 했을 것이다. 그는 수학자, 천문학자, 기상학자, 지질학자, 동물학자, 식물학자, 약리학자, 농학자, 고고학자, 민족학자, 지도 제작자, 백과사전 집필자, 외교관, 수력공학자, 발명가, 대학 총장, 재무장관이었다. 게다가 이것은 본업일 뿐이었다! 그는 여가 시간에 시를 쓰고 곡을 지었다. 심괄은 일부 암석과 화석이 바다에서 기원했음을 처음으로 밝혀냈고, 세계 최초의 지형도를 제작했으며, 퇴적 작용을 최초로 관찰했으며, 기후가 시간의 흐름에 따라 달라진다는 (옳은) 학설을 제시했다. 아마 그의 업적 중에서 자성을 띤 바늘이 극지방을 가리키되 그 방향이 진북, 진남을 가리키지는 않는다는 발견이 가장 중요할 것이다. 자북과 진북, 자남과 진남은 항상 몇 도 틀어져 있는데, 극지방에 가까워질수록 그 편차가 커진다. 이 현상은 지자기 편각이라 불리는데, 크리스토퍼 콜럼버스는 400년이 지난 뒤에도 이 현상을 몰랐다. 지자기 편각은 오늘날에도 항해에 필수적이다. 조지프 니덤이 심괄을 두고 "중국 과학사를 통틀어 아마도 가장 흥미로운 인물"이라 부른 것도 놀랍지 않다.

심괄은 오랫동안 (조금이라도 알려졌다 하면) 시인으로 알려졌다. 니덤 덕분에 그의 과학적 발견이 인정받은 것은 후대의 일이다. 이런 일은 드물지 않다. 천재는 상대적 지위가 오르락내리락할 뿐 아니라 명성을 떨치는 분야도 달라진다. 괴테는 자신의 과학적 업적을 무엇보다 자랑스러워했지만 오늘날에는 문학가로 훨씬 유명하다. 아서 코난 도일 경은 자신을 순수한 역사소설 작가로 여겼지만, 우리에게 셜록 홈스 시리즈로 기억된다.

어릴 적 심괄은 당시 가장 어려운 시험에서 장원을 함으로써 절호의 기회를 맞았다. 진사시라는 이 시험에 급제하려면 유교 경전 여남은 편을 달달 외워야 했다. 오늘날 중국 학생들이라면 치를 떨겠지만, 이 시험은 사실 당시의 중대한 진보였으며 황금기를 설명하는 한 요인이다. 과거시험은 정실주의를 능력주의로 대체하기 위함이었는데 적어도 한동안은 효과적이었다. 권세 있는 아버지나 친척을 뒀다고 해서 잘나갈 수 없었다. 관직을 얻으려면 스스로의 힘으로 쟁취해야 했다.

경쟁은 치열했다. 몇으로 추려진 최우수 응시자들은 황궁에서 최종 시험을 치렀다. 부정행위를 저지르지 못하도록 엄격한 조치가 취해졌다. 응시자는 시험을 치르기 앞서 꼼꼼히 몸수색을 받았으며, 시험지에는 이름 대신 번호를 기입했다. 게다가 필적으로 응시자를 알아보지 못하도록 시관試官이 답안지를 다른 종이에 옮겨 적었다.

심괄의 학문적 업적은 찬란했지만 그의 개인사는 처량했다. 결혼생활은 불행했다. 아내에게 맞았다고 한다. 여느 창조적 천재처럼 그는 불만을 업적으로 승화시켰다. 1075년은 그에게 개인적으로 가장 비참한 해였지만 가장 생산적인 아누스 미라빌리스annus mirabilis, 즉 '기적의 해'이기도 했다. 그해에 심괄은 자기를 띤 바늘의 성질을 발견했다.

심괄에 대한 글을 읽으며 미소 짓는다. 수 세기와 수천 킬로미터의 거리가 순식간에 좁혀진다. 투키디데스처럼 심괄도 정치적 판세를 잘못 읽은 후 날조된 죄목이 씌워져 제국의 변방으로 추방당했다. 아테네에서 보았듯 배제는 창조적 천재성을 북돋울 수 있다. 적어도 우리 가운데 더 독립적인 정신의 소유자에게서는 말이다.

심괄도 마찬가지였다. 수모를 받고 사람들에게 잊힌 채 그는 룬저우의 한 마을에서 농사를 지었다. 이곳에서 어릴 적 꿈속의 목가적 전원 풍경을 떠올린 그는 여기를 몽계원夢溪園이라고 불렀다. 심괄은 외로이 은거하면서 자신의 걸작 『몽계필담』을 썼다.

페이지를 넘기다가, 이 책이 서사도, 스토리 라인도, 대주제도 없음을 문득 깨닫는다. 이 점에서 레오나르도 다빈치의 유명한 문집 『코덱스 레스터』가 연상된다. 원본은 지금 빌 게이츠의 서재에 고이 모셔져 있는 책 말이다. (게이츠는 1994년에 3080만 달러를 주고 낙찰받았다.) 『코덱스』와 마찬가지로 심괄의 책도 생각, 관찰, 공상 등을 두서없이 모아 끊임없고 명석한 정신으로 이뤄진 작업을 보여주는 창이다.

『몽계필담』은 번호가 붙은 609개의 절로 나뉘는데, 한 문장짜리 절도 있고 한 페이지 가득한 절도 있다. 절 제목을 통해 폭넓은 심괄의 관심사를 짐작할 수 있다. '거북 등껍데기로 점치는 글자'가 있는가 하면 '부자 바보'도 있다. '붉은빛을 이용한 부검'도 흥미롭다.

모든 페이지가 호감 가는 것은 아니다. 그는 트집쟁이일 때도 있지만— '여러 책에서 발견된 오류'라는 짜증스러운 절을 보라—

'남을 위해 만드는 즐거움' '같은 친절을 다른 결과로 보답하다' 같은 절에서 보듯 대체로 너그럽고 정확하다. '책만으로 의학 지식을 얻을 수는 없다'나 '세상사는 우리 기대대로만 흘러가지 않는다' 같은 절에서는 지극히 상식적인 면모도 볼 수 있다. 심괄, 당신은 현실이 어떤지 짐작도 못할 거야.

심괄은 많은 재능을 가졌지만, 무엇보다 관찰의 천재였다. 그의 관찰은 어떤 관찰과도 다른, 즉각적 통찰—저술가 로버트 그루딘에 따르면 '문득 보이는 아름다움'—로 이어지는 관찰이었다. 그의 관찰은 찰스 다윈이 "관찰하면서 논리적으로 따지는 것은 치명적 잘못이다"라고 경고하면서 염두에 둔 바로 그런 관찰이었다. 다윈은 가정하거나 기대하지 말고 보이는 그대로 관찰해야 한다고 주장했다. 그대 앞에 있는 것, 그 자체를 보라. 분석은 나중에 하고.

모든 위대한 발견, 모든 획기적 발명, 모든 대담한 공리는 이 단순한 관찰 행위에서 시작된다. 천재는 나머지 모든 사람이 보는 것을 보지만, 뭔가 다른 것을 본다. 세상 사람들이 히스테리를 앓는 빈의 주부를 볼 때 프로이트는 더 심오한 단서를 본다. 세상 사람들이 서로 무관한 두 종의 핀치를 볼 때 다윈은 연관성을, 그리고 인간이 어떻게 진화했는지에 대한 설명을 본다. 무의식 이론과 진화론 같은 대이론의 탄생은 이후의 일이지만, 그 씨앗을 심은 것은 단순한 관찰이었다.

물론 이렇게 간단한 문제는 아니다. 익숙해지면 더이상 보이지 않는 법이다. 하지만 창의적인 사람들은 이렇듯 지각이 흐려지는 일을 피하고 "낯익은 것을 낯설게 만들" 수 있다.

월리엄 하비를 생각해보라. 하비는 17세기 초 잉글랜드에서 살던 내과의사였다. 당시 사람들은 조수가 바다에서 들고 나는 것과 같은 방식으로 피가 심장에서 몸으로 흐른다고 생각했다. 하비도 처음에는 그렇게 믿었지만, 어느 날 물고기의 심장이 몸밖에 노출된 뒤에도 계속 뛰는 모습을 보았다. 뛰는 심장을 보고 하비는 예전에 보았던 펌프를 떠올렸다. 그래서 심장이 펌프와 같은 작용을 한다고 정확하게 추측했다. 발명가이자 심리학자인 윌리엄 고든이 학술지『창의적 행동』에 썼듯 그는 "낯익은 것을 낯설게 만들었기" 때문에 그렇게 추측할 수 있었다. 고든은 창의적인 사람이라면 누구나 이런 능력을 가졌다고 말한다.

심괄은 성과에 걸맞은 존경을 받지 못하고 있다. 심지어 제 나라에서도 외면받는다. 심괄에게 관심이 있다고 말하면 중국 사람들은 나를 멍하니 쳐다보거나 덜 알려진 그를 왜 찾아다니는 건지 의아해한다. 그가 왜 알려지지 않았는지 이해할 수 없다. 어쩌면 그림과 시로 유명한 시대를 산 과학자라서일지도 모르겠다. 자기 홍보에 서툴러서였을 수도 있고.

하지만 심괄은 명성을 추구하지 않았다. 그가 살던 시대에는 겸손이 덕목이었으며, 그는 겸손한 사람이었다. 이 깊고 변함없는 겸손은 중국적 천재성의 핵심에 이상적 형태로 놓여 있다. 중국의 중요한 고전을 쓴 사람들과 위대한 발명가들이 익명으로 남아 있는 것은 이 때문이다. 그들의 이름은 잊혔을지 모르나, 중국학자 F. W. 모트에 따르면 그들은 "다리와 탑, 성벽과 무덤, 운하와 갑문, 댐, 침몰한 배의 선체에, 즉 일상의 헤아릴 수 없이 많은 물건들에"

살아 있다.

♥

내 금붕어가 웃긴 표정을 지어 보인다. 그런데 내 금붕어가 맞나? 잘 모르겠다. 몇십 그램 더 살찐 듯한데다 한쪽 눈 위에는 전에 못 보던 작은 무늬가 있다. 청소부가 시트를 갈듯 금붕어도 갈아주는 걸까? 안 그래도 미약한 현실감이 아예 사라질까봐 걱정이다. 여행은 깨달음을 줄 수 있지만 방향을 잃게 할 수도 있다. 불안하다. 다행히 크리스털 오렌지 호텔에는 눈요깃거리로 금붕어 말고도 열네 개 채널이 나오는 텔레비전이 있다. '옳거니, 만능 마약이로군' 하며 리모컨에 손을 뻗는다. 하지만 이 텔레비전은 내가 바라던 마약이 아니다. 모든 채널이 예외 없이 국영방송 CCTV에 맞춰져 있다.

내가 할 수 있는 일은 CCTV를 보거나 태도에 문제가 있는 금붕어를 쳐다보거나 둘 중 하나다. 텔레비전에서는 니덤의 대질문, 그러니까 오늘날에는 '혁신 격차'라고 부르는 사안에 대한 열띤 논쟁이 한창이다. 혁신 격차는 절망의 근원이다. 중국에서는 모든 것이 생산되지만 아무것도 발명되지 않는다.

딱딱하지만 완벽한 영국식 영어로 사회자가 묻는다. "왜 그럴까요? 중국은 인재 풀도 물적 자원도 갖췄습니다." 그녀가 이마를 찌푸린다. "뭐가 더 필요하죠?"

저명한 패널들은 꿀 먹은 벙어리다. 내가 텔레비전을 향해 "뭐라도 말하란 말이야!" 하고 고함지른다. 금붕어 게리도 놀랐을 것이다. (녀석을 달래려고 이름을 지어줬다.) 마침내 한 패널이 입을 연다. "시간이 더 필요합니다." 다른 패널들이 동의한다는 듯 헛기침을 한다. 그래요, 중국은 시간이 더 필요합니다. 정부가 개입해야 한다는 사람도 있다. 다리와 댐과 고속철도망을 건설한 것처럼 혁신을 '건설'해야 한다는 것이다. 패널들의 헛기침 소리가 더 잦아진다. 달려오는 고속철처럼 명백한 사실을 다들 외면한다. 혁신을 지시하다니 모순적인 말이다. '즉흥적인 일을 계획하다'만큼 터무니없지는 않을지라도 아주 위태로운 상황이다.

텔레비전을 끈다. 토론회는 기대에 못 미쳤다. 정작 물어야 할 질문의 변죽만 울린 꼴이었다. 송대의 창의성은 어떻게 된 거죠? 더 정곡을 찌르자면 이렇게 물어야 한다. 현대 중국 문화는 창의성을 질식시키고 있나요?

몇몇 증거에 따르면 대답은 분명히 그렇다이다. 창의적 사고를 측정하는 검사에서 중국인 참가자들은 서양인 참가자에 비해 일관되게 낮은 점수를 받았다. 검사 결과를 설명해야만 하는 심리학자들은 대체로 유교를 그 범인으로 지목한다. 전통과 권위에 충성하라는 요구가 문제라는 것이다. 하긴 중국에는 "먼저 나는 새가 총 맞는다"는 속담이 있다. 일본에도 "튀어나온 말뚝은 망치에 맞는다"라는 비슷한 속담이 있다.

이런 환경에서 어떻게 해야 창의적인 사람이 될 수 있을까? 정의에 따르면 천재는 튀어나온 말뚝이요, 나는 새가 아니던가? 몇몇 대담한 사회학자들이 문화와 창의성의 문제를 정면으로 파고들었다. 이곳은 초장부터 지뢰밭이다.

일단 창의성은 하나로 정의할 수 없고 창의성이 좋은 건지 나쁜 건지조차 합의되지 않았다. 창의성에 특별한 가치를 부여하지 않는 문화도 있다. 아르놀트 루트비히가 학술지 『미국 정신치료』에 기고한 논문에 따르면 아프리카 콩고 샤바주의 초퀘족 사이에서 "예술가는 의식용 젊은 여성 가면을 만드는 것처럼 끊임없이 반복 작업을 하면서도 결코 지치지 않는" 사람이다. 사모아족도 반복되는 행위를 지루해하지 않고 참아낸다.

어떤 문화에서는 창의성을 질병 비슷한 것으로 간주해 어떤 대가를 치르더라도 막아야 할 위험한 충동으로 여긴다. 서부 라이베리아에서 골란 가면을 만드는 장인들은 초자연적 능력의 소유자로 통하지만, 루트비히에 따르면 "무책임하고 실속 없고 못 미덥고 실없는" 사람으로 여겨진다. 라이베리아에서 부모들은 가문에 수치를 가져올까봐 자녀가 가면 제작업에 종사하지 못하게 막는다. 자녀의 예술성을 억누르려고 문자 그대로 매질을 하는 부모도 있지만, 통제는 고사하고 이름조차 붙일 수 없는 욕망에 사로잡힌 많은 목각 장인들이 여전히 활동중이다. 루트비히는 "그들이 목각을 하는 이유는 그래야만 하기 때문이다"라고 결론짓는다.

우리 서양인은 창의성을—창조적 천재성은 말할 것도 없고—선택된 소수의 영역으로 여긴다. 하지만 모든 문화가 그런 것은 아니다. 인류학자 마저리 쇼스탁은 칼라하리사막의 쿵족을 인터뷰했는데, 이들은 구슬 꿰기, 이야기, 음악으로 유명하다. 부족원 중에서 가장 창의적인 사람이 누구냐고 묻자 그들은 이구동성으로 대답했다. "전부 다요." 원시사회에서는 대부분의 사람이 창조적 활동에 종사한다. 반면에 더 '발전한' 사회에서는 창조성이 뭔가 특별한 것으로 바뀌어 점점 더 소수의 선택지가 되어간다.

아시아의 문화, 특히 중국과 한국 같은 유교 문화는 창의성에 대한 접근방식이 서양과 사뭇 다르다. 서양인은 창의성의 결과에만 관심을 두는 경향이 있다. 무엇을 만들어내느냐가 중요한 것이다. 이에 반해 아시아인은 과정을 중시해 목적지 못지않게 여정에도 관심을 둔다.

또한 서구 문화는 창의성을 참신함과 동일시한다. 창의적인 것이라면 뭐든지 마땅히 전통과 근본적으로 결별해야 한다고 본다. 하지만 중국 같은 유교 국가는 그렇지 않다. 중국인은 발명이나 아이디어의 참신함보다는 그 쓰임새를 훨씬 더 중시한다. "새롭고 놀라운 혁신인가?"가 아니라 "쓸모 있는가?"라고 묻는다. 중국에서 창의성이란 전통으로부터의 단절이 아니라 전통의 계승, 전통으로의 회귀다.

왜 이토록 접근법이 다른 걸까? 서양인의 창의성 개념과 천재성 개념은 창조 신화에 깊이 뿌리를 둔다. 이 신화들은 무지막지한 힘을 발휘한다. 전혀 종교적이지 않은 사람이라 해도 이 신화를 내면화했을 가능성이 있다. "태초에 하느님이 천지를 창조하시니라." 이 말은 종교인에게나 비종교인에게나 엄청난 영향을 미쳤다. 유대교와 기독교 전통에서는 엑스 니힐로ex nihilo, 즉 무無에서 무언가를 만들어내는 것이 가능할 뿐 아니라 존경스럽기까지 하다. 신의 천지 창조가 그러했고 우리 인간의 목표도 그러하다. 이런 세계관에서 예술가(또는 건축가나 소프트웨어 개발자)는 예전에 없던 것을 난데없이 만들어내는 존재다. 창조적 행위는 시간 자체와 마찬가지로 직선적이다. 창작자는 X에서 출발하여 수많은 커피를 마시며 꾸준히 앞으로 나아가 Y에 이른다.

하지만 중국 우주론에서 우주, 즉 도道에는 시작도 창조주도 없다. 언제나 무언가가 있었으며 앞으로도 언제나 그럴 것이다. 따라서 창조적 행위는 발명이 아니라 발견이다. 중국의 방식은 '크레아티오 인 시투creatio in situ', 즉 맥락 안에서의 창조다. 공자 스스로도 "나는 알렸을 뿐 만든 것은 아닐지니 述而不作"라며 새로운 것과 별난 것을 멀리하여 "이단"의 덫에 빠지지 말라고 경고했다.

어느 정도 일리 있는 말이지만, 돌아봄으로써 앞으로 나아간다는 중국식 접근법에는 저항감이 든다. 중국인들의 "우리는 창의적이면서도 전통을 존중할 수 있다"라는 말은 "설탕 뿌린 도넛 열두 개를 먹으면서도 식습관을 조절할 수 있다"라는 말과 마찬가지로 영리한 말장난에 불과한 게 아닐까?

T. S. 엘리엇을 읽어봐야겠다. 「전통과 개인의 재능」이라는 탁월한 에세이에서 그는 새것에는 옛것이 필요하며 어떤 시인이나 예술가도 홀로 존재할 수는 없다고 주장한다. "그를 단독으로 평가할 수는 없다. 그를 작고한 사람들 속에 놓고 대조하고 비교해보아야 한다." 엘리엇에 따르면 참으로 창조적인 사람은 "과거의 과거성뿐 아니라 그 현재성"까지 인식해내는 사람이다. 혁신적인 사람과 장소라고 해서 전통으로부터 달아나야 하는 것은 아니다. 전통을 끌어안아야만 한다.

송대 중국인 천재들이 바로 그랬다. 그들은 모든 잠재적 혁신의 대상을 전통의 맥락에서 바라보았다. 전통의 자연스러운 연장선상에 놓인 혁신은 수용했고 그렇지 않은 경우 탈락시켰다. 이는 혁신의 정신으로부터의 후퇴라기보다 역사가 윌 듀런트가 약 800년 뒤에 말했듯 "새로운 것은 없으며 배열되는 것이 있을 뿐"임을 인식한 결과다. 중국인들은 삶의 요소들을 개편하느라 인생을 보내야 한다는 사실에, 우리와 달리 낙담하지 않았다. 그들은 배열되는 것에서 위대한 아름다움을 찾을 수 있음을 알았다. 심지어 천재도.

중국의 황금기가, 이를테면 이탈리아 르네상스와 달리 갑작스러운 (그리고 파괴적인) 도약이 아니라 점진적이고 꾸준한 진보인 이유가 이로써 설명된다. 좀 김새지 않느냐고? 그렇지 않다. 모든 혁신은 진화적이다. 차이는 홍보에 있다. 서양은 아무리 하찮은 변화조차 혁명적인 것으로 **보이게** 하는 데 능숙하다. 자동차 회사나 컴퓨터 회사(그저 당장 떠오른 예일 뿐이다)만 해도 **새롭고 개선된** 모델을 끊임없이 출시하는데, 실은 새롭지도 개선되지도 않은 경우가 대부분이다. 그들도 알고 우리도 안다. 그러면서도 다들 참신함이라는 허울을 퍼뜨리는 데 일조한다.

그렇게 진지하게 받아들이지만 않는다면 이렇게 해도 나쁠 건 없다. 재미있을 수도 있고. 하지만 미국 전역의 창의성 컨설턴트들은 매일같이 문제가 많은 회사에 강림해 궁지에 몰린 노동자들에게 지금까지의 일은 전부 무용지물이라고 말한다. 고루한 과거는 찢어버리고 찬란한 새 미래를, 옛것과는 전혀 닮지 않은 것을, 무에서 창조되는 것을 세우라고 한다.

고대 아테네인들은 그렇게 생각하지 않았다. 송대 중국인들도 그렇게 생각하지 않았다. 그리고 마르코 폴로의 시대에 그랬듯 오후의 햇빛에 일렁이는 물을 바라보며 시후의 기슭을 따라 걷다보니 나도 그렇게 생각하지 않는다는 사실을 깨닫는다.

♀

중국의 혁신 격차라는 것이 이 나라의 여느 현상과 마찬가지로 환각이 아닐까 의심스러워진다. 현대 중국인이 정말로 서양인보다 덜 창의적일까, 아니면 단지 다른 방식으로 창의적인 걸까? 현대인이면서 중국인인 데이나에게 해답이 있을지도 모르겠다.

우리는 다시 만난다. 이번에는 그녀가 좋아하는 커피숍이다. 실내에는 다채로운 색깔과 직물이 어우러져 있다. 그래, 이게 중국식 아늑함이지. 커피를 주문하고는 그녀에게 이른바 혁신 격차에 대해 묻는다. 그녀는 잠시 뜸을 들인다.

그녀가 마침내 입을 연다. "그 말이 어느 정도 사실일지도 몰라요. 우리는 가정과 전통에서 더 많은 제약을 받으니까요." 그녀는 부모가 뭐라고 하든 그 말을 거역하는 건 생각해본 적 없으며 미국 아이들이 어떻게 그럴 수 있는지 이해가 되지 않는다고 말한다.

중국 젊은이들에게는 또다른 걸림돌도 있다. 언어다. 중국어는 수천 개의 한자로 이루어졌다. 이를 익히려면 무작정 외워야만 한다. 중국 아이들은 여섯 살부터 새로운 한자를 **매일 다섯 개씩 배워**야 한다. 이 모든 한자를 저장하느라 뇌 공간이 꽉 차면 창의적 사고에 필요한 신경세포가 부족할 수도 있다. 또한 영어나 프랑스어와 달리 중국어는 즉석에서 단어를 만들거나 말장난을 할 수 없다.

한자는 그 자체로 의미가 있기 때문이다. 언어가 창의성을 억누르지 않고 북돋운 고대 아테네와 비교하면 얼마나 다른가.

잠시 뒤에 점심으로 두부튀김, 생선구이, 그리고 마늘 소스에서 헤엄치는 청경채를 먹으면서 화제를 바꿔 데이나에게 중국인의 유머 감각에 대해 묻는다. 유머가 창의성의 주 엔진일 수 있기 때문이다. 연구에 따르면 피험자들에게 스탠드업 코미디를 들려주어 유머로 '점화시켰더니' 코미디를 듣지 않은 통제군에 비해 창의적 사고 과제를 더 훌륭하게 수행했다.

유머는 송왕조에서도 높은 평가를 받았다. 이를테면 소동파의 전기 작가 임어당에 따르면 그는 "적, 친구, 자신을 소재로 농담하려는 충동을 억누르지 못했다"고 한다. 하지만 그런 유머 감각이 오늘날에도 남아 있는지는 모르겠다. 적어도 최근 진행된 한 연구에 따르면 중국인은 유머에 대해 서양인만큼 가치를 부여하지 않으며 유머와 창의성을 동일시하지 않는단다. 데이나에게 진짜냐고 묻는다.

"아니에요. 그렇지 않아요. 우리도 유머를 높이 평가해요." 긴 침묵이 뒤따른다. 멍한 눈빛과 두부 위에서 얼어붙은 듯 멈춘 젓가락으로 보건대 더 할말이 남았나보다. "그런데……"

"그런데요?"

"합리적 유머여야 해요. 중국인에게는 **합리적**이라는 단어가 매우 중요해요."

합리적 유머라고? 일단 말도 안 되는 소리처럼 들린다. 유머는 합리성과 반대되지 않나? 이성이 휴가를 떠나야 유머가 되지 않나?

그때 아서 케스틀러가 기억난다. 작가이자 언론인 케스틀러는 역작 『창조 행위』에서 유머와 창의성이라는 주제에 여러 장을 할애했다. (읽기가 쉽지는 않다. 이는 웃긴 것을 분석하는 일보다 덜 웃긴 것은 없음을 보여주는 또다른 증거다.) 케스틀러는 유머와 창의적 사고가 같은 인지 근육을 활용한다며 이 과정을 '이연연상적 충격 bisociative shock'이라 부른다. 뜻밖이면서도 논리적으로 탄탄한 무언가를 우리는 웃기다고 여긴다. 케스틀러는 자본주의와 공산주의에 대한 오래된 농담을 예로 든다.

"동지, 자본주의가 무엇인지 말해보게."

"인간에 의한 인간의 착취이지."

"그러면 공산주의는 뭔가?"

"그 반대일세."

이해해주시길. 아마 케스틀러 시대에는 더 웃겼을 것이다. 요점은 유머가 논리에 의존한다는 사실이다. 코미디언은 우리의 합리적인 정신을 가지고 놀며 "평소에는 양립하지 못하던 두 체계가 잠시나마 융합되도록" 한다. 유머의 효과는 놀랍긴 하지만 온전히 말은 된다. 번득이는 논리가 있어야 농담이 웃기다. 유머는 합리적이다. 논리 감각이 탄탄하지 못한 사람은 유머 감각도 별로일 가능성이 크다.

하지만 유머만이 창의성을 북돋우는 것은 아니다. 장난기도 중요하다. 연구에 따르면, 장난기 많은 유치원생은 장난을 덜 치는 아이에 비해 확산적 사고 과제에서 뛰어난 성적을 거뒀다. 성인도 마찬가지다. 옛 항저우의 천재들은 이 사실을 잘 알았다. 소동파는 자신의 그림 기법을 "먹을 가지고 장난하는 것"이라고 표현했으며 그의 전기 작가에 따르면 "장난감을 가지고 놀듯 그는 붓끝을 자유 자재로 휘둘렀다".

오늘날에도 남아 있는 이런 장난기는 중국의 창조적 미래를 예 감케 하는 희망적 조짐이다. 이를테면 러시아워가 한창일 때 (호텔 근처에서 본) 도로 옆에서 배드민턴을 치는 두 여인—한 명은 표범 무늬 조끼를 입고 있었다—이라든지, 아니면 언젠가 해본 '송나라 모래주머니 던지기 놀이'(데이나 말로는 중국어로는 쉬운 이름이라고 한다)라는 길거리 놀이처럼 말이다.

중국인들의 장난기를 보여주는 사례를 들어보겠다. 항저우의 한 버스 회사에서는 한동안 K155라는 노선을 운행했다. 영어 알파 벳과 숫자의 조합은 마치 **키스**처럼 보이는데, 실제로 다들 그렇게 불렀다. 키스 버스라고. 사람들은 방향이 다른데도 키스 버스를 탔 다. 극단적으로 실용적인 나라 중국에서는 보기 드문 쓸데없는 짓 이었다. 그러던 어느 날 노선 운행이 중단되었다. 키스 버스가 없 어진 것이다. 사람들은 격분하여 주요 신문사에 편지를 썼다. "키 스 버스를 돌려내라!" 안타깝게도 이 이야기는 해피엔딩으로 끝나 지 않았다. 당국이 꿈쩍도 하지 않았기 때문이다.

15억 중국 인구 중에서 페이스북에 접속하지 못하는 사람은 나 뿐일 거야, 라고 생각하며 짜증스럽게 키보드를 두들긴다. 나는 중국 방화장성(방화벽)의 희생자다. 이는 온라인 접속을 통제하려는 중국 정부의 서툴고 대체로 헛된 시도다.

중국 정부가 가하는 이러한 제약을 창의성의 걸림돌이라 여기는데, 이를 엄격하게 시행한다면 틀림없이 창의성을 제약할 것이다. 전체주의 정권은 창의성을 억누를 수 있지만(북한을 보라), 본의 아니게 이를 북돋울 수도 있다. 자동차 트렁크 아니면 심지어 변속기에 몸을 구겨 넣어 베를린장벽을 몰래 통과한 동독인들의 창의성을 생각해보라.

창의성을 북돋우는 최선의 방법은 모든 걸림돌을 없애는 것이라고들 말하지만, 그 반대라는 증거가 얼마든지 있다. 심리학자 로널드 핑커는 피실험자들에게 미술 과제물을 만들도록 했다. 몇 사람에게는 재료를 다양하게 줬고 다른 사람들에게는 재료를 적게 줬다. 그랬더니 선택폭이 가장 적었던 사람들이 가장 창의적인 작품을 만들었다. 아니면 서양과 중국의 회화 양식 차이를 생각해보라. 중국화는 '수직적'이다. 그림의 요소 중 어떤 것은 꼭 들어가야 하지만 어떤 것은 미술가의 재량에 맡겨진다. 이에 반해 서양화는 '수평적'이어서 모든 방향의 참신함이 허용된다. 중국 화가는 서양 화가보다 큰 제약을 받기 때문에, 이들의 창의성은 더 좁은 공간에서 발휘된다.

음악에서도 내가 '제약의 힘'이라고 부르는 역학관계가 작용한다. 음악가 브라이언 이노가 언급했듯이 전기 기타는 터무니없이 멍청한 악기다. 하지만 잘하는 게 몇 가지 있어서 기타 연주자들은 그 몇 안 되는 것들로 자신의 창조적 에너지를 발산한다. 음악가는 자신의 악기에 제약을 받는데, 그래서 오히려 더 창조적이 된다.

시인 로버트 프로스트는 자유시 쓰기를 네트 없이 테니스하기에 비유한 적이 있다. 경계선이 없으면 우리는 길을 잃는다. 진정으로 창조적인 사람들이 제약을 갈망하고, 제약이 없으면 만들어내는 것은 그래서다.

1960년대에 프랑스의 소설가와 수학자가 울리포Oulipo라는 실험적 문학운동을 시작해 '제약의 힘'을 극단까지 몰고 갔다. 공동창립자 레몽 크노는 울리포 동인을 "미로를 지어 거기서 달아나려는 쥐"라고 표현했다. 동인 중 하나인 조르주 페렉은 'e'를 한 번도 사용하지 않고서 300쪽짜리 소설을 썼다.

이를 한갓 장난으로 치부할 수도, 평론가 앤드루 갤릭스가 『가디언』에 썼듯 "울리포 동인은 문학적 결박을 자처한다"라고 결론내릴 수도 있을 것이다. 하지만 나는 이 괴상한 운동의 추종자들에게 무언가가 있다고 생각한다. 이들은 창조성의 가장 큰 신화에 흠집을 내는 데 일조했다. 제약이 무언가 피해야 할 것이라는 신화 말이다. 사실 심리학자 로버트 스턴버그와 토드 루바르는 이렇게 결론짓기도 했다. "상당한 창의적 잠재력을 지닌 사람들에게 너무 쉽거나 편한 과제를 내면 창의성을 꺾을 수도 있다."

'적은 것이 더 많은 것이다less-is-more'라는 식의 현상은 개인뿐 아니라 나라 전체에도 해당한다. 좋은 예로 풍부함의 역설이라고도 불리는 '석유의 저주'가 있다. 천연자원, 특히 석유가 풍부한 나라들은 문화적으로나 지적으로나 정체되는 경향이 있다. 사우디아라비아나 쿠웨이트를 잠깐만 가봐도 알 수 있다. 이 나라 국민들은 모든 것을 가졌기에 아무것도 창조하지 않는다.

중국은 전혀 다르다. 이를테면 사람들은 방화장성을 뚫거나 하루하루 근근이 살아가는 창의적 방법을 생각해낸다. 이따금 중국에서 가장 강력한 무기를 동원하기도 한다. 화약을 떠올리지 마시길. '꽌시关系'를 말하는 거다.

이 단어는 흔히 '관계'로 번역되지만, 이 정도로는 그 온전한 의미를 담아낼 수 없다. 사람들은 마치 석유처럼 희소하지만 절대적으로 필요한 천연자원 얘기를 하듯 "꽌시가 좀 필요해"라고 한다. 중국인들은 새로운 미개발 원천인 꽌시를 끊임없이 탐사한다.

그러니 서툰 외국인인 내가 꽌시의 진정한 분유정을 맞닥뜨렸을 때 얼마나 기뻤겠는가. 글쎄 친구의 친구가 중국에서, 아니 세계에서 손꼽히는 부자 마윈을 안다는 게 아닌가. 마윈은 알리바바라는 인터넷 스타트업 기업을 세워 돈을 벌었으며 '중국의 스티브 잡스'로 불린다. 마윈이 천재일 수도 아닐 수도 있지만, (과거와 현재의) 중국의 창의성에 대해 어느 정도 탁견이 있을 것만 같았다.

어느 날 아침, 나의 꽌시 공급책에게서 문자 메시지를 받았다. 오후 5시 하이엇 호텔 로비에서 마윈을 만나게 해주겠단다. 시간을 엄수할 것. 혼자 나올 것. 좋았어. 사실 두번째 조건은 없었지만, 나는 그렇게 이해했다.

15분 일찍 도착하여, 화려하지만 시시한 로비에 들어선다. 예상대로 5시 정각에 가냘프고 요정처럼 생긴 남자가 회전문으로 걸어들어온다. 가장 먼저 트레이닝 바지가 눈에 들어왔다. 저거 진짜 트레이닝 바지야? 하긴 저거야말로 30억 달러로 누릴 수 있는 특권이지. 아무때나 트레이닝 바지를 입을 수 있다는 것. 내가 중국 최고 부자와 악수한다는 사실을 알 만한 유일한 단서는 빳빳한 양복에 넥타이 차림으로 우리 뒤에서 있는 듯 없는 듯 서성거리는 젊은 남자뿐이다. 명함이든 휴대전화든 무엇이든 마윈이 필요한 것이나 원하는 것을 내어주려고 대기하고 있다.

자리에 앉자마자 우리에게 쏠린 시선이 느껴진다. 정확히 말하자면 마윈에게 쏠린 것이지만. 항저우에서 나고 자란 마윈은 이 고장 부자다. 진짜 유명인. 종업원이 다가온다. 마윈은 차를 주문하고 나도 똑같은 걸 시킨다. 깊게 생각하려면 차가 낫지.

마윈에게 천재의 지도를 탐사하는 나의 돈키호테식 세계여행 이야기를 들려준다. 하지만 내 얘기는 이걸로 충분하다. 내가 듣고 싶은 건 마윈의 이야기다. 항저우 토박이가 억만장자가 된 사연. 이야기의 무게로 따지면 마윈이 밑지는 장사라는 거, 나도 안다. 마윈이 말이 안 될 정도로 어마어마한 부자라는 사실만으로 충분하지 않느냐 할 수도 있다. 예전에는 그랬을지 몰라도 지금은 그렇지 않다. 요즘은 말이 안 될 정도로 어마어마한 부자이면서 그와 동시에 흥미로워야 한다. 대중이 그걸 요구하니까. 모든 억만장자는 뒷이야기가 있어야 한다. 이게 없으면, 불가능한 난관을 극복해내는 호메로스적 투쟁담이 없으면, 돈은 무가치하다. 그래, 뭐 무가치까지는 아니겠지만, 가치가 적어진다.

단언컨대 마윈에게는 훌륭한 뒷이야기가 있다. 그는 가난한 집안에서 자랐다. 찢어지게 가난한 집안은 아니었지만 그래도 충분히 가난했다. 그가 어른이 되었을 때 중국은 처음으로 서양 관광객에게 문호를 개방했다. 젊은 마윈은 샹그릴라 호텔 앞에서 서성거렸다. 그는 몸집이 크고 지갑이 두둑한 이방인들에게 매혹되었다. 마윈은 여행가이드를 자처해 즉석에서 영어를 배우는 대가로 공짜로 관광 안내를 해주었다. 마윈은 빠르게 배웠다. 하지만 언어는 결코 문화적으로 중립적이지 않다. 가치는 물건뿐 아니라 말에도 스며든다. 그리하여 자유와 기회와 위험 감수라는 낯선 개념이 젊은 마윈의 머릿속에 기어들었는데, 그러던 어느 날 자신이 남과 다르게 생각한다는 사실을 깨달았다. 마윈은 여전히 중국인이었지만, 그의 일부는 미국인이 되었다. 그래서 중국에 인터넷이 들어왔을 때 마윈은 준비되어 있었다. 그는 알리바바를 창업했으며 여차저차해서 30억 달러를 벌었다.

하지만 이런 이야기가 아무데서나 벌어진 것은 아니다. 마윈의 이야기는 전설적인 도시 항저우에서, 수 세기 동안 수많은 천재를 배출한 도시 항저우에서 벌어졌다. 그뿐인가? 마윈의 이야기는 수백 년 전에 심괄과 소동파 같은 이들에게 영감을 준 바로 그 시후 호안에서 벌어졌다. 마윈은 초창기에는 변변한 사무실도 없어서 호수를 회의실 삼아 호안의 풀밭에서 직원 회의를 했다고 한다.

마윈은 자신이 '백 퍼센트 중국산'이라고 강변하지만 내가 보기에 그의 성공담은 잡종이다. 전통을 존중하는 중국의 보수성과 미국의 진취성이 결합돼 있다.

그렇다면 중국에서 왜 제2의 마윈의 나오지 않는 걸까? 위험 감수를 두려워해서일까?

"아닙니다. 카지노에 간 중국인들의 모습을 보세요. 도로에서 운전하는 모습을 보거나요. 중국인은 엄청난 도박꾼이라고요." 마윈은 핵심을 짚었다. 확실히 중국인의 운전 습관을 보면 자신과 타인의 목숨을 기꺼이 도박에 거는 성향이 드러난다.

마윈은 교육 제도, 특히 지긋지긋한 시험이 중국의 창의성을 억누른다고 말한다. 이런 시험들은 중국의 황금기를 일구는 데 중요한 역할을 했지만 이제는 혁신 격차를 일으키는 주범이다. 시험은 중국 학생들을 끝없이 괴롭히며 창의성을 적잖이 훼손한다. 직접 들어보라.

"좋든 싫든 모든 지식을 머릿속에 욱여넣어야 했습니다. 이런 강압으로 의욕이 꺾여서 마지막 시험을 치른 뒤로 꼬박 일 년 동안 과학 문제라면 뭐든 치가 떨리더군요."

이것은 마윈이나 불행한 중국인 학생이 한 말이 아니라 독일에서 비슷한 시험을 치른 알베르트 아인슈타인이 지긋지긋한 기억을 떠올리며 한 말이다. 아인슈타인의 의욕을 꺾은 것은 그 내용도, 시험 자체도 아니었다. 강제였다. 아무리 즐거운 활동이라도 강요받으면 싫은 일이 된다. 오늘날 중국의 학교에서는 강요 아닌 것이 없다.

중국의 혁신 격차가 이로써 일부 설명되지만, 마윈은 다른, 더 은밀한 이유가 있다고 말한다. "중국은 문화를 잃었습니다. 종교를 잃었다고요."

하마터면 마시던 차를 뿜을 뻔했다. 나는 중국에서 오랜 시간을 보냈기에 종교가 위험한 주제라는 것을 안다. 만에 하나 이 주제를 꺼내려면 극도로 조심해야 한다. 하지만 마윈은 두둑한 돈다발의 보호를 받고 있다. 현대 중국은 표현의 자유를 얼마든지 허용한다. 감당할 재력이 있는 사람에게는. 마윈이 말을 잇는다. "종교적 가르침에는 영감을 주는 아이디어가 많아요. 이 아이디어들은 창의적 사고를 증진한다는, 매우 실용적인 쓰임새가 있지요."

예를 들어달라고 하자 그는 중국의 주요 종교인 도교를, 아니 그 '방식'을 거론한다. 차를 홀짝이는 사이사이 마윈은 도교 덕분에 알리바바를 올림포스산처럼 세울 수 있었다고 설명한다. "이베이와 경쟁할 때, 아니 누구와 경쟁하든 결코 서구식으로 하지 않습니다. 언제나 도를 이용하죠."

"도교와 이베이의 대결이라고요? 그게 무슨 뜻인가요?"

마윈이 자신의 명치를 가리키며 말한다. "선생께서 여기를 밀면 저는 되밀지 않습니다. 오히려 여기, 그리고 여기를 공격하죠. 선생께서 예상치 못한 곳을요. 꾀를 쓰고, 슬기롭게 싸우고, 언제나 평정심을 유지하는 게 관건입니다." 마윈이 상대하는 서양 경쟁자들의 방식이 권투 선수의 방식이라면 마윈의 방식은 서퍼의 방식이다.

그의 이야기를 들으니 며칠 전 만난 예술가가 떠오른다. 그에게 창조적 파괴에 대해 물었다. "중국인들은 그 개념을 서양인처럼 열광적으로 받아들이나요?" 그는 대답 대신 중국 남부에서 발견된 롱수라는 나무를 그렸다. 이 나무는 그 뿌리가 땅에 묻혀 있지 않고 공중에 떠 있다. 뿌리가 충분히 길면 땅에 닿는데, 이따금 새 나무가 자라난다. 새 나무는 옛 나무를 죽이지 않고 나란히 자란다. 새 나무가 되어도 여전히 하나의 뿌리가 옛 나무에 이어져 있다. 새것이 창조되지만 옛것은 하나도 파괴되지 않는다.

마윈은 시간을 초월한 이 철학과 문화를 다시 깨우지 않고서는 중국에서 창조적 천재의 등장은 기대할 수 없다고 말한다. 남은 길은 이것이다. "저희는 그저 베낄 뿐입니다. 베끼고, 알아내고, 베끼죠. 이런 접근법으로는 오래갈 수 없습니다." 하지만 그는 희망이 있다고, 그 희망은 바로 인터넷에 있다고 말한다. 중국은 현대의 인터넷을 통해 과거와 다시 연결될 것이며, 이 기술 덕에 사람들은 지긋지긋한 학교와 정부의 선전을 건너뛸 거라고 확신한다. "바라건대 30년 안에, 운이 좋다면요, 유교, 도교, 기독교를 아우르는 세대가 등장할 겁니다. 인터넷 덕분에 말이죠." 이런 종교적 통합이 중국의 제2 르네상스에 얼마나 기여할지는 미지수다. 마윈은 이미 충분히 부자라 공백을 메울 필요성을 느끼지 않는다.

마윈과 작별하고서 호텔로 걸어서 돌아가며 그와 나눈 대화를 복기해보기로 한다. 시후를 은은한 금빛으로 물들이며 해가 저문다.

중국의 창의성을 위한 그의 처방을 어떻게 받아들여야 할지 모르겠다. 서양의 방식과 진짜로 다른 접근법일까, 아니면 어수룩한 미국인들에게 주워섬기는 '가라테 키드'식 헛소리일 뿐일까?

걷다보니 마윈의 낙천성을 정당화하는 듯한 연구 하나가 떠오른다. 로버트 스턴버그는 동료 심리학자 뉴웨이화와 함께 미국과 중국의 대학생들에게 미술 작품을 만들게 하고는 (양국의) 독립적인 심사위원단에게 평가를 맡겼다. 그들은 미국인의 작품을 더 창의적이라고 평가했다. 앞에서 보았듯 놀랍지 않은 결과다. 놀라운 결과는 연구자들이 실험을 반복하면서 "창의성을 발휘하라"는 명시적인 지침을 주었을 때 생겼다. 미국인의 작품은 조금밖에 개선되지 않은 데 반해 중국인의 작품은 부쩍 향상되었다. 어쩌면 중국인들이 더 창의적으로 생각지 않는 이유는 그럴 수 있다고 아무도 말해주지 않았기 때문인지도 모른다.

한 학자가 해준 말에 따르면 중국인들은 지도자를 본뜨는 데 능숙하다고 한다. 지도자가 독재자이면 그들은 독재적으로 행동한다. 지도자가 시적인 사람이면 그들도 시적으로 행동한다. 이 말을 들었을 때만 해도 지나친 단순화라고 생각했다. 지금은 그럴 수도 있겠다는 생각이 든다. 연구에서 보듯 창의성이 전염된다면, 중국 같은 위계적 사회에서 '전염'은 상층부에서 일어나 하층부로 퍼질 수밖에 없다는 얘기니 말이 된다. 중국에 시인 황제가 재래再來할 가능성은 희박하지만, 다른 종류의 계몽된 지도자는 만날 수 있지 않을까?

해답을 알려면 기다려봐야 할 것이다. 크리스털 오렌지 호텔의 안식처로 돌아가고픈 마음이 굴뚝같다. 앤디 워홀 프린트가 걸려 있고, 책이 꽂혀 있고, 지금 이 순간 내가 대체 어디 갔을까 궁금해할 금붕어가 기다리는 곳으로.

처음보다는 끝이 설명하기 쉬운 법이다. 중국의 황금기를 탄생시킨 원인은 여전히 안갯속이지만 그 황금기가 종말을 맞은 이유는 꽤 분명하다. 과학의 최전선에는 심괄처럼 명석한 사상가들이 있었지만 그들은 다방면의 관찰을 통합된 이론으로 묶어내지는 못했다. 한편 항저우의 시인 황제는 황제보다는 시인 역할을 더 잘한 것으로 드러났다. 그들은 외교 정책에서 잇따라 잘못을 저질러 1279년에 몽골의 침략을 받아 문호를 개방하게 된다. 하지만 아테네에서 보았듯 황금기가 오로지 외부 영향 때문에 무너지는 경우는 드물다. 언제나 안으로부터 부패가 일어나는데, 중국도 마찬가지였다. 한때는 혁신의 원천이었던 시험 제도는 권력과 특혜를 좇는 난장판으로 전락했다.

중국학자 모트는 "시스템의 강점은 약점과 불가분의 관계였다"고 말한다. 이 말은 모든 위대한 장소에도 적용된다. 위대한 장소는 결국 스스로의 위대함에 짓눌려 무너진다.

항저우를 방문한 사람 가운데 가장 유명한 인물인 마르코 폴로는 끝이 다가오는 모습을 보았을까? 아니면 그도 전설적 도시의 영광에 눈이 멀었을까? 그의 묘사가 어찌나 환상적이었던지 고국의 회의론자들은 그의 일기에 '일 밀리오네Il Milione' 그러니까 '백만 개'라는 이름을 붙였다. 백만 개의 허풍이라는 뜻이다. 임종을 앞두고 그의 친구들이 거짓을 자백하고 오명을 벗으라고 강권했음에도 마르코 폴로는 요지부동이었다.

"친구들이여, 나는 내가 본 것의 절반도 채 기록하지 않았다네."

가방을 싸다가 내가 마르코 폴로와 반대로 행동한다는 사실에 웃음이 나온다. 이제 위대한 여행자의 고향, 항저우보다 훨씬 장엄하고 희귀한 번영을 누린 장소로 향한다. 천재성은 다시 한번 자리를 옮겼다. 나도 따라간다.

3장

천재는
값비싸다

**돈이 없으니
생각하는 수밖에 없다.**

피렌체
FLORENCE, ITALY

피렌체에는 다이아몬드도, 석유도, 어떤 자원도 없었기에
사람들은 스스로의 재치와 능력에 의존해야 했다.
돈이 없으니 생각하는 수밖에 없었다.

위대한 정신들이 반드시 비슷한 생각을 하는 것은 아니지만, 이따금 어떤 강력하고 이름 없는 힘에 이끌려 한군데로 모이는 일이 일어난다. 1504년 1월 25일 이탈리아 피렌체의 어떤 방에서 일어난 놀라운 회합을 생각해보라. 르네상스 시대의, 아니 시대를 막론하고 가장 위대한 미술가 스무남은 명이 그 자리에 있었다. 레오나르도 다빈치도 있었고, 성은 부오나로티이지만 미켈란젤로라는 이름으로 더 유명한 젊은 신성도 함께했다. 보티첼리와 로셀리, 필리피노 리피, 피에로 디 코시모도 다른 이들과 함께 있었다. 이들의 작품을 모으면 미술관을 가득 채울 수 있는데, 실제로도 그랬다. 오늘날, 르네상스 미술을 대표하는 우피치미술관은 이 회합이 열린 장소에서 불과 몇 미터 떨어져 있다.

회합의 목적은 피렌체시의 의뢰로 미켈란젤로가 최근 완성한 대작 〈다비드〉 상을 전시할 "편리하고 위엄 있는" 장소를 선정하기 위해서였다. 〈다비드〉 상이 어찌나 크던지 피렌체 사람들은 그냥 거인이라고 불렀다. 겉으로는 화기애애해 보이는 회합이었지만 그 속에서는 경쟁심과 적의가 푸타네스카 파스타를 끓이는 냄비처럼 부글부글 끓고 있었다. 피렌체는 수십 명의 천재를 배출했을 뿐 아니라, 독자적인 천재 개념과 그것의 추한 단짝 앙팡 테리블도 낳았다. 그날 그 방에서는 광포한 천재의 스물아홉 가지 버전을 한눈에 목격할 수 있었다. 참을 수 없는 광경이었으리라. 게다가 거부할 수도 없었으리라.

아테네 이후로 한 도시가 명석한 정신과 훌륭한 아이디어를 이 토록 많이, 그리고 이토록 짧은 기간에 배출한 적은 없었다. 우리 는 (말 그대로 '재생'을 뜻하는) 르네상스가 어떤 것이었는지 알고 이 를 입증할 예술품도 있지만, 르네상스가 대체 왜 일어났는가는 수 수께끼다. 고대 그리스와 로마의 문헌이 발견되었기 때문일까? 비 교적 계몽된 지도자들 덕분일까? 아니면 다른 이유가 있을까?

하지만 이보다 훨씬 큰 수수께끼는 르네상스가 어디서 일어났느 냐다. 피렌체는 결코 지리적으로 천재가 이례적으로 폭발할 만한 장소가 아니었다. 피렌체시는 질척질척하고 불결하고 걸핏하면 화 재와 홍수가 일어나고 흑사병이 돌던 곳이었다. 항구는 하나도 없 었으며, 악독한, 때로는 호전적인 이웃들에 둘러싸여 있었다. 이 다른 도시국가들 중 일부는 피렌체보다 더 크거나(베네치아의 인구 는 피렌체의 세 배였다) 밀라노처럼 군사력이 더 강했다. 하지만 르 네상스는 그런 곳이 아니라 피렌체에서 가장 찬란하게 빛났다. 왜일까? 이 물음에 답하기 위해 한발 물러서서 플라톤에게 돌아간다. 나라에서 존경받는 것이 그곳에서 양성될 것이다. 아테네는 지혜를 우러러보아 소크라테스를 얻었다. 로마는 힘을 우러러보아 제국을 얻었다. 피렌체는 무엇을 우러러보았을까?

엄지손톱만한 작고 둥근 장신구에 중요한 단서가 있다. 르네상스 피렌체에서 탄생한 모든 미술품 중에서 가장 우뚝 솟아 나머지 전부를 설명하는 물건이다. 이게 없었으면 이 천재들도 존재하지 않았을 것이며, 르네상스도 일어나지 않았을 가능성이 크다.

하지만 아마도 여러분은 이 물건의 중요성을 생각해보지 않았을 것이다. 아예 미술품으로 여기지 않을지도 모른다. 하지만 이것은 엄연한 미술품이다. 순금으로 만든 이 물건의 한쪽에는 세례자 요한이, 다른 쪽에는 백합이 새겨져 있다. 바로, 피렌체의 부와 취향과 과감한 실용주의를 독특한 형태로 담아 상징하는 플로린florin이다. 플로린은 당시 카이로에서 런던에 이르기까지, 모든 곳에서 한눈에 알아보는 세계 최초의 국제 통화였다. 어떤 이들은 모방을 시도했으나 실패했다. 혹자는 플로린을 경멸했는데, 그중에는 피렌체인도 있었다. 단테는 '저주받은 꽃'에 대해 쓰면서 대부업자들을 지옥의 일곱번째 고리에 처넣었다. 거기서 그들은 탁한 수증기 속에서 자기들 목에 건 돈주머니를 쳐다보며 영원토록 고통받는다. 하지만 이 작은 금화와 이 금화가 대표하는 모든 것이 없었다면 미켈란젤로의 〈다비드〉상도, 다빈치의 〈모나리자〉도, 브루넬레스키의 쿠폴라도 없었을 것이다. 게다가 르네상스는 단순한 미술 혁명이 아니라 철학 혁명이자 과학 혁명이기도 했기에, '저주받은 꽃'이 없었다면 현대 사회 자체가 존재하지 않았을 가능성도 다분하다.

피렌체의 이야기는 돈과 천재의 이야기다. 두 단어를 보통 한 문장에 넣지 않는다는 점, 인정한다. 우리는 천재란 현찰이나 이체나 아니면 정말 말도 안 되지만 보험 통계표 같은 악착같은 세상에 더럽혀지지 않은 고고한 존재라고 생각한다. 천재는 세속을 초월한다. 천재는 순수하다. 천재를 돈으로 살 수 있을 리 없다.

그럴듯한 생각이다. 역시나 틀렸지만. 돈과 천재는 서로 얽혀 있으며, 젊은 연인이 그렇듯 떼려야 뗄 수 없다.

하지만 돈과 천재가 정확히 어떻게 연결되는 걸까? D. H. 로런스가 생생하게 묘사했듯 모든 문화는 "현금의 깊은 똥 무더기" 위에 건축되는 게 사실일까? 말하자면 피렌체에서 르네상스가 일어난 것은 재력 때문일까? 아니면 돈과 천재의 관계는 그보다 복잡할까? 이 물음에 답하겠노라 마음먹는다. 내겐 계획이 있다. 자료의 정독, 현지 조사, 개를 기르는 미술사가와의 만남이다.

그의 이름은(개 말고 미술사가) 유진 마르티네스다. 관광가이드, 미술사가, 고집쟁이 대학원생, 그 밖에 피렌체 문화의 젖꼭지를 생계수단 삼은 모든 사람들 중에서 유독 유진 마르티네스가 내 눈길을 사로잡았다. 처음에는 디지털에서, 다음에는 아날로그에서, 아니, 나는 구식으로 생각하기를 좋아하므로 진짜 세계에서.

적절하게도 유진은 일종의 르네상스인—관광가이드이자 미술 전문가이자 미식가이자 애견인—이다. 그의 여행사 이름은 아르스 오풀렌타Ars Opulenta인데, 라틴어로 '무척 호화로운 예술'이라는 뜻이다. 이름에서 느껴지는 거리낌없는 퇴폐와 넘쳐흐르는 탁월함이 마음에 든다. 하지만 유진을 선택한 진짜 이유는 그의 개였다. 다른 웹사이트에서는 우중충한 남녀가 우피치나 바르젤로 미술관이나 그 밖에 피렌체의 엄숙한 랜드마크 앞에서 미술은 우스갯거리가 아니라는 듯 진지한 표정으로 서 있었는데, 아르스 오풀렌타 웹사이트에서는 유진과 잡종 하운드 사진이 나를 반겼다. 둘 다 웃고 있었는데 두오모의 적벽돌 지붕과 반짝이는 황금 첨탑은 멀찍이 떨어져 거의 보이지 않는다. 성당 건물은 나중에야 눈에 들어온다. 성당을 배경으로 전면에 부각되는 것은 (유진이 생각하기에) 이 모든 웅장한 미술의 진짜 목적인 즐거움이다. 유진은 나중에 이렇게 말했다. "즐거움을 즐기세요." 이것이야말로 예나 지금이나 피렌체의 정수다.

유진은 스퀴지꾼(혼잡한 도로에서 스퀴지로 차량 앞유리를 닦고는 돈을 요구하는 사람—옮긴이)과 스트립쇼 클럽, 빛의 도시이자 여전히 지저분한 뉴욕의 회랑 그늘에서 자랐다. 어릴 적에 시각 미술이 유진을 불렀고 그는 응답했다. 뉴욕대학에서 미술사를 전공했는데, 만에 하나 이걸로 쉽게 돈을 벌 수 없는 상황이 될까봐 그래픽 디자인도 공부했다. 첫 직장은 은행 광고를 디자인하는 광고 회사였다. 순수 미술은 아니었지만 입에 풀칠은 할 수 있었다. 두번째 직장은 『비버』라는 잡지를 만드는 회사로 순수 미술과는 더더욱 거리가 멀었지만 역시 호구지책은 되었다.

하지만 오래가지는 못했다. 그는 이탈리아인과 사랑에 빠졌고 이내 이탈리아와 사랑에 빠졌다. 그래서 이탈리아에 가서 반년간 지냈다. 지금으로부터 30년 전이었다. 처음에는 여느 이탈리아 생활 초보자처럼 바보짓을 했다. 낮 2시에 카푸치노를 주문했더니 카페에 있는 모든 사람들이 그를 멍청이 보듯, 또는 미국인 보듯 쳐다보았다. 어엿한 이탈리아인이라면 정오가 지나서 카푸치노를 시키는 일은 절대, **절대** 없다. 유진은 금세 이런 문화적 지뢰밭을 헤쳐 나가고 이탈리아어를 배우고 즐거움을 즐기는 법을 숙달했다.

그는 여행사 아르스 오풀렌타를 설립했으며 자신의 개가 사업에 도움이 된다는 사실을 금세 깨달았다. 사람들은 개를 기르는 미술상가를 신뢰한다. 말이 되는 얘기다. 개는 우리를 위로하고 안심시키지만, 이 모든 미술, 이 모든 **천재성**은 우리를 주눅들게 한다. '알아듣지' 못하면 어쩌지? 바보 같은 소리를 해서 무지가 들통나면 어쩌지? 그리고 위대함과 마주선 자의 심장을 베는 한마디. 우리에게 자격이 없으면 어쩌지? 하지만 미소 짓는 개를 보면 편안해진다.

나는 지금 유진을 만나러 걸어가는 중이다. 짧은 거리이지만 관광객의 바다를 헤치고 나아가야 한다. 나는 모세가 아니고 이 바다는 갈라지지 않으니, 어깨로 길을 내면서 젤라토 가게와 캐리커처 화가, 밥 말리 초상화를 호객하는 상인, 아코디언 연주자를 지나쳐 조금씩 전진해 이윽고 약속 장소인 작은 카페에 당도한다.

유진은 혼자 왔다. 개는 없다. 어쨌든 그가 마음에 든다. 그는 처음에는 로마에서, 그다음에는 피렌체에서 이렇게 이탈리아에서 30년을 살았지만, 뉴요커의 단호한 걸음걸이와 사랑스러운 무뚝뚝함을 잃지 않았다. 키는 크지 않으며 정상 체중보다 몇 킬로그램 더 나가는 것 같다. 패션 감각은 이탈리아 남부보다는 사우스브롱크스에 가깝다.

유진은 눈곱만한 양의 커피를 주문하고, 아직 중국의 여운이 남은 나는 녹차를 시킨다. 우리는 테이블을 찾아 이야기를 시작한다.

유진은 아는 것은 안다고 하고 모르는 것은 모른다고 한다. 그의 천재성은, 이렇게 불러도 괜찮다면, 외부인의 천재성이다. 그는 이탈리아에 사는 라틴아메리카계 미국인이고, 이성애자 세계의 동성애자이고, 모호한 표현으로 악명 높은 분야의 직설가다. 유진은 역사도 알고 미술도 알지만, 미술사가의 가식적이고 요령부득인 언어로 이를 포장하려는 충동을 전혀 느끼지 않는다.

카페에서 대화를 나누는데, 내가 이탈리아식 인명을 발음하다 혀가 꼬이자 유진이 영어식으로 고쳐 부른다. 미켈란젤로는 마이크가 된다. 레오나르도 다빈치는 리오, 로렌초 기베르티는 래리, 필리포 브루넬레스키는 필이 된다. 처음에는 모세를 '모'라고 부르는 것처럼 신성모독으로 느껴지지만, 금세 적응한다. 이렇게 부르면 고고한 천재들을 하늘에서 그들이 속한 땅으로 내려오게 할 수 있다. 완고한 신화가 있긴 하지만, 천재는 신이 아니고 그렇게 믿는 체하는 것은 우리에게나 그들에게나 몹쓸 짓이다.

유진이 "르네상스 따위 관심 없어요"라는 식으로 발칙하고 불경스럽게 말하는 태도가 마음에 든다. 이단적일 뿐 아니라 업계에서 매장되기를 자초하는 말처럼 들린다. 유진은 관광가이드다. 르네상스로 먹고사는 사람인 것이다. 이거야 기상학자가 날씨에 관심이 없거나 코미디언이 웃음소리를 못 견디는 것과 마찬가지 아닌가.

"뭐라고요? 르네상스를 안 좋아하신다고요?"

"네, 안 좋아합니다. 저한테는 너무 예뻐서요." 이게 무슨 뜻인지 궁리하는데 유진이 "며칠만 있어보세요. 무슨 뜻인지 알게 되실 거예요"란다.

그러겠노라고 약속한다.

나는 천재의 지도를 탐사한다는 돈키호테식 계획을 설명한다. 유진은 귀를 쫑긋 세운다. 웃음을 터뜨리지 않아서 더더욱 그가 마음에 든다. 얼마나 많은 사람들이 듣고 웃는지 알면 놀랄 것이다. 고독한 천재라는 신화가 하도 깊이 뿌리박혀 있어서, 인간의 위대함을 다른 방식으로 설명하려들면 사람들은 허튼소리로 치부한다.

우리의 계획은 앉아서 이야기를 나누고 카페인으로 원기를 북돋우고 2인의 침략군이 되어 아르노강을 건너는 것이다. 계획은 실현되지 못했다. 적어도 오늘은 날이 아니다. 토스카나의 유명한 태양이 자취를 감추고 서늘한 비가 추적추적 내린다. 카페는 따스하고 아늑하고 독자적인 우주라 유진과 내가 전부 탐사하려면 수백 년은 걸릴 것이다. 아르노강 너머 존재하는 바깥세상은 어디 가지 않는다.

르네상스를 해부하려면 어디서부터 시작해야 할까? 확실한 출발점은 미술가와 시인이다. 그렇지 않나?

유진은 아니라고 말한다. 피렌체는 상인과 은행가의 도시였다. 자갈길을 걸어 옛 시장 메르카토 베키오에 가면 근면한 사람들이 긴 나무 탁자에 앉아 환전하고 대출 협상을 하고 계약을 체결하는 광경을 볼 수 있다. (은행이 파산하면 탁자가 부서졌다. 영어 단어 파산하다bankrupt는 본디 '탁자가 부서지다'라는 뜻이다.) 르네상스의 여명기 피렌체는 80개 가까운 은행을 자랑했다.

하지만 다른 은행 위로 우뚝 솟은 한 은행이 있었으니, 바로 메디치가의 은행이었다. 12세기부터 피렌체에 어마어마한 영향력을 행사한 메디치가는 약 50년간은 사실상 통치자였다. 이름에서 보듯 메디치가는 원래 약재상—이들의 문장紋章은 알약 여섯 개를 둥글게 배치한 모양이다—으로 어떤 면에서 피렌체 사회의 약재상 역할을 했다. 카페인을 투여하듯 피렌체의 신진대사율을 끌어올렸으니 말이다. 여느 약과 마찬가지로 메디치가의 약에는 부작용이 있었으며 의존하게 될 위험이 실제로 존재했다. 하지만 대체로 좋은 약이었으며 약효가 뛰어났다.

메디치가는 위대한 예술 후원자였다. 하지만 이게 무슨 뜻일까? 피렌체에 오기 전에는 막연하게만 생각했다. 감식안보다 돈을 더 가진 부유한 사교계 명사가 값비싼 미술품을 마치 우리가 피자를 주문하듯 주문하는 장면을 상상했다. 내게 손가락질하지 마시라. '후원'이라는 단어 자체가 오만한 엘리트주의의 냄새를 물씬 풍기지 않는가. 솔직히 말해서 후원자patron는 행세하기patronize 마련 아니던가.

메디치가는 그렇지 않았다고 유진이 설명한다. 이들의 후원은 좋은 종류의 후원으로 메디치가는 아름다움에 대한 사적 욕망뿐 아니라 공적 욕망도 충족하고자 했다. 그들은 작품을 의뢰할 때 평범한 피렌체인의 사고를 염두에 두었다. 어쩌면 대중의 환심을 사서 최고 권력을 유지하려는 꼼수였는지도 모른다. 그게 무슨 상관인가? 모두가 그 덕을 보았다. 이런 면에서 르네상스 피렌체의 예술은 오늘날보다 민주적이었다. 오늘날은 예술의 수준을 판단하는 일이 극소수 비평가와 화랑 주인 손에 맡겨져 있지 않은가. 우리는 예술의 세계를 세상으로부터 분리했다.

후원자는, 좋은 후원자는 수표에 서명만 하지 않는다. 그들은 영감을 불어넣고 도전의식을 고취한다. 메디치가는 도시의 예술가들이 위험을 감수하고 큰 도박을 벌이게끔 적극적으로 용기를 북돋웠다. 지금이야 현명한 처사로 보이지만, 당시만 해도 무모한 짓이었다.

메디치가는 혁신을 단순히 받아들인 것이 아니다. 유진의 설명에 따르면 그들은 혁신을 **요구했다**. "이 사람들은 신보다 돈이 많았습니다. 최고 중의 최고 중의 최고를 원했죠. 그리고 최고 중의 최고 중의 최고를 이미 가졌으면 다른 것을 원하여 사람들에게 만들게 했죠." 메디치가는 취향 면에서 여느 피렌체인과 전혀 다르지 않았고 그저 그들보다 더 부유했기에, 인문주의자 마테오 팔미에리가 '페르 벨레차 디 비타per bellezza di vita' 그러니까 '아름다움으로 삶을 개선하는 데 필요한 모든 것'이라 부른 것을 모으기에 그저 더 유리한 입장이었을 뿐이다. '달콤한 인생la dolce vita'은 잊어버리시라. 피렌체에서의 삶은 달콤하지 않았다. 아름다웠다. (지금도 마찬가지고.)

메디치가는 명성을 얻으려고 미술품을 모아들인 무식한 수집가가 아니었다. 그들은 미술을 이해했다. 메디치가의 가주 코시모 데 메디치는 "모든 화가는 자기 자신을 그린다"라고 말했는데, 이렇게 말하는 사람이라면 창조성을 깊이 이해하고 있었음에 틀림없다. 코시모와 피렌체 예술가들은 직관을 바탕에 둔 흥미로운 관계를 형성했다. 코시모는 원하는 조각상이나 그림을 시시콜콜 설명할 필요가 없었다. 도나텔로 같은 미술가들은 "사소한 암시만 던지면 코시모가 무엇을 원하는지 모두 알아차렸다".

코시모는 당대의 빌 게이츠였다. 그는 재산을 모으는 데 인생의 절반을 쓰고 그 재산을 베푸는 데 나머지 절반을 썼다. 그에게는 이 인생 후반부가 훨씬 흡족했는데, 한번은 십 년 일찍 재산을 베풀지 않은 게 가장 후회된다고 친구에게 털어놓았을 정도다. 코시모는 보존 기한이 있는 잠재적 에너지가 돈의 본질임을 간파했다. 쓰지 않은 돈은 어제의 생일 풍선처럼 천천히 쪼그라든다.

메디치가의 꾸준한 후원하에서 예술가들은 돈 걱정 없이 자신의 열정을 마음껏 펼쳤다. 도나텔로처럼 메디치가의 총애를 받은 예술가는 말할 것도 없었다. 도나텔로는 현금이 든 바구니를 작업실에 두고 문하생과 친구들에게 마음껏 가져가라고 말할 정도였다. 하지만 거기 손을 댄 사람은 많지 않았다. 르네상스는 굶주린 예술가의 탄생을 예고했다. 미켈란젤로의 삶은 수도사를 방불케 했다. 어마어마한 부와 명예를 얻은 뒤에도 그는 하루에 빵 한 쪽과 포도주 한 병으로 연명했다. 좀처럼 씻지 않았으며 신발을 신은 채 자는 게 예삿일이었다. 그는 우정과 연애를 포기한 채 오로지 예술을 위해 살았다.

유진이 에스프레소를 석 잔째 홀짝거리며 말한다. "돈은, 진짜 돈은, 돈의 소유는 그에게 의미가 없었습니다. 미켈란젤로는 돈에 관심이 없었어요. 그가 죽은 뒤 침대 밑에서 상자가 발견되었는데 거기에 피렌체를 살 만큼의 현금이 들어 있었죠." 미켈란젤로는 세계 최초의 고통받는 예술가였다. 그는 "나의 기쁨은 우울함에 있다"라고 말했는데, 이 말은 검은색 일색으로 차려입고 시무룩한 표정을 한 숱한 후세 예술가들의 비공식 구호가 되었다.

사실, 천재 한 개인과 사적인 부의 관계에 대한 최고의 지침은 아굴의 잠언이다. "나를 가난하게도 부유하게도 마옵소서." 역사를 통틀어 절대다수의 천재가 중류층과 중상류층 출신이었다. 그들이 가진 돈은 열정을 좇기에는 충분했지만 현실에 안주하기에는 부족했다.

우리는 무언가 추구할 것이 있을 때 무엇보다 혁신적이게 된다. 창조성은 완벽한 조건을 필요로 하지 않는다. 사실 창조성은 불완전한 조건하에서 왕성해진다. 미켈란젤로가 걸작 〈다비드〉 상을 조각한 대리석 덩어리는 다른 미술가들이 버린 것이었다. 그들은 그 대리석에 결함이 있다고 여겼는데, 실제로도 그랬다. 하지만 미켈란젤로는 결함을 결격 사유가 아닌 해결 과제로 보았다. 음식이나 생필품이 부족한 환경에서 탄생하는 천재는 별로 없지만, 어느 정도의 가난은 도움이 된다. 새로운 정신 근육을 쓰게 만들기 때문이다. 아니면 물리학자 어니스트 러더퍼드의 말처럼 "돈이 없으니 생각을 하는 수밖에 없다!".

하지만 메디치가가 예술에 그 많은 돈을 쓴 이유는 무엇일까? 단지 그들이 우리보다 나은 사람이어서? 아니면 다른 이유가 있을까? 황금기를 범죄 현장으로 생각하면 이해하기 쉽다. 요점은 기회와 동기다. 메디치가에게 기회는 얼마든지 있었다. 지갑이 두둑했으니까. 그렇다면 동기는 무엇이었을까?

정답은 이번에도 작은 금화에 있다고 유진은 말한다. 피렌체인은 고대 그리스를 숭배했지만 그들의 사상 중 몇몇은 불편해했다. 이를테면 플라톤은 고리대금업에 반대했으며, 아리스토텔레스 또한 생명 없는 사물인 돈이 새끼를 치도록 해서는 안 된다고 주장했다. 그런데 이것이야말로 메디치가가 재산을 불린 방법이었다. 그들은 돈을 새끼 쳤다. 메디치가 사람들이 이에 죄책감을 느끼고 자기네가 영영 지옥에 떨어질까봐 노심초사했음은 의심할 여지가 없다. 당시 지옥은 나쁜 상황이나 이상 기후의 은유 같은 추상적 공포의 대상이 아니었다. 지옥은 엄연히 실재하는 장소였다. 영원히는 고사하고 일주일도 보내고 싶지 않은 곳이었다. 어떻게 한담? 고맙게도 교회는 연옥이라는 새로운 개념을 만들어냈다. 유진이 에스프레소를 넉 잔째 마시며 설명한다.

"그걸 면벌부라고 부릅니다. 어느 날 교회에서 이렇게 공표합니다. '우리는 면벌부를 팔 거야. 거래를 하자. 이 아름다운 미술품과 건축물에 비용을 대면, 영원한 지옥 문제를 어떻게 할지 고려해보지. 계산부터 해볼까. 어디 보자. 그대는 아름다운 제단을 지었군. 우리 계산에 따르면 지옥 형기에서 8만 년을 감하여 그대를 연옥으로 옮겨줄 수 있네.'"

"좋은 조건 같군요. 어디에 서명하면 됩니까?"

"바로 그겁니다. 연옥이야말로 이 미술품이 제작된 이유 중 하나랍니다."

공정을 기하자면, 유일한 이유는 아니었다. 앞에서 말했듯 메디치가는 아름다움 자체를 순수하게 음미하는 감식안이 있었으니 말이다. 하지만 연옥의 유혹을 어찌 뿌리치겠는가? 역사가 윌 듀 런트가 근사하게 표현했듯, 이탈리아에서, 아니 어쩌면 세상에서 가장 부유한 가문은 "예술의 호흡으로 재산에 향기를 뿌렸다". 이 는 속죄로서의 예술이었다. 모든 위대한 인간적 성취와 마찬가지 로 르네상스를 이끈 한 가지 요인은 가장 오래되고 강력한 힘, 바 로 죄책감이었다.

메디치 왕조는 코시모의 손자이자 '위대한 로렌초'로 더 유명한 로렌초 데 메디치 시절에 정점에 이르렀다. 그는 거창한 이름에 걸 맞은 삶을 살았다. 로렌초는 피렌체의 정무를 능숙하게 처리했지 만 그가 진정으로 사랑한 것은 예술과 철학이었다. 그는 옛 항저우 의 시인 황제와 마찬가지로 매우 훌륭한 시인이기도 했다. 하지만 무엇보다 가장 뛰어난 재능 발굴자였다.

어느 날 새로운 재능을 훈련시키는 장소인 메디치가의 정원에 서 로렌초가 장인들을 관찰하고 있는데 열네 살도 안 된 어린 소년 하나가 눈에 들어왔다. 소년은 반은 인간이고 반은 염소인 로마의 신 파우누스를 조각하고 있었다.

로렌초는 이토록 정교한 작업을 이렇게 어린 석공이 해낼까 하 고 놀랐다. 소년은 고대 작품을 완벽하게 본떴다. 심지어 그의 파 우누스는 사악한 미소를 띠었으며 입을 벌려 날카로운 이빨을 드 러냈다.

로렌초가 농담을 건넸다. "파우누스를 아주 늙은이로 만들어놨 으면서 이는 모두 남겨뒀군. 노인들은 이가 몇 개씩 빠졌다는 걸

모르나?"

　소년은 질겁했다. 이렇게 중요한 세부 사항을 어떻게 놓친 거지? 게다가 그 사실을 피렌체의 최고 권력자에게 지적받다니. 로렌초가 사라지자마자 소년은 작업을 재개했다. 윗니를 하나 빼고 이가 썩은 것처럼 보이도록 잇몸을 파냈다.

　이튿날 정원을 다시 찾은 로렌초는 기뻐하며 웃었다. 그는 소년의 명백한 재능뿐 아니라 '문제를 바로잡으려는' 집념에 깊은 인상을 받았다. 로렌초는 소년을 자신의 저택으로 불러 자신의 자녀들과 함께 일하고 배우도록 했다. 유진이 설명하듯 이런 결정은 결코 예사롭지 않았다.

　"그는 아이였습니다. 그저 이름 없는 아이였을 뿐이라고요. 로렌초는 이렇게 말합니다. '애야, 내가 보기에 넌 재능이 있어. 뭘 하고 싶니? 화가가 되고 싶으냐? 좋다. 여기 석판과 석필이 있다. 그려라. 조각가가 되고 싶으냐? 여기 돌덩이가 있다. 망치와 정도 여기 있다. 이 로마 조각을 보고 배우렴. 최고의 선생들을 붙여주마.' 소년은 오디션 프로그램에서 우승한 심정이었을 겁니다."

　로렌초가 베푼 아량은 몇 배가 되어 돌아왔다. 소년의 이름은 미켈란젤로 부오나로티였다.

　이 이야기에서 피렌체의 천재성에 대해 무엇을 알 수 있을까? 오늘날 미켈란젤로는 그의 후원자보다 더 유명하지만, 우리는 로렌초에게 대부분의 공을 돌려야 할 것이다. 그가 멈춰 서서 어린 '무명' 석공의 작품을 눈여겨보지 않았다면, 그 소년에게서 천재의 씨앗을 발견하지 못했다면, 그리고 과감하게 그 씨앗을 키우지 않았다면 우리는 미켈란젤로라는 이름을 알지 못했을 것이다.

로렌초가 미켈란젤로 대신 다른 열네 살 난 소년을 골랐다면 어떤 일이 일어났을지는 알 도리가 없다. 천재는 화학 반응과 같다. 분자 하나를 바꾸면 모든 것이 달라진다. 우리는 피렌체의 천재들이 우연히 등장하지 않았다는 사실을 알고 있다. 그들은 재능을 알아보고 기르고 존중한 시스템—비공식적이고 혼란스럽기는 하지만 그럼에도 어엿한 시스템—의 자연스러운 결실이었다. 이 시스템은 메디치가 같은 부유한 후원자에 국한되지 않았다. 피렌체의 대표적 시설인 보테가bottega의 먼지투성이 지저분한 세상으로도 깊이 확장되었다.

보테가의 사전적 의미는 공방이지만, 이런 표현으로는 르네상스 시대 보테가의 역할을 제대로 나타낼 수 없다. 보테가는 새로운 기법을 시험하고 새로운 미술 형태를 개발하고 결정적으로 새로운 재능을 양성하는 곳이었다.

르네상스 피렌체에 생겨난 보테가는 수십, 아니 수백 곳에 이르렀다. 그중에서 가장 유명한 보테가를 운영한 사람은 키가 땅딸막하고 코가 펑퍼짐한 안드레아 델 베로키오였다. 베로키오는 미술가로는 평범했지만 뛰어난 멘토이자 사업가였다. 돈을 천재성으로 어떻게 바꾸는지 아는 사람이 있다면 바로 안드레아 델 베로키오다. 메디치가를 비롯해 피렌체 사회의 최상층부 고객들이 그의 공방을 찾았다. 하지만 공방끼리 경쟁이 치열했으며 '진짜 눈'이라는 뜻의 이름을 가진 베로키오는 새로운 기법과 새로운 재능을 가진 인재를 항상 물색했다.

모든 황금기에는 촉매자가 있다. 이들은 그의 예술적 결과물보다 훨씬 큰 영향력을 발휘한다. 세잔의 작품은 대중에게는 사랑받지 못했지만, 파리의 화가 수십 명에게 영향을 미쳤다. 루 리드는 촉매자의 좀더 현대적 사례다. 그의 밴드 벨벳 언더그라운드의 데뷔 음반은 고작 3만 장이 팔렸다. 하지만 브라이언 이노 말마따나 약간 과장하자면 "그 3만 장의 음반 중 하나를 산 모두가 밴드를 시작했다". 리드가 음악계에 미친 영향은 음반 판매량만으로는 가늠할 수 없다.

베로키오는 르네상스 시대의 루 리드였다. 그의 공방을 들여다보면, 이 놀라운 시대에 대해 우피치미술관의 모든 작품보다 더 많은 사실을 알 수 있다. 물감이 흩뿌려진 공방의 벽 안쪽에서 피렌체 최고의 미술가들이 경험을 쌓았다. 그중에는 시골에서 올라온 젊고 유망한 왼손잡이 부적응자 레오나르도 다빈치도 있었다.

베로키오를 찾게 도와달라고, 아니면 적어도 옛 공방 자리라도 알려달라고 유진에게 부탁한다. 그 장소의 고갱이가 얼마간 남아 있지 않을까 기대해본다. 하지만 내 생각보다 더 힘든 일이었다. 베로키오 공방은 미술관으로 바뀌지 않았다. 미켈란젤로와 달리 베로키오의 이름을 딴 샐러드나 향수는 전혀 없다. 하긴 피렌체처럼 역사적인 도시들이 자기네 황금기의 산물을 보전하고 기념하려고 애쓰면서도 그 황금기의 원천은 방치하거나 외면하는 일이 한두 번이던가.

내가 가진 피렌체 지도는 무용지물이다. 위대한 유진마저도 베로키오 공방을 못 찾는다. 피자 가게에 들러 길을 묻는다. 계산대 너머의 젊은 여인은 우리를 얼간이로 여긴다. 눈이 휘둥그레지는 걸 보면 알 수 있다. 그녀는 베로키오에 대해서나 그의 보테가에 대해 한 번도 들어보지 못한 게 틀림없다. 눈을 동그랗게 뜨고 애원하는 표정으로 실내를 훑는 모습으로 보건대 이 멍청한 질문을 딴 데 가서 했으면 하는 게 틀림없다. 그녀가 피자를 날라야 한다고 말한다.

유진은 아이디어가 바닥났다. 막다른 골목이다. 다행히도 지나가던 행인이 우리 대화를 듣고는, 이타심에서인지 동정심에서인지 모르겠지만 도와준다. 길을 따라 내려가다 오른쪽으로 꺾으면 베로키오 공방이 보일 거란다.

유진과 나는 좁은 자갈길을 걸어내려간다. 이 지역의 별미인 고기 내장을 파는 상인들을 지나치고 술집과 카페 앞을 지나는데 갈수록 풍경이 완벽해진다. 이번에는 눈을 가늘게 뜨지 않는다. 그럴 필요가 없다. 오늘날의 피렌체는 베로키오 시절의 피렌체와 별로 달라지지 않았다. 물론 그때는 좀더 녹지가 많고 관광버스는 적었다. 커피도 피자도 없었다. 현대 이탈리아인의 주식 두 가지는 아직 도입되지 않았다. 하지만 포도주 가게와 술집은 많았다. 베로키오는 문하생들과 함께 종종 술집에 들렀으며 이따금 아침 식사 전에 너댓 잔을 들이켜기도 했다. 작업은 대체 어떻게 했을지 의문스럽다.

행인이 알려준 길은 아무짝에도 쓸모없었다. 좀더 헤매다 막다른 골목을 잇따라 만나 결국 포기한다. 유진은 건물이 정확히 어디였는지는 중요하지 않다고 말한다. 그 당시 베로키오 공방에는 별

다른 표시가 없었을 것이다. 푸줏간과 신발 수선 가게 사이에 자리한 허름한 공방에 불과했으리라. 단층 건물은 길거리로 곧장 통하고 아이들 노는 소리, 개 짖는 소리, 온갖 가축들이 다니는 소리로 혼잡했을 것이다. 입구는 좁았지만, 일단 안에 들어서면 건물이 얼마나 깊은지 실감할 수 있다. (오늘날까지도 피렌체인들은 자기네 건축에서 성격이 드러난다고 즐겨 말한다. 입구는 좁지만 속은 깊다며.)

내가 묻는다. "실내는 어떻게 생겼죠? 뭐가 있었습니까?"

유진이 말한다. "파리나 뉴욕의 미술가 작업실을 머릿속에 그려보실 수 있죠?"

"물론이죠. 그렸습니다."

"좋습니다. 이제 그 이미지를 머릿속에서 싹 지우세요. 베로키오 공방은 전혀 그렇게 생기지 않았습니다. 공장이었거든요."

공장이라고? 순수 미술의 장소, 천재의 장소인 줄 알았는데. 유진은 나의 착각을 재빨리 바로잡는다.

공방은 소란스러웠다. 망치로 나무나 토스카나 지방의 회색 사암인 피에트라 세레나를 두드리는 소리가 꼬꼬댁거리는 암탉 소리와 뒤섞였다. 유화가 등장하기 전에는 템페라를 물감으로 썼는데 그러려면 달걀이 필요했다. 실내에는 커다란 널빤지가 빼곡했다. 주로 포플러를 썼지만 특별한 경우에는 값비싼 밤나무를 쓰기도 했다. 나무는 휘어지지 않도록 건조시켜야 했다. 나중에 접착해야 했기 때문이다. 이 작업에 쓰는 접착제는 토끼로 만들었기에, 공방에서는 토끼를 길렀다. 그래서 이 동물들을 관리하는 사람이 필요했다. 이 임무는 아무도 내켜 하지 않았기에 레오나르도 다빈치 같은 젊은 문하생 신참에게 떨어졌다.

사실 보테가는 미술가 작업실보다는 노동착취형 공장을 닮았다. 게다가 문하생들은 급여도 받지 못했다. 오히려 노동을 착취당하는 대가로 보테가가 소유주에게 돈을 지불해야 했다.

내가 유진에게 말한다. "믿을 수 없네요. 그건 노예노동 아닌가요?"

"요즘은 인턴이라고 부르죠." 유진은 현대의 인턴 제도처럼 보테가가 등용문 역할을 했다고 말한다. "재능을 입증하면 출세할 수 있었습니다. 닭장 치우는 일에서 달걀 모으는 일로, 다시 달걀 깨는 일로 올라가죠. 그다음에는 물감 섞는 일을 맡을지도 모릅니다." 열심히 일하고 재능을 발휘한 사람은 승진할 수 있었다.

하지만 베로키오에게 천재를 배출하는 사업을 했느냐고 물으면 틀림없이 웃음을 터뜨릴 것이다. 천재라고? 그는 자신의 사업을 했을 뿐이다. 고객이 무엇을 원하든—데스마스크이든 (키치적 교회 미술의 절정인) 성모상이든—베로키오와 그의 제자들은 만들어내야 했다. 그렇다고 모든 작업 의뢰에 대해 똑같이 열광했다는 말은 아니다. 그들은 감각 있는 고객을 훨씬 좋아했다. 하지만 사업은 사업이었다.

베로키오 공방에서는 아무것도 가르치지 않았지만 배울 것은 많았다. 서서히 깨치는 식의 교육이었다. 완전히 몰입해서 말이다. 젊은 문하생들은 종종 스승과 같은 건물에서 살고 함께 식사했으며 때로는 그의 이름까지 썼다.

베로키오의 문하생들은 '창의적 사고'를 배우지 않았다. 추상적 사랑이 존재하지 않듯 추상적 천재성 같은 것은 존재하지 않는다. 그래서 사람들에게는 시선을 둘 수 있고 기준 삼을 수 있는 대상이 필요하다. 심리학자 리하르트 옥세가 말한다. "창의성은 단순히 특별한 종류의 사고에서 비롯되지 않는다. 특별한 내용에 대해, 중요한 물음에 대해 생각해야 한다."

요즘 회사 수련회에서 '창의성 훈련'이라며 진행하는 것들의 문제는 창의성을 그 자체로 가르칠 수 있는 독립적 기술이라고 가정하는 것이다. 운동을 가르칠 수 없는 것과 마찬가지로 창의성을 가르칠 수는 없다. 테니스를 가르칠 수도 야구를 가르칠 수도 있지만 운동을 가르칠 수는 없다.

베로키오 같은 멘토가 필요한 것은 이 때문이다. 이들은 창의성의 어마어마하게 중요한 요소다. 아무리 명석한 정신을 가진 사람이어도 거인의 어깨에 올라설 수 있도록 역할 모델은 있어야 한다. 사회학자 해리엇 저커먼은 노벨상 수상자 아흔네 명을 대상으로 방대한 연구를 진행해 이들이 살아가면서 핵심 멘토를 만났기에 성공했다는 사실을 밝혀냈다. 그런데 멘토와의 관계에서 정확히 어떤 도움을 얻었는지 묻자 학문적 지식은 맨 꼴찌였다. 그렇다면 그들은 멘토에게서 무엇을 배웠을까?

그 답을 가장 잘 표현한 말은 사고방식일 것이다. 대답이 아니라 물음을 던지는 방법. 일종의 응용 창의성. 우리는 대개 창의성을 문제 해결이라는 좁은 범주에서 생각한다. 어려운 수수께끼를 제시받고서 '창의력'을 발휘하여 주어진 문제를 해결한다는 식이다. 이것도 대견하기는 하지만, 어떤 문제를 풀어야 하는지를 모르는 상황이라면?

그땐 '문제 찾기'에 착수하면 된다. 문제를 해결하는 사람은 질문에 대답한다. 문제를 찾는 사람은 새로운 질문을 발견한 **다음** 그 질문에 대답한다. 천재를 구별하는 특징은 정답이 아니라 이런 새로운 질문이다. 그래서 피카소는 이런 재담을 남겼다. "컴퓨터는 멍청하다. 정답밖에 못 내놓으니까."

문제를 찾는 사람의 가장 적절한 예는 다윈일 것이다. 아무도 그에게 다가가 "찰스, 진화론을 고안해주게"라고 말하지 않았다. 그는 서로 다른 종 사이의 설명되지 않은 유사성이라는 문제를 **발견**한 뒤 종합적 이론으로 이를 해결했다. 이 모든 과정은 그가 선택한 분야인 생물학 안에서 이루어졌다. 창의적 사고를 독자적으로 구사한 게 아니었다.

여러분이 다윈이 아니어도 문제 찾기 기술을 기를 수 있다. 심리학자 제이컵 게첼스는 동료와 함께 미술대학 학생 31명이 자유 과제를 수행하는 모습을 관찰했다. 과제는 주어진 물체 그리기였다. 그게 전부였다. 그 밖에는 어떤 지시도 없었다. 게첼스는 몇몇 학생이 탐색에 더 많은 시간을 쏟는 것을 알아차렸다. 이 학생들은 물체를 만지작거리며 새로운 구성을 시도했다. 문제를 찾으려고 심층적으로 노력한 이 학생들은 더 창의적인 작품을 남겼다. 18년이 지나 게첼스는 후속 조사를 진행했는데 문제를 찾던 학생들이 문제를 해결한 학생들보다 더 큰 성공을 거뒀음을 알게 됐다. 가장 큰 동기를 부여하는 것은 스스로 찾아낸 문제다.

레오나르도 다빈치는 문제를 찾는 사람이었다. 문제도 그를 찾았다. 그는 세르 피에로라는 공증인의 '서자'였다. 알베르티와 기베르티를 비롯하여 르네상스 미술가 중 상당수가 서자였다. 이는 그들에게 저주이자 축복이었다. 레오나르도가 '적자'로 태어났으면 아버지의 뒤를 이어 공증인이나 변호사가 되었을지도 모른다. 하지만 이런 직종의 조합에서는 서자를 받아들이지 않았다. 레오나르도는 의사나 약사가 될 수도, 대학에 입학할 수도 없었다. 열세 살이 되었을 때 그를 받아주는 곳은 거의 없었다. 방해물이 놓였고 레오나르도는 대응했다. 다시 한번 제약의 힘이 작용했다.

하지만 레오나르도에게는 몇 가지 운도 따랐다. 그는 외아들이었는데, 연구에 따르면 외동은 천재로 자랄 가능성이 통계적으로 높다. 확실한 이유가 밝혀지지는 않았지만, 심리학자들은 부모가 그들에게 더 많은 자원을 투입하고 자녀를 무력한 아이로서가 아니라 잠재적 어른으로 대우하기 때문이라고 추측한다.

운좋게도 레오나르도의 아버지는 피렌체에 인맥이 있었다. 베로키오가 그중 하나였다. 어느 날, 세르 피에로는 밑져야 본전이라는 생각으로 레오나르도의 스케치 몇 점을 베로키오에게 보여주었다. 르네상스 미술가들에 대해 훌륭한 전기를 남긴 조르조 바사리에 따르면, 이를 본 베로키오는 말문이 막혔고 "될성부른 떡잎에 놀라 아이에게 그림을 가르치라고 피에로를 설득했다". 세르 피에로는 그 말에 따랐다.

실력이 입증되지 않고 출신도 불분명했던 십대의 레오나르도는 베로키오 공방에서 틀림없이 방해물을 맞닥뜨렸을 것이다. 신출내기인 그에게 주어진 임무는 닭장을 치우고 바닥을 닦는, 힘들기만

하고 보상은 못 받는 일이었다. 레오나르도는 이 임무를 훌륭히 해냈음이 틀림없다. 나무를 접착하고 염료를 섞는 더 힘든 임무로 금세 승진했기 때문이다. 그는 보테가 사다리를 타고 계속 올라갔다.

유진이 말한다. "보여드릴 게 있습니다." 우리는 그의 단골 카페에 앉아 포도주를 홀짝거리며 즐거움을 즐기고 있다. 유진이 아이패드로 베로키오의 작품 〈토비아스와 천사〉를 보여준다. (후광을 띤 날개 달린) 천사가 토비아스라는 소년의 손을 잡고 있고 그 천사를 토비아스가 존경심을 담아 바라보는 그림이다.

"아주 좋네요"라고 말하자마자, 섬세한 미술 비평과는 거리가 있는 내 표현이 얼마나 초라해 보이던지!

"그래요, 근데 이 물고기를 좀 보세요."

전에는 몰랐는데, 다시 보니 토비아스가 갓 잡은 물고기를 끈에 매달아 들고 있다. 자세히 들여다보자 아마추어인 내 눈으로도 그 기교가 명백히 보인다. 물고기는 전문가의 솜씨로 채색됐다. 비늘 하나하나가 놀랍도록 정확히 묘사되어 있다.

감식안을 또다시 발휘하며 이렇게 말한다. "와우, 훌륭한데요."

"그래요. 베로키오가 그렸다고 보기엔 너무 훌륭하죠?"

그날 억세게 운이 좋았나보죠, 하고 의견을 낸다. 알다시피 이런 일은 곧잘 일어난다. 세계 랭킹 300위인 테니스 선수가 세리나 윌리엄스를 이길 때도 있는 법이다. 뻔한 글만 쓰는 기자가 셰익스피어에 버금가는 문장을 내놓기도 한다.

유진은 아니라고 답한다. 물고기가 베로키오의 작품이라기엔 너무 훌륭해 보이는 것은 너무 훌륭해서라는 것이다. 그가 그린 게 아니라서. 물고기를 그린 사람은 당시 고작 열여덟 살이던 젊은 문하생 레오나르도 다빈치였다.

여기서 잠깐 멈춰 생각을 해보자. 베로키오는 사업가였지만 그역시 미술가였고 자부심도 컸다. 그런데 촌구석 출신에다 실력도 입증되지 않은 젊은이에게 자신의 그림에서 중요한 부분을 맡겼다. 왜일까? 베로키오는 재능을 꽃피우는 젊은 레오나르도를 알아본 것이 분명하다. 그래서 자존심을 내려놓고 제자에게 자신의 작품을 맡긴 것이다. 붓을 들고 있거나 포도주를 가져오라고 시킨 것이 아니라 실제로 나무에 붓질하도록 했다(캔버스는 한참 뒤에야 등장한다).

이 행동이 얼마나 대단한지 잠시 생각해보시라. 헤밍웨이가 『노인과 바다』의 생생한 문장 몇 개를 조수에게 쓰게 한다는 걸 상상할 수 있겠는가? 아니면 모차르트가 〈레퀴엠〉의 몇 마디를 문하생에게 작곡시킨다고 상상할 수 있을까? 하지만 피렌체 공방에서는 이런 협업이 일상적이었다.

르네상스는 우리가 생각하는 것보다 훨씬 더 한 팀의 결실이었다. 물론 몇몇 별이 찬란하게 빛나긴 했지만, 그들은 훨씬 큰 별자리의, 또한 너른 하늘의 일부였다. 예술은 집단의 사업이었으며 모두에게 속했다. 피렌체의 미술가 중에서—심지어 내향적인 미켈란젤로조차도—혼자 힘으로만 창작한 사람은 아무도 없었다. 미술가들은 도시나 교회를 위해, 또는 후손을 위해 작품을 만들었다. 참된 천재성은 결코 개인의 문제일 수 없다. 언제나 공동의 문제다. 언제나 그 자체보다 크다.

레오나르도와 그의 동료들에게 '팀 빌딩' 같은 단어를 보여주면 어안이 벙벙해할 테지만, 그들이 하던 일이 바로 그거였다. 하지만 현대 기업들과 달리 베로키오 공방에서 벌어진 과정은 속속들이 유기적이었다. 함께 어우러져 살며 일했기에 서로를 잘 알 수밖에 없었다. 그들은 창조적이지 않았다. 그저 하던 대로 했을 뿐이었다.

현대의 인턴과 마찬가지로 공방의 문하생 또한 영원할 순 없었다. 대체로 몇 해가 지나면 문하생들은 실력을 충분히 쌓았다고 판단하여 스스로 공방을 차렸다. 레오나르도의 실력은 의심할 여지가 없었지만, 그는 베로키오 공방에서 십 년을 더 머문다. 왜 그랬을까? 이것은 르네상스의 중대한 수수께끼 중 하나다. 배울 게 남아서였을까? 일부 역사가들의 주장대로 베로키오와 연인관계라서였을까? 어쩌면 레오나르도는 명백한 재능을 가졌음에도 반항기는 없었는지도 모른다. (레오나르도의 동시대인들은 그를 '지극히 양순한 학생'으로 묘사했다.) 어쩌면 그저 편해서 머문 것인지도 모른다.

유진과 나는 아까 점찍어둔 완벽한 가정식 식당으로 자리를 옮겼다. 키안티 포도주병을 사이에 두고 유진이 왜 레오나르도가 공방에 머문 것인가에 대한 나름의 이론을 펼친다.

"너무 밝고 산만해서였습니다. 그는 안 끼는 데가 없었습니다. 일을 끝마치지 못했죠. 혼자 일했다면 굶어죽었을 겁니다. 레오나르도는 사업가로서 젬병이었어요. 일을 따내는 법을 몰랐고, 일을 따내더라도 끝내는 법을 몰랐습니다. 그림을 그리다가도 갑자기 다른 것을 연구했으니까요. 르네상스판 주의력 결핍증 환자였죠."

레오나르도의 공책은 이러한 진단을 뒷받침한다. 공책에는 그의 잡념과 우환이 담겨 있다. 레오나르도는 새 펜을 검사해볼 때나 우울증이 도질 때마다 이렇게 휘갈겼다. "내가 성취한 게 하나라도 있으면 말해줘. 내가 해낸 일이 하나라도 있으면 말해달라고." 공방은 레오나르도에게 결여된 자질인 체계와 규율을 부여했다. 어떻게 보면 레오나르도가 아니라 그의 스승 베로키오야말로 진정한 르네상스인이었다. 그는 그 시대를 황금기로 만든 자질을, 그러니까 성실함, 사업 감각, 예술적 재능을 모두 갖췄다. 어느 것 하나 빠지지 않았다. 물론 그는 제자만큼 뛰어난 실력을 발휘하지는 못했지만, 레오나르도에게 없는 사업 수완이 있었다. 베로키오와 레오나르도는 공동 천재였다. 한동안은.

멘토가 창조성의 중요한 요소이긴 하지만, 멘토는 생색나지 않는 일이다. 멘토는 화학 반응을 유도하는 촉매와 같다. 결정적이지만 어떤 화학자에게도 찬양받지 못한다. 분자가 자신의 배열을 바꾸고 나면 촉매의 흔적은 남지 않는다. 그러니 레오나르도 다빈치의 공책 수천 쪽 중에서 안드레아 델 베로키오라는 이름이 한 번도 언급되지 않는다는 사실이 그리 놀랍지는 않았다.

진척이 더뎌서 불만스럽다. 그래도 어느 정도 유의미한 진전이 있었다. 멘토가 돈(남의 돈이면 더 좋다)과 제약처럼 중요하다는 사실을 알게 됐다. 하지만 풀리지 않은 질문들 때문에 여전히 괴롭다. 이 질척질척하고 걸핏하면 침수되고 전염병이 창궐하는 도시가 군계일학으로 빛난 이유는 대체 무엇일까? 볼테르가 황금기의 두 가지 필수 요소로 꼽은 '부와 자유' 때문이었을까? 아니면 내가 놓친 뭔가 다른 요소가, 비밀 소스가 있었을까?

유진이 잠시 생각에 잠긴다. 입을 다물었으니 생각중이라는 걸 알겠다. 유진은 두 가지 모드뿐이다. 생각하거나 말하거나. 절대 둘 다 하지는 않는다. 마침내 그가 입을 연다. "스프레차투라 sprezzatura예요. 피렌체에는 스프레차투라가 많았습니다."

"안 됐군요. 그때는 항생제도 없었잖아요."

아니요. 유진이 웃으며 말한다. 스프레차투라는 좋은 것이란다. 문자 그대로 해석하면 '여분의 한 방울'이다(실제 의미는 '천의무봉'에 가깝다―옮긴이). 스프레차투라는 맛있는 음식과 평생 잊지 못할 음식을 구분하는 기준이다. 랭킹 15위 테니스 선수와 로저 페더러를 구분하는 기준이기도 하다. 게다가 스프레차투라는 피렌체를 시에나와 피사와 플랑드르와 당대 유럽의 모든 인구 중심지를 구분 지은 기준이다. 물론 돈도 한몫했지만 "여분의 한 방울이 없다면 돈이 있어도 소용없다"는 게 유진의 말이다.

이런 스프레차투라가 마음에 든다. 여기엔 뭔가 능력주의적인 요소가 있는 것 같다. 우리는 천재가 나머지 사람과 근본적으로 다르다고 생각한다. 자신의 드문 재능을 우리에게 선물하려고 하늘에서 내려온 신. 하지만 그렇지 않을지도 모른다. 어쩌면 우리와 그들을 구분하는 것은 많은 노력과 약간의 스프레차투라인지도 모른다. 하지만 도시 전체가 어떻게 스프레차투라에 흠뻑 젖은 걸까? 유진은 피티 궁전이라는 장소에서 그 답을 찾을 거라며 수줍은 듯

귀띔하고는 키안티를 한 잔 더 마신다.

🔘

　궁전은 호텔에서 걸어서 금방이다. 그 앞을 몇 차례 지나치면서 '저 흉물은 뭐지?' 하고 궁금해했던 건물이다. 피렌체의 건물은 대부분 세련되고 절제된 모습이지만 피티 궁전은 크고 야단스럽다. 건축계의 이모티콘이라고나 할까.

　궁전은 어느 모로 보나 건방진 졸부였던 은행가 루카 피티의 의뢰로 건축되었다. 피티는 코시모 데 메디치 못지않게 돈이 많았지만 취향은 그에 못 미쳤다. 두 사람이 서로 얕잡아본 것도 놀랍지 않다. 코시모는 경쟁자에게 "마주치면 냄새를 맡고 이빨을 드러내고는 제 갈 길을 가는 큰 개 두 마리처럼" 서로 거리를 두고 지내자고 간결하게 편지를 써서 제안했다. 피티는 코시모의 조언을 무시하고 계속해서 그의 자리를 차지하려고 시도했으나 성공하지 못했다.

　하지만 그의 궁전은 과잉의 기념물로 남아 있다. 대리석 계단을 걸어올라가 둥근 천장 아래를 지나 축구장만한 크기의 방에 들어선다. 양탄자가 깔려 있고 가구 하나 없이 텅 비어 있다. 천장에는 최고급 샹들리에 여남은 개가 달려 있고, 벽에는 큐피드와 독수리와 사자 모양의 거대한 프리즈 장식이 박혀 있으며, 6미터 높이의 금테 두른 거울들이 아무렇게나 붙어 있다. 복도를 따라 걸어내려가면서 모조 〈다비드〉 상에 추파를 던지고 상감 타일과 화려한 태피스트리를 지나치다보니, 르네상스가 너무 예쁘다는 유진의 말이 무슨 뜻이었는지 이제야 알겠다. 그가 말한 예쁘다는 과하게 치장했다는 의미였다.

"르네상스는 똥도 많이 쌌습니다"라는, 그의 훨씬 불경한 단언이 무슨 뜻인지도 알겠다. 그 말을 들었을 때 발끈했지만 유진은 물러서지 않았다. 우리는 르네상스 시대를 인간 창조성의 정점으로 여기지만, 이 시대는 형편없는 예술과 형편없는 아이디어의 주맥主脈이기도 했다.

오늘날 천재로 추앙받는 수많은 사람들도 마찬가지다. 에디슨이 보유한 1093개의 특허 중 상당수는 아무짝에도 쓸모없는 발명품이다. 피카소의 작품 2만 점 중 상당수는 걸작과는 거리가 멀다. 문학 분야를 보자면 W. H. 오든 말마따나 "일류 시인은 일생 동안 형편없는 시를 이류 시인보다 훨씬 많이 쓴다".

이유는 간단하다. 표적을 겨냥하여 화살을 많이 날릴수록 명중할 가능성이 커지지만 빗맞은 화살도 많아진다. 하지만 미술관과 도서관에는 빗맞은 화살이 아니라 명중한 화살만 보존된다. 생각해보면 부끄러운 일이다. 이 때문에 천재가 처음부터 옳고 실수하지 않는다는 근거 없는 믿음이 생겨난다. 실은 천재 아닌 사람들보다 실수를 더 많이 저지르는데도 말이다.

아테네에 있을 때 아리스토텔레스가 뭐라고 말했더라? "고고학자들은 실수를 사랑합니다. 실수는 발전의 징표이니까요." 그의 말이 옳다. 완벽하게 제작된 조각상은 고고학자에게 자신이 어떻게 만들어졌는지 알려주지 않는다. 실수는 창조적 천재라는 혼란스러운 세상에 빛을 비추며, 예술가는 오류를 범하지 않는다는 신화가 거짓임을 폭로한다. 완벽한 초고를 써내는 작가, 한 손에는 포도주

잔을 다른 한 손에는 붓을 들고 캔버스에 오일을 뿌려 뚝딱하고 걸작을 만들어내는 화가 같은 존재는 없다. 죄다 거짓말이다.

세상에 필요한 것은 '졸작 박물관'이다. 정치적 올바름을 기하자면 '실수 박물관'이라고 해야겠지만. 이런 기관은 공익에 이바지할 수 있다. 관람객은 거기서 타이태닉호의 구명대, 나폴레옹이 워털루전투에 차고 나간 실제 칼, 진짜 뉴코크 캔, 근사하게 복원한 베타맥스 비디오카세트리코더 등을 볼 것이다. 기념품점에 들일 물품도 끝이 없다. 오타가 난무하는 티셔츠, 8트랙 테이프, 마이클 볼튼 음반 전집 등등. 물론 '실수 박물관'이라는 나의 아이디어가 실수인지도 모르겠지만 나의 착각도 전시물이 될 수 있다. 이것이 '실수 박물관'의 묘미다. 모든 것을 아우를 수 있다는 것.

이 박물관이 완성될 때까지는 피티 궁전으로 만족해야 할 것이다. 이곳은 야단스럽지만 교훈적이다. 그림들을 자세히 들여다보니 앞서 알아채지 못한 특징이 눈에 들어온다. 인물 초상화이지만, 그의 소장품도 어마어마하게 많이 담겨 있다. 이제야 이 그림의 본질을 알겠다. 이것은 소유자의 재산을 과시하려는 얄팍한 수작이다. 세계 최초의 피피엘인 셈이다.

좋은 예로 크리벨리의 〈성 에미디우스가 있는 수태고지〉를 들 수 있다. 겉보기에는 종교 축일을 묘사한 작품 같지만, 미술사가 리사 자딘이 지적하듯 실은 세계 방방곡곡에서 입수한 귀중품을 자랑하고 있다. "이 작품은 이스탄불에서 온 양탄자, 이슬람 시대 스페인에서 가져온 태피스트리, 중국에서 온 도자기와 비단, 런던에서 온 브로드클로스 직물을 한데 모은 세계다."

우리는 르네상스를 숭고한 예술과 심오한 사고를 특징으로 하는 고고한 시대라고 생각한다. 하지만 이 시대는 고대 아테네와 달리 믿을 수 없을 만큼 물질주의적인 시대이기도 했다. 르네상스는 세계 최초의 근대적 천재를 낳았을 뿐 아니라 최초의 근대적 소비자도 낳았다. 이 둘은 서로 연결되어 있다.

피렌체는 전통적 의미의 제국이 아니었다. 상비군도, 함대도 없었다. 헨리 제임스의 표현을 빌리자면 피렌체는 '물건들의 제국'이었다. 아름다운 물건들. 피렌체에서는 "소유물이 없는 자는 한갓 동물 취급을 받는다"라는 말을 공공연하게 썼다. 피렌체인들은 어마어마한 물질주의자였으나, 조잡한 물질주의자는 아니었다. 이 둘은 핵심적으로 다르다. 그들이 소유물을 애지중지한 방식은 우리와 달랐다. 철학자 앨런 와츠 말마따나 우리의 시대가 진짜 물질주의 시대가 아닌 것은 "물질을 전혀 존경하지 않기" 때문이다. 그리고 "존경심은 경이감에서 비롯한다".

피렌체인들은 소유의 추구나 지식이나 아름다움의 추구 사이에서 아무런 갈등을 느끼지 않았다. 천재와 물질 세계 간의 관계를 오인하지 않았기 때문이다. 우리는 천재가 주위 세상과 동떨어질 수밖에 없는 존재, 이를테면 연구에만 정신 팔린 교수 같은 존재라고 믿는다. 하지만 천재는 나머지 사람들에 비해 환경에, 덜이 아니라, 더 잘 튜닝된 존재다. 그들은 우리가 보지 못하는 것을 본다.

물질 세계와 동떨어져서는 창조성이 생길 수 없다. 오히려 물질 세계와 그 모든 난장판에 뛰어들 때야말로 우리가 친숙해하는 것보다 더 진실되고 심오한 창의성이 발생한다. 창조적인 사람에게 환경이 좋으냐 나쁘냐는 중요치 않다. 그들은 양쪽 환경 모두에서 영감을 얻으며, 무엇에서든 핵심을 포착한다. 그에게는 만물이 불쏘시개다.

피렌체인들은 물건을 모으기보다는 향유했다. 그들은 안목이 높기로 유명했으며(배알이 뒤틀린다면, 깐깐하다고 해두자) 독특하고 아름다운 것에 대한 고도의 예민함, 그리고 조잡하고 평범한 것에 대한 본능적 경멸을 겸비했다. 살짝 지나치다 싶은 것보다 더 피렌체인들의 감수성에 거슬리는 것은 없었다. 피렌체인은 사소하게보다는 거창하게 틀리고 싶어했다.

피렌체 문화에는 그들의 미적 감수성을 길러준 무언가가 있었음에 틀림없다. 하지만 대체 무엇이었을까?

정답은 벽에 있었다. 피티 궁전의 모든 벽에는 짙은 적갈색과 청록색 바탕에 미묘한 꽃무늬가 그려진 화려한 벽지가 발려 있다. 벽지를 눈여겨보는 사람은 아무도 없다. 왜 아니겠는가? 그냥 벽지일 뿐인데.

그렇지 않다. 벽지가 없었다면 여기에는 아무것도 존재하지 않았을 거다. 피티 궁전뿐 아니라 피렌체시 전역의 궁전과 미술관에 어떤 호화 미술품도 있을 수 없었다. 레오나르도나 미켈란젤로도 탄생하지 않았을 것이다. 르네상스도 없었을 테고. 미의 제국 피렌체는 벽지라는 토대 위에 건축되었다. 더 정확히 말하자면, 피렌체시의 부의 원천인 직물 교역이라는 토대 위에 세워졌다.

이렇게 말하는 사람이 있을 것이다. '그래서 어쩌라고? 피렌체가 어떻게 부유해졌는지가 무슨 상관이지? 돈은 돈일 뿐이잖아.'

사실 그렇지 않다. 나라가 어떻게 부를 축적하느냐가 얼마나 축적하느냐보다 중요하다. 아프리카의 시에라리온에는 다이아몬드가 풍부하지만, 이는 축복이라기보다는 저주다. 자원 부국이 혁신하지 못하는 이유는 간단하다. 그럴 필요가 없기 때문이다. 피렌체에는 다이아몬드도, 석유도, 어떤 자원도 없었기에 사람들은 스스로의 재치와 능력에 의존해야 했다. 돈이 없으니 생각하는 수밖에 없었다.

직물 교역은 피렌체에 적합한 일은 아니었다. 원료는 모두 수입해야 했다(천은 영국에서 염료는 아프가니스탄에서). 피렌체 상인들은 최상의 원료를 찾아 멀리 두루 다니며 창고와 은행을 방문했다. 이들은 외국을 다니면서 낯설고 새로운 아이디어를 접했으며 천과 염료를 들여오면서 이 아이디어들까지 함께 가져왔다.

소아시아의 베자이아라는 도시에서 일하던 토스카나인 레오나르도 보나치는 아라비아 숫자(실제로는 인도에서 전래되었다)의 장점을 처음으로 알아차렸다. 피렌체인들은 여느 유럽인과 마찬가지로 로마 숫자를 쓰고 있었으나 새로운 수체계를 금세 받아들였으며 정확한 계산법을 익혔다. 정확성에 대한 열정은 이내 속도가 붙었다. 이탈리아 르네상스는 예술과 문학의 걸작뿐 아니라 복식 부기와 해상 보험을 세상에 안겨줬다. 이러한 혁신은 예술 세계와 동떨어진 역사적 돌출 사건이 아니었다. 고운 실크 스카프의 실처럼 서로 얽혀 있었다.

피렌체인들은 예술의 세계와 상업의 세계를 분리하지 않았다. 한 분야에서 얻은 기술은 다른 분야로 흘러들었다. 회계감사관의 세금 관련 서류처럼 따분한 글조차 농장의 굽이치는 언덕이나 무뚝뚝한 소작농의 무례한 기질을 묘사하며 유려한 산문으로 표현되었다. 선적용 상자가 표준화되지 않아서 피렌체 상인들은 어쩔 수 없이 측정술을 숙달해야 했다. 처음엔 상자의 용적을 쟀다. 그후로는 그림의 실물 크기나 조각상의 비율을 측정했다. 정확성을 추구하는 회계원을 본받아 미술가는 정확한 묘사를 추구했다.

하지만 피렌체인들은 정확성을 추구하는 한편 대단한 도박꾼이기도 했다. 그들은 교회와 당국을 보란듯이 거역하며 길거리에서 노름을 했다. 심지어 보통은 전혀 흥미진진하지 않은 보험업조차 위험과 유혹으로 가득했다. 보험 모집인에게는 통계도 사망표도 없었다. 보험은 순수하고 단순한 도박이었다.

위험을 감수하는 전통은 예술계에도 흘러들었다. 부유한 후원자들은 승산이 낮은 말에 돈을 걸었다. 미켈란젤로와 시스티나 성당이 그 좋은 예다. 약 500년이 지난 뒤 미켈란젤로는 시스티나 성당 프레스코화 작업의 적임자로 통한다. 하나 그때는 그렇지 않았다. 미켈란젤로는 화가가 아니라 조각가로서 널리 알려져 있었다. 물론 그림을 그리기는 했지만 대부분 소품이었으며 프레스코화는 거의 없었고 규모도 훨씬 작았다. 하지만 교황 율리우스 2세는 미켈란젤로로 낙점했다. 교황은 메디치가의 후원 철학을 따랐다. 명백한 재능을 가진 사람을 골라 그에게 불가능한 임무를 맡기는 것. 그가 그 임무에 어울리지 않더라도. 그가 그 임무에 어울리지 않다면 더더욱.

이런 접근법이 오늘날과 얼마나 다른지 생각해보라. 우리는 지원자가 해당 업무에 최적이라는 판단이 섰을 때만 그를 채용한다. 곧바로 임무를 맡겨도 해낼 수 있는 사람에게만 임무를 맡긴다. 우리는 위험을 고귀한 모험이나 우주와의 춤이 아니라 무슨 수를 써서라도 피해야 할 것, 또는 적어도 소수점 이하로 줄여야 할 것으로 여긴다. 그러면서 왜 제2의 르네상스가 찾아오지 않는지 의아해한다.

위험과 창조적 천재는 불가분의 관계다. 이따금 천재는 업계의 조롱을 감수하며, 이따금 훨씬 큰 위험도 받아들인다. 마리 퀴리는 방사능의 위험성을 잘 알면서도 위험 수준의 방사능을 죽을 때까지 연구했다. 천재에게는 늘 대가가 따른다. 어떤 사람이나 어떤 장소는 그 대가를 남들보다 더 기꺼이 치른다.

이 신중한 위험 감수라는 낯선 개념에 대해 더 깊이 파고들고 싶어서 유진에게 바르젤로미술관에서 만나자고 했다. 우리는 금세 아름다움의 바다에서 길을 잃는다. 유진은 이것이 분명한 목적을 지닌 아름다움이라고 단언한다. 선뜻 이해하기 힘든 개념이다. 아름다움에는 목적이 없지 않은가? 무목적성이야말로 우리를 끌어당기는 매력 아니던가?

유진은 아니라고 말한다. 르네상스 미술은 아테네 미술과 마찬가지로 기능적이었다. 그 이상으로 발전하기는 했지만, 처음에는 기독교의, 좀더 구체적으로는 가톨릭 교회의 부흥이라는 분명한 목적에 동원되었다. 그건 좋다. 말이 된다. 교회는 힘센 기관이었고 여느 힘센 기관과 마찬가지로 대외 이미지에 은밀히 신경을 썼으니까. 하지만 왜 미술일까?

"사람들이 대부분 문맹인데 교회가 어떻게 그들에게 다가갈 수 있을까요? 이를테면 예수의 탄생을 어떻게 묘사할 수 있을까요? 글로는 안 됩니다. 오로지 시각적 상징으로만 메시지를 전달해야 합니다. 상징으로 가득한 회화가 이렇게 생겨난 겁니다."

이 말을 곱씹으며, 불편하지만 피할 수 없는 결론을 모면하려 안간힘을 쓴다. 인류가 거둔 성취의 최고봉이라 널리 칭송받는 르네상스 미술이 순전히 선전에서 시작됐다는 사실 말이다.

"음, 물론 그랬죠." 세상에서 가장 명백한 사실을 이야기하는 듯한 말투로 유진이 말한다.

나는 소련 예술도 선전용이었지만 그 작품들을 보려고 줄을 길게 서는 사람은 아무도 없지 않느냐고 대꾸한다.

"그건 작품이 추해서 그렇죠."

하긴 그렇다. 르네상스의 천재성은 내용과는 아무 상관 없었으며 오로지 양식과, 형식과 관계가 있었다. 중요한 것은 무엇을이 아니라 어떻게다. 15~16세기 피렌체의 위대한 예술가들은 상투적인 종교적 도상—이를테면 새들에게 설교하는 성 프란키스쿠스—에서 벗어나지 않았지만 낡은 소재를 완전히 새로운 방식으로 묘사했다.

유진은 "작품들이 진짜 사람처럼 서고 움직입니다"라며, 도나텔로의 벌거벗고 여성적인 모습의 〈다비드〉 상이 중세의 뻣뻣하고 비인간적인 조각상과 달리 완벽하게 자연스러운 포즈를 취한다는 사실을 지적한다. "여전히 돌을 재료로 쓰지만 돌덩어리가 갑자기 움직였습니다. 조각상이 살아 있었다고요."

이것은 인류가 해낸 가장 위대한 미적 도약 중 하나였다. 하지만 어떻게 그럴 수 있었을까? 미켈란젤로 같은 조각가들이 어느 날 갑자기 일어나보니 인체 해부도를 저절로 이해하게 된 걸까? 마이크는 어마어마한 재능의 소유자였고 인체 형상의 세부사항을 예리하게 관찰했지만, 초영웅은 아니었다. 그에게는 엑스선 투시력이 없었다. 아니, 인체를 이해하는 방법은 하나뿐이었다. 해부였다. 하지만 교회에서는 시신 '훼손'을 엄격히 금지했다. 미켈란젤로는 난감했다. 하지만 이곳은 문제가 생기면 이를 달갑지 않은 손님이 아니라 오랜만에 재회한 친구처럼 대하는 피렌체 아니던가. 해결책은 공중에 떠 있었다. 어디를 봐야 할지 알기만 한다면 쥘 수 있었다.

유진이 탐구의 출발점으로 제시한 산토 스피리토 성당으로 이튿날 걸어간다. 성당은 아르노강 왼쪽, 중심가에서 떨어진 곳에 위치하는데, 크림색 건물 정면에서 단순미가 물씬 풍긴다. 그다지 예쁘지는 않다.

육중한 나무 문을 힘껏 열고 둥근 천장을 경외감을 담아 올려다본다. 실내로 들어온 햇빛을 마술처럼 증폭하여 건물 전체를 밝힌 솜씨가 감탄스럽다. 르네상스 건축의 핵심은 중세를 지배한 억압적 고딕 양식을 향해 가운뎃손가락을 번쩍 세우는 것이다. 무겁고 음산한 고딕 건축물은 우리를 위축시키지만 밝고 상쾌한 르네상스 건축은 우리를 고양한다.

신부가 나를 작은 방인 성구 보관실로 안내한다. 벽에는 거의 실물 크기의 커다란 나무 십자가가 걸려 있다. 이탈리아에서는 십자가가 젤라토 아이스크림만큼이나 흔하지만 이 십자가는 다르다. 이게―전문 용어를 써도 양해해달라―더 낫다. 대부분의 십자가에서는 예수가 정면을 보고 있다. 하지만 이 십자가에서는 어느 미술사가의 말마따나 "내면의 정신에 응답하듯" 몸이 뒤틀려 있다.

내가 감탄하며 바라보는 이 십자가는 하마터면 역사 속으로 사라질 뻔했다. 이름 없는 미술가가 조잡하게 채색한 채로 수십 년동안 창고에 처박혀 있다가 1960년대에 독일의 미술사가 마르기트 리스너가 버려진 십자가에서 남들이 못 본 것을 보았다. 리스너는 이 십자가가 생각보다 더 오래되었으며 거장의 작품일 가능성이 크다는 사실을 알아차렸다. 검사를 해보니 젊은 미켈란젤로의 손으로 조각된 작품이었다.

이 십자가에서 더 매혹적인 측면은 예술적 가치가 아니라 의도된 목적이다. 이 십자가는 고마움의 뜻을 전하는 선물이었다. 젊은 미켈란젤로는―스무 살이 채 되지 않았을 것이다―산토 스피리토 성당에, 특히 주임 신부 니콜라이오 비켈리니에게 감사를 전하고 싶었다. 왜 그랬을까?

시신 때문이었다. 미켈란젤로는 시신이 필요했고 산토 스피리토 성당에는 시신이 있었다. 비켈리니 신부는 파문을, 아니 그보다 심한 처분도 감수하고 미켈란젤로가 한밤중에 시신을 해부하도록 허락했다. 불쾌한 작업이었다. (유진은 이런 한밤의 해부를 '소름 돋는다'라고 표현했다. "잔뜩 소름 돋았습니다.")

신부는 왜 해부를 허락했을까? 존경받는 교회 관료가 왜 그런 위험을 불사했을까? 피렌체의 이름난 상인들처럼 그도 나름의 계산이 있었음에 틀림없다. 그는 피렌체인들이, 가장 좋은 시기일 때도 기독교를 미적지근하게 섬긴다는 걸, 그리고 당시는 결코 가장 좋은 시기가 아니라는 걸 틀림없이 알고 있었다. 또한 인문주의자들의 부상도 틀림없이 염두에 두었다. 세속 지식인, 즉 고대 문헌과 위험한 새로운 사상으로 무장한 자유로운 사상가들이 등장하고 있었다.

현실적 인간인 비켈리니는 미켈란젤로가 피렌체 제일의 세도가이자 산토 스피리토 성당 후원자인 로렌초 데 메디치의 보호를 받는다는 사실도 알고 있었다. 틀림없이 이 점도 계산에 넣었을 것이다. 가장 중요한 사실은 여느 피렌체인과 마찬가지로 비켈리니 신부 또한 재능을 보는 눈이 있었다는 것이다. 그는 무뚝뚝한 표정의 젊은 미술가가 뭔가 특별하다는 사실을 알아차렸음에 틀림없다. 꼭 천재라고 할 순 없지만 뭔가 있다는 사실을. 결국 그는 위험을 감수했다. 물론 계산된 행동이기는 했지만, 어쨌든 위험했다.

미켈란젤로와 산토 스피리토 성당 시신에 대한 이야기를 통해 천재의 본질에 대해 무엇을 알 수 있을까? 무엇보다 천재가 깨끗하지 않음을 알 수 있다. 천재가 되려면 손을 더럽힐 각오를 해야 한다. 본질을 직접 관찰하는 것은 무엇으로도 대체할 수 없다. 아름다운 것뿐 아니라 소름 돋는 것도 마찬가지다.

비켈리니는 아테네의 아스파시아처럼 보이지 않는 조력자였다. 다시 말하지만, 이들은 자기 자신은 천재가 아니지만 천재의 일을 돕는다. 관심사가 제각각인 사람들을 한데 모으는 사교계 명사, 새로운 재능에 도박을 거는 화랑 주인, 스프레차투라가 배어나오는 젊은 조각가를 도우려고 어떤 위험도 불사하는 저명한 신부처럼.

◉

돈이 있는 곳에서는 반드시 경쟁이 벌어지기 마련이고 르네상스 피렌체도 예외가 아니었다. 물론 미술가들은 공동 작업을 위해 협력하기도 했지만, 그럴 때에도 치열하게 경쟁했다. 미술가와 미술가, 후원자와 후원자가 경쟁했다. 무엇보다 피렌체는 밀라노, 피사, 시에나 같은 이웃 도시와 경쟁했다. 이따금 경쟁으로 전쟁이 터지기도 했지만, 전장 밖에서 겨루는 일이 더 많았다. 이탈리아 도시국가들은 '최고의 문화도시'라는 칭호를 얻으려고 다퉜는데, 군사력이나 경제력이 아닌 잣대가 통용된, 인류 역사상 드문 시기였다.

이런 문화적 전투 중 하나가 르네상스를 촉발했다. 피사가 아름다움 면에서 피렌체를 앞지르자 피렌체인들은 뭔가 조치를 취해야겠다고 마음먹었다. 서구 문명의 정점 중 하나이자 현대적이고 좋은 것이라고 간주되는 모든 것이 창조된 역사적 전환점인 르네상스는 세계적 수준의 경쟁에서 시작되었다.

그해 1401년, 피렌체는 호시절이 아니었다. 또다시 흑사병이 창궐해 얼마 전에야 잠잠해졌다. 한편 밀라노의 군대가 도시를 포위하고 성벽에서 불과 16킬로미터 떨어진 위치에 진을 쳤다. 도시 경제는 침체의 늪에 빠져 있었다. 아무리 따져봐도 이 시기에는 틀어박혀 창고에 통조림이나 채워야 마땅했다.

하지만 피렌체는 그러지 않았다. 아니, 그들은 지금이야말로 예술에 본격적으로 뛰어들 적기라고 판단했다. 구체적으로 말하면, 피렌체시에서 가장 중요한 교회이자 문화적 포부를 상징하는 산타 마리아 델 피오레 세례당에 정교한 청동 문을 만들기로 했다.

피렌체시는 이 임무에 가장 적격인 미술가를 찾기 위해 경연을 개최하고 규칙을 조목조목 작성했다. 참가자들은 아브라함이 아들 이삭을 제물로 바치는 성경 속 장면을 청동으로, 그것도 일인용 식탁보만한 네모꼴 프레임인 사입원四入園 안에 묘사해야 했다. 승자는 세례당 문 제작이라는 솔깃한 계약을 따낼 것이며 도시민에게 감사와 경배도 받게 될 터였다.

이 일에 얼마나 용기가 필요했을지 생각해보라. 도시는 전염병에 시달리고 외국 침략자들에게 위협받고 경제적으로 쪼들려 어느 때보다 취약한 처지였으나 시민들은 바로 이때 '피렌체 갓 탤런트' 대회를 열기로 결정했다. 누가 최고의 투석기나 전염병 백신을 만드느냐를 겨루는 게 아니라 터무니없이 비실용적인 목표인 아름다움을 추구했다.

우승 후보는 로렌초 기베르티와 필리포 브루넬레스키 두 사람으로 좁혀졌다. 두 젊은이는 모두 나이에 걸맞지 않게 대머리였으나 그 밖에 환경이나 성격 면에서는 서로 완전히 달랐다. 브루넬레스키는 존경받는 공직자의 아들로, 공인된 금세공인이었으며 초기 작품에서 엄청난 가능성을 보여주었다. 기베르티는 전혀 정치적 연줄이 없었으며 미술가로서의 경험도 전무했다. 브루넬레스키의 낙승이 예상되었으나 결과는 달랐다.

심사위원들의 의견은 반으로 갈렸다. 그래서 그들은 솔로몬의 판결처럼 브루넬레스키와 기베르티에게 공동 작업을 제안했다. 거만한 예술가가 자기 아니면 안 된다고 확신한 세계 최초의 사례일 텐데, 브루넬레스키는 이 제안에 콧방귀를 뀌었다. 그는 혼자가 아니면 하지 않겠다고 했다. 좋아, 하고 위원회는 계약을 기베르티에게 넘겼다. 일생에 걸친 라이벌 관계의 출발이었다. 두 사람은 앞서거니 뒤서거니 하면서 역사상 유례가 없는 최상의 미술품과 건축물을 창조했다. 기베르티는 〈천국의 문〉을, 브루넬레스키는 두오모를 만들어냈다.

르네상스 피렌체는 경쟁과 반목이 횡행했다. 당대의 두 거장 레오나르도와 미켈란젤로는 서로를 견딜 수 없었다. 어쩔 수 없었을 거다. 레오나르도보다 스물세 살 어린 미켈란젤로는 떠오르는 별이었으며, 많은 피렌체인은 그를 더 뛰어난 미술가로 생각했다. 이런 새로운 현실에 레오나르도는 기분이 상했다.

그러던 어느 날 부글거리던 적의가 끓어넘쳤다. 레오나르도가 산타 트리니타 광장을 지나가는데 일군의 사람들이 그를 불러 세우더니 단테의 모호한 구절에 대해 의견이 어떤지 물었다. 미켈란젤로가 마침 거길 지나가고 있었다. 레오나르도가 말했다. "저기 미켈란젤로가 오는군. 그가 설명해줄 걸세."

조롱받았다고 생각한 미켈란젤로는 화난 목소리로 대답했다. "직접 설명하세요. 선생님께서는 말 모형을 만들었다가 청동으로 주조하지 못하니까 부끄럽게도 포기하셨잖아요." 그러고는 몸을 돌려 떠나려는 찰나, 어깨 너머로 최후의 일침을 가했다. "그런데도 멍청한 밀라노 사람들은 선생님을 신뢰한다죠?" 레오나르도가 피렌체의 라이벌 도시인 밀라노의 작업 의뢰를 받은 일을 비꼰 표현이었다.

미켈란젤로의 조롱은 뼈아팠다. 레오나르도 다빈치는 오늘날 신에 버금가는 명성을 누리지만 당시 처참한 실패를 맛보았다. 아르노강을 배로 건널 수 있도록 만든다는 그의 계획은 하늘을 날려는 시도처럼 실패로 돌아갔다. 수학과 기하학을 연구하느라 보낸 세월은 무위로 돌아갔다. 그는 피렌체시에서 중요하게 의뢰해 3년을 바친 대작인 〈앙기아리전투〉를 비롯해 많은 작품을 미완성 상태로 중단했다.

두 사람의 다툼에서 무엇보다 인상적인 점은 품위를 내팽개친 옹졸함이다. 천재라고 해서 이런 편협한 감정에 휘둘리지 않는 것은 아니다. 괴테는 뉴턴을 과학자로서, 또한 인간으로서 경멸했다. 쇼펜하우어는 동료 철학자 헤겔의 저작을 "후손들에게 두고두고 웃음거리가 될 거창한 신비주의 책"으로 치부했다. 어이쿠! 이런 옹졸함이 역사적 천재들에 대한 인상을 좋게 하는지 나쁘게 하는지는 모르겠다. 한편으로는 그들이 지극히 인간적이었음을 보여준다. 다른 한편으로는 그들이 지극히 **인간적**이었음을 보여준다.

피렌체 르네상스의 가장 큰 수수께끼는 공교육의 역할, 아니 그보다는 공교육이 하지 않은 역할이다. 피렌체는, 이를테면 볼로냐와 달리 번듯한 대학이 없었다. 어떻게 이럴 수 있을까? 교육은 천재의 필수 요소 아니던가?

증거를 살펴보자. 빌 게이츠, 스티브 잡스, 우디 앨런. 이들은 전부 대학을 중퇴했다. (우디 앨런이 뉴욕대학에서 낙제한 과목 중 하나는 영화 제작이었다.) 아인슈타인의 박사 논문은 두 번 퇴짜 맞았다. 동료 물리학자 마이클 패러데이는 대학에 다닌 적이 없다. 토머스 에디슨은 열네 살에 학교를 중퇴했다. (나중에 집에서 어머니에게 교육받았다. 상당수의 천재가 홈스쿨링이나 독학을 했다.) 마리 퀴리와 지그문트 프로이트처럼 학생 때 두각을 나타낸 천재도 있지만 대부분은 아니었다.

딘 사이먼턴은 창조적 천재 300명을 조사한 연구에서 이들 대다수가 당시의 일반적인 교육과정을 절반밖에 이수하지 못했음을 밝혀냈다. 더 배우는 것도, 덜 배우는 것도 해로웠다. 즉 어느 정도의 교육이 창조적 천재에게 필수적이기는 하나 일정 수준을 넘어선 교육은 천재의 가능성을 높이기는커녕 사실상 낮춘다. 공교육의 역효과는 일찌감치 나타난다. 심리학자들은 아동의 창의적 사고 능력이 정체되는 정확한 시기를 밝혀냈다. 바로 4학년 때다.

여기서 놀라운 사실을 알 수 있다 지난 50년간 학위 논문과 학술 논문의 수가 기하급수적으로 늘었지만, 사회학자 J. 로저스 홀링스워스가 『네이처』에서 썼듯 "사실 창의적인 연구는 비교적 일정하게 배출되었다". 우리는 전문성의, 심지어 재능의 홍수를 겪고 있지만 창조적 도약의 급증은 일어나지 않았다.

그 원인 중 하나는 앞에서 말했듯 전문화다. 우리는 세상을 점점 잘게 쪼갰다. 이 때문에 오늘날 각 분야마다 어마어마한 양의 지식이 쌓였다. 천재가 자기 분야에서 축적된 지식을 모두 습득한 뒤에야 나름대로 기여할 수 있다면, 엄두가 나겠는가? 물리학자나 생물학자는 평생 남의 연구를 공부해본들 간에 기별도 안 갈 것이다.

레오나르도 다빈치는 열등생이었다. 그가 엘리트와 지성인의 언어인 라틴어를 그럭저럭 배운 것은 중년이 훌쩍 지나서였다. 하지만 레오나르도는 통념을 견디지 못했다. 약 500년 뒤 심리학자 에드윈 보링이 "나쁜 지식에는 무지한 것이 상책이다"라고 말했는데, 레오나르도도 같은 생각이었을 것이다. 이런 의미에서 피렌체에 대학이 없던 것은 축복이었다. 도시학자 피터 홀의 표현을 빌리자면 그 덕에 피렌체는 '학문의 구속복'에 갇히지 않았기 때문이다.

여기서 필리포 브루넬레스키를 다시 살펴보아야 한다. 세례당 문 경연에서 탈락한 뒤 그는 은밀하게 풀어온 열정을 추구하기로 마음먹었다. 건축이었다. 그는 친구 도나텔로를 데리고 로마에 가서 고대 유적을 조사했다. 쉬운 여정은 아니었다. 당시의 로마는 지금의 로마와 전혀 달랐다. 피렌체보다 훨씬 규모가 작았을 뿐 아니라 (저술가 폴 워커에 따르면) "오두막, 도둑, 해충이 우글대는 도시였으며 늑대가 옛 성 베드로 성당 주변을 어슬렁거렸다".

로마인들은 두 젊은이가 아치와 기둥을 왜 바라보는지 이해할 수 없었다. 그들은 두 사람을 '보물 사냥꾼'이라고 불렀는데 보물의 종류가 다르긴 했지만 맞는 말이다. 호기심 많은 두 피렌체인이 찾던 것은 옛 지식이라는 전리품이었다. 브루넬레스키는 기둥과 아치길을 꼼꼼하게 측량했다. 특히 판테온에 매혹되었는데, 너비 43미터의 돔은 고대 세계에서 가장 큰 규모였다. 그때 영감이 떠올랐다. 고향의 산타 마리아 델 피오레 성당에 비슷한 모양새의 돔을 덮으면 어떨까? 몇 세기 동안 지붕 없이 노출되어 있지 않은가. 다른 도시국가들이 수군거린다. 부끄러운 일이다.

이게 바로 브루넬레스키의 목표였다. 사람들은 외부 받침대 없이 그만한 크기의 돔을 짓기란 불가능하다고 말했지만, 그런 비관론이 오히려 그의 의욕을 북돋웠으며 그는 보기 좋게 성공했다.

어느 날, 브루넬레스키의 두오모에 찾아가 이 모든 소란의 결과를 직접 봐야겠다고 마음먹는다. 원형 계단을 오르며 불가능을 가능케 한 천재적 설계에 경탄하다가 이른바 '뜻하지 않은 결과의 법칙'이 머릿속에 떠오른다. 우리는 뜻하지 않은 결과를 대체로 부정적인 시선으로 바라본다. 이따금 신기술이나 과학적 발전은 계획된 대로 이뤄지지 않고 우리에게 역습을 가한다. 지하철에 에어컨을 설치했더니 플랫폼 온도가 무려 십 도나 올라가고, 환자가 병원에 입원했다가 병원균에 감염되고, 컴퓨터 이용자가 수근관증후군에 걸린다. 과학 전문 기자 에드워드 테너는 이런 현상에 '보복 효과'라는 이름을 붙였다. 하지만 뜻하지 않은 결과의 법칙에는 정반대의 측면도 있다. 이따금 재난이 뜻밖의 이득을 가져오기도 하며, 이따금 패배처럼 보이는 것이 실은 변장한 승리인 경우도 있다.

우리는 브루넬레스키가 세례당 문 경연에서 이기지 못한 사실에 고마워해야 한다. 승리는 그를 구속했을 것이다. 그는 세례당 문 건축에 기베르티가 그랬듯이 평생을 바쳐야 했을 것이다. 로마에 가지도 않았을 테고, 오늘날까지 피렌체의 상징으로 남아 있는 돔을 만들지도 않았을 것이다. 무엇보다 이 돔은 유럽과 전 세계 수많은 건축물에 영감을 주었다. 훗날 미국의 지방법원이나 오래된 우체국 건물을 방문하거나 웅장한 미국 국회의사당을 보며 경탄하게 되거든 필리포 브루넬레스키와 뜻하지 않은 결과의 법칙을 떠올리시길.

$$\text{\textreferencemark}$$

다시 르네상스 여명기 피렌체의 상태를 떠올려보라. 교회는 재정적으로나 도덕적으로나 취약했다. 수도사들은 덕을 독점할 수 없었다. 아무도 그럴 수 없었다. 아테네와 항저우에서 보았듯 모든 황금기는 옛 질서가 무너졌으나 새 질서는 아직 확립되지 않은 공백기라 무한 경쟁이 벌어진다. 농구의 점프볼처럼 누구나 모든 것을 잡을 수 있는 시기, 창조적 천재가 승승장구하는 시기다. 하지만 이런 이행기는 어떻게 찾아오는 걸까?

유진은 스페콜라라는 작은 박물관에서 정답을 찾을 수 있을 거라고, 적어도 한 가지 답은 찾을 거라고 장담했다. 박물관은 문자 그대로나 비유적으로나 현란한 피티 궁전의 그늘에 가려 있다. 찾으려면 발품을 팔아야 한다. 막다른 골목을 몇 차례 맞닥뜨린 뒤에야―이탈리아는 막다른 골목조차 근사하고 흥미롭다―카페와 담뱃가게 사이에 숨어 있는 박물관을 발견한다. 버려져 슬픈 표정을 짓고 있는 스페콜라는 찾아오는 사람도 거의 없다.

기압계를 발명했으며 피렌체의 아들인 에반젤리스타 토리첼리의 거대한 조각상이 나를 반긴다. 먼지 쌓인 계단을 올라가는데 갑작스러운 흥분에 사로잡힌다. 이런 박물관은 난생처음 본다. 뿌연

유리 상자에 동물 박제가 진열되어 있다. 치타와 하이에나, 바다코끼리와 얼룩말, 모두가 놀람과 평온함이 공존한, 어쩌다 여기까지 왔는지 영문을 알 수 없지만 그럼에도 체념하고 운명을 받아들이듯 똑같은 표정으로 얼어붙어 있다. 전형적인 19세기적 광경이다. 찰스 다윈이 언제라도 튀어나올 것만 같다.

하지만 박제를 보려고 이곳을 찾은 것은 아니다. 몇 번 길을 잘못 들고 진짜로 살아 있는 듯한 고릴라를 코앞에서 맞닥뜨린 뒤에야, 거의 알려지지 않은 미술가 줄리오 춤보의 작품을 대면한다. 그는 플라스틱 디오라마plastic diorama라는, 별로 인정받지 못하는 미술 장르를 개척했다. 춤보의 작품 중에는 〈인체의 부패〉와 〈매독의 영향〉처럼 소름 끼치는 것도 있다.

하지만 그중 한 작품이 유독 눈에 띈다. 〈레 페스테〉라는 작품이다. 역병. 남녀노소의 몸이 쓰러진 나무처럼 널브러진 끔찍한 광경을 꼼꼼하게 재현했다. 두개골 하나가 공포스러운 장식물처럼 땅바닥에 놓여 있다.

우리는 역병이 일으킨 공포를 상상하기 힘들다. 이 역병은 몇 달 만에 피렌체인 여덟 명 중 다섯 명의 목숨을 앗아갔다. 하루에 200명씩 죽어나갔다. 길거리에 시체가 높이 쌓였으며 당대의 작가 보카치오가 회상하듯 "오늘날 그저 죽은 산양 한 마리를 치우듯 사람들을 그렇게 치웠다". 역병은 쥐나 황무지쥐에 기생하는 벼룩이 옮겼다. 하지만 당시 사람들은 이 사실을 몰랐기에 지금은 무익해 보이는 예방 조치—예를 들면 설탕을 넣어 달게 만든 장미수를 먹이는 식이었다—에 매달렸다. 또한 기도로 역병을 막으려고 수백 명이 성당에 모였는데, 이 때문에 병이 더 빨리 퍼졌다.

물론 끔찍한 시기였지만 이런 게 르네상스와 무슨 관계가 있을까? 아주 많은 관계가 있다. 흑사병은 1348년에 발생했다고 알려져 있는데, 그로부터 고작 두 세대 만에 피렌체에서 르네상스가 만개했다. 두 사건의 발생은 우연의 일치가 아니다.

역병은 참화를 불러오긴 했지만 기존 질서를 뒤흔들었다. 신분제가 순식간에 와해되었다. 문 반대편에 있던 사람이 죽어버리자 닫힌 문이 갑자기 열렸다. 역병은 황금기의 필수 요소인 불안정을 낳았다.

다시 한번 돈이 반짝이는 머리를 쳐든다. 역병은 '상속 효과'도 만들어냈다. 인구의 절반 이상이 졸지에 사라지면서 도시의 자본이 더 소수의 손에 들어왔다. 여윳돈으로 무언가를 해야 했다. 하지만 대체 무엇을? 그럴 만도 하지만 상인들은 새 사업에 투자하기를 꺼렸다. 왜였는지는 여전히 수수께끼지만 그들은 문화에 투자했다. 경제사가 로버트 로페즈에 따르면 위대한 예술품과 희귀본 서적이 갑작스럽게 "개인이나 국가를 엘리트 집단에 들여보내는 마법의 암호"가 되었다. 문화는 이제 이길 수밖에 없는 내기였다. 미국 재무부 증권 못지않은 안전한 투자처였다.

이런 새로운 현실을 맞닥뜨린 후원자와 미술가는 수 세기 뒤까지도 여전히 우리의 숨을 멎게 하는 미술품을 의뢰하고 창작했다. 한편 역병의 창궐을 막지 못한 교회는 도덕적 정당성을 대부분 잃었으며, 세속적 인문주의자들이 그 공백을 메웠다. 이 사건들 중 어느 것도 흑사병이 없었다면 일어나지 않았을 것이다. 마찬가지로 페르시아가 아테네를 약탈하고 잿더미로 만들어 페리클레스가 야심찬 재건 사업을 예비하지 않았다면 아테네의 황금기도 없었을 것이다. 이는 뜻하지 않은 결과의 법칙이 거대한 규모로 실현된 예다.

♀

메디치가는 뜻밖의 기회를 어떻게 활용해야 할지 잘 알았다. 그들은 중국의 실크, 아프리카의 향신료 등 상상할 수 있는 모든 상품을 사고파는 데 통달했다. 하지만 그들이 가장 귀하게 여긴 것은 그리스와 알렉산드리아의 옛 문헌이었다. 이 잃어버린 고전의 발견이 피렌체의 천재성을 설명할 수 있을까?

천재의 장소는 새로운 정보, 새로운 아이디어를 늘 환영한다. 하지만 이탈리아 도시국가 중 피렌체만 이 정보를 접했던 것은 아니었다. 다른 도시국가도 그랬지만 피렌체 사람들처럼 영감을 얻지는 못했다. 왜 그랬을까? 피렌체인들은 이런 바스라지기 일보 직전의 누런 두루마리에서 남들이 못 본 무엇을 보았을까?

대답을 찾기 위해 그 근원으로 찾아가기로 마음먹는다. 메디치가가 건축을 의뢰한―달리 누가 있겠는가?―라우렌치아나 대도서관이다.

미켈란젤로가 설계를 맡았는데, 그의 여느 사업이 그랬듯 모두에게 골칫거리였다. 그는 한쪽 벽만 완성한 채 로마로 내뺐다. 공사 감독은 제자들에게 맡겼다. 하지만 바사리 말마따나 '대담함과 우아함'으로 가득한 이 건물은 순전히 미켈란젤로적이다.

"미쳤어요. 말도 안 되죠. 미술사가는 이걸 보면 정신이 나가요." 눈매가 매서운 미술사가 실라 바커가 입구에서 기다리다가 내게 말한다.

내가 묻는다. "좋게 미쳤나요, 나쁘게 미쳤나요?"

"둘 다예요."

기질은 몰라도 외모 면에서 실라는 유진과 정반대다. 옷을 단정하게 차려입고 머리를 말끔하게 손질하고 고급 학위를 효율적으로 취득했다. 그녀를 콘텍스트 트래블이라는 회사를 통해서 만났는데, 과거라는 외국을 들여다보게 해주겠다고 약속하는 몇 안 되는 이탈리아 회사 중 하나다.

실라는 유진과 마찬가지로 역사광이어서 현재보다는 과거를 더 편하게 여긴다. 우리가 만난 날 아침, 그녀는 잔뜩 흥분해 있다. 전날 문서 보관소를 뒤지다 갈릴레오가 쓴 편지를 찾았기 때문이다. 갈릴레오 자신과 수신자인 친구 외에는 어떤 사람도 보지 못한 편지를. 그 **누구도**. 편지 내용은 별다르지 않았지만—갈릴레오는 친구에게 망원경이 부서져서 그날은 일을 못 했다고 전한다—그럼에도 편지를 발견했을 때 그녀를 관통한 전율은 전혀 줄지 않았다. 사실 예사롭고 내용이 뻔한 편지라 더더욱 귀중한 발견이었다. "제가 아흔아홉 살까지 살더라도 그 편지를 결코 잊지 못할 거예요." 그녀의 말을 의심하지 않는다.

우리는 도서관에 들어선다. 잘못 온 게 아닌가 하는 생각이 잠시 스친다. 도서관이라기보다는 교회 같다. 그때 책들이 눈에 들어온다. 미켈란젤로 시절처럼 신도석에 사슬로 묶인 채 흐늘거리는 원고들이.

오늘날 많은 사람들이 책을 사모한다. 책은 집에서 가장 좋은 자리를 차지한다. 우리는 책을 귀중하게 여기지만, 책을 잃어버리거나 못 믿을 친구에게 실수로 빌려주면 언제든 다시 사거나 전자책으로 내려받을 수 있다. 하지만 15세기에는 그렇지 않았다. 책 하나하나는 게슴츠레한 눈빛의 수도사가 필사한 책이었다.

실라가 묻는다. "차가 몇 대 있으세요?"

"뭐라고요? 그게 무슨 상관……"

"몇 대 있으시냐고요."

"한 대요. 간신히."

"15세기에는 책 한 권의 가격이 오늘날 차 한 대 가격과 맞먹었어요. 그러니 도서관을 가진다는 것, 이를테면 백 권의 책을 소장한다는 것이 어떤 의미인지 상상이 되실 거예요. 요즘으로 치면 자동차 백 대를 가진 것과 같았다고요. 르네상스 시대에 누군가 백 권의 책을 가졌다면 그 사람은 학자로 알려졌어요."

"책을 가졌다는 이유만으로요?"

"책을 가졌다는 사실의 가치 때문에요. 책을 입수하려면, 다음에 무슨 책을 입수할지 결정하려면, 책의 가치에 대해 알아야 하거든요."

책을 왜 사슬로 묶어놨는지 이제야 알겠다. 인문주의자들은 책에 다름아닌 인생의 비밀이 들어 있다고 믿었으며, 새로운 원고가 도착하면 우리가 최신 버전 아이폰 출시에 열광하듯 반겼다.

코시모 데 메디치는 세계 최초의 책 수집가는 아닐지 몰라도 틀림없이 가장 야심찬 수집가였다. 그의 도서관은 바티칸 도서관을 본떴으며, 장서 확충에 돈을 아끼지 않았다. 왜 그런 수고와 비용을 들인 걸까?

실라는 대답 대신 종이 한 다발을 건넨다. 대여섯 장 정도로, 두껍진 않다. 하지만 이 종이들이 세상을 바꿨다. 이 종이 다발은 「인간 존엄성에 관한 연설」이다. 이 문서 하나에 르네상스를 추동한 기본 사상이 무엇보다 분명히 담겨 있다. 그 시대의 선언문이었다.

철학자 피코 델라 미란돌라가 쓴 「인간 존엄성에 관한 연설」의 첫머리는 양순하기 그지없다. 피코는 생물의 서열을 늘어놓는다. 신이 맨 꼭대기에 있고 천사가 바로 밑이다. 동식물은 밑바닥에 있다. 천사는 신과 아주 가까운 존재이므로 첫자리를 차지한다. 돼지와 지렁이는? 별 볼 일 없다. 이어서 피코는 인간에 대해서 신이 인간의 자리를 마련하지 않았다고 주장한다. 신학적으로 말해서 인간의 자리는 사우스웨스트 항공 같은 저가 항공사를 이용할 때와 같다. 다리를 뻗을 여유 공간이 있는 자리에 앉을 수도 있다. 아니면 지긋지긋한 가운데 자리에 앉을 수도 있고.

실라가 피코에게 빙의해서는 말한다. "인간은 깊숙한 곳으로 가라앉을 수도 드높은 곳으로 올라갈 수도 있어요. 인간이 사악해지면 정말로, 정말로 사악한 존재가 되죠. 하지만 위대함과 지식과 순수함이 커지면 천사보다 나은 존재가 되어―이 부분이 문서에서 위험한 부분인데―신처럼 될 수 있어요. 신처럼요."

"제가 잘못 이해한 걸 수도 있지만, 신성모독 아닌가요?"

"그래요. 들고 있으면 불이 붙을 거예요."

"정말 약간 뜨거운 것 같네요."

나의 어설픈 농담을 무시한 채 실라가 말을 잇는다. "피렌체는 이렇게 말할 수 있었어요. '보라. 아들이 아버지를 뛰어넘었다. 우리는 로마의 자리를 차지했다. 우리는 세상을 다스리고 세상에 영향을 미치고 등불을 비출 힘을 가졌다.'"

자신감이 하늘을 찌른다. 하지만 피렌체인들이 머나먼 곳에서 온 낡고 퀴퀴한 책에서 가치를 알아보고 그 가치를 배가하지 않았다면 그들의 포부는 결코 이루어지지 않았을 것이다.

도서관을 나설 참인데 뭔가 신경을 긁는다. 뭔가 맞지 않아 보인다. 이 이탈리아인들은 온갖 방면에서 혁신적이었지만 기술에서만은 그렇지 않았다. 물론 낙하산을 발명하고 정교한 항해술을 발전시키긴 했지만, 당대의 획기적 기술인 활자 인쇄기를 발명한 사람은 피렌체인이 아니라 독일의 대장장이였다. 왜 그랬을까?

피렌체인은 아테네인과 마찬가지로 기술을 위한 기술에는 관심이 없었다. 그들은 기술을 예술보다 덧없으며 따라서 가치가 낮은 것이라 여겼다. 아무리 기발한 발명이라도 언제나 더 새롭고 나은 것에 대체될 수 있다. 버전 2.0이 등장한다.

실라에게—여기서 나 또한 이단에 빠져들고 있음을 직감하며—예술도 마찬가지 아니겠느냐고 말한다. 누군가 더 새롭고 더 나은 〈다비드〉 상을, 그러니까 〈다비드 2.0〉을 내놓을 수도 있지 않느냐고 조심스럽게 묻는다.

실라가 "그건 불가능해요"라며 화난 목소리는 아니지만, 가르쳐 줘도 못 알아듣는 5학년 아이를 대할 때와 같은 어조로 말한다. "미술사에서 〈다비드〉 상과 같은 것은 한 번도 등장하지 않았어요. 표현해야 할 것을 가장 완벽하게 표현한 작품이었으니까요. 피렌체인들은 이 작품을 보자마자 알았어요. 〈다비드〉 상이야말로 고대 작품을 능가한 첫 미술품이라는 사실을요. 그들은 고대의 정점을 보았어요. 제2의 〈다비드〉 상은 결코 탄생하지 않을 거예요."

어쩌면 이게 천재적 작품의 가장 정확한 정의인지도 모르겠다. 업그레이드 시도가 헛되고 어리석은 작품.

단단히 혼이 나서 주제를 바꿔 실라에게 시간여행 질문을 던진다. 한 시간 동안 르네상스 시대로 돌아갈 수 있다면 누구를 만나고 싶은지 묻는다. 그녀가 입술을 깨문다. 고민한다는 표시다.

그녀가 단호하게 말한다. "미켈란젤로는 아니에요. 빼어난 미술가였지만 너무 깐깐했어요. 로렌초가 어떨지." 그녀의 눈을 보니 이미 15세기에 가 있다. "로렌초를 마다하지는 않을 거예요. 로렌초는 난놈이었거든요."

어라, 난놈은 소크라테스인데, 라고 말하려는데 실라는 이미 다음 사람으로 넘어갔다.

"정했어요! 게오르기오스 게미스토스요."

"누구라고요?"

게오르기오스 게미스토스는 그리스의 학자로, 메디치가의 초청을 받아 피렌체를 방문했다. 비잔티움제국이 무너지면서 많은 그리스인 학자들이 졸지에 일자리를 잃었다(생각해보면 요즘도 마찬가지다). 메디치가는 이번에도 기회를 놓치지 않고 그중 최고의 인재들을 피렌체로 끌어들였다.

그중에서 게미스토스보다 뛰어난 사람은 아무도 없었다. 수염을 기른 다채로운 성격의 소유자 게미스토스는 제2의 플라톤을 자처했다. 실라가 보기에 그는 무슨 수를 써서라도 진리를 추구한다는 르네상스적 이상을 여실히 보여준 인물이다. 그는 무모하고 정신나간 일들을 벌였다. 교회 지도자들의 회합에 난입하여 플라톤의 덕에 대해 연설했다. 사려 깊다고 말할 순 없지만, 실라는 이런 그의 모습을 높이 샀다.

그녀는 "그는 두려움을 몰랐어요"라고 말한다. 당시 위험을 감수하는 것이 돈보다 더 존경받았음을 보여주는 또다른 증거다. 우리는 그러지 않는다고 실라는 말한다. "요즘은 위험을 감수하지 않아요. 진짜 위험이 아니죠. 언제든 파산 신청을 하고 새로 시작할 수 있잖아요. 사회 안전망이 우리를 보호해줘요. 하지만 르네상스 피렌체에는 아무것도 없었어요. **아무것도요.** 실패하면 굶어죽을 수도 있었어요. 자신뿐 아니라 자기 가문까지 몇 대에 걸쳐 망하는 거였죠."

"별로 끌리진 않네요. 그런데 성공하면 어떻게 되었나요?"

"성공하면 전설이 됐죠. 그러니까 그들이 품은 야심은 어느 날 부자가 된다거나 행복하게 산다는 식이 아니었어요. 그들의 목표는 영원한 영광이었어요. 율리우스 카이사르와, 키케로와 나란히 책에 실리는 것이었죠. 플라톤과도요. 메디치가는 영원한 영광을 추구했어요. 우리가 상상도 못할 규모로 말이에요."

침묵 속에서 우리가 추구하는 바가 무엇인지 생각한다. 무엇이 인간 정신의 궁극적 표현인 걸까? 무엇을 위해 모든 것을 거는 걸까?

실라와 함께 라우렌치아나 도서관을 나서 빗방울이 떨어지는 광장에 발을 디디다가 문득 답이 떠올라 울적해진다. 우리는 기업 공개를 위해 모든 것을 건다. 우산을 꺼내며 생각한다. 이게 최선일 리 없어.

♀

피렌체 일정이 끝나가던 어느 날, 유진과 또다른 미술관의 전시실을 거닐다가 일종의 르네상스 현기증을 겪는다. 예술 작품이 넘친다. **좋은** 예술 작품이 넘친다. 너무 많다. **나는** 자격이 없어. 머리가 어질어질하다.

유진이 내게 심호흡을 하라고 미술사가라기보다는 요가 강사 같은 말투로 말한다. 심호흡을 하자 세상이 제자리로 돌아간다.

잠시 뒤에 〈다비드〉 상을 한 번 더 우러러보는데, 아니 성모상이었는지도 모르겠지만, 유진이 지나가는 말로 한마디한다. "이 사람들의 현존이 머물러 있습니다." 그의 말이 맞다. 그들이 여기 머물러 있다. 미켈란젤로와 레오나르도와 보티첼리와 나머지 모든 사람의 영혼이 샌프란시스코의 안개처럼 허공을 감돈다. 500년이 지났으니 산산이 흩어졌을 법도 한데 그렇지 않다. 진정한 천재에게 반감기란 없다.

오늘날 피렌체의 미술가들은 어떤지 궁금하다. 아테네의 현대 철학자들과 같은 운명일까? 이 모든 아름다움, 이 모든 천재성은 영감을 선사할까, 아니면 주눅들게 할까?

며칠 뒤에 직접 물어볼 기회가 생겼다. 디너파티에 초대받았는데, 참석자들은 모두 피렌체에서 오랫동안 지낸 미술가들이다. 내가 도착했을 때는 다들 작은 거실에 모여 앉아 프로세코 포도주를 마시고 전채 요리를 먹으며 대체로 즐거워하고 있었다. 내가 관광철을 입에 올리자 다들 마치 그들이 사슴이고 내가 사냥철 운운한 것마냥 얼어붙는다. 한 여인이 말한다. "그건 침략이에요." 다들 말없이 고개를 끄덕인다. 프로세코 포도주를 한 잔씩 더 따른다.

　조심스럽게 발을 내디디며 말한다. "그렇다면 피렌체에서 미술가로 살아가는 건 어떤가요?"

　또다른 여인이 말한다. "과거가 우리의 어깨에 짐처럼 얹혀 있어요." 이렇게 말하는 그녀의 어깨가 축 늘어지는 것이 보인다. 다들 이번에도 고개를 끄덕인다. 누군가 피렌체에는 현대 미술관이 단 한 곳도 없다며 개탄한다. 또 고개를 끄덕인다. 프로세코 포도주를 한 잔 더 따른다.

　은발의 건축가가 말끝을 길게 늘이며 말한다. "나는 미켈란젤로를 좋아하지 않아요." 그리스인 철학자만이 플라톤에 대한 경멸을 드러낼 수 있듯 피렌체 토박이만이 저지를 수 있는 유쾌한 불경죄다.

　다들 하나같은 생각이다. 현대 피렌체에서 미술가로 살아가는 일은 현대 아테네에서 철학자로 살아가는 일보다 결코 쉽지 않다. 과거는 가르치고 영감을 줄 수 있지만 가둘 수도 있다.

　며칠 뒤, 펠릭스라는 창의적 젊은이와 이야기를 나눈다. 우리는 베르고시를 지나 걷는다. 날이 화창하다. 토스카나의 태양이 마침내 숨바꼭질을 끝내고 아르노강이 햇빛에 반짝인다. 펠릭스가 손을 내밀어 풍경을 눈여겨보며 묻는다. "뭐가 보이시나요?"

"글쎄요, 근사한 건축물과 베키오 다리와……"

"그게 아니에요. 선생님께서 보고 계신 건 감옥이에요. 그렇게 안 보일 수도 있지만, 피렌체는 정말 감옥이에요. 매우 아름다운 감옥이죠."

말하지 않은, 피할 수 없는 결론이 살랑거리는 봄바람에 떠다닌다. 아름다운 감옥이야말로 세상에서 가장 잔인한 곳이다.

유진과 나는 마지막으로 만나 마음껏 피자를 먹기로 했다. 모차렐라, 바질, 여분의 스프레차투라가 든 피자를 주문한다. 굶주린 짐승처럼 덤벼들다가 유진에게 시간여행 질문을 던지는 걸 깜박했다는 사실을 깨닫는다. 르네상스 피렌체에서 누군가와 한 시간 동안 이야기할 수 있다면 누구를 선택하겠느냐고 묻는다.

그가 주저 없이 말한다. "미켈란젤로죠. 그는 완전 또라이였어요. 일반적인 방식으로는 아무것도 할 수 없었죠. 그래서 그 친구를 좋아해요. 천방지축이라서요."

"레오나르도를 만나고 싶진 않으세요?"

"레오나르도와 한잔하고 싶긴 합니다. 그는 재미있고 진짜 멋쟁이였으니까요. 하지만 앉아서 대화하고 싶은 상대는 마이크네요. 마이크와 함께 파티를 하고 싶지는 않아요. 분위기를 망칠 테니까요. 제 코에 한 방 먹이고 싶어할지도 모릅니다. 그리 점잖은 사람은 아니었거든요. 흥미로운 인물이었죠."

이 말을 들으니 시간여행 실험을 뒤집어보면 어떨지 궁금해진다. 미켈란젤로가 오늘날 피렌체로 돌아온다면 뭐라고 말할까?

"그는 이럴 겁니다. '지난 500년 동안 대체 뭘 한 거야? 전과 똑같은 미술을 하고 있잖아.'" 유진이 웃음을 터뜨린다. 하지만 그의 말이 맞다. 피렌체인들은 인류학자 크로버가 말하는 '문화 요소'를 오래전에 다 써버렸다. 그들의 창조성 찬장은 비었다.

피자를 한 조각 더 집기 전에 피렌체 식으로 피자를 찬찬히 뜯어보며 잠시 골똘히 생각한다. 지금껏 먹은 피자 중에서 손꼽을 만큼 훌륭한 피자다. 하지만 왜 그럴까? 재료가 더 신선해서일까? 그럴지도 모른다. 주방장의 솜씨가 더 뛰어나서일까? 어쩌면.

비밀은 비율에 있음을 깨닫는다. 모차렐라와 토마토소스와 바질의 양을 정확히 맞출 것. 더도 덜도 안 된다. 피렌체는 아테네와 마찬가지로 크든 작든 올바른 비율을 가지고 있다. 유진이 피자를 먹다 말고 이것이야말로 피렌체의 아름다움뿐 아니라 천재성까지 설명해준다고 말한다. 피렌체는 당시 다른 장소들과 다른 재료를 가졌던 것은 아니지만, 이 재료들을 절묘한 비율로 섞었다.

유진이 말한다. "파인애플 주스와 코코넛과 럼주를 마구잡이로 부으면서 훌륭한 피냐 콜라다를 기대하면 안 됩니다."

"하지만 모든 재료가 필요한 건 사실이잖아요."

"물론 그렇긴 하지만, 뭔가 하나가 약간이라도 잘못되면 전체를 망칩니다. 유전학을 보세요. 작은 유전자 하나가 없어지면 모든 게 달라지잖아요." 그의 말이 옳다. 인간의 유전자와 침팬지의 유전자는 99퍼센트가 같다. 때로는 1퍼센트가 모든 차이를 낳는 법이다.

내가 애초에 품은 의문의 답은 뭘까? 피렌체에서 르네상스가 일어난 것은 재력 때문이었을까? 돈으로 천재를 살 수 있을까?

답은 분명히 그렇다이다. 아니다이기도 하고. 돈은, 어느 정도는 창조성과 필수불가분의 관계다. 배를 곯는 사람이 위대한 미술 작품을 만들어내거나 새로운 과학적 진리를 발견하는 일은 드물다. 부는 실패의 기회 또한 준다. 부가 있으면 다시 시작할 수 있다. 우리는 이런 상황을 르네상스 피렌체에서 똑똑히 보았다. 실패는—때로는 처참한 실패까지도—뻔질나게 일어났다. 그래도 사람들은 위험을 회피하지 않았다. 오히려 위험은 문제를 **올바르게** 고치려는 신진 예술가나 새 세대의 의욕을 북돋웠다. 아테네나 항저우와 마찬가지로 피렌체는 어수선한 장소였다. "이만하면 됐어"라는 사람은 아무도 없었다. 피렌체라는 이름은 '꽃이 피다'를 뜻하는 단어에서 왔다. 명사가 아니라 동사인 것이다.

그렇다. 볼테르 말이 맞았다. 황금기에는 부와 자유 모두 필요하다. 하지만 그는 제3의 요소를 간과했다. 불확실성이다. 토머스 제퍼슨이 정치 세계에 대해 남긴 말—"이따금 사소한 반란이 일어나는 것은 좋은 일이다"—은 창조적 세계에도 해당한다. 긴장은, 적어도 어느 정도의 긴장은 만일의 일에 대비시키고 우리의 인내심을 시험한다. 기베르티가 세례당 문을 제작한 25년여의 기간은 정치적으로나 재정적으로 격변이 일어난 시기였다. 하지만 그의 후원자들은 결코 흔들리지 않았다. 그들은 이러한 긴장이 젊은 미술가에게 방해가 아니라 도움이 될 것임을 본능적으로 알았다. 창의성의 가장 큰 적은 확실함이다.

하지만 좋은 시절도 영원하지는 않다. "내가 욕망하는 것이 결국 나를 파멸시킬 것이다"라는 시인 실비아 플래스의 예언적 선언은 피렌체에도 들어맞았다. 이 도시는 전능한 금화인 플로린의 손에 의해 움직였다. 피렌체의 좋은 물질주의는 무분별한 소비주의로 전락했다. 한편, 메디치가의 일원인 교황 레오 10세는 성 베드로 대성당의 건축비 마련을 위해 특별 '면벌부'를 선포했다. 그가 조성한 자금은 대부분 사라져버렸고 이로 인한 분노는 종교개혁의 길을 닦았다. 새로운 세계 질서가 금세 형체를 갖췄으며 피렌체를 중심으로 모여 있던 창조적 에너지는 서북쪽으로 이동하여 기후적으로나 기질적으로나 토스카나 지방과 전혀 다른 장소에 자리잡았다.

몇 달 뒤에 집으로 돌아와 유진에게 이메일을 쓴다. 몇 가지 질문을 던진다. 다음주에 답장이 도착한다. 처음에는 전부 정상처럼 보인다. 그런데 잠깐. 편지가 유진답지 않게 짧다. 이메일의 나머지 부분은 어디 있지? 스크롤바를 내린다.

공백.

공백.

그리고 나타난 글자.

"에릭. 저는 유진의 동료 안토니오입니다. 가슴 아픈 소식이 있습니다. 유진이 세상을 떠났습니다."

뭔가 잘못되었길 바라면서 한참 동안 화면을 바라본다. 장난일 거야. 하지만 정말이었다. 유진은 이메일을 쓰다가 심장마비로 죽었다. 유진이 아니라 또다른 피렌체 거주 외국인 E. M. 포스터의 말이 떠오른다. "불완전한 것의 슬픔." 이 구절이 멍한 머릿속에 들어앉는다. 유진의 개를 영영 보지 못하리라는 깨달음과 함께.

몇 초 뒤 머릿속이 다시 바뀌어 이번에는 팔루디 죄르지의 말이 떠오른다. 일곱 살에 시인이 되겠다고 마음먹은 팔루디에게 왜냐고 묻자 그는 이렇게 대답했다. "죽는 게 두려워서요."

모든 예술은 근본적으로 불멸의 추구다. 우리는 천재가 자신의 피조물 덕에 죽음을 면할 것이라 믿고 싶어한다. 하지만 그렇지 않다. 모든 삶은, 아무리 훌륭하고 풍요롭게 살았더라도 애석하게도 불완전하다. 레오나르도의 삶조차도. 미켈란젤로의 삶조차도. 내 삶도, 그리고 틀림없이 친구 유진의 삶도.

천재는 불멸의 환상을 줄 뿐이다. 하지만 우리는 어쨌거나 그쪽으로 손을 뻗는다. 물에 빠진 사람이 지푸라기라도 잡으려 하듯.

4장

천재는
실용적이다

지성에 불씨를 당기는 데는
금지된 배움만한 게 없다.

에든버러
EDINBURGH, UK

무언가 가치 있는 것을 창조하려면 누군가 자신의 창조를
고맙게 받아들이리라는 굳은 신념이 있어야 한다. 창조는
지금 순간뿐 아니라 다가올 순간에 대한 믿음을 가지는
것이다. 허무주의자들이 창조적 업적을 내놓았다는 소리가
들리지 않는 이유는 그래서다.

에든버러성이 거대한 돌 귀신처럼 현무암에서 삐죽 튀어나온 것을 처음 본 순간, 허를 찔린다. 사진으로도 보고 글로도 읽어서 기대를 조절한, 월가 용어로 표현하자면 반응을 할인해둔 터였다. 계산이 엇나간 것이 틀림없다. 모퉁이를 돌아, 에든버러시의 여러 사화산 중 하나에 우뚝 솟은 성이 시내를 내려다보는 광경을 불쑥 맞닥뜨렸을 때 나답지 않게 침묵에 빠진다.

이런 장소가 몇 군데 있다. (타지마할이 언뜻 떠오른다.) 이미지로 하도 접해서 어떤 매력에도 시큰둥할 거라 확신하는 장소 말이다. 하지만 직접 마주하는 순간, 심장 박동이 빨라지고 자신이 초라해진다. "오." 심호흡을 한 번 더 하고서 다시 말한다. "이런 줄은 몰랐어."

에든버러는 모든 것이 이렇다. 에든버러는 놀랍다. 그리고 놀람은 그에 따르는 현상인 경이감과 경외감과 더불어 모든 창조적 천재의 핵심에 자리잡고 있다. 아무리 준비를 하고 밑품을 팔아도—이것이 필수적인 일이긴 하지만—모든 창조적 도약은 놀라움으로 다가온다. 심지어 창조자에게조차.

스코틀랜드의 수도 에든버러도 스스로에게 놀랐음이 틀림없다. 여느 황금기와 마찬가지로 스코틀랜드의 찬란한 시절도 극히 짧아서 50년도 채 되지 않았지만, 이 기간 동안 소도시 에든버러는 현대의 저술가 제임스 버컨 말마따나 "서구 지성을 지배했다". 스코틀랜드인들은 화학, 지질학, 공학, 경제학, 사회학, 철학, 시, 회화에 크게 기여했으며, 분야 자체를 창조한 경우도 많았다. 경제학자 애덤 스미스는 자본주의의 '보이지 않는 손'을 우리에게 가져다주었으며 지질학자 제임스 허턴은 우리 지구를 근본적으로 새롭게 이해하는 방법을 알려주었다. 에든버러 아래쪽에 위치한 글래스고에서는 제임스 와트가 곧 산업혁명의 견인차가 되어줄 증기기관을 완성하느라 바빴다.

알든 모르든 우리 모두 스코틀랜드를 조금씩 가지고 있다. 달력이나 『브리태니커 백과사전』을 참고한 적이 있다면 스코틀랜드인에게 고마워해야 한다. 변기 물을 내린 적이 있거나 냉장고를 이용한 적이 있거나 자전거를 탄 적이 있다면 스코틀랜드인에게 감사하라. 피하 주사를 맞은 적이 있거나 통증 없이 수술받은 적이 있거든 스코틀랜드인에게 고맙다고 말하라. 하지만 스코틀랜드인의 가장 위대한 발명품은 정신적인 영역을 차지하고 있어 만질 수 없는 것이다. 공감, 도덕심, 상식 같은 원대한 사상 말이다. 하지만 스코틀랜드인들은 이 사상들이 고삐 풀린 채 하늘을 떠다니게 하지 않았다. 지금 여기에 뿌리내리도록 했다. 심오한 철학 사상을 현실에 적용하는 것이야말로 스코틀랜드적 천재성을 보여준다. 과거 에든버러를 비춘 밝은 빛은 바늘 끝에 천사가 몇이나 올라설 수 있는가 하는 논쟁에는 관심이 없었다. 그 빛들은 천사를 일하게 했으며, 그 결과 근대 경제학부터 사회학, 역사소설에 이르기까지 모든 것이 탄생했다.

훌륭한 사상은 걸음마를 배우는 아기와 같아서 오랫동안 한자리에 머물지 못한다. 그리하여 에든버러에서 농익은 훌륭한 사상들은 이내 머나먼 해안까지 도달했다. 바다 건너편, 특히 미국 식민지 사람들이 이 사상에 귀를 기울였다. 스코틀랜드인들은 미국 건국의 아버지들에게 행복과 자유에 대해 생각하는 법을, 더 근본적으로는 스스로 생각하는 법을 가르쳤다. 벤저민 프랭클린과 토머스 제퍼슨은 스코틀랜드인 교수의 강의를 들었다. 프랭클린은 에든버러를 방문한 일을 자신이 겪은 '가장 **농밀한** 행복'이었다고 술회했다. 제퍼슨도 1789년에 그에 못지않게 호들갑을 떨며 글을 남겼다. "에든버러와 맞먹을 만한 곳은 세상 어디에도 없다."

이토록 갑작스럽게 천재성이 분출한 이유는 무엇일까? 이는 에든버러 출신의 위대한 탐정 셜록 홈스조차도 골머리를 썩일 수수께끼다. 아서 코난 도일 경은 에든버러시의 저명한 의과대학을 다녔다. 사실 18세기 초만 해도 이 황금기를 예견한 사람은 아무도 없었다. 스코틀랜드는 아테네와 마찬가지로 거칠고 메마른 땅이었으며 날씨가 우중충하고 주변국으로부터 고립되고 식량은 못 먹을 지경이었다. 아테네처럼 냄새도 났다. 방문객에게 어김없이 인상을 남기는 냄새 말이다. 에드워드 버트라는 잉글랜드인 측량사는 이렇게 말했다. "시트에 얼굴을 파묻어야만 했다. 숙소 뒤쪽에서 이웃들이 내다버리는 쓰레기 냄새가 방으로 쏟아져들어왔기 때문이다."

시인 로버트 퍼거슨은 에든버러에 애정을 담아 '올드 리키'나 '올드 스모키'(연기 나는 오래된 도시)라는 별명을 붙였다지만, 이 도시는 구제불능이었다. 버컨 말마따나 "불편하고, 더럽고, 낡고, 술에 절었고, 싸움이 벌어지는 가난한" 도시였다. 4만 명밖에 안 되는 도시 주민도 성정이 확실히 너그럽지 않았다. 그들은 여전히 마녀와 신성모독자를 매달았다. 피렌체와 마찬가지로 에든버러도 재난을 잇따라 겪었는데, 자초한 것도 아닌 것도 있었다. 파나마지협에 식민지를 건설하려는 시도가 수포로 돌아가면서 스코틀랜드의 자본이 격감했다. (스코틀랜드가 왜 파나마에 진출해야 했는지 내 머리로는 이해가 안 된다.) 기근이 덮쳤다. 설상가상으로 잉글랜드까지 스코틀랜드를 덮쳤다. 소국 스코틀랜드를 집어삼킨 것이다. 눈 깜박할 사이에 스코틀랜드는 왕과 의회와 군대를 잃었다. 스코틀랜드는 사실상 정치적으로 거세당했다.

이에 뒤이어 창조성이 왕성하게 표출되었다니 도무지 말이 되지 않는다. (이는 주권이 창조성 분출의 전제 조건이라는 다닐레프스키 법칙에도 어긋난다.) 에든버러에서 지내는 동안 맞닥뜨린 여러 흥미로운 역설 중에서 이보다 감칠맛나는 것은 없다. 스코틀랜드 계몽주의는 이성의 중요성을 강조했으나―실제로 '이성의 시대'라 불리기도 한다─이성적 판단을 거역하는 것처럼 보인다. 천재성의 폭발은 일어날 리 없었고, 일어날 **수도 없었다.** 그런데도 일어났다.

스코틀랜드인들에게 물어봐야 소용없다. 아무리 명석하더라도 모든 천재들은 똑같은 맹점을 갖는다. 그들은 자신의 명석함이 어디서 비롯했는지를 전혀 알지 못한다. 아인슈타인은 무엇 덕분에 자신이 아인슈타인이 되었는지 설명하지 못했다. 지적 굴복을 싫어한 프로이트는 창조성에 대해 설명해달라는 요청을 받았을 때 지적으로 굴복했다. 그는 한숨을 내쉬며 이렇게 말했다. "정신분석가가 창조성을 발휘하려면 우선 무기를 내려놓아야 합니다."

같은 맥락에서 철학자 데이비드 흄처럼 당대의 가장 유명한 스코틀랜드 지성인들도 자신들이 왜 명석한지 설명하지 못했다. "신기하지 않소? 우리가 군주와 의회와 독립 정부 심지어 종교마저 잃고 불행에 빠졌을 때…… 그러니까 이런 상황에서 우리가 유럽 제일의 지성인이 되었다는 사실이 신기하지 않소?"

에든버러 황금기의 원천은 수 세기 동안 네스호의 괴물처럼 오리무중이었다. 짐작도 되고, 여기저기서 언뜻 보이기도 하지만 결정적 증거는 없었다. 하지만 최근 들어 학자들이 흥미로운 실마리를 찾아냈다. 그에 따르면 스코틀랜드인들은 창조적 천재의 본질에 대해 우리에게 가르쳐줄 것이 많은데, 이 교훈들은 전형적인 스코틀랜드 방식처럼 놀랍도록 기이하고 뜻밖이다.

에든버러 길거리를 걷고 그곳의 문서들을 파헤치다가, 스코틀랜드 천재는 이제껏 본 어떤 천재와도 다른 특징을 지녔다는 사실을 금세 깨닫는다. 스코틀랜드 천재는 별나고 사교적이고 격식을 차리지 않는다. 무엇보다, 그들은 실용적이다.

실용적인 천재라고? 기이한 개념이라는 점 인정한다. 천재는 지적이고 고상한 존재, 실용의 반정립 아니던가? 나도 그렇게 생각했지만, 스코틀랜드인들이 수 세기 동안 사람들의 생각을 바꾼 것과 같은 방식으로 내 생각을 바꿨다. 고집과 매력을 똑같은 분량으로 담고 싱글 몰트를 몇 잔 곁들여서.

더 나은 방법이 틀림없이 있을 거야. 단순하지만 은밀하게 전복적인 이런 생각이 스코틀랜드 계몽주의의 모든 측면을, 그러니까 제임스 와트의 증기기관에서 지질학자 제임스 허턴의 '심층 시간' 발견에 이르기까지 몰아갔다. 스코틀랜드 계몽주의는 본질적으로 '개선의 시대'였으며 스코틀랜드인들은 세상에서 개선을 가장 잘하는 사람들이었다.

개선. 스코틀랜드 어디서나 이 단어를 볼 수 있다. 우리 미국인들은 이 단어를 아무렇지도 않게 내뱉지만—개선된 신제품!—스코틀랜드인들은 더 진지하게, 존경심을 담다시피 하며 사용한다. 칸트는 "과감히 알려고 하라!"고 말했다. 스코틀랜드인들은 이 말에 전적으로 동의했지만 칸트의 명령이 미흡하다고 생각했다. 감히 알려고 하고 그 앎에 따라 감히 행동하려고 하라. 이것이 스코틀랜드 방식이었다. 실용적 태도와 형이상학적 태도의 이러한 조합이야말로 스코틀랜드의 천재성을 지금까지의 여정에서 만난 다른 천재들과 구별하는 특징이다.

스코틀랜드의 '개선의 시대'는 땅과 함께 시작되었다. 말이 되는 얘기다. 땅은 우리가 살아가는 근본이다. 오늘날에도 마찬가지다. 스코틀랜드는 에덴동산이 아니었다. 경작 가능한 면적은 십 퍼센트도 채 되지 않았다. 농사법은 조잡하고 비효율적이었다. 이보다 더 나은 방법이 틀림없이 있을 거야. 제임스 스몰이라는 목수는 이렇게 생각했다. 스몰은 좋은 아이디어를 떠올렸고, 1760년대에 혁신적인 새 쟁기를 발명했다. 인류사 전체로 보면 사소한 발전처럼 보일지도 모르지만, 실제로는 어마어마한 도약이었다. 특히 여러분이 농부이거나 이따금 음식을 먹는 사람이라면 백번 동의할 것이다. 스몰이 새 쟁기를 발명했다는 소식은 급속도로 퍼졌으며 머지않아 농부들은 어떻게 하면 이 메마른 땅에서 식량을 조금이라도 더 뽑아낼 수 있을지 토론했다. 이런 비공식적 회합에서 농학이라는 신생 분야를 전문으로 연구하는 학회와 동호회가 우후죽순 생겨났다.

스코틀랜드인들이 농업에서 그칠 수도 있었지만, 창조적인 작업은 멈추는 법을 모른다. 일단 시동이 걸리면 자체 추진력으로 굴러간다. 한 분야에서 일어난 혁신은 다른 분야의 혁신을 촉발하며, 미처 알아차리기도 전에 황금기가 찾아온다. 물론, 스코틀랜드인의 개선 욕구—이를 '개선할 수 있으면 개선하라' 원리라고 부를 수 있으리라—는 금세 다른 분야로 퍼져갔는데, 그중 하나가 우리 모두의 문제인 삶과 죽음이었다.

이 장치가 무엇에 쓰는 물건일까 머리를 굴린다. 모든 황금기에는 모든 가정과 마찬가지로 요령부득인 물건들이 있다. 국가의 다락방에 처박힌 이런 괴상한 유품들을 보면 어안이 벙벙하다. 로마

시대의 검투사 방패, 엘리자베스 시대 잉글랜드의 정조대, 1970년 대 미국의 퐁듀 냄비가 떠오른다. 당시에도 **틀림없이 괴상한 물건이었을** 거야라는 생각이 든다.

하지만 지금 보는 유품보다 더 신기한 물건은 한 번도 못 봤다. 스코틀랜드 국립박물관의 유리 상자 안에 보관된 이 나뭇조각에는 편자 모양 금속이 고정되어 있다. 고문 도구일까? 그건 스코틀랜드 계몽주의에 걸맞지 않다. 작은 안내문을 보니 알겠다. 이것은 목걸이다. 망자를 위한.

오해 마시라. 나는 장신구 착용에 반대하지 않는다. 다만 이 '관 목걸이'는 별로 차고 싶지 않다. 대체 왜 누가 시신에 목걸이를 채웠을까? 자세히 들여다보니 아주 튼튼한데 쇠고랑처럼 생겼다. 빠지지 않도록 설계한 듯하다. 초자연적 현상을 막기 위한 일종의 보호 장치일까?

아쉽게도 틀렸다. 관 목걸이는 시체 도둑을 막기 위한 장치였다. 범인들은 악귀나 예사 도둑이 아니었다. 미켈란젤로처럼 인체 해부를 공부하는 학생들이었다. 법적으로는 처형된 죄수의 시체만 해부할 수 있었기에 늘 공급이 달렸다. 그래서 창의적이고 실용주의적인 의대생들은 밤늦게 공동묘지로 숨어들었다. 시체 탈취는 위험천만한 일이었다. 현장에서 잡힌 시체 도둑들이 성난 군중에게 혼쭐이 나기도 했다.

개인적으로, 스코틀랜드 계몽주의의 가장 위대한 성취인 의학으로 나를 이끌어준 이 용감한 시체 도둑들에게 감사한다. 스코틀랜드인들이 이토록 많은 진전을 이토록 빨리 이룬 분야는 의학뿐이다. 유럽 의학계에서 손꼽는 인물들 중 몇몇은 스코틀랜드 서부의 몇 킬로미터 이내에서 몇 년 앞서거니 뒤서거니 하면서 태어나고 활동했다. 내과의사 제임스 린드는 감귤류를 먹으면 전 세계 선원들을 괴롭힌 괴혈병을 예방할 수 있음을 발견했다. 또다른 의사 윌리엄 버컨은 환자를 진료하기 전 의사들에게 손을 씻으라고 권고했는데, 이는 당시로서는 급진적 주장이었다. 또한 스코틀랜드인들은 외과적 마취제로 클로로포름을 사용하기 시작했다. 벽촌에든버러는 눈 깜박할 사이에 전 세계 의학 교육의 중심지가 되었다. 전 세계로 퍼져나간 졸업생들은 뉴욕과 필라델피아를 비롯하여 곳곳에 의과대학을 설립했다.

의학은 당대의 디지털 기술이라 할 만큼 인기 학문이었으며 에든버러는 의학의 실리콘밸리였다. 이곳의 영웅은 스티브 잡스나 마크 저커버그 같은 디지털 전문가가 아니라 존 헌터 같은 외과의사와 조지프 블랙 같은 화학자였다.

그런데 왜 의학이었을까? 왜 에든버러였을까? 오래된 왕립병원의 계단을 오르면서 이 질문을 떠올린다. 눈에 띄지 않게 처박혔으나 아직도 운영중인 의과대학의 붉은 사암 건물에서 퀴퀴한 비밀의 냄새가 난다. 상담실 앞과 우중충한 복도를 지나친다. 아서 코난 도일이 이곳에서 공부할 때와 달라진 것이 없어 보인다. 멋진 여인이 나를 맞이하고 몇 파운드를 내자 입장권을 건네준다. 이곳의 공식 명칭은 외과의회관 박물관이지만 비공식적으로는 '공포의집'으로 알려져 있다.

실리콘밸리 천재들과 마찬가지로 에든버러의 의학 천재들이 고안한 장치와 기법은 이제 와 돌이켜보면 우스꽝스러울 만큼—그리고 오싹하리만치—원시적이다. 우리는 의기양양해하며 이 장치들을 관람한다. **저때에 비하면 장족의 발전을 했군!** 디지털 기술에 비유하자면, 굼벵이 같은 코모도어64 컴퓨터가 자족적인 향수를 불러일으키는 격이다. 의학의 경우, 여기 유리 상자에 진열된 원형절제기를 예로 들 수 있겠다. 이것은 와인 따개를 빼닮았으며 나무 손잡이가 달렸다. 안내문을 읽어보니 두개골이 골절되었을 때 뇌압을 줄이는 데 쓴 장치라고 낙관적으로 설명되어 있다. 차라리 코모도어가 낫겠다 싶다.

내 반응이 불공평하다는 것을 안다. 당시에 이 작은 의과대학은 개척자였다. 의사라는 초창기 직업을 이발사-외과의사(역사상 가장 불운한 합성어)의 개탄스러운 시대에서 오늘날의 현대 의학(과거의 흡사한 것)으로 변모시키는 데 일조했으니 말이다.

건물을 더 자세히 들여다보니 배울 것이 더 많다. 의과대학을 지은 논리가 합리성—달리 뭐가 있겠는가?—에 근거했음을 배운다. 설립자 존 먼로는 환자 치료와 의사 교육을 외국이 아니라 국내에서 하는 것이 더 경제적이라고 주장했다. 기금이 조성되었으며 이내 병원과 부속 의과대학 공사가 시작되었다. 1729년 문을 열었을 때는 병상이 여섯 개뿐이었다. 처음에는 배관공이 자기 연장을 가져오듯 외과의사들이 수술 도구를 직접 가져왔지만, 병원과 대학은 이내 세계적 수준의 기관으로 성장했다. 이번에도 미국이 한몫했다. 벤저민 프랭클린은 스코틀랜드와 식민지의 연락책 노릇을 하면서, 에든버러에서 공부하고 싶어하는 젊은 미국인들에게 소개장을 써주었다. 의과대학 졸업생 중에는 훗날 「독립선언문」에 서명한 벤저민 러시도 있었다.

의학은 순식간에 인기 분야가 되었으니, 자식이 의사가 되기를 바라는 오래고도 강박적인 전통이 여기서 시작되었다. 스코틀랜드 엄마들은 아들이 의사가 되는 것 이상의 소원이 없었다. 많은 엄마들이 소원을 이뤘다. 1789년에는 에든버러시의 대학생 중 40퍼센트가 의대생이었다.

이 새로운 학생들은 누구였을까? 상당수는 총명하고 야심찬 청년으로(여성은 1889년에야 대학 입학이 허가되었다) 예전 같으면 성직자가 되었을지도 모를 이들이었지만 교회의 인기가 사그라들면서 요즘 젊은이들이 공직을 마다하고 부귀영화를 좇아 월가나 실리콘밸리에 가는 것과 마찬가지로 의학을 선택했다. 시대와 장소마다 최고의 직업이 달라지는 이유를 이러한 역학관계에서 알 수 있다. 특정 시기 특정 분야에 몸담은 천재의 수는 재능 있는 자를 얼마나 동원 가능한가를 보여주는 것이 아니라, 그 분야가 얼마나 매력적이었는지 보여주는 지표다. 이를테면 오늘날 걸출한 고전음악 작곡가가 19세기에 비해 훨씬 적은 것은 작곡가들의 재능이 부족하거나 기이하고 난데없는 유전적 결함 때문이 아니라 고전음악으로 출세하려는 야심찬 젊은이들이 훨씬 줄었기 때문이다. 나라에서 존경받는 것이 그곳에서 양성될 것이다.

의학은 스코틀랜드 특유의 천재성을 담기에 이상적인 그릇이었다. 사람들의 삶을 눈에 띄게 개선하는 실용적 분야이면서 이론적 요소도 있기 때문이다. 오늘날 실리콘밸리의 주민과 마찬가지로 에든버러의 의학 모험가들은 자신을 선구자로 여겼다. 또한 실리콘밸리와 마찬가지로 의학도시 에든버러는 천재 집단의 본보기였다.

계단을 걸어올라가자, 거실을 찍은 오래된 흑백 사진이 벽에 걸려 있다. 사진 옆에는 주둥이에 홈이 새겨져 있고 유리 뚜껑이 꽂힌 근사한 브랜디 디캔더가 놓여 있다. 그 옆에는 다정해 보이는 투실투실한 중년 남자의 초상화가 걸려 있다. 제임스 영 심프슨은 산부인과의이자 의학계의 녹불장군이었으며, 스코틀랜드 성공담의 상징이었다. 시골 은행원의 일곱째 아들로 태어난 심프슨은 일찌감치 학문적 재능을 드러냈다. 그는 열네 살에 에든버러대학에 입학했다.

여느 혁신가와 마찬가지로, 심프슨은 수수께끼를 해결하려는, 그의 경우는 불의를 바로잡으려는 격렬한 욕망에 사로잡혔다. 의과대학을 갓 졸업한 젊은 의사 심프슨은 유방 절제술이 마취 없이 시술되는 모습을 보았다. 이는 모두에게 불쾌한 경험이었지만 환자에게는 더더욱 그랬다. 심프슨은 이에 무언가 해야겠다고 마음먹고는 마취학이라는 신생 분야에 뛰어들었다.

어느 날 저녁, 심프슨은 디너파티를 주최하다가 브랜디 디캔터를 클로로포름으로 채워 참석자들에게 돌렸다. 클로로포름은 강한 화학 물질이나 당시에는 성질이 거의 밝혀지지 않았었다. 난데없는 액체를 참석자들이 거부했을 법도 하지만, 이곳은 아무도 술을 마다하지 않는 스코틀랜드 아니던가. 심프슨의 친구들은 기꺼이 클로로포름을 마셨다. 한 목격자의 말에 따르면 다들 금세 "어느 때보다 명랑해지고" 어질어질해졌다.

이튿날 아침, 하녀가 들어와보니 참석자들은 모두 기절해 있었다. 심프슨은 운이 좋았다. 지나치게 많이 마셨다면 자신과 참석자들이 목숨을 잃었을 테고, 지나치게 적게 마셨다면 클로로포름을 마취제로 쓸 수 있으리라는 직감을 입증하지 못했을 테니 말이다. 다행히 그는 정량을 투여했다.

심프슨은 클로로포름을 정제하고 더 많은 실험을 진행했으며 몇 주 지나지 않아 유럽 전역의 수술과 분만에 클로로포름이 쓰이기 시작했다. 몇몇 종교 지도자와 심지어 일부 의사는 고통스러운 분만이 신의 의도라고 주장하며(창세기 3장 16절의 "네가 수고하고 자식을 낳을 것이며"라는 구절을 근거로 들었다) 클로로포름 사용에 반대했지만, 빅토리아 여왕이 아들 레오폴드 왕자를 낳을 때 클로로포름 사용을 허락하면서 논란은 종결되었다. 제임스 심프슨은 명예를 완전히 회복했으며 유명해졌다.

이는 스코틀랜드의 천재성이 작동하는 방식을 보여주는 전형적인 예다. 그들은 고도로 사회적인 조건에서 집단적 노력을 체계적으로, 하지만 대담하게 시행했다. 심프슨은 과학이란 이름으로 절친한 친구들의 목숨은 말할 것도 없고 자신의 목숨을 기꺼이 걸었는데 이 모든 것은 직감에서 비롯되었다.

계단을 올라가자 '초창기 안과학ophthalmology' 전시실이 보인다. 반대편을 바라본다. 안과학은 치과학과 마찬가지로 '초창기'가 없던 분야가 아닌가. '매독 전시실'이 보이는데 아마 관람객들은 좋아하겠지만, 멀찍이 돌아 기생충 전시실도 그냥 지나치고서 창가에 서서 바깥을 쳐다본다. 경치가 근사하다. 멀리 언덕들이 보인다. 도시 가장자리의 옛 화산 '아서의 왕좌'도 보인다. 오래도록 바라보면서 내 앞의 풍경이 거의 300년 전 젊은 의대생이 보았을 풍경과 사실상 전혀 달라지지 않았음에 경탄한다.

그의 모습을 상상해본다. 분명 몰골은 꾀죄죄할 테지만 눈이 초롱초롱하고 원기가 넘친다. 그의 꿈은 무엇이었을까? 세상을 구원하고 싶었을까? 아니면 그저 남부럽지 않게 살고 어머니를 행복하게 해드리고 싶었을까? 둘 다였을까?

그는 틀림없이 실리콘밸리의 젊은 프로그래머와 많은 특징을 공유했을 것이다. 끈질긴 낙천성으로 기술의 힘을 굳게 믿었을 것이다. 세상을 바꾸려는, 개선하려는 욕망은 말할 것도 없다.

하지만 5분 이상 지난 아이디어를 철저히 경멸하는 실리콘밸리의 새것 집착 성향은 공유하지 않았다. 계몽된 스코틀랜드인들은 의학을 비롯한 여러 분야에서 역사를 깊이 존중했다. 역사를, 적어도 읽을 만한 역사를 발명한 것은 스코틀랜드인이다(투키디데스, 미안). 그들은 이 분야를 '추측한 역사'라고 부르는데, 오늘날 데이비드 매컬로 같은 작가의 작품이나 역사소설이 이에 해당한다. 하지만 스코틀랜드인에게 역사는 단순히 흥밋거리가 아니었다. 역사는 유용했다. 스코틀랜드인이 과거를 공부한 것은 현재를 이해하고 당연히 개선하기 위해서였다. 고대 로마인과 고대 중국인처럼 그들은 예리한 역사 감각이 없는 자는 데이비드 흄 말마따나 "영원히 어린아이의 이해에 머물" 운명임을 알았다. 천재에게는 액셀뿐 아니라 백미러도 필요하다.

병원을 떠나 청회색 하늘과 거센 바람으로 발을 내디딘다. 에든 버러는 아담한 도시로 자동차가 아니라 신발을 위해 설계되었다. 꼬질꼬질한 학생 술집 몇 곳을 지나친다. '핑크 올리브'나 '눈먼 시인' 같은 가게 이름이 1980년대 펑크 밴드를 연상시킨다. 몇 분 뒤, 봉춤을 볼 수 있다고 홍보하는 다른 종류의 술집 앞을 지나친다. 스코틀랜드인이 성자가 아님을, 그런 적이 한 번도 없음을 상기한다. 천재의 장소에는 늘 추잡한 약점이 있기 마련이다. 이것은 모든 관용의 부산물일 것이다.

평범한 술집 앞을 지나친다. 이곳의 봉이라고는 나무 간판을 받친 기둥뿐이다. 그 간판에는 술집 이름과 동명인 불명예스러운 인물의 모습이 그려져 있다. 브로디 추기경이라는 경칭으로 더 유명한 윌리엄 브로디다. 사실 술집은 두 가지 의미를 지닌다. 브로디 추기경은 두 명이었기 때문이다. 그는 낮이면 잘나가는 캐비닛 장인이자 존경받는 시의원이었다. 하지만 밤이면 마찬가지로 잘나가는 교활한 도둑이었다. 그는 고객의 열쇠를 몰래 본떠 그들의 재산을 훔쳤다. 브로디 추기경이 도둑질을 한 이유 중에서 절반은 남모르는 노름빚을 갚기 위해서였고(역시 남모르는 정부도 두 명 있었다) 절반은 그 순간의 희열 때문이었다.

18세기 에든버러 시민 중 누구도 선하고 점잖은 브로디 추기경이 도둑일 거라 의심하지 않았으나 결국 옴짝달싹 못할 증거가 발견되었다. 브로디는 네덜란드까지 달아났다가 스코틀랜드로 송환되어 교수형에 처해졌다. 일설에 따르면 자신이 고안한 교수대에 목매달렸다고 한다.

어둡고 아이로니컬한 결말이 만족스러운, 좋은 이야기다. 하지만 브로디 추기경이 역사적 흥밋거리 이상의 존재가 아닐까 하는, 심지어 로버트 루이스 스티븐슨의 『지킬 박사와 하이드 씨』에 영감을 준 인물 이상의 존재가 아닐까 하는 생각이 든다. 하지만 대체 무엇일까?

브로디 추기경은 적어도 왜 에든버러가 '두 얼굴'의 도시라고 불렸는지를 이해하는 실마리다. 예나 지금이나 스코틀랜드인은 자기 자신과 불화한다. 한편으로 그들은 스스로를 비관한다. 어느 날 길을 걸으면서 한 커플의 대화를 엿들었는데, 정말 그랬다. 스코틀랜드의 태양이 카메오로 출연했으나 종종 그렇듯 사람들의 머리를 아프게 했을 뿐이다.

남자가 말했다. "날씨가 좋군."

동행인이 대꾸했다. "그러게. 우리는 이 대가를 치르게 될 거야!"

스코틀랜드인은 처벌받지 않는 선행은 없다고 생각한다. 화창한 날에는 대가가 따르는 법이다. 하지만 그들은 또한 마지못해 낙관주의를 품는다. 모든 것이 가능하다고, 아니 적어도 개선할 수 있다고 믿는다. 그렇지 않으면 에든버러에서 가장 존경받는 시민들이, 자신들이 사랑하는 도시의 미래를 스물두 살짜리 풋내기 건축가에게 맡긴 1767년의 결정을 달리 어떻게 설명하겠는가? 〈스타 트렉〉의 매력 덩어리 스코티도 빼놓을 수 없다(드라마 〈스타 트렉〉 속 엔터프라이즈호의 기관장 몽고메리 스콧은 스코틀랜드인으로 설정되었다―옮긴이). 그는 엔지니어이기에 천성적으로 조심성이 많다. 커크가 엔터프라이즈호에서 워프 드라이브를 좀더 뽑아내라고 간청하면 스코티는 이렇게 말한다. "그건 안 됩니다, 선장." 안 된다고 말해놓고 어떻게든 해낸다. 천생 스코틀랜드인이다.

♀

호텔로 돌아왔는데, '명예 바honor bar'라는 게 있다. 로비에 자리한 근사한 공용 공간으로, 벽난로, 스코틀랜드식 장식품, 몇 시간이고 빈둥거릴 수 있는 커다란 가죽 의자가 놓여 있다. 바에는 포도주와 맥주에 말할 것도 없이 스카치도 잔뜩 구비되어 있다. 실컷 마시고 나서 무엇을 얼마나 마셨는지 적어두면 된다. 매캘런 20년산을 한 잔 더 마시며 인간 본성을 이렇게 신뢰하다니 얼마나 멋진가 하고 생각한다. 이에 나는 명예 바를 존경한다. 대체로는. 감시 카메라 두 대가 명예 바에 몰래 설치되었다는 사실을 숙박 기간이 끝나고 알아차릴 때까지는. 이는 실용적 천재성의 최고봉이다.

커피를 들고 스코틀랜드의 두 얼굴을 탐색한다. 애덤 스미스와 데이비드 흄이 에든버러의 냄새 고약한 길거리를 걸은 지 약 200년 뒤, 하버드 의과대학의 정신과의사 앨버트 로선버그는 창조성의 핵심에 놓인 이 불가능한 모순을 연구하는 데 전념했다. 그는 이 현상을 '야누스적 사고'라고 일컬었다. 두 얼굴로 다른 방향을 동시에 보는 로마의 신 야누스에서 딴 것이다. 로선버그는 야누스적 사고를 "둘 또는 그 이상의 상반되거나 반정립적인 개념, 이미지 또는 관념을 동시에 능동적으로 상상하는 것"으로 정의했다. 그에 따르면 창조적인 사람들은 야누스적 사고에 남달리 능하다. 노파심에서 말하자면, 야누스적 사고는 양립 불가능한 두 개념을 종합하는 것이 아니라 양립 불가능성을 안고 살아가는 것이다. 햄릿이 야누스적 사고를 했다면 그는 그 골치 아픈 질문으로 골머리를 썩이지 않았을 것이다. 사느냐와 죽느냐 둘 다에 만족했으리라.

로선버그는 주요한 과학적 혁신들을 연구하여 이중 대부분이 야누스적 사고에서 비롯했다고 결론 내렸다. 이를테면 아인슈타인이 일반상대성이론을 생각해낸 이유는, 누군가 건물에서 뛰어내리면 자기 주변에서 중력장의 증거를 전혀 발견하지 못하면서도 그힘에 의해 추락한다는 사실을 깨달았기 때문이다. 아인슈타인은 한 물체가 움직이는 동시에 정지해 있다는 상반된 진리의 공존을 상상할 수 있었고 훗날 이러한 착상을 "내 인생에서 가장 행복한" 생각이었노라고 술회했다.

동료 물리학자 닐스 보어는 빛이 파동이자 입자라고 추측했는데 이 또한 두말할 필요 없이 야누스적 사고다. 어떻게 무언가가 동시에 전혀 다른 두 가지일 수 있겠는가? 반드시 대답할 필요도 없이 그저 이렇게 묻는 것이야말로 창조적 도약의 첫 단계라고 보어는 믿었다. 이렇게 하면 생각이 가속화되지 않고 유보되는데, 보어는 이러한 유보된 인지 상태에서 창조적 도약이 일어날 가능성이 가장 크다고 추측했다.

야누스적 사고는 창조성을 설명할 뿐 아니라 양성하기도 한다. 한 연구에서 심리학자들은 참가자를 두 집단으로 나눴다. 한 집단에게는 역설적 개념을 제시하여 야누스적 사고를 '점화'시켰으나 두번째 집단에게는 그러지 않았다. 그런 뒤 두 집단을 대상으로 창의적 문제 해결을 측정하는 검사를 시행했다. 야누스적 사고로 점화된 첫번째 집단이 더 창의적인 사고를 보였다.

어쩌면 역설에 대한 사랑이 창조적 개인뿐 아니라 창조적 장소를 규정하는지도 모른다. 계몽기 스코틀랜드는 역설의 천국이었다. 우리는 영국인이면서 영국인이 아니다. 우리는 큰 나라이자 작은 나라. 우리는 자부심이 강하나 자신감이 없다. 우리는 실용주의적 모험주의자. 우리는 희망찬 비관론자.『분열된 자아』라는 기념비적 저서를 쓴 인물이 스코틀랜드의 정신과의사라는 사실은 놀랍지 않다. 이곳은 분열된 자아의 나라, 브로디 추기경들의 나라다.

예나 지금이나 에든버러에서는 어딜 가든 모순과 맞닥뜨린다. 모든 결론에 대해 정반대 결론이 성립한다. 닐스 보어와 달리 나는 이런 역설이 창조력을 자극하기는커녕 짜증스럽기만 하다.

나의 고통을 덜어줄 사람이 하나라도 있다면 영적인 무신론자이자 내성적인 성격의 소유자이자 아이디어와 행동을 겸비한 데이비드 흄이다. 올드 에든버러의 간선도로인 로열마일에서 그를, 적어도 천사를 방불케 하는 흡족한 표정에 고대 그리스 복식을 차려입은 그의 동상을 발견한다. 물론 그렇겠지. 스코틀랜드인들은 그리스인을 존경했으며 오늘날까지도 에든버러를 '북쪽의 아테네'라고 즐겨 부른다. (한 에든버러 주민은 농담조로 이렇게 말했다. "아테네는 남쪽의 에든버러였죠.")

흄은 애덤 스미스보다 더욱 전형적인 스코틀랜드 천재였다. 의지가 강인하면서도 지독히 불안하고, 사교적이면서도 내성적인 그는 역사가 아서 허먼의 말을 빌리자면 "근대 최초의 위대한 철학자"였다.

흄은 요즘 기준으로도 어린 나이인 열두 살에 에든버러대학에 입학했다. 처음에는 가족의 바람대로 법학을 공부했으나, 법조계에 진출한다고 생각하니 '구역질'이 났다. 그는 자신이 "철학과 보편적 배움의 추구 말고는 모든 것에 헤아릴 수 없이 반감"이 든다는 사실을 이내 깨달았다. 그래서 가족들이 법학 교과서를 공부한다고 생각할 때 키케로와 베르길리우스 등의 글을 "남몰래 탐독했다". 지성에 불씨를 당기는 데는 금지된 배움만한 게 없다.

흄은 젊은 나이에 이미 최고의 저작을 써냈다. 『인간 본성에 관한 논고』를 썼을 때 아직 이십대였다. 흄이 훗날 "인쇄기에서 사산되었다"고 회고할 정도로 이 책은 실패작이었다. 하지만 젊은 철학자 흄은 여느 천재가 그렇듯 잉글랜드 안팎에서 금세 이름을 날렸다. 오늘날 『논고』는 가장 위대한 철학서로 손꼽힌다.

흄은 우리가 이해하는 방법을 이해하고자 했다. 우리는 어디에서 지식을 얻을까? 일련의 사고 실험 끝에 그는 모든 지식이 직접적인 경험에서 오로지 우리의 감각만을 통해 비롯한다는, 당시로서는 급진적인 결론에 도달했다. 흄은 아이작 뉴턴의 실험법을 복잡한 인간사에 적용했다. 그는 자신을 인간 실험실로 삼아 굶주림에 대한 정신의 반응을 측정하려고 며칠 동안 굶기도 했다. 그는 자기 말마따나 '인간의 과학'을 창조하고자 했다.

흄은 무엇보다도 인간의 과학이 중요하다며, 스스로를 이해하지 못하고서 어떻게 세상을 이해할 수 있겠는가 하고 주장했다. 그는 이것이 불가능하지는 않을지라도 힘든 목표임을 인정했다. 카메라로 그 카메라를 찍을 수 없듯 우리는 스스로를 완전히 벗어날 수 없기 때문이다. 흄의 결론에 따르면 지식은 보편적 참이 아니라 "정신에 의해 느껴지는" 것이다.

흄은 회의론자였다. 자신의 의문을 비롯해 모든 것에 의문을 제기했다. 그가 단호한 무신론자였던 것은 놀랄 일이 아니다. 이 때문에 교회의 지원과 두 개의 교수직을 잃었지만 말이다(다행히 목숨을 건사했지만).

흄은 합리주의자였으나, 통념과 달리 냉정하지는 않았다. 그는 이렇게 주장했다. "당신의 정열을 학문에 쏟아붓되 당신의 학문을 인간적이게 하라." "이성은 정념의 노예이고 또 그래야 한다." 이 몇 마디 말로 그는 수 세기에 걸친 철학 사상을 뒤집었다. 아리스토텔레스 이래로 대부분의 철학자는 인간과 다른 동물은 이성 능력으로 구별된다고 주장했지만, 역사가 허먼에 따르면 "흄은, 인간이 이성 능력의 지배를 받지 않으며 한 번도 그런 적이 없음을 차분히 지적했다". 흄의 주장에 따르면, 이성은 우리가 **무엇을** 원하는가를 결정하지 않으며 그것을 **어떻게** 얻는가만 결정한다.

흄은 철학을 송두리째 뒤집으면서도 결코 웃음을 잃지 않았다. 이마에 주름살이 생긴 여느 동료 철학자들과 달리 철학에서 참된 기쁨을 발견했기 때문이다. 흄은 친구에게 "읽고 걷고 빈둥거리고 조는 것이야말로, 나는 이것을 사색이라고 부르네만, 내게 최고의 행복일세"라고 편지에 써 보냈다. 흄은 읽고 사색하면서 몇 주 내내 연구에 몰두할 수 있었지만, 그러다 다시 모습을 드러냈을 때는 "삶의 일상에서 남들처럼 살고 말하고 행동하려는 의지가 충만했다". 그는 에든버러의 술집들과 숱한 클럽들을 뻔질나게 드나들었다.

흄은 사교적이었을 뿐 아니라 가만히 있으면 좀이 쑤셨다. 런던에서 지낼 때는 아웃사이너로 실아가며 변태저 쾌감을 느꼈다. 그는 친구에게 이런 편지를 썼다. "이곳에서 어떤 사람들은 내가 휘그당원이어서 미워하고 어떤 사람들은 내가 무신론자여서 미워한다네. 그리고 모든 사람들이 내가 스코틀랜드인이어서 미워하지." 흄은 파리에서도 살았다. 르 봉 다비드로 불린 흄은 파리의 응접실 살롱에 드나들면서 루소와 디드로를 비롯한 당대의 거물 지식인들과 논쟁을 벌였다. 심지어 프랑스 시민이 될까도 잠깐 고민했으나, 그렇게까지는 못 하고 에든버러로 돌아왔다.

돌아온 흄은 에든버러의 민주적 스튜를 맘껏 즐겼다. 여기서는 대장장이와 교수가 같은 사교 공간을 공유했으며 같은 포도주병을 기울이는 경우도 많았다. 흄은 이러한 사교적 개방성이 스코틀랜드의 천재성을 추동했고 그랬기에 "위대한 철학자와 정치인, 저명한 장군과 시인을 배출하는 시대에 유능한 방직공과 조선장이가 많다"고 믿었다.

흄은 이것이 단순한 우연이나 지식인의 너그러움 때문이 아니라고 생각했다. 방직공에게 철학자가 필요한 것 못지않게 철학자에게도 방직공이 필요하다는 것이다. 애덤 스미스가 책에 파묻혀

지낸 만큼의 시간을 상인들과 이야기하는 데 썼다는 사실은 놀랍지 않다. 그는 친구 데이비드 흄의 조언을 따랐을 뿐이다. "철학자가 되게. 그러나 자네의 모든 철학 한가운데에서 계속 한 인간으로 존재하게." 이 구절을 읽으니 절로 미소가 떠오른다. 노회한 스코틀랜드인들은 철학마저도 실용적 행위로 변모시켰다.

♀

이 위도의 이 시기에는 아침이 다정하지 않다. 어둠과 추위가 오리털 이불과 합작하여 꼼짝 못하게 한다. 이날 아침, 로버트 루이스 스티븐슨의 말이 나를 조롱하여 이불 밖으로 꾀어내지 않았다면 족히 한낮까지 잤을지도 모른다. 에든버러 토박이 스티븐슨은 이렇게 말했다. "중요한 일은 움직인다는 것이다."

그래서 나도 움직인다. 우선 샤워를 하고서, 시대를 거쳐 내려온 모험 정신을 이어받아 과감하게 밖에서 아침을 먹는다. 도시의 중심 운하를 따라 난 산책로에 들어선다. 상쾌한 길이다. 듣기로는 글래스고까지 쭉 이어져 서로 반정립하는 두 도시를 완벽한 야누스적 관계로 연결한다고 한다. 나는 혼자가 아니다. 다른 사람들도 스티븐슨의 조언을 따라, 걷고 달리고 자전거를 탄다. 다들 티셔츠와 반바지 차림인데, 스코틀랜드적이지 않은 내 눈에는 살을 에는 추위와 전혀 어울리지 않는 복장으로 보인다.

'옹고집'이라는 단어가 떠오른다. 그렇다, 스코틀랜드인들은 정말이지 옹고집이다. 전에는 이 단어를 창조적 천재와 결부시키지 않았지만, 이제는 그래야 할지도 모르겠다. 저체온증을 피하려고 헛되이 보속을 올리는데, 옹고집이라는 단어가 그동안 만난 수많은 사람과 장소를 한마디로 표현한다 싶다. 페르시아전쟁의 쑥대밭에서 회복된 아테네. 역병을 이겨낸 피렌체. 두 번의 유배를 견디는 와중에 자신의 최고 걸작을 써낸 소동파. 옹고집은 더 나은 의미를 가질 자격이 있다. 옹고집은 단순히 억지가 심하거나 자기 의견만 내세우는 성미가 아니다. 옹고집쟁이들은 유능하고 단호하며 창의적이다. 옹고집은 좋은 것이다.

지역 언론인이자 친구의 친구 앨릭스 렌턴이 말한다. "사실입니다. 우리는 옹고집쟁이입니다."

맥줏잔을 앞에 두고 키스라는 작은 선술집에서 그와 대화를 나눈다. 골목 안쪽에 숨어 있어서 찾느라 애를 먹었다. 투실투실한 바텐더는 바다코끼리 같은 팔자수염을 하고 있는데, 진짜 바다코끼리 수염을 비롯하여 내가 본 어떤 팔자수염보다 크다. 바텐더에게 천재의 장소를 찾는 나의 돈키호테식 여정에 대해 이야기하자 그는 현학적인 기미를 전혀 보이지 않으면서 자기는 지금 데이비드 흄 전기를 읽는 중이라고 말한다. 그 와중에 에일 두 잔을 동시에 솜씨 좋게 따른다.

앨릭스와 나는 빈 의자를 찾아 재빨리 앉는다.

"스코틀랜드는 이 잔혹한 세상에서 가장 신화화된 나라입니다." 앨릭스가 바다코끼리에게 맥주 두 잔을 추가 주문하다가 뜬금없이 말한다. 눈치를 보아하니 앨릭스는 '신화화된'을 좋은 뜻으로 말한 것이 틀림없다. 대체 무슨 의미일까?

"계몽기 스코틀랜드인은 자기네 신화를 믿었습니다. 안 그랬으면 계몽주의는 탄생하지도 못했을 겁니다."

언뜻 기만이라는 뜻인 듯도 하다. 오늘날 말하는 신화는 거짓이자 잘못된 믿음이니까. 거짓말. 신화는 비합리적이고 무슨 수를 써서라도 피해야 할 것이다. 하지만 조지프 캠벨이 이를 설명하느라 일생을 바쳤는데, 신화의 또다른 정의에 따르면 신화는 우리를 정의한다. 신화는 우리를 고무한다. 신화는 좋은 것이다. 신화가 없으면 우리는 아침에 잠자리에서 일어나지 못할 것이다. 가치 있는 무언가를 창조하는 일은 어림도 없다. 실리콘밸리의 차고에서 뚝딱거리는 앱 디자이너, 브루클린의 비좁은 아파트에서 골머리를 썩이는 무명 작가를 추동하는 원동력은 고독한 천재라는 신화다. 앞에서 보았듯 이는 사실이 아니지만 그럼에도 유용하다.

앨릭스에게 또다른 천재 신화—거창한 일은 거창한 장소에서 일어난다는 통념—에 대해 묻는다. 앨릭스는 그렇지 않다고, 천재는 작은 것에 매달리는 사람이라고 말한다. 고대 아테네는 인구가 십만 명도 되지 않았다. 피렌체는 그보다 더 적었으며 에든버러는 그보다도 적었다. 하지만 이 도시들은 위대함을 낳았으며 훨씬 큰 경쟁 도시들을 능가했다. 어떻게 이럴 수 있을까?

앨릭스가 맥주를 석 잔째인가 넉 잔째인가 주문하며 말한다. "그거야 쉽죠. 나라가 작으면 불알이라도 커야 하니까요."

이 생생한 몇 마디로 앨릭스는 작은 것의 철학을 깔끔하게 요약한다. 작은 장소는 큰 장소보다 친밀하다. 장소가 작으면 필요에 의해 밖으로 눈을 돌릴 가능성이 크며, 따라서 다양한 자극을 받을 가능성이 커지는데 연구에 따르면 다양한 자극은 창의성을 증가시킨다. 장소가 작으면 질문을 던질 가능성도 큰데, 질문이야말로 천재를 세우는 블록이다. 장소가 작으면 더 열심히 노력한다.

또한 작은 장소는 의심으로 가득하다. 이것은 중요한 조건이다. 우리는 천재 하면 거침없는 자신감과 확신을 떠올린다. 천재는 자기가 뭘 하는지 알 것이라 추측한다. 착각이다. 아인슈타인 말마따나 "자신이 하는 일을 알면 그건 연구가 아니다".

이 착각을 스코틀랜드인보다 더 가차없이 폭로하는 사람은 없다. 스코틀랜드인은 스코트어라 불리는 천박한 언어부터 자기 나라의 운명에 이르기까지 모든 것이 불안하기만 했다. 이 고질적 의심은 스코틀랜드인들을 무력하게 만들기보다는 그들의 용기를 북돋웠다. 역사가 리처드 셔 말마따나 그들은 "자신의 가치를 스스로에게, 그리고 남들에게 입증했다". 의심은 이런 식으로 작용한다. 무력하게 만들거나 용기를 북돋우거나. 중간은 없다.

스코틀랜드 특유의 뚱함에 대해, 18세기와 오늘날의 스코틀랜드에서 내가 똑똑히 목격한 우울함에 대해 묻는다. 어느 날, 국립도서관에서 사람들이 강연을 들으려고 줄 서 있는 것을 보았다. 무슨 강연일까? 지역 시인이 영감 넘치는 시를 낭송하거나 교수가 스코틀랜드의 성취를 읊으려나? 군중을 비집고 들어가서야 포스터가 보였다. 강연 제목은 '고통스러운 이야기: 영국 통치 시절 인도에서의 죽음과 질병'이었다.

말했지 않은가. 암울하다고. 앨릭스에게 이게 어찌된 일이냐고 묻는다.

앨릭스가 맥주를 홀짝이다 말한다. "한편으로는, 사실입니다.

우리 스코틀랜드인은 암울하고 잔인하고 자기비하적입니다." 그는 한참 뜸을 들이며 내가 자신의 거창한 발언을 온전히 이해할 때까지 기다린다. 이 짧은 문장에 이렇게나 많은 부정적 성격을 욱여넣다니 감탄스럽다.

나는 '다른 한편'을 기다린다. 이런 암울하고 잔인하고 자기비하적인 세상에 의지할 수는 없지만, 경험상 한편이 있으면 금세 다가올 다른 한편에 기댈 수 있다. 그런데 아무것도 없다. 앨릭스는 최면에 걸린 듯 자신의 라거 맥주를 응시한다. 그가 곯아떨어진 게 아닌가 걱정스럽다. 어떻게 해야 할지 모르겠다.

마침내 그가 입을 연다. "다른 한편으로는……" 나는 안도의 한숨을 내쉰다. "다른 한편으로는 완고한 낙관론, 담대한 정신이 있죠." 겉으로는 엄격하고 체념적이지만 모든 스코틀랜드인은 한 역사가 말마따나 "인간의 타고난 공감력과 인정"을 믿는다. 모든 천재에게는 이런 믿음이 있다. 적어도 어떤 형태로든. 무언가 가치 있는 것을 창조하려면 누군가 자신의 창조를 고맙게 받아들이리라는 굳은 신념이 있어야 한다. 창조는 지금 순간뿐 아니라 다가올 순간에 대한 믿음을 가지는 것이다. 허무주의자들이 창조적 업적을 내놓았다는 소리가 들리지 않는 이유는 그래서다.

바다코끼리에게 술값을 치르고 앨릭스와 자메이카가街로 나선다. 공기가 상쾌하다. 기분이 상쾌하다. 게다가 내 안에서 싹트는 낙관의 씨앗이 느껴진다. 낯선 감각이다. 여느 낯선 감각처럼 처음에는 배탈로 오인된다. 하지만 낙관의 씨앗은 술값보다 빠르게 부푼다. 나도 자기회의와 불확실성으로 고역을 치른다. 나도 분열된 자아이며 현실과의 관계를 이따금 가까스로 유지한다. 무지는 어떨까? 넘칠 만큼 있다. 앨릭스에게 작별인사를 건네고서 나에게 천재의 소질이 있을지도 모른다고, 없을 수도 있지만 아마 있을 거라고 기쁘게 결론 내린다.

하지만 비틀비틀 호텔로 돌아오는 길에 의심이 머릿속으로 스멀스멀 기어든다.

나의 분열된 자아 중 하나가 말한다. '아하, 의심이라, 천재의 또다른 징표잖아!'

더듬더듬 객실 열쇠를 찾는데 또다른 자아가 말한다. '아니야. 넌 결코 천재가 아니라고.'

통합된 자아가 판결을 내린다. '그럴지도 모르지. 하지만 내가 스코틀랜드인일 수도 있잖아.' 이것이 우리 얘기라면, 이만하면 만족스럽다.

📍

더 깊이 파고들수록 앨릭스가 옳다는 확신이 생긴다. 스코틀랜드인들은 고환 크기가 상당했다. 그들은 하찮은 의문과 씨름하는 것에 만족하지 못했다. 그들은 당대의, 아니 **시대를 막론한** 최고 난제를 향해 돌진했다. 시간의 나이는 얼마일까, 같은 의문 말이다.

오늘날 우리는 지구의 나이가 46억 년임을 안다(적어도 안다고 꽤 확신한다). 하지만 18세기에는 성경에서 그렇게 말한다는 이유로 지구가 6000년이 채 되지 않았다고 생각하는 게 일반적이었다. 게다가 반대되는 증거도 전혀 없으니 그렇게 믿을 수밖에.

적어도 대부분은 그렇게 믿었다. 하지만 제임스 허턴이라는 이름의 온화한 팔방미인은 그렇게 생각하지 않았다. 그는 질문을 던지고 증거를 모았다. 마침내 몇몇 친구들에게 적잖은 도움을 받아 자신의 연구 결과를 종합하여 『지구론』이라는 야심작을 저술하여 에든버러 왕립학회의 대다수 회의론자 동료들 앞에서 발표했다. 회의론은 허턴의 생전과 사후에 점차 사그라들었으며 지구가 6000년보다 훨씬, 훨씬 오래되었다는 그의 결론이 마침내 학계에서 받아들여졌다. 찰스 다윈이라는 젊은 생물학자는 비글호를 타고 갈라파고스제도에 가는 길에 찰스 라이엘이라는 다른 지질학자에게 구한 허턴의 책을 읽었다. 진화에 대한 다윈의 생각은 허턴의 발견으로부터 크나큰 영향을 받았으며, 어떤 역사가들은 허턴이 없었으면 다윈도 없었으리라고 믿는다.

이토록 눈부신 업적을 남겼음에도 허턴의 발자취를 찾기란, 그의 고향인 에든버러에서조차 쉽지 않다. 로열마일에는 늙은 제임스의 동상이 없다. 그를 기리는 박물관도, 그의 이름을 딴 술집도 없다. 마침내 도시 한귀퉁이에서 토라져 있는 그를 발견한다. 명칭은 제임스 허턴 기념 정원이지만 쓰레기장에 더 가까워 보인다. 땅바닥에는 빈 담뱃갑, 참치 통조림 캔, 사탕 껍질이 널브러져 있다. 청각 공해도 심각하다. 인근 도로에서 착암기의 굉음과 차량 소음이 울려퍼진다. 허턴 정원에는 손님이 별로 없다. 이날은 나 말고는 십대 골초 두 명뿐이다. 녀석들은 위대한 지질학자의 정원을 재떨이로 쓰고 있다.

다행히 역사책은 허턴에게 좀더 친절했다. 그 책 속에서 나는 시간을 발견한 사람의, 더 완전하고 우호적인 초상화를 발견한다. 적어도 한 가지 중요한 측면에서 허턴의 어린 시절은 많은 천재와 닮았다. 그는 어릴 적에 부모를 잃었다. 상인인 아버지가 세상을 떠났을 때 허턴은 외아들이었다. 데이비드 흄도 아기 때 아버지를 잃었다. 애덤 스미스의 아버지는 애덤이 태어나기 전에 죽었다. 아버지가 아들에게 줄 수 있는 최고의 선물은 요절하는 것이라던 사르트르의 재담이 정말인지도 모르겠다는 생각이 든다.

위로 젖혀진 모자를 쓰고 '꾸밈 없이 소박한' 허턴은 마을의 유명인이었다. 여기서 천재들의 또다른 공통점을 볼 수 있다. 자의식이 완전히 결여됐다는 점이다. 허턴은 남들이 자신을 어떻게 생각하든 관심이 없었다. 소수의 천재는 그렇다. 소크라테스의 코를 생각해보라. 아인슈타인의 머리 모양은 또 어떤가. 적잖은 지능을 몸단장에 사용한 사람의 머리 모양은 분명 아니다. 하지만 누가 아인슈타인을 비난하겠는가? 그는 기회비용을 치르고 싶지 않았다. 머리를 빗는 데 쓰는 시간은 광속을 고찰하는 데 쓰지 못하는 시간이다.

허턴은 어떤 면에서 길 잃은 영혼이었다. 농부에서 의사가 되었다가 변호사가 된 허턴은 무엇보다 흙을 파고 암석을 수집하기를 좋아했다. 허턴은 과거에 대한 중요한 실마리가 이 암석들에 들어 있다고 믿었다. 그는 암석의 말을 들을 수 있었다. 그렇다. 지질학은 허턴의 진정한 관심사였다. 하지만 사소한 문제가 하나 있었다. 아직 지질학이 존재하지 않았다.

그래서 제임스 허턴은 많은 천재들처럼 행동했다. 그는 지질학 분야를 발명했다. '분야 창조'라고 불리는, 어쩌면 천재성의 최고 형태다. 아름다운 곡을 작곡하는 것과 구스타프 말러가 그랬듯 새로운 음악 언어를 발명하고 고안하는 것—아니면 다윈이 진화생물학이라는 분야를 고안한 것—은 별개 문제다.

허턴의 천재성은 단순한 관찰에서 시작되었다. 그는 스코틀랜드 고지대를 종종 찾아가 지열이 화강암을 만들어내는 장면을 두 눈으로 관찰했다. 집 근처에서는 에든버러 외곽에 위치한 산 아서의 왕좌Arthur's Seat를 오래 걸었다.

나는 지금 그곳을 잠깐 걷는다. 초보자인 내 눈에도 왜 허턴이 여기 끌렸는지가 보인다. 산은 지질학적으로 '이상한 나라'다. 3억 5000만 년 전 화산 분출로 형성돼 지진과 홍수를 겪고 고대 바다에 잠기고 마침내 빙기 빙하에 묻힌 곳.

허턴은 고도와 기온을 꼼꼼히 기록했다. 아서의 왕좌는 허턴의 실험실이었으며, 잭 레프체크가 남긴 빼어난 허턴 전기에 따르면 "철학자 허턴에게 매일 가르침을 주었다".

우리는 같은 것을 보지만, 천재는 우리가 못 보는 것을 본다. 허턴은 뭔가 꼭 들어맞지 않는다는 사실을 알아차렸다. 그는 그런 모순을 외면하거나 얼버무리지 않고 더 철저히 조사했다. 그는 질문을 던졌다. 이를테면 이런 질문이다. 솔즈베리 암석층이라는 지층이 이 지역의 다른 지층보다 검은 이유는 무엇일까? 화석이 된 물고기는 산꼭대기에서 뭘 하고 있었을까?

허턴은 모순을 견딜 수 없었다. 계속 신경이 쓰였다. 자이가르닉 효과의 주술에 걸린 것이 틀림없었다.

블루마 자이가르닉은 러시아의 심리학자다. 그녀는 어느 날 식당에서 종업원들이 주문을 완벽하게 처리한 뒤 접시를 손님의 테이블에 내려놓자마자 그 정보를 '삭제'한다는 사실을 발견했다. 일련의 실험을 통해 우리가 미완성 과제와 연관된 정보를 다른 어떤 형태의 정보보다 훨씬 쉽게 떠올린다는 사실이 밝혀졌다. 미해결 문제에 대한 무언가가 기억을 촉진하고 머리를 맑게 한다.

내 생각에 천재는 일반인보다 자이가르닉 효과에 더 민감한 듯하다. 그들은 미해결 문제를 맞닥뜨리면 그걸 해결할 때까지 멈추지 못한다. 창조적 천재를 설명하는 특징은 출처가 불분명한 '깨달음의 순간'보다는 이 끈기다. 중력법칙을 어떻게 발견했느냐는 질문에 아이작 뉴턴은 떨어지는 사과에 대해서는 일언반구도 없이 이렇게 대답했다. "생각하고 또 생각했습니다."

제임스 허턴은 생각할 시간이 많았다. 에든버러의 여느 천재들과 마찬가지로 그는 평생 독신이었다. 허턴의 세계는 암석과 친구가 전부였다. 암석은 이론을 정립하는 데 필요한 원료였으며 친구는 이론을 표현하는 데 필요한 길잡이였다.

후자는 그에게 필수적이었는데, 제임스 허턴은 다재다능했지만 달필가는 아니었기 때문이다. 그는 글을 지독하게 못 썼다. 아니, 끔찍한 정도였다. 허턴은 도움이 필요했다.

이때 허턴의 절친한 친구이자 언어력이 뛰어난 수학자 존 플레이페어가 등장한다. 그는 허턴의 건조한 문장에 생기를 불어넣어, 읽을 만하고 심지어 설득력 있는 논문으로 탈바꿈시켰다.

아이디어의 표현, 특히 허턴처럼 혁명적인 아이디어의 표현은 생각 이상으로 중요하다. 옳은 것과 자신이 옳음을 남에게 설득하는 것은 별개 문제다. 온갖 번득이는 아이디어가 있어도, 그걸 아무도 이해하지 못하면 무슨 소용이 있겠는가? 하지만 허턴의 친구들이 맡은 역할은 단순한 홍보에 머물지 않았다. '표현articulation'이라는 단어의 어근은 '합치다'나 '합동'이다. 아이디어를 표현한다는 말은 그걸 결합하고 공동 창조한다는 것이다. 아이디어의 착상은 아이디어의 표현과 분리할 수 없다.

하지만 한 사람이 두 가지 실력을 겸비하는 경우는 드물다. 그래서 내가 이름 붙인바 보완적 천재가 필요하다. 보완적 천재란 명석한 정신을 가진 자가 명석한 정신을 가진 또다른 자의 단점을 메우는 일을 말한다. 보완적 천재는 여러 형태로 있을 수 있다. 허턴과 플레이페어처럼 한 천재가 다른 천재의 결점을 적극적으로 보완할 수도 있고 한 천재가 다른 천재의 업적에 대응할 수도 있다. 아리스토텔레스는 플라톤에 대응했고 괴테는 칸트에, 베토벤은 모차르트에 대응했다.

이따금 보완적 천재는 미답의 지적 예술적 경지를 밟는 사람을 위한 지지 모임 형태를 띠기도 한다. 프랑스의 인상주의자들은 주간 모임과 야외 그림 그리기 모임, 그 밖의 비공식 회합을 열었는데, 낡은 전통의 수호자들의 거부에 맞서 자신들의 사기를 끌어올리기 위함이었다. 이런 보완적 천재가 없었다면 인상주의운동은 살아남지 못했을지도 모른다.

보완적 천재는 보이지 않을 때도 있다. 증기기관을 생각해보라. 스코틀랜드에서 가장 유명한 발명품은 짝퉁이다. 통념과 달리 제임스 와트는 증기기관을 발명하지 않았다. 그가 한 일은 토머스 뉴 커먼이 50년 전에 발명한 기관을 대폭 개선하여 더 실용적으로 탈바꿈시킨 것이다. 어떤 면에서는 그들 둘 다 증기기관의 발명자다. 프랑스의 시인이자 수필가 폴 발레리는 "뭐든 발명하려면 둘이 필요하다"고 주장했다. 한 사람이 대략적으로 아이디어를 빚어내면 두번째 사람이 이를 다듬고 부적절하거나 비일관된 점을 보완한다.

시간이 늦었다. 햇빛이라고들 하는 것이 희미해진다. 아서의 왕좌에서 내려오며 에든버러 풍경을 내려다본다. 오래전 제임스 허턴이 보았을 풍경과 그리 다르지 않다. 기념 정원에 돌아오니 십대 골초는 사라지고 없다. 작은 대리석 판에 새겨진 허턴의 명언이 눈에 띤다. "태초의 흔적도, 종말의 전망도 보이지 않는다." 이 짧은 문장으로 허턴의 평생 연구가 요약된다. 아니 인간의 모든 창조성을 요약한 문장인지도 모르겠다.

드물게 나타나는 허턴의 명문이 그의 보완적 친구 존 플레이페어의 펜촉에서 흘러나온 게 아닐까 하는 의심을 떨칠 수 없다. 호텔에 돌아가려고 거리로 나선다. 하늘은 이제 은은한 진홍색이다. 영영 그 답을 알 수 없으리라. 상관없다. 밝은 빛이 어디서 비롯하는지 알아야만 밝기를 아는 건 아니니까.

에든버러는 놀라움을 기초로 건설된 도시라고들 한다. 이곳은 자신의 비밀을 찾는 이에게만, 마지못해 보여준다. 로버트 루이스

스티븐슨 말마따나 "풍경에 연극적 트릭"을 갖춘 에든버러의 지형은 놀라움을, 그리고 그 가까운 사촌인 경이감을 불러일으킨다. 스티븐슨은 이렇게 썼다. "아치 밑을 들여다보고, 지하실 입구처럼 보이는 계단을 내려가고, 길가의 지저분한 공동 주택 뒤편에 난 창문으로 돌아가면—무엇이 있는지 보라! 멀리 보이는 밝은 풍경을 마주하게 된다."

스티븐슨은 창조성이 대체로 발견 행위임을 여느 사람보다 잘 알았다. 발견이란 덮개를 여는 것. 장막을 걷고 그 아래 자리한 것에 빛을 비추는 것이다. 이런 일이 일어나면 남들뿐 아니라 스스로도 놀란다. 머릿속에 어떤 작가가 떠오른다. 그녀는 시적인 아름다움과 소박한 필력이 돋보이는 구절을 우연히 발견해 경탄하다가 그 구절이 자기가 몇 해 전 쓴 글임을 깨닫는다. 작곡가 요제프 하이든은 자신의 걸작 〈천지 창조〉가 초연되는 걸 듣고는 넋을 잃었다. 그는 눈물을 글썽거리며 말했다. "내가 이 작품을 썼을 리가 없어."

놀람과 창조성 간의 이러한 관계를 더 깊이 탐구하고 싶다. 로버트 루이스 스티븐슨과 싱글 몰트 한 잔을 나눌 수 있다면 더 바랄 게 없겠지만 아쉽게도 그는 과거라는 외국에 산다. 그래서 도널드 캠벨에게 전화한다. 그는 에든버러의 과거와 현재를 누구보다 잘 안다. 극작가이자 수필가로, 에든버러의 문화사를 다룬 그의 짧은 글은 이 도시의 정수를 포착했다. 그 글을 읽었을 때 그를 만나야만 한다는 사실을 깨달았다.

그를 찾기란 쉬운 일이 아니었지만 자이가르닉 효과를 발동시켜 포기하지 않는다. 그리하여 에든버러 중심부의 아늑한 거실에 앉아 있는 그를 만난다. 바깥은 춥고 어둑어둑하다. 말 그대로 꽃 샘추위다. 항저우에서처럼 천재 스타일로 천천히 차를 홀짝거리며 에든버러는 수 세기 동안 놀라움을 용인했을 뿐 아니라 이를 바탕으로 번성했다는 도널드가 방금 한 말을 곱씹는다. 대체 무슨 의미일까?

"그러니까 말이죠." 그가 내 찻잔을 채우고는 말을 잇는다. "저는 에든버러에서 아주 오래 살았는데도, 예전에는 몰랐던 사물과 장소를 곧잘 맞닥뜨립니다. 난데없이 마주치는 것이죠."

이를테면 요 전날에는 그래스마켓이라는 동네를 돌아다니다가 골목을 내려가 계단을 올라갔는데 식당이, 그것도 훌륭한 식당이 눈앞에 나타났다고 한다. "그런데 거기가 식당이라는 표시는 아무것도 없었습니다. 간판도, 아무것도요. 전혀 광고할 생각이 없었던 겁니다. 마치 숨어 있는 것 같았습니다."

동료 극작가이자 새 작품을 홍보중이던 그의 친구도 마찬가지다. "요 전날 제게 전화해서는 이러는 겁니다. '다음주에 우리 연극이 개막해. 아무한테도 말하지 마'라고요." 캠벨은 연극을 비밀에 부쳐 홍보한다는 터무니없는 발상에 웃음을 터뜨린다.

나는 차를 천천히 오래 마시면서, 이 음료의 입증된 치료 효과로 그의 말을 이해하게 되기를 기도한다. 가능성은 두 가지라는 걸 깨닫는다. 첫번째 가능성은 스코틀랜드인은 얼간이로 이 모든 계몽주의 사업은 농간이자 지적인 종류의 네시호 괴물이라는 것이다. 두번째 가능성은 그들이 뭔가를 알고 있다는 것이다. 나는 너그러워져서—보완적이라고 해도 좋겠다—두번째 가능성을 선택한다. 어쩌면 스코틀랜드인들은 드러난 것보다 숨겨진 것을 우리가 더 소중히 여긴다는 사실을 오래전부터 직관적으로 알았는지도 모른다. 신이 포장지와 란제리를 발명한 것은 이 때문이리라.

숨겨져 있던 것을 발견하는 놀라움과 기쁨은 창조성의 핵심이다. 아르키메데스는 "유레카!"라고 외쳤다. 물리학자 리처드 파인먼은 중성자 붕괴가 가질 수 있는 성질에 대한 구절 하나를 듣고서 펄쩍 뛰며 이렇게 소리쳤다. "그렇다면 **모오오든** 것이 이해된다고!"

양파 껍질을 좀더 까보자. 우리는 어떻게 천재가 늘 관찰에서 출발하는지를 보았다. 창조적 천재성과 단순한 재능의 구별은 지식이나 지능이 아니라 시점이다. 독일의 철학자 아르투어 쇼펜하우어가 말한다. "재능이 뛰어난 자는 아무도 맞히지 못하는 표적을 맞히지만 천재는 아무도 보지 못하는 표적을 맞힌다." 도널드 캠벨이 본 식당처럼 표적은 숨겨져 있다. 아니면 로버트 루이스 스티븐슨의 '연극적 트릭'처럼. 둘 다 세상을 뒤집어 묘사하여, 모순된 이미지들을 서로 부딪치게 한다.

정신과의사 앨버트 로선버그는 이를 '단일 공간적 사고'라 부른다. 둘 또는 그 이상의 이질적 아이디어를 동일한 정신 공간에 떠올린다는 뜻이다. 로선버그는 이 현상을 탐구하기 위해 흥미로운 실험을 설계했다. 그는 미술가와 작가를 두 집단으로 나눴다. 한 집단에게는 특이하게 짝지은 병렬된 사진을 보여주었다. 이를테면 프랑스식 네 기둥 침대 사진을, 탱크 뒤에 엄폐한 소대 사진 위에 겹쳐서 보여주는 식이다. 두번째 집단에게는 같은 사진을 보여주되 겹치지 않고 따로따로 보여주었다. 그런 다음 두 집단에게 창의적 작업을 지시했다. 작가에게는 은유를 떠올리도록 했고, 미술가에게는 파스텔화를 그리도록 했다. 그랬더니 사진을 겹쳐서 보여준 첫번째 집단이 더 창의적인 작품을 내놓았다. 로선버그는 "창의적 심상을 자극하는 감각 입력은 무작위적이거나 적어도 특이한 것이어야 한다"고 결론 내렸다. 여기에 숨겨진이라는 말을 덧붙여도 좋으리라.

많은 미술가는 뭐라고 이름 붙여야 할지 모르면서도 직관적으로 단일 공간적 사고를 한다. 초현실주의 화가 막스 에른스트는 '프로타주'라는 기법을 창안했다. 그는 그림들을 무작위로 바닥에 놓고서 "시각 능력이 갑자기 향상되고 모순된 상들이 서로 겹쳐 보이는 환각이 잇따라 일어나 놀랐다"고 말한다. 계몽기 에든버러 같은 창조적 장소는 이러한 있을 법하지 않은 병치를 장려한다.

도널드 캠벨이 차를 한 주전자 더 끓이는 동안 이런 놀라움의 문화가 과거와 현재에 어떤 의미를 가지는지 곰곰이 생각한다. 놀라움과의 관계를 놓고 보면 어떤 장소에 대해 많은 이야기를 할 수 있다. 삶의 소소한 우연을 찬미하는가, 아니면 꺼리는가? 뜻밖의 것을 위한 공간을 만드는가? 한마디로 기적이 허용되는가? 저술가 로버트 그루딘이 말하듯 "기적이 끝났다고 가정하는 것보다 발견의 정신을 더 효과적으로 질식시키는 것은 없다".

이 주장이 기이하게, 심지어 터무니없게 들릴지도 모른다. 여러분은 나처럼 기적에 대해 매우 회의적일 수도 있다. 하지만 바퀴의 발명에서부터 모차르트의 〈레퀴엠〉과 인터넷에 이르는 모든 천재적 행위에 기적의 암시가 배어 있음을 명심하라. 기적이 아직 가능한 세상에서는 삶이 더 흥미로울 뿐 아니라 창조적 도약이 일어날 가능성이 더 크다.

에든버러에서 볼 수 있는 무엇보다 큰 기적은 지형과 기후의 난관을 겪으면서 이 도시가 존재한다는 사실 그 자체다. 길 잃은 햇빛이 외계의 우주 광선처럼 거실을 꿰뚫을 때 도널드에게 이에 대해 묻는다.

그는 사실이라고 대답한다. 에든버러가 창조적 장소였고 지금도 그런 것은 멋진 곳이어서가 아니라 힘든 곳이어서다. "스코틀랜드인으로 태어나 좋은 점은 무언가 맞설 대상이 있다는 점입니다. 무언가에 맞춰 살아야 하는 것이 아니라 무언가에 맞서 살아야 합니다. 그래서 노력을 더 해야 하죠." 에든버러뿐 아니라 모든 천재의 장소를 적절하게 묘사하는 표현이다.

걸어서 호텔로 돌아가기로 한다. 아테네에서 배웠듯, 걷기는 생각에 좋다. 게다가 에든버러는 훌륭한 교실이다. 분열된 자아는 스코틀랜드인의 마음에만 있는 것이 아니라 스코틀랜드 길거리에도 있다. 에든버러의 두 자아는 도시의 두 절반인 뉴타운과 올드타운에서도 확인할 수 있다. 한 역사가 말마따나 두 장소는 "우아함과 지저분함, 인간성과 잔인성"을 대표한다.

뉴타운은 쾌적한 계획도시로, 직각으로 배열되어 있어 현대적(이라고 쓰고 합리적이라고 읽는다) 감수성에 들어맞는다. 하지만 고백건대 올드타운의 혼잡하고 어수선한 풍경에 더 마음이 간다. 이곳에서는 스코틀랜드 계몽주의 절정기에 삶이 어땠는지, 이 천재들이 얼마나 서로 부대끼며, 부자와 가난뱅이가 같은 건물에서 살았는지 머릿속에 그릴 수 있다.

또한 이곳에서는 도심 밀집 지대라는 까다로운 문제를 정면으로 맞닥뜨리게 된다. 일부 진영에서는 밀집이 창조적 장소의 비결이라는 가정을 확립된 진실 수준으로 여긴다. 리처드 플로리다를 위시한 일군의 도시학사들은 이런 밀집이 가내 공업을 만들었다고 한다. 이 공업의 핵심에는 이런 주문呪文이 있다. "도시는 아이디어가 섹스하러 가는 곳이다." 재치 있는 문장이지만, 과연 사실일까?

학자들이 즐겨 말하듯 우리는 우선 이 문장을 풀어헤쳐야 한다. 밀집의 주문 뒤에는 가상의 시나리오가 있다. 똑똑한 사람들을 뽑아서 이들을 인구가 밀집된 도시에 몰아넣고 초밥집과 실험적 극장과 친동성애 정책을 제공한 뒤 창조적 천재가 생겨나는지 본다. 근사한 이론이지만 애매하다. A지점(밀집된 도시)에서 B지점(창조성)으로 가는 길을 설명한 사람은 아직 아무도 없다. 답을 내놓으라고 압박하면 이 밀집 이론가들은 '상호작용 기회'를 들먹인다. 모든 창조성이 기본적으로 분자의 충돌이라면 상호작용은 당연히 많을수록 좋다. 눈부신 결과물을 내놓을 상호작용의 수도 증가할 테니 말이다.

하지만 이 설명은 성에 차지 않는다. 무엇보다 모든 상호작용이 똑같이 좋은 것은 아니다. 모든 아이디어가 똑같이 좋은 것은 아니듯 말이다. 교도소는 지독하게 밀집되어 있으며 상호작용이 무척 많이 일어나지만 창조성은 그다지 많이 생겨나지 않는다. 빈민가도 밀집되어 있고 그곳 사람들이 일상생활에 관한 창의성에서 두 각을 나타낼 수는 있지만, 일반적으로 볼 때 노벨상을 받거나 새로운 문학 장르를 만들어내지는 못한다. 밀집 외의 무언가가 관여하는 것이 틀림없다.

에든버러의 좋은 점이 뭐냐고 물었을 때 도널드 캠벨의 답변이 떠오른다. 그가 여기 머무는 이유는 무엇일까? 도널드는 생각에 잠기더니 한 단어로 대답했다. '친밀함'이었다. 기대한 단어는 아니었지만, 듣는 순간 머릿속에서 전구가 번쩍였다. 이제 **모오오든 것이 이해될** 것만 같다. 천재의 장소는 단순히 인구가 밀집한 장소가 아니라 친밀한 장소이기도 하며 친밀함에는 반드시 어느 정도의 신뢰가 포함된다. 심포지엄에 모인 그리스의 철학자와 시인은 서로를 신뢰했기에 어느 정도의 친밀감을 다졌다. 베로키오는 제자들이 임무를 완수할 거라고 믿었다. 오늘날 창조성이 뛰어난 도시와 회사는 신뢰도와 친밀도가 높은 곳이다.

그런데도 우리는 창조성의 마법 가루를 계속해서 밀집도에서 찾는다. 왜일까? 측정하기 쉬워서다. 도시에 1제곱킬로미터의 선을 긋고 그 안에 사는 주민의 수를 세면, 옳거니, 밀집도를 측정할 수 있다. 친밀도는 수량화하기가 훨씬 힘들다. 우리는 어두운 골목에서 열쇠를 잃어버리고서는 밝은 주차장에서 찾는 사람과도 같다. 그에게 이유를 물으면 이렇게 대답한다. "조명이 여기 있으니까요." 창조적 장소의 미스터리를 풀려면 어두운 곳을 더 찾아봐야 한다.

전화선 너머로 목소리가 들려온다. "제 연구실에서 만나는 게 어때요?" 그가 오래된 의과대학의 주소를 일러준다. 의아하다. 그는 의사가 아니라 역사가인데? 하지만 이른 시각이고, 게다가 에든버러에서 몇 주를 보낸 뒤이니 이런 모순은 문제삼지 않기로 했다. 전화를 끊으려는데 그가 한마디 덧붙인다. "아, 그건 그렇고 제가 있는 곳은 1.5층입니다."

마지막 정보를 의무적으로 받아 적는다. 나중에 카페인을 듬뿍 섭취하고서야 종이 쪽지를 자세히 살펴보고 다시 한번 살펴본다. 1.5층이라고? 9와 4분의 3번 승강장에서 열차에 오르는 꼴이잖아. 가능은 하다. 무엇보다 J. K. 롤링이 이곳에서 『해리 포터』 시리즈를 쓰지 않았던가. 무일푼인 롤링은 아침마다 노트북을 들고 에든버러의 동네 카페에서 글을 썼다.

1.5층에 있는 남자는 역사가이자 선동가이자 런던 타임스에 따르면 스코틀랜드의 국민 시인에 가장 가까운 존재인 톰 디바인이다. (나중에 '**현존하는** 국민 시인'이라고 정정은 했지만.) 디바인은 남들이 아주 오래된 스카치위스키를 마시듯 천천히, 존경이라고 할 만큼 깊이 감상하며 스코틀랜드의 역사를 음미한다. 톰은 스코틀랜드 계몽주의에 얽힌 수수께끼를 푸는 데 최근 상당한 지력을 쏟았다.

성처럼 생긴 육중한 의과대학 건물은 호그와트 마법학교를 연상시킨다. 계단을 오르다 1층과 2층 사이에서 멈춰, 시공간 연속체에 난 뭔가 기이한 스코틀랜드 균열에 빨려드는 게 아닌지—비합리적이라는 거, 나도 안다—잠깐 고민했다. 하지만 그러지 않는다. 그 대신 지극히 정상적인, 1층과 2층 사이에 있을 뿐 학교 형광등이 비추고 있는 지극히 평범한 복도가 보인다. 안심되지만, 약간 실망스럽다.

톰 디바인은 『오즈의 마법사』 속 먼치킨처럼 생겼으며 눈망울이 늘 반짝거린다. 책상 위에 웅크린 채, 내가 온 줄도 모르고 무언가 열심히 끄적인다. 그러다가 고개를 들지도 않고서 크고 분명하고 이제껏 들어본 것 중 가장 억센 스코틀랜드 사투리로 말한다. "실론티를 고안한 사람이 스코틀랜드인이라는 거 아셨소?"

"음, 아니요, 디바인 교수님. 몰랐습니다."

"그랬답니다." 스코틀랜드인들은 이런 식으로 위인을 들먹이기를 좋아한다. 유대인이 하는 아는 인물 대기 놀이와 비슷하다. 아무개가 유대인인 거 알았어? 그럼, 물론이지. 이 놀이의 유대 버전이든 스코틀랜드 버전이든 허풍으로 끝나기 십상인데, 내가 보기에 이는 뿌리 깊은 종족적 불안정, 즉 세상에서 무언가를 입증해야 할 필요성에서 비롯한 듯하다. 우리는 작은 민족이고 인구도 적지만, 없는 데가 없고 온갖 기적 같은 일을 해낸다고.

톰이 스코틀랜드 계몽주의를 언급하며 "그건 수수께끼입니다"라고 말한다. '수수께끼'라는 단어를 길게 늘이는—음절과 이중모음과 내가 모르는 언어학적 장식을 붙여—것으로 보건대 그런 수수께끼가 존재한다는 사실이 정말이지 마음에 드는가보다.

에든버러대학 졸업생 중에서 더 유명한 사람인 아서 코난 도일 경은 스코틀랜드 계몽주의라는 미스터리를 틀림없이 탐닉했을 것이다. 이 미스터리의 관건은 누가 범인인지가 아니라—우리는 이미 알고 있다—동기와 방법이다. 지구 변방에 자리한 이 작은 도시가, 내 여행 가이드북에 담담하게 쓰여 있듯이 "역사상 가장 생동감 넘치는 지적 향연"을 경험한 것은 왜일까? 여간 까다로운 난제가 아니다. 그래서 톰 디바인 같은 사람에게는 캣닙처럼 유혹적이다.

톰은 마치 국가 기밀을 발설하거나 삶의 의미를 가르쳐주기라도 하듯 은밀하게, 에든버러를 천재의 온실로 만든 비밀 재료 중하나로 대화를 꼽는다. 에든버러는 소크라테스의 아테네처럼 수다스러운 도시였으며 그 안에 천재성이 들어 있었다.

솔깃한 결론이지만—소크라테스야 두말할 필요 없이 동의했을 테고—이 천재 처방은 좀 미심쩍다. 똑똑한 사람들을 모아놓고 음식과 술을 넣어 이따금 저어가면서 팔팔 끓인 다음 뒤로 물러나 기막힌 아이디어들이 보글보글 올라오도록 한다. 스튜가 식으면 맛있게 먹는다.

나는 동의하지 않는다. 똑똑한 사람들과 대화를 합친다고 반드시 천재가 되는 것은 아니다. 존 F. 케네디 대통령이 가장 똑똑한 최측근 자문단과 잇따라 밀실 회의를 가진 뒤 내린 결정도 천재적 아이디어와는 거리가 멀었다. 이들은 터무니없게도 1961년 쿠바 피그스만 침공을 계획했다. 미 중앙정보국에서 훈련받은 쿠바 망명자 1400명은 거의 모두 잡히거나 살해당했다. 심지어 쿠바는 소련의 영향권에 더욱 깊이 들어갔다. 이 사건은 미국 역사상 최악의 외교 참사로 손꼽힌다. 회의실에 모인 지성의 무게로 보건대 어떻게 이런 일이 일어날 수 있었을까?

십 년 뒤, 심리학자 어빙 재니스는 실패한 침공으로 이어진 회의들을 조사하여 심각한 판단 착오는 어리석음이 아니라 인간 본성의 별난 성질 때문이라고 결론 내렸다. 비슷한 배경의 사람들이 모여 반대 관점으로부터 차단된 채 강력한 지도자의 환심을 사려 들 경우, 명백히 틀린 입장이라 할지라도 선호되는 입장에 대한 합의로 결론이 난다. 재니스는 이러한 성향을 집단사고groupthink라고 정의했다.

집단사고는 집단적 천재성과 동전의 양면이다. 이는 집단 지성의 미덕을 찬양하는 모든 이론의 근심거리다. 집단사고는 집단적 어리석음이며 모든 문화는 집단사고에 빠질 우려가 있다. 문제는, 왜 집단사고가 어떤 때는 불거지고 어떤 때는 그러지 않는가다. 왜 어떤 때는 똑똑한 사람끼리 모아놓았을 때 천재성이 발현되고 어떤 때는 똑같이 똑똑한 사람끼리 모아놓았을 때 집단사고가 나타날까?

간단하게 답할 수 있는 물음은 아니지만, 심리학자들은 그 집단에서 반대 견해를 얼마나 기꺼이 받아들이는가와 밀접히 관련된다고 생각한다. 연구에 따르면 반대를 용납하는 집단은 그렇지 않은 집단보다 아이디어를 더 많이, 좋은 아이디어도 더 많이, 도출한다. 이는 이러한 반대 견해가 완전히 틀린 경우도 마찬가지다. 그저 반대의 존재만으로—틀린 반대일지라도—창의성이 향상된다. 어떻게 말하느냐는 무엇에 대해 말하느냐 못지않게 중요하다. 천재의 장소에서 갈등은 단순히 용납되는 요소가 아니다. 필수 불가결하다.

이 진리는 계몽기 스코틀랜드에서 어떻게 발현되었을까? 톰의 설명에 따르면, 우선 사람들은 아무것에 대해서나 얘기하지 않았다. 대화할 만한 가치가 있는 주제로 간주되면 흄이 말한 대로 '대화에 적합'했다. 이 조건만 충족되면 뭐든 가능했다.

"심지어 한바탕 플라이팅flyting을 벌일 수도 있었죠."

"파이팅fighting이요?"

"아니요, 플라이팅이요."

"한 번도 못 들어봤는데요."

톰에 따르면 플라이팅은 "언어 폭력으로 적에게 창피를 주는 의례"란다.

나는 몸서리를 친다. "악독하게 들리는군요."

"실제로 그래요." 톰의 눈이 초롱초롱 빛난다. 톰은 스코틀랜드인들이 토론의 달인이라고 말한다. 학문적 격식을 갖춰 말하지만 국민적 자부심이 배어 나온다. 언어 폭력을 보고 싶으면 스코틀랜드로 가라. 하지만—이게 중요한데—악독한 의례적 모욕을 한바탕 퍼부은 뒤 양측이 동네 술집에 가서 맥줏잔을 기울였다. 그들은 앙금을 남기지 않았다.

플라이팅을 잘하려면 의례적 모욕 **그리고** 그 이후의 맥주 둘 다 필요하다. 전자가 없으면 대화가 미지근한 맹탕이 되고 후자가 없으면 주먹다짐으로 끝난다.

이런 관용이 계몽기 스코틀랜드에 생명을 불어넣었다. 놀랍게도 마지막 '마녀'가 교수형에 처해지고 얼마 지나지 않은 시점이었다. 저술가들은 교회와 정치인을 비롯한 과거의 철옹성을 비난하는 소책자를 발표하고서도 한 역사가의 말마따나 "사소한 불편, 자신의 도발에 의한 사소한 성가심"을 겪는 데 그쳤다. 시인 로버트 번스가 이름 붙인바 '독립적 정신의 소유자'보다 칭송받는 존재는 아무것도 없었다.

하지만 **관용**은 모두가 지지하지만 제대로 정의되지 않는 단어 중 하나다. 톰은 천재와 마찬가지로 관용도 여러 종류라고 말한다. 가장 흔한 것은 관례를 어기는 특정한 행위를 허용하되 부추기지는 않는 수동적 관용이다. 이를테면 에든버러는 편리하게도 한 사람에게 괴짜와 천재 성향이 공존하는 것을 너그러이 받아들였다. 이를테면 어느 동시대인의 증언에 따르면 애덤 스미스가 길거리에서 "보이지 않는 동행인과의 대화에 빠진 채 미소를 짓는" 광경이 종종 목격되었다. 다른 도시에서 그랬다가는 감금되었을 테지만 에든버러에서는 칭송받았다.

하지만 톰 디바인은 '봐주지 않는 관용'이라는 또다른 스코틀랜드적 관용이 있다고 말한다. 내 귀에는 모순처럼 들리지만, 이제는 가만히 있는 게 현명하다는 사실을 안다. 브로디 추기경의 나라 아닌가. 그래서 기다린다. 당연히 톰은 설명을 시작한다.

"애덤 스미스와 데이비드 흄을 예로 들어보죠." 두 철학자는 절친했지만 곧잘 옥신각신했다. 특히 종교 같은 주제에 대해서는 한 치의 양보도 없었다. "스미스는 왜 흄이 극단적 무신론으로 치달았는지 이해할 수 없었습니다. 흄은 스미스가 왜 그러지 않았는지 이해할 수 없었고요." 두 사람이 열띤 논쟁을 벌이고 원색적인 독설을 주고받았음에도 결코 인신공격은 하지 않았다는 게 요점이라고 톰은 짚는다. "중요한 것은 사상의 싸움이었습니다."

톰 디바인의 말하는 방식이 맘에 든다. 아무리 무미건조한 문장이라도 시처럼 들리게 말한다. "커피 한잔합시다" 같은 대수롭지 않은 제안을 할 때조차 위험한 음모에 동참하라고 유혹하는 것처럼 말한다. 말하자면 이런 식이다. 당신이 자신 있다면. 당신이 남자라면. 당신이 어엿한 스코틀랜드인이라면.

그래요, 톰. 나 자신 있어요. 하지만 톰은 금방 나가야 한다. 방송국 피디를 만나야 한단다. 스코틀랜드 국민 시인이 되면, 국민 시인으로 살아가면, 다들 당신을 만나고 싶어한다. 함께 밖으로 나가 삭막한 복도를 지나 1.5층에서 1층으로 계단을 내려가 육중한 나무 문을 통과하니 춥고 어둑어둑하다.

그가 눈망울을 몇 단계 더 과하게 반짝거리며 말한다. "이리 오세요. 여기요. 저기 좀 보세요. 검은 밴 보이시죠?"

"음, 네. 보입니다. 그런데요?"

"시신들입니다."

그의 설명에 따르면, 역사학과는 의과대학과 딱 붙어 있다. 벌건 대낮에 해부용 시신이 영구차에 실려 들어오는데, 역사학과 학생들 입장에서는 질겁할 일이었다. 그들이 해부하고 싶어하는 대상은 죽은 사상이지 죽은 몸이 아니니 말이다. 하지만 시신은 시곗바늘처럼 금요일마다 들어왔다. 여간 골칫거리가 아니었다. 그래서 톰은 시신을 영구차가 아니라 평범한 밴으로 운반해달라고 의과대학에 요청했다고 한다. 신난 목소리다. 톰은 이 이야기를 절대 지겨워하지 않는 듯하다. 스코틀랜드에서는 이야기도 싱글 몰트처럼 나이를 먹으면서 무르익나보다. 톰의 이야기를 더 듣고 싶지만 그는 이미 가버렸다. 잿빛 하늘과 저 모든 역사가 그를 집어삼켰다.

📍

　이젠 알겠지만 형식은 중요하다. 무엇을 말하느냐뿐 아니라 어디서 어떻게 말하느냐에도 주목해야 한다. 황금기마다 사회적 담론의 형태가 저마다 달랐다. 페리클레스 시대 아테네에서는 희석한 포도주와 재치 있는 말장난을 곁들인 심포지엄이 중심에 놓였다. 벨 에포크 시대 파리의 지적 생활은 응접실 살롱을 중심으로 돌아갔다. 계몽기 에든버러의 중심에는 플라이팅이 놓였고 이런 언어적 다툼이 즐겨 열리던 곳이 바로 클럽이었다.

　더 알아보고 싶어서 이튿날 이런 클럽의 기념품들이 자랑스럽게 전시된, 신선할 정도로 촌스러운 에든버러박물관에 들른다. 식스풋 하이 클럽의 배지가 보인다. 그렇다. 이 클럽에 가입하려면 키가 6피트(182센티미터)를 넘어야 했다. 대부분의 남자가 160센티미터를 넘지 않았던 시대라 만만한 일은 아니었다. 월터 스콧 경은 작가로서만이 아니라 실제로도 거인이었는데, 이 클럽의 가입 심사위원을 맡아 '재치 있는 대화'와 '16파운드(약 7킬로그램) 해머 던지기' 능력을 겸비한 신청자만 받아주었다. 두 가지를 동시에 해낼 수는 없을 것 같지만, 우리야 알 수 없는 노릇이니.

　알쏭달쏭한 피트 클럽의 수수한 배지가 눈에 띈다. "이 클럽에 대한 자세한 정보는 알려지지 않았다"라면서도 작은 안내문에 이런 추측이 적혀 있다. "엄격한 규칙을 제정한 클럽이 하도 많아서 이 클럽은 아무도 정하지 않기로 한 듯하다." 스코틀랜드인들은 반골 기질을 가진 게 틀림없다 싶다. 이는 천재의 징표일까, 단순한 옹고집일까? 내 안의 야누스가 둘 다일 거라고 속삭인다.

미러 클럽(농업), 랑케니언 클럽(철학), 코챌런 클럽(문학)처럼 전문화된 클럽도 있었다. 7:17 클럽은 일주일에 한 번 7시 17분 정각에 모였으며 보어 클럽은 돼지우리에서 모인 것으로 추정된다('보어boar'는 영어로 '돼지'라는 뜻이다―옮긴이). 겉보기와 다른 클럽도 있었다. 이를테면 포커 클럽의 이름은 카드 게임이 아니라 벽난로에 쓰는 부지깽이poker에서 땄다. 이 클럽의 회원들은 스코틀랜드 민병대를 창설해야 한다고 주장했으며 걸핏하면 말썽을 일으켰다. 이 모든 클럽은 한 가지 공통점이 있었다. 그들은 여성의 가입을 불허했다. 제저벨 클럽이 유일한 예외였는데 이 클럽의 회원은 모두 매춘부였다.

내가 좋아하는 클럽은 애덤 스미스와 그의 두 친구인 화학자 조지프 블랙과 지질학자 제임스 허턴이 설립한 오이스터 클럽이다. 회원들은 금요일 오후 2시에 만났으며, 이름에서 보듯 터무니없이 많은 양의 굴oyster을 흡입한 뒤 그에 못지않게 터무니없이 많은 양의 클라레(보르도산 포도주―옮긴이)로 이를 씻어내렸다.

어떤 클럽은 비밀스러운 입회 의식을 진행했으며 역사가 스티븐 백스터에 따르면 "자기네 활동을 일반 대중에게 숨겨 배타적이고 신비한 인상을 풍겼다".

하지만 미스터리와 비밀은 이뿐만이 아니다. 이 사람들의 미스터리 페티시는 어디서 왔을까? 이런 클럽들에서는, 그들의 이른바 '학구적 저녁 식사' 자리에서는 대체 무슨 일이 있었을까?

에든버러와 글래스고는 고작 64킬로미터 떨어져 있지만 두 장소는 두 대륙만큼이나 다른지도 모른다. 글래스고 사람들은 에든버러 사람들이 콧대가 높고 엘리트주의자라고 생각한다. 에든버러 사람들은 글래스고 사람들이 부산하고 상스럽다고 생각한다. 그런데 글래스고의 상스러움에 매혹된 천재가 있었으니 다름아닌 애덤 스미스였다. 그는 글래스고의 선착장에서 상인과 뱃사람과 몇 시간이고 노닥거리면서 들은 정보를 꿰어 걸작 『국부론』을 썼다.

스미스의 후계자 알렉산더 브로디를 만나러 글래스고에 가는 길이다. 브로디는 15년간 글래스고대학 학장을 지냈는데, 애덤 스미스도 그런 적이 있다. 브로디라면 오이스터 클럽을 비롯한 스코틀랜드 클럽들의 닫힌 문 뒤에서 무슨 일이 일어났는지 틀림없이 알 것이다.

기차가 흔들거리며 앞으로 나아가는 동안 머릿속에 무언가가 떠오른다. 머릿속에 떠오르는 여느 생각과 달리, 이번에는 좋은 생각이다. 막 떠오른 단상과 임의의 연상을 합리적 생각으로 탈바꿈시키는 소용돌이는 확실히 거울처럼 매끈한 호수보다는 영화 〈딜리버런스〉 속 강처럼 되어버리지만, 내가 보기에 이는 발전을 나타낸다. 개선이라고 말할 수도 있으리라.

이 뜻밖의 명료함이 기차에서 강림한 것은 우연이 아니다. 기차 여행의 무언가—감탄하든 외면하든 승객 마음이지만 덜컹거리는 움직임과 지나가는 풍경—가 창조적 도약을 유도한다. 스코틀랜드의 물리학자 켈빈 경과 J. K. 롤링 같은 몇몇 위대한 정신은 기차에서 최고의 사유를 펼쳤다. 롤링은 연착된 브리티시레일 기차에 앉은 채『해리 포터』시리즈를 구상했다.

기차만이 아니다. 움직이는 무언가가 창조적 생각을 촉발한다. 찰스 다윈은 마차를 타고 돌아오는 길에 진화론의 싹을 틔웠다. 그는 훗날 이렇게 썼다. "마차를 타고 길을 가던 중에 이 해답을 얻었는데, 어찌나 신이 났던지 아직도 그 정확한 지점을 기억하고 있을 정도다." 루이스 캐럴도 아이디어가 떠오른 순간을 생생하게 기억했다. 연못에서 보트를 타다가 "졸린 듯 앞뒤로 천천히 노를 저을 때마다 그 끝에서 경쾌하게 똑똑 떨어지던 물방울" 소리를 들으면서 마술 같은 땅속 세계와 그 세계를 찾는 앨리스라는 소녀를 상상한 그 순간을. 모차르트는 마차에 늘 종이쪽지를 꽂아두었다고 한다. "그때야말로 아이디어가 가장 훌륭하고 풍부하게 흘러나오는 순간이기 때문이다. 어디서 오는지 그리고 어떻게 오는지는 알 수 없으며 짜낼 수도 없지만."

애석하게도 교향곡이나 마술 같은 땅속 세계는 내 머릿속에 전혀 떠오르지 않지만, 알렉산더 브로디에게 던질 근사한 질문 몇 개가 생각난다. 답이 아니라 질문이라는 점이 아쉽지만, 아테네에서 배웠듯 천재로 향하는 길은 좋은 질문으로 포장되어 있지 않은가. 실용주의적 천재를 좋아하는 스코틀랜드인들의 태도가 어떻게 클럽하우스와 선술집으로 확대되었는지 알고 싶다. 이 장소들은 어떻게 해서 술주정(만)이 아니라 거창한 사상을 낳은 걸까?

이메일로 추측건대 브로디는 지금 시대와 맞지 않는 사람인 듯

했다. 스코틀랜드가 식자 공화국Republic of Letters으로 알려진 18세기 사람 같았다.

에릭에게,

당신이 역의 도착하는 곳에 모습을 드러낼 때 제가 기다리고 있을 겁니다. 검은 재킷에 모자를 쓰고 숄더백을 멘, 창백하고 병약한 피조물을 찾으십시오. 만날 날을 고대합니다.

알렉산더 드림.

'병약shilpit'이라고? 나뿐 아니라 맞춤법 검사기도 어안이 벙벙했다. 경험상 쉽게 구사할 어휘는 아니다. 미리엄웹스터 사전이 구원 투수로 나섰다. 옛 스코틀랜드어 어휘로, '초췌하고 굶주린 외모'를 뜻하는 단어란다.

기차에서 내려섰을 때, 어렵지 않게 인파 속에서 브로디를 찾았다. 자기 말마따나 그는 병약의 후광을 드리우고 있다. 자신의 도시와 하나되어 그 정수를 흡수한 사람 특유의 침착한 자신감을 내비치며, 북적거리는 역 밖으로 나를 이끈다. 걷는 동안 브로디는 자신이 본디 '에든버러 출신'이며 글래스고와 이곳의 블루칼라적 매력에 점점 빠져 이제는 어디 다른 데서 살 생각이 없다고 설명한다. "다이너마이트로 위협해도 안 떠날 겁니다." 믿어 의심치 않는다.

과격한 표현을 쓰긴 했어도 브로디는 사실 다정다감하고 추측건대 수줍음을 타는 사람이다. 우리는 넓은 광장을 가로질러 글래스고의 총애하는 아들 제임스 와트의 동상을 지나친다. 비둘기 한

마리가 와트의 머리에 앉아 있는데, 대리석을 뒤덮은 흰 얼룩을 보니 이게 처음은 아닌 듯하다. 가련한 제임스 와트 같으니. 지극히 스코틀랜드적인 상황 아닌가. 존경심이라고는 없는.

이탈리아 식당을 골랐다는 브로디의 말에 미소가 떠오르며, 스코틀랜드가 발견한 여러 가지 중에 다른 나라의 음식이 포함되어서 참 다행이다 싶다(처음 든 생각도 아니지만). 우리는 주문을 하고—나는 올리브유로 볶은 푸실리 파스타와 키안티 포도주를 골랐다—대화 주제로 직행한다. 이 미스터리한 클럽에서 대체 무슨 일이 벌어졌는가, 그리고 스코틀랜드 계몽주의에서 이는 어떤 역할을 했는가?

브로디는 내 질문에 곧장 대답하지 않는다. 그건 스코틀랜드식이 아니니까. 대신 타이밍을 고려해보라고 말한다. 18세기 여명에 스코틀랜드인들은 문득 문화적 멸종이 경각에 달렸음을 깨달았다. 때는 스코틀랜드가 잉글랜드에 합병된 직후였다. 의기소침할 법도 했지만, 스코틀랜드 정계가 거세돼 줄이 사라졌으니 지식인들은 더는 줄을 잘못 설까봐 걱정할 필요가 없었다. 그들은 거창한 문제들과 마음껏 씨름할 수 있었다. 1960년대에 그랬던 것처럼 이따금 정치가 창조적 활동을 북돋울 수도 있지만 정치적 진공이 가장 해방적일 때도 있다.

낡은 질서가 사라졌다. 파스타가 나왔을 때 브로디가 말한다. "갑자기 스스로 생각해야 했습니다." 하지만 스코틀랜드인들은 현실을 받아들여 여느 때처럼 비틀었다. 그들은 오이스터 클럽을 비롯한 클럽 수백 곳의 닫힌 문 안쪽에서 더불어 스스로 생각했다.

이런 모임들은 술집의 화기애애한 분위기와 학술 세미나의 지적 엄밀함을 결합했기에 특별했다. 회원들은 엄격한 음주 규정을 따랐다. 첫째, 주최자가 각 참석자를 위해 건배한 뒤 각 참석자가 주최자를 위해 건배하고서 참석자들이 서로를 위해 건배했다. 계산해보면 어마어마한 양의 술을 빠르게 마셨음을 알 수 있다. 그렇다면 불편하지만 피할 수 없는 의문이 생긴다. 이런 클럽들은 친목을 도모하고 진탕 취하기 위한 핑계였을 뿐일까? 스코틀랜드 계몽주의는 누구 말마따나 스카치 계몽주의였던 걸까?

아니라고 브로디는 얘기한다. 이것은 하드리아누스 장벽 이남, 그러니까 잉글랜드에 사는 일부 말썽꾼들이 주로 제기하는 오래된 비난으로, 부당할 뿐 아니라 거짓이라고 한다.

"정말요? 어떤 점에서요?"

"스코틀랜드인들은 스카치위스키를 마시지 않았습니다. 클라레 포도주를 마셨죠." 이걸로 모든 차이가 설명된다는 듯한 말투다. 내가 이 주장을 미심쩍어한다는 것을 눈치챈 그가 이렇게 덧붙인다. "게다가 실용적 이유에서 마신 거고요."

실용적 음주라고? 이거 흥미로운데. 어서 말해보시게.

"식수 공급이 못 미더웠어요. 오래 살려면 클라레를 마셔야 했죠."

그리하여 '호모 프락티쿠스' 스코틀랜드인들은 어마어마한 양의 클라레를 마셨다. 상인들은 장사를 하면서 술을 마셨다. 판사들도 술을 마셔서 완전히 고주망태가 되어 재판정에 나타나기가 예사였다. 디너파티에서는 포도주를 얼마나 많이 마시느냐에 따라 손님을 두 병짜리, 세 병짜리로 분류했다. (추측건대 한 병짜리는 디 너파티에 초대받지 못했을 것이다.)

스코틀랜드인들은 술꾼이었을지는 모르나 바보는 아니었다. 자신들의 영웅인 고대 그리스인과 마찬가지로, 그들은 소량의 알코올은 창의성을 북돋우지만 다량의 알코올은 발을 헛디디게 한다는 사실을 알았다. 그래서 그리스인들과 마찬가지로 희석한 포도주를 마셨는데, 오늘날보다 훨씬 도수가 낮았다. 게다가 브로디 말로는 이런 모임에서 음주는 유쾌한 요소이긴 했지만 우회로에 불과했다고 한다. 진짜 목적지는 따로 있었다고 말이다.

"그게 뭐였나요?"

"상호 뇌 시뮬레이션입니다."

푸실리 파스타를 먹다 말고 매우 인상적인 표현에 귀를 쫑긋 세운다. 브로디는 단 세 어절로 학식과 괴팍함을 드러낸다. 내 책에서는 보기 드문 훌륭한 조합이다.

"상호 뇌 시뮬레이션이 정확히 뭔가요?"

"사람들이 서로 불꽃을 튀기는 겁니다. 어떤 사람이, 이를테면 사업가가 한마디를 하면 전혀 다른 분야에 종사하는 누군가가 한마디 덧붙여 대화를 완전히 다른 방향으로 이끄는 거죠."

이 말을 곱씹으며 푸실리가 달아나지 못하게 찌르고 있자니 두 가지 깨달음이 머릿속에 떠오른다. 첫째, 브로디와 나는 상호 뇌 시뮬레이션에 대해 이야기할 뿐 아니라 바로 이 순간 그걸 하고 있다. 지극히 메타적인 상황이다. 두번째 깨달음은 에든버러의 황금기가, 실은 **모든 황금기가 통섭적이었으며 모든 창조적 도약은 아서**

케스틀러 말마따나 "다른 분야끼리의 정신적 교잡 수정"의 결과였다는 사실이다. 제임스 허턴을 생각해보라. 지질학에 뛰어들기 전 그는 의학을 공부했다. 그의 전공은 순환계였다. 허턴은 나중에 자신의 전문 지식을 훨씬 거대한 순환계인 지구에 적용했다. 다시 말하지만, 천재가 천재인 것은 지식이나 지능 때문이 아니라 오히려 겉으로는 동떨어져 보이는 생각의 가닥들을 연결하는 능력 때문이다. 흄과 스미스 같은 '도덕철학자'들은 국제관계, 역사, 종교, 미학, 정치경제학, 결혼과 가족, 윤리학 등 다방면에 걸쳐 생각과 생각을 연결했다. 하지만 오늘날 이 분야들끼리 대화하는 일이 거의 없으며, 설령 그런대도 서로를 인정하려들지 않는다.

브로디는 에든버러의 천재들이 안이한 농지거리를 참지 않았다고 말한다. "우리가 다루는 대화는 여흥의 일종으로서의 대화가 아니라 결론에 이르는 전제들을 쌓는 과정으로서의 대화입니다. 사안을 진전시키는 대화, 어딘가에 도달하기 위한 수단으로서의 대화인 거죠."

"하지만 목적지가 어디인지 아시지는 않잖아요."

"네, 모릅니다. 어느 정도는 불확실성을 감수한 채 살아가야 합니다. 피카소는 그림 작업을 시작할 때 완성작이 어떤 모습일지 아느냐는 질문에 이렇게 대답했습니다. '당연히 모릅니다. 알았으면 굳이 그리지 않았겠죠.'"

연구에 따르면 창의적인 사람들은 모호함을 견디는 능력이 남달리 뛰어나다고 한다. 천재의 장소도 마찬가지가 아닐까 싶다. 아테네와 피렌체, 에든버러 같은 도시에서는 모호함을 받아들이고 심지어 이를 찬양하는 분위기가 조성되어 있었다.

여기는 글래스고가 아니다. 적어도 내 머릿속에서는 아니다. 나는 캘리포니아에 돌아왔다. 딘 사이먼턴의 비좁은 연구실에서 그가 맹목적 변이blind variation와 선별적 유지selective retention에 대해 이야기하는 동안 고전음악이 잔잔하게 흘러나온다. 이는 사이먼턴이 지난 25년간 발전시킨 창의성 이론으로, 에든버러의 천재들과 직접적으로 연관된다. 사이먼턴은 창조적 천재가 '초유동성superfluidity 및 역추적성backtracking'과 관계가 있다고 믿는다. 초유동성은 막다른 골목에 부딪히는 한이 있더라도 감을 밀어붙이려는 의지이고 역추적성은 막다른 골목이나 그렇게 보이는 것에서 돌아와 다시 살펴보는 것이다. 앞에서 보았듯 천재들이 나머지 사람보다 타율이 높은 것은 아니다. 그들은 헛스윙을 더 많이 하지만, 이게 중요한데, 자신이 어디서 그리고 왜 헛스윙을 했는지 정확히 복기할 수 있다. 심리학자들은 이런 특징을 '실패 지수failure index'라고 한다. 천재들은 이 마음의 책갈피를 좋아하고 이를 게걸스럽게 체계적으로 수집한다.

브로디가 날카롭게 "조심하세요"라고 말하는 순간 현재로 돌아온다. 처음에는 냅킨에 불에 붙었거나 큰일이 난 줄 알았다가 그가 비유적으로 말한 것임을 깨닫는다. 클럽의 유쾌한 분위기를 온순함과 혼동하지 않도록 조심하라는 뜻으로 한 말이었다. "선생님께 어떤 아이디어가 있는데 그게 완전히 쓰레기라면 그 아이디어는 박살날 겁니다. 완전히 박살날 거라고요." 브로디가 논점을 강조라도 하듯 파스타 가닥을 쿡 찌른다.

그의 말에 따르면 이런 지적 결투를 통해 "우리는 남들이 우리 아이디어를 어떻게 생각하느냐뿐 아니라 우리가 자신의 아이디어를 어떻게 생각하느냐까지 알 수 있다". 사람들은 우리 아이디어에 반응하고 우리는 그들의 반응에 반응한다. "그들이 논박disprove하면 저는 개선improve됩니다." 플라이팅은 거친 스포츠 그 이상이다. 스코틀랜드인들이 자신의 사상을 벼린 비결이다.

이런 지적 불꽃놀이는 선술집과 클럽하우스뿐 아니라 놀랍게도 교실에서도 점화되었다. 피렌체에서 보았듯 공교육과 창의성은 별 상관이 없다. 교육과정이라는 구속복은 상상력을 가둘 뿐이다.

하지만 에든버러는 달랐다. 강의실은 학생들을 질식시키지 않고 그들에게 영감을 선사했다. 왜일까? 어떻게 스코틀랜드 대학들은 수많은 장소에서 보았듯 창의성을 죽이지 않고 오히려 천재 공장이 되었을까?

지식을 전달하는 데 뛰어났던 것 아닐까? 큰 소리로 자문해본다.

어느 정도는 그랬다고, 브로디가 말한다. 하지만 지식은 천재성과 같지 않으며 오히려 천재성을 방해한다. 오늘날 우리가 가장 존경하는 천재들이 반드시 자기 분야에서 가장 박식한 사람인 것은 아니다. 이를테면 아인슈타인의 동시대인 중에는 물리학에 대해 그보다 많이 아는 사람이 많았다. 아인슈타인은 전지全知하지 않았다. 전견全見했다. 예상치 못하지만 중요한 연결고리를 잇는 능력이 창조적 천재의 특징이라면, 확실히 지식의 깊이보다는 너비가 중요하다.

스코틀랜드 대학들의 또다른 강점으로 배움이 쌍방으로 이뤄졌음을 들 수 있다. 배움은 교수에게서 학생에게 일방적으로 흐르지 않고 학생에게서 교수에게로도 흘렀다. 베로키오 공방에서 벌어진 일들이 좀더 규격화되고 폭넓어진 셈이다. 스코틀랜드의 교수들에게 강의실은 수입원일 뿐 아니라(교수들은 임금을 성과급으로 받았기 때문에, 수강생이 많을수록 돈을 더 많이 벌었다) 실험실이기도 했다. 이곳에서 그들은 자신의 괴상한 최신 아이디어를 시운전했다. 애덤 스미스의 기념비적인 길작 『국부론』은 원래 학생들을 대상으로 한 일련의 강의였다. 학생들의 평균 나이는 몇 살이었을까? 열네 살이었다.

포도주의 효과를 상쇄하기 위한 실용적 선택으로 에스프레소를 두 잔 시키면서 스코틀랜드 계몽주의의 두 갈래가 서로 연결된다는 생각을 한다. 즉, 이들은 개선과 친목을 동시에 강조했다. 이 모든 사교활동, 이 모든 클럽 활동에는—물론 이 모든 음주에도— 실용적 목적이 있었다. 바로 개선이었다.

브로디에게 타임머신 질문을 던진다. 난데없이 1780년 스코틀랜드에 가게 된다면 누구와 클라레 잔을 기울이고 싶으냐고 묻는다. 당연히 애덤 스미스일 거라고 예상했는데, 브로디는 과연 스코틀랜드식으로 나를 놀라게 한다.

"애덤 퍼거슨이요."

논란의 여지가 있지만 퍼거슨은 사회학의 아버지이며 어느 모로 보나 스미스와 흄 못지않게 명석했다. 그는 자신이 살았던, 또한 우리 모두 살아가는 달콤쌉싸름한 시절을 한마디로 요약한 명언을 남겼다. "모든 시대에는 나름의 고통과 나름의 위안이 있다." 목사였던 퍼거슨은 운명의 수레바퀴에 남달리 익숙한 사람이었다. 그의 말을 들으니 생각이 완전히 새로운, 뜻밖의 방향으로 흘러간다.

♀

어느 날 로열마일을 따라 걸으며 이만큼 왔음에 뿌듯해하던 차에 교회가 눈에 띈다. 왕관 모양 첨탑, 멋진 조각, 정교한 스테인드글라스 창문, 하늘을 향해 솟은 천장이 인상적인 성 자일스 교회다. 하지만 유럽에서는 술집만큼 흔한 게 교회 아니던가. 그래도 편히 쉴 공간을 바란다면 술집보다는 교회에 가는 편이 낫다. 요즘에는 대다수 유럽인들이 종교의 필요성을 못 느끼니까.

나처럼 창조적 천재의 향기에 빠진 사람들도 대체로 비슷하다. 지금까지 방문한 장소에서 종교는 천재성의 개화와 거의 무관했다. 종교 기관은 고작해야 혁신을 억눌렀을 뿐이다. 놀랄 일이 아니다. 둘은 기본적으로 긴장관계였다. 교회는(회교 사원이든, 유대교 회당이든) 전통의 수호자였으나, 창조성은 적어도 서구의 맥락에서는 전통과의 단절을 의미한다. 창조성은 갈등의 불씨다.

이따금 종교가 할 수 있는 일이라고는 뒤로 물러나기뿐일 때가 있다. 르네상스 시대에 가톨릭 교회는 적어도 부분적으로 그랬다. 항저우에서는 종교의 영향력이 크지 않았으며, 실험과 '이단'을 허용할 만큼 융통성이 있었다. 이슬람교가 전파되기 전, 아랍 민족들은 문화적으로 변방에 있었다. 시를 제외하면 그들은 이웃인 이집트인, 수메르인, 바빌로니아인, 페르시아인과 달리 세계 문명에 사실상 아무런 기여도 하지 않았다. 이슬람교가 모든 것을 바꿔놓았다. 이슬람교가 전래되고 얼마 지나지 않아 아랍인들은 천문학부터 의학, 철학에 이르기까지 온갖 분야에서 두각을 나타냈다. 무슬림의 황금기는 모로코에서 페르시아까지 펼쳐졌으며 여러 세기를 아우른다.

마찬가지로 커크Kirk라 불리는 스코틀랜드 장로교는 계몽주의에서 본의 아니게 중요한 역할을 했다. 이 이야기를 하려면 훌쩍 뒷걸음질하여 시작섬으로 돌아가야 한다.

태초에 말씀이 있었다. 좋은 말씀이었지만, 말씀을, 아니 어떤 단어 하나조차 읽을 수 있는 사람이 거의 없었다. 다들 답답했다. 18세기의 문맹은 21세기에 모뎀을 쓰는 사람과 같았다. 정보의 바다 한가운데 있으면서도 손에 잡히는 것이 거의 없고, 그나마도 내려받으려면 하세월이다.

뭔가 조치가 필요하다고 깨달은 스코틀랜드 교회는 문맹퇴치운동을 대대적으로 벌였다. 이 운동은 누구도 상상하지 못할 정도로 대성공을 거뒀다. 한 세기 안에 거의 모든 교구에 학교가 생겼다. 서유럽에서 가장 가난한 나라였던 스코틀랜드가 일순간 세계 최고의 문해율을 자랑하게 되었다. 이제 사람들은 말씀을 읽을 수 있게 되었다. 여기까지는 좋다.

하지만 교회가 미처 예상하지 못한 것이 있었으니, 그것은 사람들이 다른 말씀 또한 읽을 수 있게 되었다는 것이다. 신기술은 이런 식으로 작동한다. 일단 나타나면 도무지 다스릴 수가 없다. 교회에서는 사람들에게 성경을 알게 하기 위해서 읽기를 가르쳤으나 알다시피 다들 밀턴과 단테를 읽기 시작했다. 일군의 괴짜 과학자들이 연구 데이터를 공유할 수 있도록 컴퓨터 네트워크를 만들었으나, 알다시피 다들 온라인으로 속옷을 사기 시작했다.

스코틀랜드인들은 피렌체인들과 마찬가지로 책과 사랑에 빠졌으나 둘 사이에는 큰 차이가 있었다. 이즈음에는 구텐베르크의 인쇄기가 널리 보급되어 있었다. 책은 이제 사치품이 아니었다. 일반인도 책을 손에 넣을 수 있었다. 하지만 이들은 평범한 책을 읽지 않았다. 이들의 취향은 훨씬 학구적이었다. 데이비드 흄의 여섯 권짜리 『잉글랜드 역사』는 결코 가벼운 읽을거리가 아니지만 스코틀랜드에서 엄청난 베스트셀러가 되었다.

스코틀랜드 교회의 성직자들은 이 세속적 독서의 물결에 어떻게 대처했을까? 그들은 물결이 솟구치도록 내버려두었으며 몇몇은 거기 뛰어들었다. 애덤 퍼거슨 말고도, 또다른 목사 존 홈이 쓴 희곡은 당대 최고의 인기를 누렸다. 세속적이면서도 종교적인 새로운 종류의 천재성이 스코틀랜드라는 척박한 땅에서 꽃을 피웠다.

에든버러에서의 마지막날 아침, 운하를 따라 걷는다. 대체로 흐리지만, 스코틀랜드인들에게는 화창한 날이다. 이 날씨가 오래가지 않을 것임을 안다. 비가 오든, 바람이 불든, 무엇이든 어찌 알겠는가. 지속되는 것은 아무것도 없다. 어디서든 마찬가지겠지만, 이곳 스코틀랜드에서는 이 사실이 더 뼈저리게 느껴진다. 걷다가 옷깃을 여미는데 삶의 이러한 덧없음이 아테네에서 천재성을 북돋웠다는 생각이 떠오른다. 말이 된다. 우리는 제약을 맞닥뜨렸을 때 어느 때보다도 창조적이 되는데, 시간이야말로 궁극의 제약이니까.

　하지만 현명한 스코틀랜드인들은 이에 대해서도 해법을 생각해 냈다. 데이비드 흄은 경험론이라는 철학 학파를 설명하면서, 지금까지 모든 사람이 죽음을 맞이했다고 해서 모든 사람이 반드시 죽는다고 가정하는 것은 잘못이라는 명언을 남겼다. 게다가 그의 친구 애덤 스미스가 1790년에 임종을 앞두자 흄은 그의 침대맡에서 이렇게 중얼거렸다고 한다. "이 모임의 상소를 옮겨야겠구먼."

　그리고 그들은 특이한 방식이지만 그렇게 했다. 스코틀랜드 계몽주의는 결코 끝나지 않았다. 단지 자리를 옮겼을 뿐이다. 앞에서 말했듯 스코틀랜드의 사상들은 머나먼 해안에 도착했는데, 그중에는 신생국 미국도 있었다. 하지만 스코틀랜드의 사상이 가장 화려하게 꽃핀 곳은 뜻밖에도 인도 아대륙이었다. 북적거리고 병마에 시달리는 이 도시가 한동안 세상을 밝혔다.

5장

천재는
뒤죽박죽이다

**매끄러운 표면에는
아무것도 달라붙지 않는다.**

콜카타

KOLKATA, INDIA

힌두교에서의 천재는 방을 밝히는 전구와 같다. 방은
늘 거기 있었으며 앞으로도 그럴 것이다. 천재는 방을
창조하지도, 심지어 발견하지도 않는다. 그는 밝힌다. 사소한
일은 아니다. 조명이 없으면 우리는 방의 존재를 알지 못하며
그 안에 든 경이로움을 깨닫지 못한다.

"이곳은 우연의 일치 가능성이 다른 곳보다 큽니다."

무거운 공기 중에 머문 말들은 유리잔 쨍그랑거리는 소리, 근처 테이블에서 깔깔거리는 소리, 서더가街에서 들려오는 웅웅대는 자동차 소리와 뒤섞이다 마침내 불청객처럼 내 뇌에 들어앉는다. 이곳은 우연의, 일치 가능성이, 다른 곳보다, 큽니다. 헛소리, 라고 생각하지만 여행을 다니면서 배운 것이 하나 있다면, 헛소리를 진지하게 받아들여야 한다는 것이다. 진짜일 수도 있으니까.

이 심오할지도 모를 헛소리를 내뱉은 사람은 얼굴색이 불그레하고 활기차고 늘 빈털터리인 아일랜드인 사진가 T.P.다. 콜카타는 그에게 제2의 고향이다. 그는 일 넌마다, 십 넌마다 여기 돌아온다. 콜카타는 어느 모로 보나 쉬운 도시는 아니지만 T.P.는 전혀 굴하지 않는다. 우연은 소중한 것이다. 잡을 수 있으면 잡아야 한다.

우리는 페어론 호텔의 옥외 맥주 바에 앉아 있다. 이 호텔 자체가 우연의 산물이다. 영국인 공무원. 미국인 신부. 죽어가는 제국의 낭떠러지에 앉은 도시. 겉으로는 무관해 보이는 이 모든 사실들이 어우러져 페어론을 낳았다. 이 건물은 1930년대 이후 호텔로 쓰였는데, 불안정한 와이파이와 신경질적인 에어컨 말고는 별로 달라진 게 없다. 이곳은 식민지 이후—아니 식민지 **시절**이라는 게 더 낫겠다—의 특징을 고스란히 보여준다. 페어론 호텔만 놓고 보자면 영국의 통치는 결코 끝나지 않았다. 고리버들 의자 몇 개와 구겨진 신문지가 널브러진 탁자 하나가 고작인 로비에서는 윌리엄 공작과 케이트 공작부인, 그리고 몇몇 왕실 물건을 찍은 사진이 방문객을 맞이한다. 하지만 사람들이 이곳을 찾는 이유는 향수에 젖기 위해서가 아니다. 그들은 녹음이 우거진 정원에서 맥주를 마시기 위해 이곳을 찾는다. 싸구려 플라스틱 탁자와 즐거이 무관심한 종업원이 있는 이곳은 몇 미터 떨어진 **바깥**의 광기로부터 한숨 돌릴 수 있는 장소다.

여느 위대한 장소와 마찬가지로 페어론은 교차로다. '마더 테레사의 죽음의 집'에서 일하는 성실한 자원봉사자들, 직장에서 하루 종일 일하고 긴장을 푸는 지역민들, 이곳을 구경하는 돈 많은 관광객들, 돈을 물 쓰듯 쓰다 빈털터리가 된 배낭여행객들의 평행 세계가 잠시 겹치는 중립 구역. 저기 손님이 새로 들어온다. 눈이 휘둥그레지고 몸을 떠는 모습을 보니 인도에서만 걸리는 여행자 트라우마를 겪나보다.

작가 키플링이 "무시무시한 밤의 도시"라고 부른 콜카타는 늘 예상을 깨뜨리는 곳이다. 인도를 처음 찾은 사람에게나, 나처럼 평생 이곳을 찾는 사람에게나 마찬가지다. 개인적이고 소화기관적인 관점에서 보면 이 흔들림은 안타까운 일이지만, 창조성에는 유익하다. 창조적 혁신을 위해서는 쉬고 있는 우리의 몸에 외부의 충격이 가해져야 하기 때문이다.

T.P.는 오랜 세월이 지났음에도 여전히 콜카타가 자신에게 충격을 선사한다고 말한다. 그가 킹피셔 맥주를 홀짝거리며 **우연의 일치 가능성**에 대해 늘어놓는다. 공손하게 이야기를 들으면서도 몬순 철을 앞둔 이맘때 콜카타를 짓누르는 폭염(현지인들은 '구역질나는 달들'이라고 부른다) 때문에 켈트인 T.P.의 뇌가 어찌된 게 아닐까 싶어진다. 우연의 일치란 정의상 임의적인 일 아닌가? 그렇다면 우연의 일치 가능성이 다른 곳에 비해 콜카타에서 더 높거나 낮을 이유가 없지 않은가?

현실감을 잃겠다고 점잖게 조언하려는 찰나 T.P.가 자신이 찍은 사진 몇 장을 보여준다. 개 한 마리가 주석 깡통 더미 위에서 신기하게 균형을 잡고 서 있고, 소박한 방 안에는 인도의 3대 종교인 기독교, 이슬람교, 힌두교의 상징물들이 애덤 스미스의 보이지 않는 손에 의한 양 절묘하게 배치되어 있다. 이 사진가의 성공 비결은 우연의 일치와 관계를 맺고 그 곁에 머문 것이다. T.P.의 사진에서 보듯 이런 뜻밖의 병치, 그러니까 시간과 공간의 움직임이 순간적으로 맞아떨어지는 방식이 사진에 의미를, 그리고 아름다움을 불어넣는다.

이튿날 아침 페어론 호텔에 앉아 킹피셔를 홀짝거리며 우연—

그리고 그 가까운 사촌인 임의성과 혼란—의 역할을 곰곰이 생각한다. 사진뿐 아니라 모든 창조적 행위에서 우연은 어떤 역할을 할까? 이곳에서 나는 창조적 장소의 논리적이고 실증적인 토대, 그러니까 일종의 공식을 찾고 있었다. 내가 우연이라는 명백한 요소를 간과했으면 어쩌지?

우연을 뜻하는 영단어 '챈스chance'는 '떨어지다'를 뜻하는 라틴어 '카데레cadere'에서 고프랑스어를 거쳐 지금의 형태가 되었다. 사과가 나무에서 떨어지듯 중력에 의해 움직이는 것보다 자연스러운 일이 어디 있겠는가? 천재들은 단순히 나머지 사람들에 비해 이런 진리에 친숙한 것일까? 그들이, 더 나아가 그들이 머무는 장소가 나머지 우리보다 단지 더 운이 좋을 뿐일까?

그리 터무니없는 생각은 아니다. 심리학자 미하이 칙센트미하이가 여러 분야의 노벨상 수상자를 비롯한 매우 창의적인 사람 수백 명에게 그들의 성공 비결을 묻자 가장 많이 나온 대답 중 하나가 운이 좋았다는 것이었다. 칙센트미하이는 이렇게 결론 내린다. "대체로 알맞은 때에 알맞은 장소에 있는 것이 관건인 듯하다." 캘리포니아에서 딘 사이먼턴이 해준 얘기가 떠오른다. 그는 천재가 "우연을 활용하는 데" 능하다고 말했다. 당시에는 T.P.가 말한 우연의 일치 가능성만큼이나 허황되어 보였으나 이제는 사이먼턴이 늘 그렇듯 뭔가 아는구나 싶다.

우연과 천재의 관련성을 밝혀줄 장소가 있다면 바로 이곳, 위대한 영화감독 사티야지트 레이가 자신의 사랑하는 고향을 지칭한 것처럼 "무시무시하고 당혹스럽고 북적거리는 도시"다. 콜카타. 기뿜의 도시이자, 잃어버린 이상과 두번째 기회의 도시, 그리고 잠깐이지만 영광스러웠던 순간에는 천재의 도시였던 곳.

♀

물론 요즘은 **천재**라는 단어와 **콜카타**라는 단어를 한 호흡에 말하는 경우가 드물다. 이제 이 도시는 찢어지게 가난하고 무능한 정부의 대명사다. 제3세계의 비극을 한눈에 보여주는 곳. 하지만 그리 오래지 않은 과거 이곳에서 전혀 다른 이야기가 펼쳐졌다.

대략 1840년에서 1920년 사이, 콜카타는 세계에서 으뜸가는 지성의 수도이자 예술과 문학과 과학과 종교를 아우르는 창조성이 번성한 심장부였다. 이 도시는 노벨상 수상자(아시아 최초), 아카데미상 수상자, 동양권도 서양권도 아닌 엄청난 양의 문헌(런던을 제외하면 콜카타에서 세계에서 가장 많은 책이 출간되었다), 그리고 전혀 새로운 대화법('아다'라고 한다)을 쏟아냈다. 게다가 이는 시작에 불과했다.

콜카타의 황금기를 찬란히 빛낸 사람으로는, 낮에는 점원 일을 하고 밤에는 소설을 쓰면서 옛 문화에 새 생명을 불어넣은 반킴 차토파디아야, "턱없이 짧은 생애" 동안 절묘한 시를 썼을 뿐 아니라 '청년 벵골'이라는 지성 운동을 이끈 헨리 데로지오 같은 작가들이 있다. 스와미 비베카난다라는 신비주의자는 1893년에 시카고에 가서 미국인들에게 완전히 새로운 영적 전통을 소개했으며, 자가디시 보스라는 물리학자는 신생 분야인 무선 기술을 발전시켰고 매우 다양한 영역에서 생물과 무생물의 경계가 생각만큼 명확하지 않음을 밝혀냈다. 여성도 있었다. 라순다리 데비는 이십대까지 문맹이었으나 벵골어 자서전을 최초로 썼으며 전 세계 여성들에게 영감을 주었다.

당시 사람들은 자신들이 특별한 시대를 살아간다고 직감했으나 거기에 붙일 만한 이름이 없었다. 이제 그 시대를 벵골 르네상스라 부른다. 콜카타의 주요 민족인 벵골인의 이름을 딴 '인도의 각성'은 이탈리아 르네상스와 마찬가지로 재난의 잉걸불에서 예기치 않게 솟아올랐다. 재난의 원인은 흑사병이 아니라 영국이었다. 이번에도 영국이 문제였다. 기억하겠지만, 스코틀랜드도 잉글랜드에 합병당하고 얼마 지나지 않아 번성했다. 영국인들은 가는 곳마다 그저 말썽과 천재성만 가져다주는가보다. 콜카타 토박이로, 도시의 황금기를 기록한 수브라타 다스굽타는 이렇게 말한다. "서구가 없었다면 이러한 각성은 일어나지 않았을 것이다. 서구가 없었다면 르네상스는 일어나지 않았을 것이다."

그렇다고 해서 벵골 르네상스가 단지 비틀스나 따뜻한 맥주 같은 영국의 수출품이고 인도인들은 이를 그저 통째로 받아들였을 뿐이라는 말은 아니다. 벵골 르네상스는 그보다 훨씬 큰 사건이었다. 하지만 콜카타의 한 학자가 적절히 원색적 표현을 써서 말했듯, 영국은 "인도인의 생각에 서구 사상의 씨앗을 심었으며" 그리하여 이 사상들은 나름의 생명을 얻었다. 다시 말하지만 체제에 충격을 가했다. 하지만 이번에는 단순한 충격 이상이었다. 지진이었다.

이 지진의 단층선은 성 요한 교회라는 작고 보잘것없는 교회를 통과했다. 나는 일찌감치 도착한다. 아직 문을 안 열어서 이미 작열하는 햇볕을 쬐며 기다린다. 그러다 내가 불쌍했는지 문지기가 들어오라고 손짓한다. 벽돌로 된 좁은 통로를 따라, 색칠해진 바닥을 가로질러 백 미터쯤 가니 흰 대리석 기념비가 서 있다. 17세기 잉글랜드의 선장이자 콜카타의 아버지 잡 차녹의 무덤이다. 그는 맨 처음 씨를 뿌린 사람이다. 묘석에는 이런 문구가 새겨져 있다. "그는 방랑자였으며, 자기 땅이 아닌 곳에 오래 머물다 영원한 집으로 돌아갔노라."

감동적이지만, 절반만 진실이다. 이곳이 '자기 땅이 아닌 곳'이었을지는 몰라도 차녹은 그렇게 만들었다. 그는 인도인 아내를 얻어 (과부가 남편의 장례식에서 장작더미에 몸을 던져 자살해야 하는, 현재는 불법인 인도의 풍습 수티에서 구해낸 여자를 아내로 삼았다.) 네 아이를 낳았다. 헐렁하고 펑퍼짐한 옷 쿠르타를 입고 후카, 혹은 물담배를 피웠으며 아라크라는 그 지역 독주를 마셨다. 콜카타의 설립자이자 잉글랜드 귀족의 아들이자 여왕의 자랑스러운 하인 잡 차녹은 콜카타 토박이가 되었다.

영국이 인도와 교류 없이 인도를 통치하려든 것을 고려하면 의아할지도 모르겠다. 그렇다면 콜카타가 화이트 타운과 블랙 타운으로 분리되었으며, 접시를 닦고 차를 나르는 토착민만 출입이 가능한 벵골 클럽 같은 배타적 모임이 있었음을 생각해보라. 일부, 어쩌면 대다수의 영국 식민주의자들은 "훌륭한 유럽 도서관의 서가 하나가 인도와 아랍의 토착 문학 전체만큼 가치 있다"는 말로 악명을 얻었던 영국령 인도의 고위 관료 매콜리 경의 말에 동의했지만 예외도 있었다. 몇몇 영국인은 남들이 후진적이라고 여기는 것에서 오래된 지혜를 발견했다. 또한 적잖은 인도인은 창백한 피부에 뻣뻣한 몸에 섹스와 신에 대해 우스운 견해를 가진 사람들에게서 지혜를 보았다. 인도인과 영국인을 망라하여 이런 예외적인 사람들이 벵골 르네상스의 씨앗을 뿌렸다.

인도를 바꿀 수 있다고 생각한 것은 영국인들이 처음이 아니었다. 그전에 그중에서도 불교도와 무굴제국이 있었다. 인도사는 합병 없는 문화 변용의 역사이자 외국의 영향을 거부하지도 무작정 흡수하지도 않고 '인도화'함으로써 대응해온 역사다. 인도인들은 붓다(비슈누 신의 아바타로 기적적으로 둔갑했다)에서 맥도날드(힌두교 교리에 맞게 마하라자 맥 메뉴에서 소고기를 뺐다)에 이르기까지 모든 것에 이 마법을 부렸다. 이렇게 탄생한 잡종 문화는 "인도에 대해 무슨 옳은 소리를 하든 그 반대도 참이다"라는 유명한 말을 남긴 영국의 경제학자 존 로빈슨처럼 많은 서구인들을 어리둥절케 한다.

천재의 장소가 어떻게 다양한 문화 흐름의 중심을 차지하는지는 이미 살핀 바 있다. 고대 아테네의 대형 범선이나 르네상스 피렌체의 상인을 떠올려보라. 이러한 혼합에서 생겨난 창조적 문화는 잡종일 수밖에 없었다. 인도의 한 학자는 "문화보다 덜 순수한 것은 없다"라고 말했는데 내가 보기에도 그의 말이 옳다. **순수한 천재**라는 말은 형용 모순이다. 천재에게 순수한 면은 아무것도 없다.

천재는 빌리고 훔친다. 물론 거기에 자신의 재료를 섞긴 하지만, 순수함이 설 자리는 어디에도 없다.

콜카타의 혼합에서 특별한 점은 그게 우연이 아니었다는 것이다. 콜카타의 혼합은 어느 역사가의 말마따나 "인도의 천재성과 서구적 감수성의 결혼"으로 생겨났다. 이는 중매결혼이다. 콜카타는 계획된 천재성을 보여주는 세계 최초의(어쩌면 유일한) 사례이기 때문이다. 벵골 르네상스 끝 무렵에 살았던 시인 수딘 다타는 이렇게 말한다. "현대 세계의 새로운 문화 중에서 오래된 문화 둘을 의도적으로 섞어 만들지 않은 것은 하나도 없다."

어느 날 인도에서라면 필요한 초긴장 상태로 위협이나 우연에 대비하며 눈동자를 굴리면서 걷는데 기시감이 날카롭게 나를 사로잡는다. 이전에는 콜카타를 방문한 적이 한 번도 없었는데 말이다. 이런, 안 돼. '인도적 순간'을 맞이하는 건가? 어쩌면 전생으로 돌아가려나? 이곳에서는 이런 일이 일어난다. 여러분이 생각하는 것보다 더 자주. 사람들은 탈선하여 다시는 돌아오지 않는다. 그러다 깨닫는다. 콜카타가 이토록 낯익어 보이는 이유는 런던과 지독히도 닮아서임을. 페어론 호텔의 단골손님 하나가 말하듯 영국인들은 "고향과 똑같되 더 뜨거운 곳을 만들어냈다".

영국령 인도의 수도 콜카타는 일종의 실험실이었다. 유망하지만 검증되지 않은 아이디어가 이곳을 거쳤다. 범죄 수사에서 쓰는 지문 감식법을 처음 사용한 것도 여기다. 기억하다시피 이 기법은 우리의 오랜 친구 프랜시스 골턴이 발명했다. 맨체스터보다 먼저 콜카타에 하수도와 가스등이 갖춰졌다. 이곳에서는 늘 창조성이 혈액처럼 흘렀다(비록 처음에는 인위적으로 만들어진 창조성이었지만).

📍

비가 내려 콜카타에 고마운 참화를 일으킨다. 사람들은 열기를 피할 수 있어서 환영하지만, 여기에는 대가가 따른다. 도로가 침수되고 조명이 깜박거리고 교통 체증이 일어난다. 이는 오늘 일이지만 1842년 6월 초 어느 날도 마찬가지였다. 물이 도로에 차오르고 마차가 행인들에게 진흙을 튀겼다. 하지만 대부분 인도인으로 구성된 수백 명의 군중은 악조건을 무릅쓰고 장례식에 참석했다. 그들은 고개를 숙인 채 무거운 가슴을 안고 스코틀랜드의 시계공이었다가 교육자이자 자선가로 변신한 데이비드 헤어의 관을 따라 걸었다. 사람들의 감정이 격해졌다. 한 목격자는 이렇게 말했다. "그가 죽자 사람들은 고아가 된 듯 그를 위해 눈물 흘리고 흐느꼈다." 한 추도객은 헤어를 두고 "근대 교육이라는 이상을 옹호하고, 미신의 더러운 늪에서 버둥거리는 이 나라에서 '이성의 시대'라는 여명을 밝히고, 자유와 진리와 정의의 이상을 위해 용감히 싸운, 벗 없는 민족의 벗"이라고 칭송했다.

잡 차녹과 마찬가지로 데이비드 헤어도 먼 타향에서 죽었다. 그가 왜 고국 스코틀랜드를 떠나 질병이 창궐하는 미지의 해안 콜카타로 향했는지는 수수께끼다. 당시 이런 여정을 떠나는 사람은 돌아오지 못할 것임을 알았다. 어쩌면 여느 버젓한 스코틀랜드인처럼 그도 모험을 추구했거나 여행의 힘으로 새로운 존재가 되고 싶었는지도 모른다. 이유가 무엇이든 인도 땅에 발을 디딘 뒤 그는 결코 뒤돌아보지 않았다. 그는 벵골 문화를 공부했지만, 스코틀랜드인답게 다듬고 개선하려는 충동에 이내 사로잡혔다.

헤어는 사업을 매각하고 시계의 기계 작동에서 인간 정신의 작동으로 눈길을 돌렸다. 그는 냉담한 식민지 통치자와는 정반대였다. 마음씨가 너그러워서, 형편이 어려운 학생의 학비를 대신 내주었으며 학생의 행복에 진심으로 관심을 가졌다. 그의 친구가 이렇게 회상할 정도였다. "학생들의 슬픔은 그의 슬픔이었고 학생들의 기쁨은 그의 기쁨이었습니다." 헤어는 인도 최초의 서구식 대학 힌두대학을 설립해 교육을 통한 삶의 질 개선이라는 스코틀랜드적 목표를 인도에 도입했다. 사실 콜카타의 번영은 황금기가 황금기를 낳은 분명한 예다. 애덤 스미스를 비롯한 다른 위대한 스코틀랜드인들의 천재성이 데이비드 헤어 같은 열성적 전파자를 통해 콜카타에 전해졌으니 말이다.

벵골 아시아협회의 먼지투성이 문서고에 몇 날 며칠 동안 처박혀서 과거를 발굴한다. 깊이 팔수록 더 많은 연관성이 드러난다. 두 민족 모두 자기네 술을 좋아하며 세계에서 이 두 나라만 자국의 술에 자국의 이름을 붙였다(스코틀랜드는 스카치, 벵골은 방글라Bangla). 두 지역 모두 불안정하다. 작가 아미트 차우두리에 따르면 콜카타는 "스스로와 갈등한다". 지극히 스코틀랜드적이고 지극히 브로디 추기경적이다. 또한 두 민족 다 소외당했다. 그렇다면 이 많은 천재는 어떻게 배출되었을까?

다시 말하지만 타이밍이 관건이다. 데이비드 헤어가 콜카타에

도착했을 때는 두 개의 흐름이 서로 다투며 도시를 휩쓸고 있었다. 그의 전기 작가 피어리 미트라가 말한다. "헤어는 두 이념의 충돌을 주의깊게 들여다보았으며, 동서양이 만나 영향을 주고받도록 둘을 종합하는 데 온 힘을 쏟았다."

헤어의 상급자들은 그의 활동을 지원했는데, 이타적 동기에서가 아니라 읽고 쓸 줄 아는 노동력이 필요했기 때문이었다. 하지만 그들은 중요한 사실을 간과했다. 스코틀랜드 교회 성직자들이 신도에게 성경을 읽히려고 문맹퇴치운동을 벌였듯, 영국 식민주의자들은 사무원의 도시를 손에 넣고자 인도인들을 교육했다. 하지만 그들이 얻은 것은 시인의 도시였다.

호텔 안내원이 문을 열어주자 나는 서더가에 발을 내디딘다. 골목보다도 좁은 길이지만 작은 도시보다 더 북적거린다. 나는 황량한 건물에 위치한 (숙박료가 페어론 호텔에서 마신 맥주 한 병보다 싼) 배낭여행자용 호텔을 지나고 인도 음식과 중국 음식과 태국 음식과 이탈리아 음식을 (이 모든 걸 놀랄 만큼 훌륭히) 만들어내는 블루스카이 카페 앞을 지나고, 오피스텔보다 좁은 공간에 코스트코를 욱여넣은 듯한 작은 가게들 앞을 지난다. 이 풍경을 모두 가슴에 담고 있는데 택시 한 대가 잘못된 차로로 쌩하고 달리다 나를 칠 뻔한다. 신호등은 참고만 하는 것이 분명하다. 이들에게 빨간불은 멈추는 걸 고려해보라는 신호에 불과하다. 아니면 말고. 게다가 일방통행로는 하루에 한 번씩 방향이 바뀐다. (이것은 하루 중 무척 흥미로운 시간이다.) 좌우 차로를 나누면 어떻겠느냐고? 풋. 그건 창의력이 부족한 운전자들에게나 필요하다. 콜카타의 교차로보다 더 창의적인 장소는 지구상 어디에도 없다.

단도직입적으로 말하겠다. 콜카타는 추한 도시다. 하지만 이는 사랑스러운 추함이다. 오리너구리나 아르마딜로, 아니면 측은해 보이는 합죽이 노파의 추함처럼 말이다. 작가이자 영화 평론가 치트랄레카 바수 말마따나 "사람을 영문 모르게 끌어당기는" 추함이다.

이런 종류의 추함은 나름 장점이 있다. 롤링스톤스에 물어보라. 2003년 인터뷰에서 기타리스트 론 우드는 동료 멤버 키스 리처즈를 일컬어 이렇게 말했다. "키스는 너절한 분위기를 내는데, 이게 없으면 저희는 망해요." 매끄러운 표면에는 아무것도 달라붙지 않는다. 창의적 삶을 위해서는 거친 표면이나 추함마저도 어느 정도 필요한 법이다.

북적거리는 장터인 뉴마켓에 들어선다. 노동자들은 아직까지 보도에 널브러져 자고 있고, 한 무리의 소년들이 길거리 크리켓을 하고 있다. 길거리 차 장수 차이왈라가 아침 차를 데우고, 광고판에서는 겨드랑이를 깔끔하게 해주는 크림을 광고한다. 웃는 아이들, 쓰레기 더미를 뒤지는 돼지, 삐약삐약 우는 병아리들이 담긴 바구니도 보인다. 콜카타 거리에서는 음식을 팔고, 만들고, 먹고, 싼다. 삶은 늘 공공연하다. 사람들은 이를 닦고, 오줌을 누고, 다른 곳에서라면 닫힌 문 너머에서 할 모든 일을 길거리에서 한다.

이런 장면을 전에도 본 기억이 난다. 아테네의 아고라, 항저우의 호숫가, 피렌체의 광장, 올드 에든버러의 길거리가 다 그랬다.

삶이 공공연하게 이루어지면 더 많고 다양한 자극에 노출된다. 붐비는 통근 열차와 리무진 뒷좌석을 비교해보라. 점끼리 잇는 것이 창의성이라면, 점은 많을수록 좋다. 사적 공간은 점을 묻어버린다. 공적 공간에서는 점이 넘쳐나며 누구나 자유롭게 쓸 수 있다.

창의성에는 운동에너지도 필요하다. 콜카타에는 운동에너지가 많다. 콜카타의 한 작가 말마따나 대개 "소멸되지 않고 방향성 없는 운동"인 순환적 에너지이기는 하지만 말이다. 콜카타에서는 별일이 일어나지 않으며, 일이 일어나도 그리 빠르게 일어나지 않는다. 좋은 현상이다. 속도보다는 목적지가 중요한 법이니까. **중요한 사실은 움직인다는 것이다.** 앞에서 보았듯 움직임은 창의적 사고를 점화시킨다. 고대 아테네의 산책하는 철학자나 자기 서재를 걷는 마크 트웨인을 생각해보라. 그들은 물리적으로는 어디도 가지 않았지만 마음속에서는 먼 곳까지 나아갔다.

바짝 긴장한 채 20미터를 걸어가자 여행사와 차 노점상 사이로 작은 동상이 보인다. 동상의 주인공은 수염을 기르고 성자처럼 생겼으며 목에 금잔화 화환을 걸고 있다.

모든 르네상스에는 르네상스인이 필요하다. 피렌체에 레오나르도가 있었고 에든버러에 데이비드 흄이 있었다면 콜카타에는 라빈드라나트 타고르가 있었다. 시인이자 수필가이자 극작가이자 운동가이자 노벨상 수상자 타고르는 벵골 르네상스의 화신이었다. 그는 팔방미인이었지만, 말년에 자신의 일생을 이렇게 짧게 요약했다. "나는 시인이다." 타고르에게 그 나머지는 모두 부차적인 것이었다. 타고르의 말에서 창조적 삶을 영위하는 사람들의 명백하면서도 중요한 특징을 볼 수 있다. 그들은 스스로 창조적 삶을 영위한다고 생각하며 그렇게 말하기를 두려워하지 않는다. 노버트 위너의 자서전 제목은 '나는 수학자다'이다. 거트루드 스타인은 한발 더 나아가 당돌하게도 "나는 천재다!"라고 선언했다.

오늘날 타고르는 콜카타에서 읽히기보다는 숭배된다. 늘 긴 수염을 찰랑거리고 지혜로워 보이는 주름진 눈매를 가진 그의 사진을 어디서나 볼 수 있다. 건널목 스피커에서는 그의 노래가 울려퍼진다. 서점에는 타고르 서가가 따로 있다. 사람들은 "타고르를 꼭 읽어보세요"라면서, 타고르의 시를 한 줄 읽으면 "세상의 모든 시름을 잊는다"던 예이츠의 명언을 들먹인다. 천재는 두 종류가 있다. 세상을 이해하도록 해주는 사람과 세상을 잊도록 해주는 사람. 타고르는 둘 다였다.

타고르의 작품에는 모든 천재를 구별 짓는 영원불변의 특징이 있다. 그에게는 어제의 것이 하나도 없다. 어느 날 음반 가게에 들어갔다가 놀란다. 지구상에 아직 음반 가게가 존재한다는 사실에 놀라고, 세계 최후의 음반 가게에 타고르 음반이 이토록 많다는 사실에 놀란다. 통로 전부가 그의 곡이다. 마치 거슈윈이 미국 음반 가게에서 최고 명당자리를 차지하고 있는 격이다. 만에 하나 미국에도 음반 가게가 남아 있다면 그렇다는 얘기다. 천재를 남아 있는 힘으로 정의한다면 타고르는 분명 천재다. 어느 날 인기 음악인이 커피를 마시며 내게 말한다. "타고르의 음악은 시대를 막론하고 가장 현대적인 음악입니다. 그가 가장 현대적인 이유는 지금도 화장실에 가면 그의 노래를 흥얼거리게 되기 때문이죠. 버스에 타서도 그의 노래를 흥얼거립니다. 다들 그런다고요."

황금기는 슈퍼마켓과 같다. 선택의 여지가 무궁무진하다. 무엇을 선택할지는 당신에게 달렸다. 슈퍼마켓에서 장을 본다고 해서 반드시 맛있는 음식을 만드는 것은 아니지만, 그럴 가능성은 있다. 타고르가 성년이 되었을 즈음에는 벵골 르네상스의 토대가 이미 마련돼 있었다. 슈퍼마켓은 영업을 시작했다. 그는 슈퍼마켓을 뻔질나게 드나드는 창의적인 손님이었다. 타고르는 여느 천재와 마찬가지로 파벌주의를 멀리했다. 그는 불교, 고대 산스크리트어, 영문학, 수피즘, 마을을 방랑하는 음유 가수인 바울 등 무엇에서나 영감을 얻었다. 타고르의 천재성은 종합에서 비롯했다.

타고르를 더 알고 싶어서 그의 생가 조라상코를 찾아가기로 한다. 눈을 찡그릴 일이 많지 않아서 다행이다. 붉은 사암으로 만든 건물은 약간 낡았지만 타고르 생전과 그다지 달라 보이지 않는다.

실내에 들어가 안내에 따라 신발을 벗자―여기는 신성한 곳이니까―타고르 생가 관리인 인드라니 고시가 미소 띤 얼굴로 나를 맞는다. 그녀는 덩치가 크고 허리둘레에 걸맞은 미소를 지었으며 이마에 선홍색 빈디를 찍었다. 그녀의 사무실도 19세기 때와 별반 달라지지 않은 듯하다. 오래된 문서 캐비닛, 전력 부족으로 소음을 내는 천장 선풍기, 찢어진 등나무 의자를 인도 관료와 스코틀랜드 학자의 집무실에서 볼 법한 파리한 형광등 불빛이 비춘다.

그녀가 타고르의 팬인 것은 놀랍지 않다. "신이 있는지 없는지는 모르겠지만 타고르는 분명히 실존했어요. 제게는 신과 같은 존재랍니다." 우리는 잠시 침묵 속에 앉아 있다. "선생님께서는 이 도시의 심장 박동을, 타고르의 심장 박동을 찾고 싶으신 거죠?"

나는 그렇다고 대답한다. 바로 그거지.

그녀는 제대로 찾아왔다고 확언한다. 이곳은 어린 타고르가 어른이 된 곳이다. 타고르는 자라면서 극심한 외로움과 거센 자극을 둘 다 경험했다. 열다섯 형제 중 막내로 태어난 타고르는 길거리에서나 집안에서나 늘 혼란과 문화에 둘러싸여 지냈다. 그의 형제들은 맨발로 온 동네를 천방지축 쏘다녔다. 당시는 어수선한 격동의 시대였다. 훗날 타고르는 이렇게 썼다. "어린 시절을 되돌아보면, 내가 신비로 둘러싸여 있다는 생각을 가장 많이 했던 것 같다." 이 신비와 그에 따르는 혼란은 그에게 분노와 영감을 거의 똑같이 선사했다.

📍

혼란. 이 단어는 **무정부** 상태의 동의어로 곧잘 쓰이지만, 그것은 잘못된 용법이다. "혼란스러워"라는 말은 십대 딸의 방이나 자신의 정신 상태를 마주했을 때 쓴다. 우리는 혼란이 나쁜 것이며 무슨 수를 써서라도 이를 피해야 한다고 생각한다.

그런데 우리가 틀렸다면? 혼란이 해롭지 않다면? 실은 창조적 도약의 재료라면?

우선, 터무니없게 들린다는 사실 나도 인정한다. 창조적인 사람들은 혼란을 다스릴 방법을, 사뮈엘 베케트 말마따나 "난장판을 수용하는 형태를 찾을" 방법을 끊임없이 모색하지 않았던가? 물론 그렇긴 하지만, 그들은 종종 혼란을 갈망하고 혼란이 자연스럽게 생기지 않으면 만들어내기도 한다. 베토벤의 책상은 어지럽기로 유명했으며 아인슈타인은 난잡한 애정 행각을 벌였다. 나는 이를 '자체 유도 혼란'이라고 부르련다. 창조적인 사람들은 임의성을 너무 중시하기에 우연에만 맡겨둘 수 없음을 안다.

질서뿐 아니라 혼란에 대한 이런 갈망은 뿌리가 깊으며, 신경학적 토대가 있다는 증거도 있다. 몇 해 전, 신경학자 월터 프리먼은 새로운 냄새를 맡았을 때 뇌가 어떻게 반응하는지 알아보는 흥미로운 실험을 진행했다. 그는 토끼 뇌에 전극을 부착한 뒤 어떤 것은 친숙하고 어떤 것은 생소하게 다양한 냄새를 맡게 했다. 자신의 '데이터베이스'와 일치하지 않는 새로운 냄새를 맡은 토끼의 뇌는 프리먼의 말마따나 '몰라 상태'가 되었다. 이렇게 '혼란의 우물'이 생기면 뇌는 "앞서 배운 모든 활동을 회피하고 새로운 활동을 만들어낸다".

프리먼은 우리 뇌가 새로운 정보—이 경우는 새로운 냄새—를 처리하려면 혼란 상태가 필요하다고 결론 내린다. "혼란스러운 행동이 없으면 신경계는 새로운 냄새를 이미 학습된 냄새의 저장소에 추가하지 못한다."

프리먼의 결론에는 심오한 의미가 있다. 그는 혼란이 창의성의 방해물이기는커녕 필수 요소라고 말한다. 우리의 뇌는 혼란에서 질서를 빚어낼 뿐 아니라 질서에서 혼란을 빚어내기도 한다. 창의적인 사람은 혼란을 수렁이라기보다는 정보의 광맥으로 본다. 물론 이는 이해할 수 없는 정보지만, 언젠가는 이해가 될지도 모르니 주의를 기울이는 것이 최선이다.

창의적인 사람은 혼란과 손잡지만, 손잡는 것이 굴복과 같지는 않다. 끊임없는 혼란은 완벽한 질서만큼이나 창의성에 무익하다. 하지만 벨기에의 화학자이자 노벨상 수상자 일리야 프리고진은 이렇게 말했다. "둘 사이의 어딘가에서 전체상과 놀람의 황홀한 만남이 이루어지는데, 여기서 창의성이 생겨난다. 그 안에 모든 가능성이 존재한다." 창의적인 사람들은 영원히 이 공간에서, 혼란의 가장자리에서 춤춘다.

최근 연구는 이 춤이 얼마나 효과적인지 밝혀냈다. 한 실험에서 참가자들은 선, 동그라미, 세모, 고리 등의 형태로 쓰임새가 있는 물체, 이를테면 가구나 연장, 장난감 같은 물체를 만들라는 지시를 받았다. 심사위원들이 결과물의 창의성을 평가했다. 참가자들은 선택할 수 있었다. 무엇을 만들지 재료와 범주를 고를 수도 있었고, 무작위로 고른 것을 받을 수도 있었다.

결과는 뜻밖인 만큼 분명했다. 가질 수 있는 물체와 만들 수 있는 물체의 종류가 무작위여서 선택의 여지가 적을수록 더 창의적인 결과가 나왔다. 여러분에게는 실험 결과가 놀라울지도 모르겠다. 우리는 선택(또는 적어도 선택의 착각)을 숭배하는 문화에서 살아가니 말이다. 하지만 임의성이야말로 창의성에 보다 효과적인 영약이다. 왜일까? 다시 한번 딘 사이먼턴은 이렇게 말한다. 제약 때문이라고. 그는 "아무런 예상을 못하고 시작함으로써, 이 실험의 참가자들은 창의성을 최고로 끌어올려야 했다"라고 결론 내린다. (여기에는 한계가 있다. 무작위적 자극이 너무 크면 천재성이 아니라 불안을 일으킨다.)

우리는 '혼란'스럽고 자극을 주는 환경에서 좋은 성과를 거둔다. 이것은 심리적으로뿐 아니라 생리적으로도 참이다. 자극이 풍부한 환경에서 자란 쥐는 피질 신경세포가 더 많이 발달하는데, 이 뇌세포는 생각, 지각, 수의 운동에 관여한다. 이 쥐들은 자극을 박탈당한 쥐에 비해 뇌가 더 무거우며 중요한 화학 성분을 많이 가지고 있다. 그런데 우리 몸과 마음은 단순한 자극이 아니라 복잡하고 다양한 자극을 갈망한다.

　　몇 해 전, 저명한 심장의사 애리 골드버거는 사람의 심장에서 뜻밖의 현상을 발견했다. 건강한 사람의 심장 박동은 규칙적이고 율동적인 게 아니라 혼란스럽고 불규칙했다. 골드버거는 불규칙성이 아니라 극단적 규칙성이야말로 심장마비의 전조임을 실증적으로 밝혔다. 또다른 예는 간질 환자에게서 찾을 수 있다. 한때는 뇌 활동이 혼란스러워져 간질 발작이 일어난다고 생각했으나 사실 그 반대다. 캘리포니아대학 로스앤젤레스 캠퍼스 의과대학의 앨런 가핑클 교수가 말한다. "발작이 일어나면 뇌파가 규칙적이고 주기적으로 바뀐다. 정상적인 뇌파는 불규칙하다."

　　콜카타 같은 도시는 이런 종류의 임의성을 예나 지금이나 듬뿍 선사한다. 똑같이 생긴 거리는 하나도 없으며 똑같은 날도 하나도 없다. 아르카라는 젊은 음악가에게 콜카타의 어떤 점이 마음에 드느냐고 물었더니 "혼란과 광기에 나름의 리듬이 있는 점"이라고 말한다. 그의 말에는 시적 진실뿐 아니라 과학적 진실도 담겨 있다. 카오스계에는 경계와 나름의 질서가 있다. 규칙이나 목적이 전혀 없는 무질서와는 다르다. 혼란과 무질서의 차이는 무용과 막춤의 차이와 같다. 혼란은 질서정연한 춤이다.

콜카타인들이 혼란에서 영감을 얻고 이를 적극적으로 추구한다는 사실은 놀랍지 않다. 이들은 우연을 대놓고 희롱하며 우연과 어우러져 신나게 춤춘다. 이들은 19세기 스웨덴의 시인 에리크 요한 스탕넬리우스의 말에 진심으로 동감할 것이다. "혼란은 신의 이웃이다."

타고르 가문은 이 이웃을 잘 알았다. 이들의 난장판 집구석은 연극과 음악회가 정기적으로 열리는 공연장을 닮았다. 타고르는 이렇게 회상했다. "우리는 쓰고 노래하고 연기했으며 모든 면에서 자신을 쏟아냈다."

한편 이 대저택에는 고독이 배어 있었다. 타고르의 아버지는 지주이자 상인이어서 자주 집을 비웠으며 집에 있을 때는 늘 냉담했다. 천재들에게는 사랑을 주지 않는 부모가 늘 하나 있는데, 둘 다 그럴 때도 있다. 천재성은 정서적 위안의 결여에서 자라며, 이를 좋은 식으로든 나쁜 식으로든 벌충한다. 미국의 극작가 고어 비달의 말처럼 "부모에 대한 증오는 폭군 이반을 만들 수도 헤밍웨이를 만들 수도 있다. 하지만 헌신적인 부모에게 사랑으로 보호받은 사람은 결코 예술가가 될 수 없다".

방에 들어서자 대리석 바닥 때문에 맨발이 시리다. 타고르의 그림들이 보인다. 어떤 것들은 어린아이의 그림처럼 단순하지만 어떤 것들은 복잡하고 심란하다. 베일을 쓴 채 홀린 듯 멍한 눈을 한 여인의 초상화가 많다. 타고르는 한 번도 정식 화가가 된 적이 없다. 그림은 우연히 그리게 되었는데, 이 과정에서 창조성의 본질에 대해 많은 것을 알 수 있다.

그의 그림은 늘 그렇듯 시와 함께 시작되었다. 시는 보기와 달리 술술 나오지 않았다. 각각의 연을 쓸 때마다 엄청난 땀을 흘려야 했다. 타고르는 강박적으로 글을 고치는 성격이었기에 단어나 행, 아니면 페이지 전체를 지우는 일이 다반사였다. 적확한 단어를 찾는 과정에서 낙서를 끄적거리기도 했는데, 어떤 것은 꽤 정교했다.

어느 날, 친구 빅토리아 드 캄포에게 낙서를 보여주었는데, 그녀가 낙서를 찬찬히 뜯어보더니 이렇게 말했다. "그림을 그려보는 게 어때?"

그래서 그림을 그리기 시작했다. 예순일곱의 나이에, 정규 미술 교육은 전혀 받지 않은 채 그렸다. 그리고 또 그렸다. 그뒤로 13년간 타고르는 약 3000점의 그림을 남긴다.

올리버 색스가 『아내를 모자로 착각한 남자』에서 소개한 재즈 드러머 이야기가 떠오른다. 이 드러머는 투렛 증후군을 앓아서 갑작스럽게 통제 불능의 경련을 겪으면 드럼 연주에 의도하지 않은 예상 밖의 소리가 섞였다. 이따금 '실수'를 저지르면 그는 이를 즉흥 연주의 소재로 삼았다. 연주를 듣는 사람에게는 드러머의 실수가 아니라 리프가 들렸다.

드러머는 낙서하는 타고르와 마찬가지로 스스로를 놀라게 했으며 자신에게 충격을 선사했다. 카오스이론의 관점에서 보면 엉뚱한 소리는 임의적 발생을 나타내지만, 드러머는 이를 '분기점'으로 기발하게 탈바꿈시켰다. 급류가 바위를 만나 두 물줄기로 갈라지는 모습을 생각해보라. 바위는 분기점, 즉 격렬하고 혼란스러운 체계를 새로운 질서로 나누는 경계다. 분기점은 방해물처럼 생겼지만 실은 "경로를 바꾸게" 돕는 기회다. 모든 천재는 임의적 사건을—그리고 심지어 실수까지도—완전히 새롭고 예상치 못한 방향으로 전환할 기회로 탈바꿈하는 능력을 갖췄다. 심리학자라면 이러한 능력을 인지 유연성이라고 부를 테지만, 나는 드러머나 그와 비슷한 사람들을 **용감하다**라고 일컬을 것이다.

옆방에는 타고르의 흑백 사진이 있다. 야성적인 회색 머리카락과 수염을 기른 그는 또다른 털투성이 남자와 어깨를 맞대고 서 있다. 타고르는 강렬한 눈빛으로 정면을 바라보는 반면 두번째 남자는 편안한 표정으로 웃음을 참는 듯한 인상이다. 그는 알베르트 아인슈타인이다.

이 두 지성의 거인은 평생 여러 차례 만났다. 1926년 베를린에서 처음 만났고 나중에는 뉴욕에서도 만났다. 둘은 기묘한 한 쌍이었다. 아인슈타인의 친척 디미트리 마리아노프에 따르면, 타고르는 '사상가의 머리를 가진 시인'이었고 아인슈타인은 '시인의 머리를 가진 사상가'였다. 이 방에는 마리아노프의 회상처럼 "마치 두 행성이 담소를 나누는 듯" 어마어마한 양의 회백질이 존재했다.

둘은 궤도가 다른 두 행성 같았다. 아닌 게 아니라 두 천재는 눈을 마주치지 않았다. 철학자 이사야 벌린은 둘의 만남을 "정신의 완전한 비非만남"이라고 꼬집었다.

현실의 본성에 대해 토론하다가 타고르는 '상대적 세계'에 대한 자신의 신념을 토로했다. 우리가 그걸 의식으로 자각하지 않으면 존재하지 않는다고 했다.

아인슈타인은 이렇게 맞받아쳤다. "인간이 더는 존재하지 않는다면, 조각상 〈벨베데레의 아폴론〉이 더는 아름답지 않은 걸까요?"

"그렇죠. 이 세계는 인간의 세계이니까요."

"당신의 아름다움 관념에는 동의하지만 진리에 대해서는 그럴 수 없군요."

타고르가 반박했다. "왜죠? 진리는 인간을 통해 실현됩니다."

완고한 과학자 아인슈타인은 한참 침묵하다가 들릴락 말락 하게 속삭였다. "제 관념이 옳다고 입증할 수는 없지만, 이게 저의 종교입니다."

두 사람이 눈을 마주치지 않았음에 놀라야 할까? 그렇게 생각하지 않는다. 미켈란젤로와 레오나르도가 심통난 십대처럼 옥신각신했음을 떠올려보라. 통념과 반대로 위대한 정신을 가진 이들은 똑같이 생각하지 않는다. 그랬다면 문명은 결코 진보하지 못했을 것이다.

타고르가 해외여행을 하다가 아인슈타인을 만났다는 사실은 전혀 놀랍지 않다. 타고르는 지칠 줄 모르는 영혼이었는데, "제대로 보기" 위해 줄기차게 여행을 다닌다고 밝히기도 했다. 하지만 그는 번번이 콜카타로 돌아왔다.

이건 말이 된다. 창조적인 사람들은 모호함이 있어야 번성하는데, 인도 같은 나라의 콜카타 같은 도시보다 모호한 장소는 어디에도 없기 때문이다. 타고르는 이런 모호함을 회피하지 않았다. 그는 그걸 받아들였다. 그는 무엇보다도 모순적이고 뜻밖인 것에 기뻐했으며 작가 아미트 차우두리 말마따나 "우연의 일치에 매료되었다".

이 글을 읽으니 T.P.가 말한 '우연의 일치 가능성'이 문득 떠오른다. 그의 말이 정확히 무슨 뜻이었을까? 그리고 우연은 천재성과 무슨 상관일까?

실험을 하나 해보자. 반짝반짝 윤이 나는 쟁반에 물을 조금 부은 뒤 물방울이 복잡하고 종종 아름답게 뭉치는 모습을 보라. 이런 현상은 중력과 표면 장력을 비롯한 여러 힘이, 종종 상충하며 물에 작용하기 때문에 발생한다. (중력은 물을 쟁반에 얇은 막으로 펴고 싶어하는 반면 표면 장력은 단단한 공으로 뭉치고 싶어한다.) 실험을 반복하면 그때마다 결과가 달라진다. 이는 이 작용이 임의적이어서가 아니라—결코 임의적이지 않다—여기서 일어나는 미묘한 변화를 알아차리기가 극히 힘들기 때문이다. 미첼 월드롭은 『카오스에서 인공생명으로』에서 이렇게 설명한다. "역사의 아주 작은 우연—미세한 먼지 티끌과 쟁반 표면의 보이지 않는 불규칙성—들이 양의 되먹임에 의해 증대되어 결과에 커다란 변화를 일으킨다."

물 쟁반은 복잡하되 혼잡하지는 않은 현상의 예다. 많은 사전에서 이 두 단어를 비슷하게 정의한다. 하나 실은 매우 다르다. 혼잡한 것은 낱낱을 살펴보아 설명할 수 있지만, 복잡한 것은 그럴 수 없다. 언제나 부분의 합보다 더 크기 때문이다. 이 역학관계는 부분의 개수 혹은 이를테면 사물의 가격과는 무관하다. 제트기관은 혼잡하고 마요네즈는 복잡하다. 제트기관의 부품은 쉽게 교체할 수 있으며, 그런데도 기본 성질이 달라지지 않는다. 작동하지 않을 수는 있지만 그래도 여전히 제트기관이다. 반면 마요네즈에서 재료 하나를 바꾸면 본질이 달라질 수 있다. 문제는 낱낱의 성분이 아니라 이 성분들이 어떻게 상호작용하는가다. (상호작용 얘기가 나왔으니 말인데, 사람들은 자신에 대해서는 복잡하다고 말하면서 배우자에 대해서는 혼잡하다고 설명하는 경향이 있다.)

복잡계에서는 과학자들이 창발 현상이라고 부르는 것이 생길 가능성이 크다. 창발 현상의 간단한 예로 습기를 들 수 있다. 분자의 관점에서 무언가가 축축하다는 것은 무슨 뜻일까? 물분자를 하나하나 들여다보아도 습기 비슷한 요소는 전혀 감지할 수 없다. 분자가 충분히 덩어리를 이뤘을 때에만 습기라고 부르는 성질이 창발한다. 창발 현상은 옛 체계에서 생겨나는 새로운 종류의 질서를 뜻한다.

콜카타 같은 천재 집단은 창발 현상이다. 이를 예측하기가 그토록 힘든 것은 그 때문이다. 영국과 인도의 문화가 충돌했지만, 둘의 충돌은 (혼잡한 게 아니라) 복잡했다. 변수 하나만 바꿔도 황금기는 사라진다.

📍

중국의 경우로 보았듯 창조성은 문화의 오래된 창조 신화와 밀접하게 얽힌다. 엑스 니힐로, 즉 '무에서의' 창조라는 서양의 관념은 창조성에 대한 한 가지 사고방식에 불과하다. 인도인처럼 생각할 수도 있다. 이를 통해서도 창조적 번영을 설명할 수 있다고 생각한다.

1971년 패서디나시립대학의 철학 교수 랠프 홀먼은 「힌두교적 창조성 이론을 향하여」라는 난해한 학술 논문을 썼다. 홀먼은 불문곡직하고 이런 이론이 추측으로 점철될 수밖에 없음을 인정한다. 힌두교 경전 어디에서도 창조 행위를 명시적으로 서술하지 않았기 때문이다. 그럼에도 일관된 맥락과 주제를 찾을 수 있으며, 홀먼은 이를 엮어서 우리에게 보여준다.

힌두교의 우주관은 어떤 면에서 중국의 우주관을 닮았다. 앞서 얘기했듯이 중국인들은 시공간이 순환한다는 개념을 신봉한다. 만들어낼 것은 하나도 없으며 오래된 진리를 재발견하여 창의적으로 조합하는 게 고작이라고 본다. 홀먼은 참신함을 강조하는 서양의 관점과 이 점이 얼마나 대조적인지 설명한다. "인간은 무에서 아무것도 창조할 수 없기에 기존 재료를 새로운 관계로 재배치하는 수밖에 없다."

우리는 참신함을 고집하는 탓에, 참신함이 두드러지지 않는 창조성 개념을 좀처럼 상상하지 못한다. 창조적인 사람이 무언가 새로운 것을 창조하지 않는다면 그는 무엇을 하는 것일까? 홀먼은 "**독창성**originality을 **세기**intensity로 대체하는 것"에 답이 있다고 말한다. 힌두교에서의 천재는 방을 밝히는 전구와 같다. 방은 늘 거기 있었으며 앞으로도 그럴 것이다. 천재는 방을 창조하지도, 심지어 발견하지도 않는다. 그는 밝힌다. 사소한 일은 아니다. 조명이 없으면 우리는 방의 존재를 알지 못하며 그 안에 든 경이로움을 깨닫지 못한다.

신에게 이르는 길로서 강조되는 감각은 종교마다 다르다. 힌두교에서는 시각을 강조한다. 힌두교인이 사원에 가는 이유는 '예배'를 드리기 위해서가 아니라 다르사나, 즉 신의 형상을 보기 위해서다. 보는 행위는 예배의 일부가 아니라 그 **자체로** 예배다. 제대로 보는 것은 헌신의 행위일 뿐 아니라 창조 행위이기도 하다. 유대교와 기독교에서는 야훼가 말을 함으로써 세상이 창조된다. 힌두교 우주관에서 창조자 브라흐마는 세상이 이미 거기 있는 것을 본다. 마찬가지로 창조적인 사람은 남이 못 보는 것을 본다. 홀먼은 "그는 사물을 보는 능력, 자신의 시야를 사물로 채우는 능력을 가졌다"고 말한다. 이러한 바라봄은 앎의 한 형태다.

시각을 나머지 감각보다 중시하는 점으로 많은 부분이 설명된다. 이를테면 인도 책방에 가면 보이는 것은 혼란뿐이다. 타고르부터 그리샴까지 온갖 책이 바닥에서 천장까지 쌓여 있다. 하지만 점원은 숨겨진 질서를 **본다**. 어느 날 특정한 책 한 권(『그날들』이라는 역사소설)을 달라고 했더니 순식간에 찾아준다.

콜카타의 모든 것이 예나 지금이나 이와 같음을 깨닫는다. 차이왈라가 모든 차를 정확히 똑같이 끓여내고 인력거꾼인 릭샤왈라가 차량 사이를 솜씨 좋게 누비는 모습에서 보듯 어디에나 숨겨진 질서가 있다. 고대 선형 B 문자의 해독에 한몫한 존 채드윅은 "모든 위대한 이들의 업적을 특징짓는 것은 겉으로 드러난 혼란에서 질서를 보는 능력"이라고 말했다. 이는 모든 위대한 장소의 특징이기도 하다. 이런 장소에서는 좋은 아이디어를 더 쉽게 볼 수 있다. 그야말로 튀어나오니 말이다.

창조성을 이런 식으로 바라보면 모든 게 달라진다. 창조성은 이

제 앞의 문제가 아니라 바라봄의 문제다. 스티브 잡스는 힌두교인이 아니었고 천재였는지 아니었는지도 모르겠지만, 시각의 중요성을 인식했음은 분명하다. 그는 드물게 겸손한 태도로 이렇게 말했다. "창조적인 사람들에게 어떻게 그렇게 했느냐고 물으면 그들은 조금 죄책감이 들 겁니다. 실제로 뭔가를 한 게 아니라 **보았을** 뿐이니까요. 시간이 지나자 명백해진 겁니다."

📍

데이비드 헤어가 오래전 설립한 대학(지금은 프레지던시대학으로 불린다)은 이 도시가 으레 그렇듯 과거의 영광을 뒤로했다. 사방에서 페인트칠이 벗겨지고 떨어졌다. **바래다**와 **쇠락하다**라는 단어가 문득 떠오른다. 하지만 정신을 집중하면 예전 모습을 그릴 수 있다. 몰려드는 학생들, 무한한 가능성의 감각, 자신이 새 세상을 창조하지는 않더라도 재창조하고 있음이 틀림없다는 느낌 같은 걸 말이다.

우람한 아치와 굵은 기둥으로 장식된 둔중한 붉은 사암 건물 사이를 거닌다. 비현실적으로 새하얀 수염이 난 검은 예복을 입은 타고르의 초상화와 황금기를 빛낸 저명한 교수들의 흉상이 보인다. 전부 무척 흥미롭긴 하지만, 이걸 보러 온 것은 아니다.

마침내 물리학과 가는 길을 알려주는 작은 표지판을 찾았다. 벽에 누군가 고상한 그라피티를 남겨놓았다. "우리가 없었다면 시공간이 더 훌륭하게 진화했을 것이다." 아주 벵골인다운 문구다. 묘하게 지적이면서도 은근히 전복적인.

커다란 연구실에 들어서니 눈을 찡그리지 않아도 된다. 이곳은 19세기 이후로 전혀 달라진 게 없다. 실내에는 근사한 은제 사모바르 주전자, 칠판, 나무 '건의함', 거대한 철제 서류 캐비닛, 낡은 파리풍 시계, 아인슈타인 사진이 놓여 있고 한쪽 구석에는 녹슨 실험 장비가 널브러져 있다.

연구실은 한때 자가디시 보스의 소유였다. 벵골 르네상스의 빼어난 과학자인 그는 인도인 최초로 서구 과학계의 폐쇄적인 조직에 입성했다. 보스는 최초의 반도체 중 하나를 발명했으며, 이것으로 인도 최초의 특허를 마지못해 받았다. (한동안 보스는 과학적 혁신은 세상에 속한다고 주장하며 특허 출원을 거부했다.) 또한 무선 전파 실험을 했으며, 일부 기록에 따르면 마르코니보다 몇 해 앞서 무선 통신 자체를 발명했다고 한다.

보스는 친구인 라빈드라나트 타고르와 공통점이 많았다. 타고르와 마찬가지로 서양에 많은 것을 빚졌으나 결코 서양의 생산물에 만족하지 않았다. 그의 과학적 접근법은 타고르의 시처럼 자신의 인도적 세계관에 깊은 영향을 받았다. 보스는 시인과 과학자가 "어리둥절한 다양성 가운데 통일성 찾기"라는 공통의 목표를 추구한다고 생각했다. 보스와 타고르는 일원론자였다. 말하자면 두 사람은 무척 다양해 보일지 몰라도 우주가 하나이며 이 바깥에는 무엇도 존재할 수 없다고 믿었다.

보스의 진로를 뒤흔든 것은 개인적 비극, 카오스이론의 용어로는 분기점이었다. 그것은 갈림길이었다. 그는 런던에 있는 의과대학에 입학하여 내과의사로서 성공적이지만 무난한 경력을 밟으려던 차에 알 수 없는 병에 걸렸다. 해부실의 냄새를 맡으면 컨디션이 안 좋아졌다. 견딜 수 없었다. 보스는 어쩔 수 없이 의과대학을 중퇴했다. 그뒤 기차를 타고 케임브리지에 가서 물리학, 화학, 생물학을 공부했다. 기쁘게도 그곳에서 참된 소명을 발견했다. 순수 과학 연구였다.

공부를 마친 보스는 1885년 인도로 돌아가 몇몇 영국 관료들의 반대에도 힌두대학 물리학과 교수로 임용되었다. 힌두대학은 인도의 최고 명문대였으나 서구의 기준으로 보면 여전히 어설프고 부실했다. 보스는 다재다능하게 활약해야 했으며 연구자 수브라타 다스굽타의 말마따나 "기술자, 기구 제작자, 실험 기사 등 일인 다역"을 해야 했다.

그가 국제물리학회에서 논문을 발표하려고 파리에 간 1900년 8월 결정적 기회가 찾아왔다. 당시에는 알지 못했지만 이 논문으로 그의 인생 여정이 달라진다. 그는 긴장한 채 단상에 올랐다. 콜카타에서는 자신의 독특한 발견을 논의할 동료가 전혀 없었지만, 이제 세계에서 가장 저명한 물리학자들과 의견을 교환할 수 있게 된 것이다.

보스는 입을 앙다물고 침을 꿀꺽 삼키고는 논문을 발표했다. 그는 무선전파 실험을 할 때 자신의 장비가 인체 근육과 비슷한 '피로'를 어떻게 겪었는지 설명했다. 일정 기간 '휴식'을 취하자 장비는 원래의 민감도를 회복했다. 이를 통해 보스는 무생물이 어떤 의미로는 살아 있다는 놀라운 결론을 이끌어냈다. 그는 동료들에게 말했다. "'여기서 물리 현상이 끝나고 생리 현상이 시작됩니다'라거나 '저것은 죽은 물질의 현상이고 이것은 살아 있는 물질 고유의 생명 현상입니다'라고 선을 긋기란 힘든 일입니다."

획기적으로 새로운 아이디어는 늘 그런 운명을 맞이하지만 그의 논문 또한 어리둥절한 침묵과 불신으로 이어졌다. 보스는 끊임없이 장벽에 부딪혔다. 처음에는 영국의 인종주의라는 장벽이, 나중에는 과학계의 파벌주의라는 더 어마어마한 장벽이 그를 가로막았다. (그의 이후 관심사이던) 식물을 대상으로 실험하는 물리학자로서 그는 다른 전문가의 영역에 발을 내디뎠는데, 반응은 예상대로였다. "물리학자가 식물학에 대해 뭘 안다고?" 하지만 다윈이 말한 '바보의 실험'을 보스가 해냈던 것은 바로 이 외부인으로서의 위치와 관점 덕분이었다. 보스는 한 실험에서 일정량의 클로로포름을 백금 덩어리에 주입했는데, 누가 이런 생각을 해봤겠는가?

보스는 선 바깥에 색깔을 칠했다. 그에게는 자연스러운 일이었다. 다양성 속에 통일성이 있다는 일원론을 믿는 사람에게는 경계가 별 의미가 없다. 울타리는 환각이다. 보스는 과학의 전문화 추세를 경계했으며, 과학이 "모든 지식 분야를 포괄하는 하나의 진리, 하나의 과학이 존재할 수 있다는 기본적 사실을 간과하고 있다"며 우려했다. 그의 책 중 하나는 힌두교 경전 『리그베다』의 구절로 시작된다. "실재는 하나이며 지혜로운 자는 이를 여러 이름으로 부르느니라."

인도 과학은 결코 신과 멀리 떨어져 있지 않다. 인도의 위대한 수학자 스리니바사 라마누잔은 이렇게 말했다. "방정식이 신의 생각을 나타내지 않는다면 내게는 아무 의미도 없다." 보스도 자신의 연구가 무의식적으로 신학에 편향된다고 공개적으로 인정했다. 많은 서양 과학자들이 그러리라고는 상상도 할 수 없는 일이다. 하지만 보스의 설명에 따르면 이렇게 세상에 접근하면 그의 발견과 같은 것이 터무니없어 보이지 않는다. "과학은 모순되거나 변덕스럽게 보이던 것을 새롭고 조화로운 단순성으로 포괄시켜 한 발짝 한 발짝 나아가는 일"이기 때문이다.

이 문장을 읽자 브래디의 말이 몬순의 폭우처럼 쏟아져내렸다. "연관성이 없어 보이는 데이터가 어지럽게 널려 있는데 누가 이러는 겁니다. '잠깐만, 이렇게 하면 전부 들어맞는군.' 근데 그게 좋은 거죠." 모든 천재는 세상을 좀더 단순화한다. 점과 점이 연결되고 관계가 밝혀진다. 만년에 보스는 "언뜻 공통점이 전혀 없을 듯한 많은 현상"을 연결하는 일에서 큰 기쁨을 누렸다고 썼다. 보스의 연구를 요약하는 말이자 창조적 천재의 정의로도 제격이다.

서양이 존재하지 않았더라도 보스가 이런 발견을 할 수 있었을까? 답은 당연히 아니다. 그는 평생을 고향 마을에서 살며 콜카타에서 학교에 발도 디디지 못했을 것이다. 영국인이 없었다면 학교도, 콜카타도 없었을 것이기 때문이다. 하지만 그가 런던에서 태어났거나 영국 문화에 빠져 있었더라도 그런 발견은 못 했을 것이다. 수브라타 다스굽타 말마따나 보스는 "벵골 르네상스를 특징지은 다문화적 정신을 보여주는 또다른 빼어난 사례"였다. 그의 이른바 '인도적이자 서구적인 정신'은 "두 세계를 넘나드는" 뛰어난 능력을 발휘했다.

하지만 나는 인도적이자 서구적인 정신의 천재성은 인도 쪽도 서양 쪽도 아니라 그 사이의 공간에 있다고 주장한다. 19세기 후반 콜카타에서 탄생한 것은 사이질interstitial 천재였다. 하이픈의 천재. 소설가이자 이론역학 교수인 순레타 굽타는 이렇게 표현한다. "콜카타는 두 문화와 그 생산적 담론 사이에 자리잡는 게 최선임을 가르쳐주었다."

보스는 말년에 자기 이름을 딴 연구소를 설립했다. 이 연구소는 아직도 운영중이다. 몬순이 사납게 퍼붓는 어느 날 그곳을 방문했다. 대강의실에 들어서자 돔형 천장과 종교 상징물이 보인다. 연구소가 아니라 사원에 들어온 기분이다. 이런 반응이야말로 보스가 의도한 것이다. 연구소 창립식에서 그는 과학의 역할에 경의를 표하면서도 이렇게 덧붙였다. "가장 민감한 과학적 방법으로도 감지할 수 없는 또다른 진리가 있습니다. 여기에 필요한 것은 믿음입니다. 이걸 검증하는 데는 몇 년이 아니라 평생이 걸립니다."

보스는 굴곡진 삶을 살았다. 그는 여러 번 좌절을 겪었으나 그때마다 의연하게 대처했다. "어떤 패배는 승리보다 위대할 수 있음"을 깨달았기 때문이다. 말년에는 식물이 '잠재의식'을 가졌다는 가설에 집중했다(혹자는 집착이라고 말할지도 모르지만). 그는 이를 결국 입증하지 못한 채 학자 아시스 난디에 따르면 "한물간 과학자이자 반쯤 잊힌 신비주의자"로 죽었다.

지나치게 가혹한 평가인 듯하다. 나는 그가 죽은 직후 작성된 『브리태니커 백과사전』 항목으로 보스를 기억하고 싶다. 이에 따르면, 보스의 연구는 "시대를 훌쩍 앞섰기에 정확히 평가할 수 없다".

보스의 일생은 여러 요소, 특히 우연의 산물이었다. 무생물의 반응에 대한 연구인 '보스 명제'는 예상했던 결과가 아니었다. 전혀 다른 분야인 무선전파 실험을 하다 우연히 발견했다. 장비가 이상 작동을 했는데, 이 이례적인 문제를 간과하고 장비 오류로 치부할 수도 있었지만 그러지 않았다. 그는 원인을 탐구했다.

30년을 앞으로 돌려 1928년 여름으로 가보자. 이곳은 런던의 한 실험실이다. 알렉산더 플레밍이라는 젊은 미생물학자가 페트리 접시에 포도상구균을 배양중이다. 세인트메리병원에서 수행하는 독감 연구의 일환이다. 어느 날 신기한 현상이 관찰된다. 깨끗할 리 없는 부위가 깨끗해진 것이다.

많은, 어쩌면 대부분의 생물학자는 이것을 대수롭지 않게 여겼다. 하지만 플레밍은 호기심을 품었다. 그는 접시 뚜껑을 잠깐 열어두었을 때 어떤 곰팡이가 접시에 들어갔음을 발견했다. 페니킬리움Penicillium 속의 이 곰팡이가 포도상구균을 죽여 접시에 깨끗한 부위가 나타난 것이었다. 플레밍은 이 항균 물질에 페니실린이라는 이름을 붙였다. 세계 최초의 항생제가 탄생하는 순간이었다.

훗날 플레밍은 이런 발견을 할 가능성이 얼마나 희박한지 술회했다. "수천 종의 곰팡이와 수천 종의 세균 가운데 알맞은 곰팡이를 알맞은 때에 알맞은 장소에 주입할 확률은 아일랜드 스테이크 경마복권에 당첨될 확률과 같다."

그럴지도 모른다. 하지만 플레밍에게는 운도 따랐다. 스코틀랜드의 언덕 농장에서 자랐기에 그는 검약이 몸에 배어 있었으며 물건을 애지중지했다. 조금이라도 쓸 만한 물건은 결코 버리는 법이 없었다. 그리하여 며칠 동안 내버려둔 포도상구균 접시에서 뭔가 이상한 점을 발견하게 된다. 그가 이 기현상의 중요성을 알아차린 것은 루이 파스퇴르의 명언처럼 "행운은 준비된 자에게만 미소 짓기" 때문이다.

수 세기 동안 이런 우연한 발견이 수없이 일어났다. 아르키메데스의 원리, 뉴턴의 만유인력의 법칙, 다이너마이트, 사해 두루마리, 테플론이 모두 그렇다. 이런 뜻밖의 행운을 일컫는 영어 단어가 있다. 세렌디피티serendipity다.

이 단어는 무엇보다 발명된 단어다. 영국의 작가이자 정치인 호러스 월폴이 지었다. 월폴은 1754년에 친구에게 쓴 편지에서 카펠로 문장紋章이 붙은 고서를 발견했을 때의 짜릿함을 묘사했다. 귀중한 그림의 액자 장식에 꼭 필요한 책이었기 때문이다. 월폴은 자신의 행운을 "원하는 모든 것을 바로 그때 바로 그곳에서" 발견하는 불가사의한 능력 덕으로 돌린다.

이어서 그는 페르시아의 동화 『세렌디프의 세 왕자』라는 흥미로운 책을 막 읽었다고 언급한다. (세렌디프는 스리랑카 섬의 옛 이름이다.) 월폴에 따르면 왕자들은 "자신이 찾아다니지도 않은 것들을 언제나 우연과 지혜로 발견했다".

여기서 핵심어는—종종 간과되는 말이지만—지혜sagacity다. 우연한 발견이 일어나기는 하지만 아무나 발견할 수는 없기 때문이다. 알렉산더 플레밍은 미생물학을 오랫동안 연구했기에 페트리접시에서 뭔가 이상한 점을 눈치챌 수 있었다. 알프레드 노벨은 휘발

성 강한 화학 물질인 니트로글리세린을 여러 형태로 오랫동안 실험했기에 이를 안정화하는 방법을 찾아 오늘날 다이너마이트로 알려진 것을 발명할 수 있었다. 젊은 베두인족 양치기 무함마드 에드 디브는 고고학에 문외한이었지만, 1946년에 예루살렘 근처에 위치한 한 동굴에 돌멩이를 던졌을 때 이상한 소리가 나자 뭔가 "잘못되었음"을 직감했다. 그는 사해 두루마리를 발견했다. **행운은 준비된 자에게만 미소 짓는다.**

관찰하는 자에게도 행운은 미소 짓는다. 우연한 발견을 하려면 관찰력이 필수적이기 때문이다. 『창의력 백과사전』에 따르면 약 50년 전, 또다른 과학자도 페트리접시에서 알 수 없는 이유로 죽은 세균 세포를 발견했지만 그는 자세히 알아볼 필요가 있다고 생각지 않았다. 그랬다가는 연구 방향이 틀어질 수도 있었기 때문이다. 행운을 잡는 데 능숙한 과학자는 빗나가는 일을 기꺼이 감수한다. 그는 환경의 작은 변이, 특히 이례적인 부분에 민감하다. 남들이 예외로 치부하는 것에 **주목**하는 일이야말로 행운을 잡는 비결이다.

세렌디피티에는 부단한 노력도 필요하다. 세렌디프의 왕자들은 레이지보이 안락의자에 늘어져 있다가 행운을 맞은 게 아니다. 그들은 주위 환경과 다양하게 상호작용하며 끊임없이 움직였다. 이를 케터링 원리라 한다. 이름난 자동차공학자 찰스 케터링은 끊임없이 움직이라고 직원들을 닦달했다. "앉아 있다가 무언가를 발견했다는 소리는 한 번도 들어본 적이 없다"며.

스페인 집시 속담은 똑같은 생각을 이렇게 표현한다. "쏘다니는 개가 뼈다귀를 찾는다." 물론 너무 빨리 다니다가 중요한 실마리를 놓칠 수도 있지만—뛰어다니는 개는 뼈다귀를 찾지 못한다—일반적으로 속도는 창의성의 친구다.

콜카타는 한때 찬란하게 빛났을지 모르나, 아직도 잉걸불이 남아 있을까? 어느 날 현지 언론인이자 저술가 아니샤 바두리를 만난다. 그녀라면 이 물음에 대답해줄 것 같다. 아니샤는 콜카타 스테이츠먼 신문사 근처에서 만나자고 한다.

우리는 인도인들이 발전으로 착각하는 끔찍한 쇼핑몰에 위치한 커피숍에서 만난다. 아니샤는 눈이 맑고 재기발랄한 젊은 여인이다. 그녀는 장서가 약 2000권에 이르고(그녀 말로는 콜카타 기준으로 평범한 편이란다) 어릴 적부터 타고르를 꾸준히 읽었으며 얼마 전에 소설을 탈고했다고 말한다. 무슨 말인지는 알겠지만, 근처에서 나는 굉음 때문에 그녀의 말에 집중하기 힘들다. 정신이 사납다. 하지만 아니샤는 개의치 않는 표정이다.

내가 묻는다. "저 소음 안 들려요? 언제 그칠까요?"

그녀가 차분하지만 단호하게 말한다. "안 끝나요."

"뭐라고 말하거나 뭔가 **조치를 취할 순 없나요**?"

"우리가 할 수 있는 일은 아무것도 없어요." 그녀의 목소리에서는 울분이 아니라 조용한 체념이 느껴진다.

그녀는 짜증스럽거나 어쩔 수 없는 것을 모두 차단할 수 있는 콜카타적 능력을 타고났다(지금 생각해보니 콜카타에 있는 대부분의 것들이 그런 것 같다). 그녀의 귀에는 나와 같은 소리가 들리지만 그녀는 그걸 듣지 않는다.

심리학자 윌리엄 제임스는 천재성의 본질을 "무엇을 대강 넘길지 아는" 것이라고 말했다. 벵골인들은 못 본 체하기의 전문가다. 어느 날 후글리 강가를 따라 걷고 있는데 더러운 물에서 사람들이 목욕하는 장면을 목격했다. 나중에 친구 봄티에게 사람들이 어떻게 이렇게 더러운 물에서 목욕할 수 있느냐고 물었다. 그가 답했다. "그들에게는 더러운 게 안 보여." 봄티의 설명에 따르면 그들은 더러운 것을 보고도 그걸 무시하기로 마음먹는 게 아니다. 아예 안 보이는 것이다. 하지만 나는 보이지 않고 들리지 않는 기술을 아직 체득하지 못했다. 사실 끝임없는 소음에 주의가 산만해지고 **격노해**서 이제 아니샤에게 무엇을 물으려 했는지도 잊을 지경이다. 아, 생각났다. 피렌체와 아테네처럼 콜카타도 황금기의 후유증을 겪는지 궁금하다. 옛 창조의 불꽃 중에서 아직도 타고 있는 것이 있을까?

그녀는 있다고 답한다. 문학계는 여전히 승승장구중이다. 수많은 책방이 증거다. 칼리지가에 빼곡히 들어찬 책방들은 SUV 한 대만한 크기의 공간에 어마어마한 양의 책을 욱여넣었다. 이곳은 파리와 브루클린의 몇몇 지역과 더불어, '지식인'을 자처해도 웃음거리가 되지 않는 몇 안 되는 장소다.

그녀는, 그렇긴 하지만 요즘 콜카타는 주로 "필요상 창의적"이라고 말한다.

"필요상 창의적이라고요? 그게 무슨 뜻인가요?"

그녀가 소음을 이기려고 목소리를 높인다. "이 도시에서는 되는 게 하나도 없어요. **하나도요.** 어제와 오늘이 같은 경우도 결코 없죠.

어제는 되던 것이 오늘은 안 될 수도 있어요. 그러니 임기응변하는 법을 배울 수밖에요."

이는 심리학자들이 말하는 소문자 창의성이다. 누구나 어느 정도는 지닌 일상적 창의성 말이다. 소문자 창의성은 잔디깎이가 말썽을 부릴 때 새로 사기보다는 고쳐 쓰는 것, 또는 거실을 확장하기보다는 가구 배치를 바꾸는 것이라고 할 수 있다.

소문자 창의성은 중요하다. 우리는 일상적 창의성 덕에 하루하루 살아갈 뿐 아니라 대문자 창의성의 기반을 마련할 수도 있기 때문이다. 이는 보디빌더가 역기 무게를 점차 늘려가는 일과 마찬가지다. 창의성은 근육과 같으며, 콜카타인들은 이를 필요에 의해 끊임없이 사용한다. 노파심에서 말하자면, 가구 배치 바꾸기가 아인슈타인의 일반상대성이론과 맞먹는 성취라는 얘기는 아니다. 다만 여기서 생긴 창의적 에너지가 어디로 흘러갈지는 아무도 모르는 일이다.

콜카타에는 직선이 하나도 없다. 전부 에둘러 간다. 심지어 대화조차도. 어휘를 사랑하는 벵골인들은 이런 비선형적 대화를 일컫는 단어를 만들어냈다. 이는 '아다adda'라 불리는데 벵골 르네상스 형성에 중요한 역할을 했다.

아다란 대체 정확히 뭘까? 이는 그리스의 심포지엄과 비슷하지만 물 탄 포도주와 피리 부는 소녀가 없으며 안건 비슷한 것은 전혀 찾을 수 없다. 어떤 사람이 생각만 해도 끔찍하다는 듯 내게 말한다. "안건이 있으면 아다는 완전 끝장날 겁니다." 직업 코미디언과 상습적 자선가가 아다에 못 끼는 것은 이 때문이다. 작가 부다데바 보스 말마따나 "그 자체로 즐길 수 없는 것은 무의미하다".

아다는 요점 없는 대화이지만 요령 없는 대화는 아니다. 이게 핵심이다. 아다는 한낱 한담처럼 들릴지도 모른다. 하지만 벵골인들은 아다에 그 이상의 의미가 있다고 단언하며, 콜카타가 쇠락하고 소셜 미디어가 흥하는 오늘날까지도 이 전통이 (어떤 형태로든) 살아남았음을 자랑스럽게 언급한다.

아다는 독서회와 비슷한데, 유일한 차이점이라면 책에 대해서가 아니라 기차여행 계획, 최근의 크리켓 경기, 정치 등 무엇에 대해서나 이야기할 수 있다는 사실이다. 아다는 누군가의 집에서 정해진 시간에 열릴 수도 있고, 커피숍이나 차 노점에서 즉흥적으로 열릴 수도 있다. 장소의 종류보다는 장소의 느낌이 더 중요하다. 딱 맞는 느낌이 있어야 한다. 한 아다 참가자가 말한다. "잘못된 장소에 있으면 사람들도 전부 잘못된 것처럼 보입니다. 그래서는 대화가 맞아떨어질 수 없죠."

아테네의 심포지엄에서 펼쳐진 철학적 사유, 피렌체 공방에서 이뤄진 상호 협력, 스코틀랜드 플라이팅을 이루는 맹렬한 언어를 생각해보라. 우리는 창조적 환경에서 대화가 얼마나 중요한 역할을 하는지 보았지만, 콜카타인들은 대화술을 완전히 새로운 수준으로 끌어올려 여기에 새로운 이름뿐 아니라 거창한 신화를 부여했다.

콜카타에서 지내는 동안 아다에 대한 매혹이 기하급수적으로 커진다. 자료를 닥치는 대로 찾아 읽는다. 하지만 아다에 대한 글을 읽는 것은 요리책이나 섹스 지침서를 들여다보는 것과 같다. 물론 도움이야 되겠지만 실제 경험을 대체할 수는 없다.

몇 군데 문의한 끝에 아다에 초대받는 데 성공한다. 흥분된다. 과거라는 외국에 대해 읽는 것이 아니라 실제로 거기 갈 기회가 생긴 것이니까.

아다는 언론인이자 소설가이자 풍류객 루치르 조시의 집에서 열린다. 그는 친구 몇 명을 초대했는데, 루치르처럼 콜카타를 한동안 떠났다가 부메랑처럼 돌아온 사람들이다. 알루 티카(인도식 크로켓―옮긴이)와 콜라 탄 럼주를 놓고 두서없이 대화가 벌어진다. 진지한 주제(인도 영화)에 대해 논하다가 순식간에 바보 같은 주제(인도 정치)로 넘어간다. 논리적 전개는 찾을 수 없다. 루치르는 콜카타 지리의 요점을 알려주겠다며 소금통과 다른 집기들을 늘어놓는다.

대화는 생기 넘치지만 슬픈 분위기가 감돈다. 한때 잘나갔으나 영광의 시절은 지나가버렸다는 듯한 분위기.

루치르가 말한다. "저는 거대한 역사적 환각 파티의 끝 무렵에 태어났습니다. 1960년대 말 파티는 끝났지만 우리는 몰랐죠." 황금기에는 늘 시차가 있어 영광의 날들이 지나갔다는 사실을 사람들이 깨닫는 데 수십 년이 걸리기도 한다.

"그건 칵테일이었습니다. 연금술이었죠." 호리호리한 체구에, 도착한 순간부터 줄곧 관절을 번갈아가며 돌리던 스와미나탄이 한마디 덧붙인다. "150년간 도쿄에서 카이로에 이르기까지 **그 어느 곳**

도 콜카타의 상대가 되지 못했습니다." 그의 목소리가 잦아들더니, 저기압권처럼 그의 주위를 휘감은 흰 연기와 섞인다.

콜라 탄 럼주를 몇 잔 마신 뒤 루치르가 선언한다. "이 도시는 위대한 선생입니다. 잔인한 선생이죠."

다들 고개를 끄덕이지만, 그의 말이 정확히 무슨 뜻인지 모르겠다.

내가 묻는다. "행복은 어떤가요? 여러분의 삶에서 행복은 어떤 위치인가요?"

루치르가 날카롭게 내뱉는다. "행복은 콜카타에서 제공하는 서비스가 아닙니다. 쉬운 길을 찾으신다면 잘못 찾아오신 겁니다."

천재의 장소는 결코 녹록지 않다. 벵골 르네상스가 일어난 것은 콜카타가 살기에 좋은 곳이어서가 아니다. 살기에 좋은 곳이 아니어서 일어났다. 창조적 번성은 늘 그렇듯 도전에 대한 응전이다.

콜라 탄 럼주를 몇 잔 더 마시자 아다의 비선형적 아름다움이 이해된다. 주제를 굳이 전환할 필요가 없다. 말하지 않아도 찾아온다. 몬순 폭우처럼 거세게 닥칠 때도 있다.

누군가 뜬금없이 말한다. "이 도시는 고집이 있습니다." 맞는 소리다. 위대한 장소는 위대한 사람과 마찬가지로 대체로 고집이 세다. 그들 스스로는 끈기라고 부르고 싶어하겠지만.

어떻게 하면 콜카타의 신비를 풀 수 있느냐고 단도직입적으로 묻자 루치르가 대답한다. "다들 뒷문으로 콜카타에 들어가죠." 하지만 뒷문이 어디 있는지는 알려주지 않는다.

아다는 질문을 던지는 거대한 토론장이구나 싶다. 명확한 답이 나오는 경우는 드물지만, 아테네에서 배웠듯 중요한 것은 질문이다.

마지막으로, 루치르가 폐회를 선언한다. 우리는 모든 대화 주제를 섭렵했으며, 마침 콜라 탄 럼주도 동이 났다.

다들 자리에서 일어서는데 스와미나탄이 그를 둘러싼 담배 연기 구름에 가려 거의 보이지 않은 채 내게 작별의 조언을 건넨다. "걸으세요. 새벽녘에 일찍 일어나서 그냥 걸으세요. 돈을 많이 챙기지 말고 목적지도 정하지 말고 그냥 걸으세요. 멈추지 말아요. 그러면 깨달음을 얻을지도 몰라요."

그러겠노라고 약속한다.

♀

며칠 뒤 스와미나탄의 조언대로, 로버트 루이스 스티븐슨의 "중요한 사실은 움직인다는 것이다"라는 말만을 길잡이 삼아 GPS도 보지 않고 정처 없이 걷다가 뜻밖에도 운동과 이 도시의 비선형적 성질을 즐기고 있음을 깨닫는다.

배회하다 가스통 로베르주라는 캐나다인 신부를 만난다. 그는 지난 40년간 콜카타에서 살았으며, 테레사 수녀와 사티야지트 레이 등과 친밀하게 교류했다. 그는 이 도시를 (이제는 공식어가 된) 벵골어 철자를 써서 "콜카타, 나의 사랑이여"라고 부르는데, 최근에 콜카타에서 자신이 사랑하는 것 17개를 꼽았다. 2번("오줌이 마려우면 아무데서나 눠도 된다")과 12번("신호등은 근처에 경찰이 있을 때만 지키면 된다")에서 빙그레 웃다가 16번에서 무릎을 친다. "콜카타인들은 개인주의와 군집성의 결합이라는 독특한 사회 형태를 창

조했다. 개별적으로는 자신이 하고 싶은 일을 하면서도 집단에 속
해 있음을 향유한다."

그는 콜카타뿐 아니라 모든 위대한 장소의 천재성을 한 문장으
로 요약했다. 이 장소들에서 우리는 더불어 혼자다. 이것은 의도일
때도 있고 우연의 산물일 때도 있다. 근사한 사실은, 어느 쪽이든
상관없다는 것이다.

오늘날 콜카타의 위대함은 과거형으로 서술된다. 앞에서 말했
듯 잉걸불 몇 개가 여전히 빛나지만, 찬란하게 불타던 창조의 불꽃
은 대부분 꺼졌다. 현재 콜카타의 최대 수출품은 집요하고 특히나
울적한 종류의 노스탤지어다. 이는 천재의 장소가 으레 겪는 슬픈
운명이다. 위대함은 딱 한 번만 찾아온다.

대체로 그렇지만, 전부 그런 것은 아니다. 운명을 거부하고 전
무후무한 천재들을 두 차례 배출한 도시가 있다.

6장

천재는
의도의 산물이
아니다

영감은 아마추어에게나
쓸모 있다고들 한다.

음악도시 빈

VIENNA, AUSTRIA

당대의 청중은 단순한 구경꾼이 아니었다. 그들은 음악가를
격려하고 채찍질하고 더 높이 밀어올렸다. 청중은, 좋은
청중은 일종의 공동 천재다.
그들이 고개를 갸우뚱하면 천재는 발전한다. 음악가가
'제대로' 연주했을 때 감식안 있는 청중의 진심에서 우러나는
박수갈채보다 더 달콤한 것은 없다.

빈의 초현대식 공항에서 짐을 찾기도 전에, (내가 에스프레소를 쏟지 않도록) 한 번의 덜컹거림도 없이 나를 가장 매끈한 도시의 심장부에 마법처럼 데려다줄 정숙한 기차에 오르기도 전에, 그가 보인다. 그의 옆모습은 새하얀 배경에 검은 실루엣을 이루고 있고 커다란 코는 접시와 티셔츠와 초콜릿 봉봉 밖으로 튀어나올 지경이다. 그는 수 세기를 가로질러 질주하며, 귀를 기울이는 모든 이에게, 심지어 귀를 기울이지 않는 이에게도, 이렇게 선포한다. **천재 나가신다. 길을 비켜라.**

몇 분 뒤 호텔로 걸어가다보니, 빈을 상징하는 또다른 인물이 포스터를 가득 채우고 있다. 수염을 기르고 알쏭달쏭한 표정으로, 손에는 시가를 든 채 조용히 내게 이야기를 청한다.

이 두 사람은 모차르트와 프로이트다. 빈이 낳은 천재의 두 얼굴. 둘 사이에는 한 세기의 시차가 있지만, 둘 다 자신이 택한 도시를 사랑했으며 두 사람 모두 무엇보다 결코 온전히 이해할 수 없는 방식으로 이 도시에 의해 빚어졌다.

빈의 황금기는 어느 장소보다 길고 깊었다. 사실 두 차례 황금기가 있었다. 첫째는 1800년경으로, 베토벤, 하이든, 슈베르트, 그리고 신동 모차르트를 배출한 음악적 황금기였다. 그런 뒤 한 세기 지나서 천재성이 훨씬 폭넓게 폭발하여 과학, 심리학, 미술, 문학, 건축, 철학 그리고 다시 한번 음악에 이르기까지 상상할 수 있는 모든 분야를 뒤흔들었다. 다방면에 걸친 관심사와 고백의 소파로 유명한 프로이트는 빈의 두번째 황금기를 대표하며, 레이저 같은 집중력과 신중한 간사함으로 유명한 모차르트는 첫번째 황금기를 대표한다. 우선 음악부터 살펴보자.

📍

빈의 음악적 번성은 계몽된, 때로는 의욕이 지나친 군주가 황금기에 어떻게 불을 댕길 수 있는지 보여준다. 이는 헬리콥터 부모와 오만한 청춘들의 충돌에 대한 이야기다. 자극적 환경이 어떻게 천재성에 불을 댕길 수도 그 불을 꺼뜨릴 수도 있는지 보여주는 이야기이기도 하다. 무엇보다 예술가와 청중이 힘을 합쳐 천재적 위업을 이룬 이야기다.

일반적으로 천재 방정식은 청중을 고려하지 않는다. 우리는 청중을 천재가 선사하는 선물을 수동적으로 받아들이는 사람에 불과하다고 여긴다. 하지만 그들은 그보다 훨씬 중요한 존재다. 청중은 천재의 감상자다. 미술평론가 클라이브 벨의 말에 따르면 "고도로 문명화된 사회의 기본 특징은 창조적이라기보다는 감상鑑賞적이라는 것이다". 이런 기준에서 볼 때, 빈은 이 행성에서 가장 고도로 문명화된 사회였다.

모차르트는 지지자가 아닌, 다양한 **청중**을 위해 작곡했다. 한 부류의 청중은 부유한 후원자, 즉 황제를 비롯한 귀족이었다. 또다른 부류의 청중은 빈의 깐깐한 음악평론가들이었다. 세번째 부류는 일반 대중으로 그중에는 중산층 음악 애호가도, 야외 무료 공연을 관람하는 먼지투성이 청소부도 있었다. 빈이라는 음악은 독주곡이 아니었다. 그것은 대개는 협화음을, 이따금 불협화음을 이루나 결코 따분하지는 않은 교향곡이었다. 모차르트는 조물주의 장난이 아니었다. 그는 음악 생태계의 일부였는데, 이 생태계가 어찌나 풍요롭고 다양했던지 모차르트 같은 천재가 결국 등장할 수밖에 없었다.

1781년 나른한 잘츠부르크를 떠나 빈에 도착한 모차르트는 이 도시에 마음을 빼앗겼다. 그는 스물다섯 살로 음악이라는 게임의 최고수였다. 빈도 마찬가지였다. 모차르트의 타이밍은 이보다 좋을 수 없었다. 권좌에는 새 황제 요제프 2세가 앉아 있었는데, 그는 런던이나 파리에 문화적으로 뒤지고 싶지 않아서 이 분야에 돈을 아끼지 않았다. 하지만 그는 빈 음악계의 돈줄 이상이었다. 음악을 감상하고 **이해**할 줄 알았다. 바이올린을 연주했으며 하루에 한 시간씩 연습했다. 이 점에서 옛 항저우의 시인 황제나 위대한 로렌초와 무척 비슷했다. 그는 본보기를 보여 이끌었다.

새 황제와 젊은 작곡가는 어떤 면에서 도플갱어였다. 둘 다 강하고 지배적인 부모의 그림자에서 벗어나려고 안간힘을 썼으며 제 힘으로 성공했다. 요제프는 어머니 마리아 테레지아와 전혀 달랐다. 그녀는 완전히 강압적인 통치자로 반유대인 정서가 어찌나 강했던지 어쩌다 유대인을 만나야 할 때는 칸막이를 쳐서 시선을 가렸다. 이에 반해 요제프는 폴크스카이저Volkskaiser, 즉 인민의 황제를 자처했다. 그는 자신의 손에 입맞춤하려는 신하를 만류하며 이렇게 말했다. "나는 성유물聖遺物이 아닐세."

권좌에 오른 직후 요제프는 궁정 하인을 대부분 해고했으며 개인 집무실의 장식물을 모조리 치웠다. 그는 눈에 띄지 않는 초록 마차를 타거나 도보로 거리를 활보했다. 이렇게 행동한 황제는 아무도 없었다. 자기보다 신분이 낮은 사람들과 종종 어울렸으며 빈 사회의 쟁점에 적극적으로 관심을 기울였다. 이따금 화재 현장으로 달려가 진화를 돕고 소방관의 늑장 대처를 꾸짖기도 했다.

어떤 때는 자제력을 잃기도 했다. 뇌우가 퍼부을 때는 종을 치지 못하게 했으며(해로울 것 없는 토착 미신이었다) 소화불량을 일으킨다는 이유로 벌꿀 케이크를 금지했다. 18세기에 빅걸프Big Gulp(세븐일레븐에서 제공하는 초대형 음료수 컵 ─ 옮긴이)가 존재했다면 그것도 틀림없이 금지했을 것이다. 카이저 요제프는 오스트리아·헝가리제국의 마이클 블룸버그였다. 사람들의 삶의 질을 개선하기로 마음먹은 선의를 가진, 하지만 이따금 엉뚱한 일을 벌이는 기술관료주의자. 그는 음악이 삶의 질을 개선하는 한 가지 방법이라고 믿었기에 빈의 음악적 명성을 높이고자 자신의 통치력과 지갑을 총동원했다.

안간힘을 쓸 필요도 없었다. 빈은 이미 로마시대로 거슬러올라가는 탄탄한 음악적 토대를 갖추고 있었다. 모차르트가 등장하기약 200년 전인 16세기에 이탈리아 오페라가 들어왔으며 빈 사람들은 이산가족 맞이하듯 이를 받아들였다. 음악의 기운이 감돌았다. 사설 교향악단이 우후죽순 생겨나 **최고**의 자리를 놓고 경쟁했다. 르네상스 피렌체에서처럼 빈의 음악가들은 '좋은' 음악에 대한 수요뿐 아니라 새롭고 혁신적인 작곡에 대한 수요에도 반응했다.

음악은 엘리트 계급의 전유물도 아니었다. 빈의 모든 사람이 음악에 매료되었다. 거리의 악사 수백 명이 손풍금을 들고 느릿느릿거리를 누비며 도시의 사운드트랙을 연주했다. 시 광장에서는 야외 음악회가 정기적으로 열렸다. 거의 모든 사람이 악기를 연주할줄 알았다. 과밀한 아파트 건물에서는 세입자들이 서로 방해되지않으려고 연습 시간을 조율했다.

음악은 단순한 여흥이 아니었다. 정치적 견해를 표출하는 수단이었다. 한 신문사의 평론가는 이렇게 썼다. "우리 시대에는 말할 수 없는 것을 노래한다." 그리고 이 노래는 다양한 언어로 불렸다. 여느 천재의 장소와 마찬가지로 빈은 국제적 교차로였기 때문이다. 슬라브인, 헝가리인, 스페인인, 이탈리아인, 프랑스인, 플랑드르인이 모두 이 도시로 몰려들었다. 몽테스키외 남작은 자부심과 유감스러움을 내비치며 이렇게 말했다. "이 도시에 외국인이 너무 많아서 사람들은 자신을 외국인처럼도 도시 토박이처럼도 느낀다." 다른 곳에서라면 이런 다양한 문화가 충돌했을 법도 하지만 빈에서는 그런 일이 일어나지 않았다. 이 도시에 대한 통찰을 얻기 위해 내가 참고하고 또 참고하는 빈의 저술가 슈테판 츠바이크는 이렇게 썼다. "이 모든 모순을 새롭고 독특한 것으로 조화롭게 해소하는 태도야말로 음악도시 빈의 고유한 천재성이다." "빈의 천재성, 특히 음악적 천재성은 국가적 언어적 대립물을 늘 자기 안에서 조화시켰기 때문이다." 아테네와 마찬가지로 빈은 외국인을 거부하지도 맹목적으로 받아들이지도 않았다. 그들을 흡수하고 종합했으며, 그럼으로써 낯익으면서도 낯선 무언가를 만들어냈다. 새로운 무언가를.

오늘날 빈은 티끌 하나 없는 결벽증 환자 같은 도시일지도 모르지만, 18세기 후반에는 20만 명이 거주하는 지저분하고 붐비는 도시였다. 마차들이 거리를 질주하며 오물과 흙먼지를 일으켰다. 도시 위생을 위해 인부들이 하루에 두 차례씩 물을 뿌렸지만 허사였다. 소음도 심해 자갈길 디디는 말굽 소리가 끊이지 않았다. 천재는 사막에서 꽃피지 않지만 진흙탕에서는 연꽃처럼 핀다.

모차르트는 작업실이나 근사한 '창업지원센터'가 아니라 집에서 일했다. 그 집을 보고 싶다. 그곳의 낡은 마룻바닥을 걷고 그곳의 공기를 마시고 싶다. 한 가지 문제가 있다. 구불구불하고 요령부득인 거리에서 GPS가 혼란을 일으켜 계속 나를 헤매게 만든다는 사실이다. 짜증스럽지만 묘하게 흐뭇하기도 하다. 또다시 막다른 골목을 맞닥뜨렸지만 저절로 웃음이 나온다. 옛 유럽의 작은 승리, 아날로그의 대승리다.

마침내 자갈길 아래로 생가가 보인다. 내 아이폰은 여전히 그런 주소가 없다고 투덜대지만. 돔가세 5번지의 건물은 번듯하되 호사스럽지는 않다. 피티 궁전과는 딴판이다. 도시와 잘 어울린다. 규모도 적당하고 비율도 꼭 맞다. 피렌체인이 본다면 고개를 끄덕일 것이다.

3층으로 올라가는데, 머릿속에서 모차르트도 똑같은 계단을 걸어올라갔다는 목소리가 들려온다. 목소리는 아까부터 들렸다. 아니, 아니. **그런** 종류의 목소리가 아니다. 박물관에서 제공해주는 오디오 가이드에서 나는 소리다. 나는 원래 이런 작은 기계를 경멸한다. 볼썽사납지 않은가. 1980년대 휴대전화처럼 한쪽 귀에 대고 있으면 부자연스럽기도 하고, 성우가 늘 애매하게 거들먹거리며 이야기하니 말이다.

그렇지 않은 목소리는 이 '목소리'뿐이다. 외국어 억양이 살짝 섞였는데, 권위적이지만 친근하다. 마음에 든다. 이 목소리가 영영 내 머릿속에 머무르며 내가 뭘 보고 있는지 다음에 어디로 가야 할지 자상하게 알려주면 좋겠다.

건물은 널찍하고 쾌적하다. 나는 음감이 없고 다른 신체 부위도 음악과는 거리가 멀지만, 방을 비추는 빛을 보고 벽에서 반사되는 소리를 들으니 나 같은 음치도 여기서는 몇 소절 작곡할 수 있을 것만 같다.

하지만 모차르트는 여기서 몇 년밖에 살지 않았다고 '목소리'가 알려준다. 그는 자주, 십 년 동안 여남은 번씩 이사를 다녔다. 왜 그렇게 돌아다녔을까? 더 좋은 집을 장만할 여력이 생기거나 식구가 늘어 방이 더 필요해지는 등의 평범한 이유로 이사한 경우도 있었다. 선택의 여지가 없을 때도 있었다. 이웃들이 시끄럽다고 불평해서였다. 음악 때문만이 아니라 밤늦게까지 당구를 치고 마라톤 파티를 연 것도 한몫했다. 모차르트는 여느 천재와 마찬가지로 나름의 기분 전환법이 있었는데 그중 하나가 당구였다. 그는 당구를 좋아했으며, 이 집으로 이사 올 즈음에는 개인 당구대를 장만할 형편이 됐다.

돔가세 5번지에서의 삶은, 좋게 말해서 부산했다. 아이들이 발밑에서 돌아다니고, 개가 짖고, 애완용 새가 꽥꽥거리고(찌르레기 한 마리는 모차르트의 피아노 협주곡을 부를 줄 알았다) 손님들이 서성거리고, 내기 당구에 큰돈을 건 모차르트의 친구들이 서로 고함을 질렀다.

모차르트는 이런 상황을 좋아했으며, 이 때문에 빈을 "작업을 하기에 세계 최고의 장소"로 여겼다. 빈에는 모차르트에게서 최상의 것을 이끌어내는 무언가가 있었다. 빈은 노름과 화장실 유머 같은 그의 악덕을 나른한 잘츠부르크와 달리 눈감아주었다. 무엇보다 빈은 창조성을 낳는 행복한 충돌, 우연의 가능성을 선사했다.

어쩌면 모차르트가 당구를 좋아한 것은 우연이 아닐지도 모른다. 당구는 빈에서의 삶과 닮았다. 이곳에서는 온갖 작곡가들이 서로 부대꼈는데, 이런 충돌은 그들의 속도와 궤적을, 때로는 예상치 못한 방식으로 바꿨다. 이 모든 충돌과 방향 전환의 결과가 내 눈앞에 펼쳐져 있다. 모차르트의 서재에서 선반 하나를 차지한 가죽 장정으로 된 두툼한 책들이다.

모차르트 전집이라고, 목소리가 얘기해준다. 서른다섯이라는 이른 나이에 죽은 사람치고는 인상적인 분량이다. 모차르트는 심 괄이나 피카소처럼 엄청난 다작가였으며 하루에 악보 여섯 장을 완성하기도 했다. 그는 끊임없이 일했으며 휴식 시간이 따로 없었다. 이따금 아내가 자정이나 동틀 무렵 피아노 앞에 앉아 있는 그를 목격하기도 했다. 모차르트는 마지막까지 작업을 멈추지 않았다. 임종을 앞두고도 알토 파트를 흥얼거리며 〈레퀴엠〉을 작곡했다.

모차르트 같은 천재는 남들이 정신 사나워할 만한 상황에서 오히려 자극을 받는다. 그는 남달리 활기찬 음악학교에서 공부하던 시절 밀라노에서 누나에게 이런 편지를 보냈다. "위에는 바이올린 연주자가 있고 아래에도 한 명이 있어. 우리 옆에는 성악 선생이 레슨을 하고 맞은편 방에는 오보에 연주자가 있어. 여기서 작곡하면 무척 즐거워! 아이디어를 많이 얻을 수 있거든." 나 같으면 두통에 시달렸겠지만, 모차르트는 달랐다. 그와 같은 천재에게 환경은 쾌적하든 아니든 늘 영감의 원천이었다.

사실 모차르트는 이따금 아수라장에서 작곡을 했다. 카드 게임이나 디너파티가 한창일 때도 작곡에 열중할 수 있었다. 외부인에게는 멍해 보였지만, 실은 작곡하고 음악을 생각하고 있었다. 나중에야 음을 종이에 옮겨 적었을 뿐이다. 모차르트의 악보가 그렇게나 깔끔한 것은 이 때문이다. 여느 작곡가와 달리 그는 악보에 전혀 줄을 긋거나 표시를 하지 않았다. 초고가 없어서가 아니다. 그는 초고를 작성했다. 머릿속에서 썼을 뿐.

모차르트가 손꼽는 청중 중 하나는 아내 콘스탄체였다. 그녀는 그의 보이지 않는 조력자였으며, 그의 음악에 엄청난, 때로는 본의

아니게 영향을 미쳤다. 모차르트의 여섯 개의 현악 사중주곡(그의
멘토 하이든의 이름을 딴 '하이든' 사중주곡) 중 제2곡인 D단조는 나
머지와 사뭇 다르다. 이 곡은 덜 선율적이고 더 투박하다. 당대의
한 평론가는 이 곡을 두고 "양념을 너무 쳤다"며 콧방귀를 뀌었다.
이탈리아의 음악가들은 '인쇄 오류'가 있다며 악보를 빈에 돌려보
냈다. 모차르트가 의도한 음이라고 믿지 못한 것이다. 음악학자들
은 이 유별난 곡을 놓고 오랫동안 골머리를 썩였다.

그런데 이 곡이 유별나게 들리는 데는 이유가 있다. 모차르트는
콘스탄체가 첫아이를 출산하는 날 밤에 이 곡을 썼다. 출산 전도
아니요 후도 아니요 출산中에 작곡한 것이다. (사려 깊게도 모차르트
는 산파를 부르고 피아노 앞에 앉았다.) 훗날 콘스탄체는 이 곡에 자
신의 산통을 표현한 악절이 몇 군데, 특히 3악장 미뉴에트에 들어
있다고 확인해주었다. 모차르트는 여느 창조적 천재와 마찬가지로
영감이 번득이는 순간과 일상의 순간을 구분 짓지 않았다. 그에게
는 모든 것이 소재였으며, 심지어 우리 같은 사람들이 보기에 작곡
과는 가장 무관할 것 같은 순간에서도 영감을 얻었다. 출산보다 더
한 아수라장이 어디 있겠는가. 나 같으면 그나마 있던 창조적 자극
도 전부 달아났을 것이다. 그런데 모차르트는 무엇을 했나? 그는
작곡을 했다!

이런 어수선한 상황에서도 작곡에 몰두할 수 있던 비결은 무
엇일까? 최근 연구 결과는 고故 콜린 마틴데일이 세운 반역제가설

disinhibition hypothesis의 손을 들어주고 있다. 메인대학의 심리학자였던 마틴데일은 신경과학적 측면에서 창의성을 연구하는 데 일생을 바쳤다. 그는 설문 조사와 단어 연상 시험이 아니라 fMRI(기능성 자기공명 영상)와 EEG(뇌파 검사)를 이용했다. 마틴데일은 '피질 각성'에 주목했다. 우리가 고도로 집중하면 뇌의 가운데 부분인 소뇌가 활성화되는데, 그러면 심장 박동수가 증가하고 호흡이 빨라지며 각성도가 커진다. 마틴데일은 피질 각성이 창의적 사고와 관련될지도 모른다고 추측했으나 정확히 어떻게 되는지는 알지 못했다.

이를 위해 마틴데일은 일군의 피험자를—이중에는 고도로 창의적인 사람들도, 그렇지 않은 사람들도 있었다—EEG 장치에 연결해 창의적 사고를 측정하는 일련의 과제를 제시했다. 결과는 놀라웠다. 더 창의적인 피험자들은 그렇지 않은 피험자들에 비해 과제 수행중 피질 각성도가 낮았다.

피질 각성을 통한 집중력 증가는 금전출납부 작성이나 호랑이를 피하는 데는 효과적이지만 오페라를 작곡하거나 소설을 집필하거나 인터넷 사업으로 대성공을 거두는 데는 도움이 안 된다고 마틴데일은 결론지었다. 후자처럼 되려면 마틴데일이 이름 붙인바, 탈집중되거나 분산된 주의 상태여야 한다. 이런 상태인 사람들은 적어도 일반적인 의미에서는 정신이 산란되지 않는다. 그들은 불교도처럼 '초연한 집착'의 기술에 통달했다. 집중하되 동시에 집중하지 않는 방법을 터득했다.

하지만 마틴데일은 왜 어떤 사람은 분산된 주의의 혜택을 누리는데 어떤 사람은 그러지 못할까 하는 의문을 품었다. 창의적인 사람들의 피질 각성 수준 조절력은 창의적이지 않은 사람과 다를 바 없었다. 마틴데일은 창조적 성취가 자제력이 아니라 '비非의도적인 영감' 때문이라고 결론 내렸다.

비의도적 영감이라고? 이건 무슨 뜻이지? 2008년 세상을 뜬 마틴데일은 이에 대해 아무 말도 남기지 않았지만, 왜 창조적인 사람들이 종종 역마살이 끼는가로 이 현상을 설명할 수 있을 것만 같다. 그들은 장소를 옮기면서 무의식적으로 피질 각성 수준을 낮추고 주의를 분산하려고 시도한다.

📍

모차르트의 방법은 분명히 효과적이었다. 그는 경이적인 규칙성을 발휘하여 음악적 기적을 행했으며 우리가 소득공제신고서를 작성할 동안 교향곡 하나를 작곡했다. 그는 오페라 〈돈 조반니〉 서곡을 초연 전날 밤 썼다고 전해진다. 하지만—이 점이 중요한데—그는 언제나 누군가의, 대개는 후원자의 요구를 받았을 때 이런 기적을 행했다. 모차르트의 전기 작가인 피터 게이는 이렇게 기술한다. "그가 일단 작곡하기로 마음을 먹으면 그다음부터는 영감이 알아서 해나갔다. 그러나 이런 영감을 불러일으키는 영감은 방금 받은 위촉장, 새로 작곡을 해야 하는 연주회, 감식력 있는 친구에게 주어야 할 선물이었을 것이다." 모차르트는 '요행수'를 바라며 작업하지 않았다. 그는 곡이 언제 어디서 연주될지 정확히 알지 못하면 음표 하나도 그리지 않았다. 레오나르도 다빈치와 마찬가지로 모차르트는 시작한 것을 다 끝마치지 못했다. 그는 백 곡가량의 미완성곡을 남겼다. 흥미를 잃어서 그만둔 경우도 있지만 대개는 작곡 의뢰가 철회되어서 중단했다.

모차르트는 돈을 좋아했다. 많이 벌었지만, 고급 의류, 산해진미, 무엇보다 도박에 많은 돈을 썼다. 애석하게도 모차르트의 당구 실력은 작곡 실력에 못 미쳤으며, 그는 당시 번듯한 직업을 가진 이의 일 년 치 수입을 웃도는 1500플로린을 금세 빚졌다. 빚은 그에게 크나큰 고통을 안겼지만—그는 끊임없이 사람들에게 돈을 요구했다—더 많은 악보를 쓰도록 그를 몰아붙였다. 어떤 면에서 모차르트가 숭고한 음악을 그렇게 많이 작곡한 것은 도박벽과 사치 때문이다. 모차르트가 당구 실력이 뛰어났거나 검소하게 생활했다면 지금처럼 많은 곡을 남기지는 못했을 것이다.

모차르트는 외부에서뿐 아니라—어떤 외부 압력은 그를 갉아먹었다—내면으로부터 동기 부여를 받았다. 그는 일단 작업에 뛰어들면 몰입이라는 심리 상태에 빠졌다. 시간이 의미를 잃고 그는 '저 바깥' 세상의 요구를 금세 잊었다. 다른 천재들도 그랬듯 내적 동기와 외적 동기의 이런 조합은 모차르트에게서 최상의 성과를 이끌어냈다.

그렇다고 모차르트가 완벽하게 균형을 이룬 사람은 아니었다. 그 반대에 가까웠다. 그의 편지를 몇 통 읽어보면 "아름다운 것은 늘 기이하다"라는 보들레르의 말에 동의하게 된다. 모차르트는 기이한, 지나치게 지저분한 유머 감각의 소유자였기 때문이다. "오, 나의 똥꼬가 불처럼 뜨거워!" 이 정도는 약과다. 하지만 모차르트를 정서적으로 미성숙한 어른아이로 그린 할리우드식 이미지는 터무늬없다. 어떤 어른아이도 모차르트처럼 미묘한 정서를 담은 곡을 쓸 수는 없다. 한편 모차르트가 시공을 초월한 천재라는 통념도 사실이 아니다. 그는 철저히 시대의 산물이었다. 어떤 면에서 그는 남들보다 더 시대에 충실했고 그랬기에 그토록 빛난 것이다. 그의 음악, 특히 오페라는 전기 작가 폴크마르 브라운베렌스의 말마따나 "성공과 실패를 좌우하는 사회에 대한 예리한 감수성"을 필요로 했다.

모차르트는 빈을 사랑했다. 빈의 음악성뿐 아니라 빈의 관용과 겉으로는 무한해 보이는 가능성의 보고를 사랑했다. 내가 보기엔 무엇보다 빈의 수준 높은 취향을 사랑했다. 빈 사람들은 피렌체인들과 마찬가지로 깐깐했으며, 슈테판 츠바이크가 회고록에서 술회한 대로 "별 볼 일 없는 시민조차도, 지주에게 좋은 땅을 요구하듯 취주악대에게 좋은 음악을 요구했다". 게다가 "변함없고 가차없는 시선을 자각했기에 이 도시의 모든 예술가는 최선을 다할 수밖에 없었다". 빈은 차선을 용납하지 않았기 때문에 음악가에게서 최선을 이끌어냈다.

모차르트는 폭넓은 청중과 만나고 싶었지만, 모든 사람의 '음악 지능'이 같지 않다는 게 문제였다. 어떻게 해야 할까? 곡의 수준을 낮추는 것은 선택지가 아니었다. 그러기에 모차르트는 너무 거장이었다. 그러다 모차르트는 시대를 앞선 해결책을 우연히 발견했다. 그는 픽사에서 영화를 만들듯 교향곡을 구성했다. 이질적인 두 청중에게 동시에 호소하도록 곡을 설계한 것이다. 픽사의 경우 관객은 어린이와 부모다. 대부분의 유머는 아이들의 수준을 훌쩍 뛰어넘지만, 부모들은 그걸 이해하고 즐긴다. 모차르트에게도 두 이질적인 목표 청중이 있었다. 그는 1782년 12월 28일 아버지에게 보낸 편지에서 자신의 접근법을 이렇게 설명한다. "이곳저곳에는 애호가만이 즐길 수 있는 악절이 있지만, 문외한도 왜인지는 모르면서도 반드시 즐거워할 만한 방식으로 곡을 쓸 겁니다." 〈마술 피리〉에서 영화 〈인크레더블〉에 이르기까지 천재의 모든 작품이 그러할 것이다. 이런 작품들은 여러 층위에서 동시에 작동한다. 파르테논 신전과 마찬가지로, 직선으로 보이는 것은 환각이다. 모든 위대한 작품에는 숨겨진 곡선이 있다.

독창성은 원천을 숨기는 기술이라고들 한다. 여기에는 일말의 진실이 담겨 있는데, 모차르트는 생사를 막론하고 동료 작곡가들에게 많은 부분을 빚졌다. 그는 이탈리아 오페라에, 스승인 파드레 마르티니와 요제프 하이든에, 바흐와 헨델의 음악에 깊은 영향을 받았다. 모차르트는 마치 이 기계적 행위로 위대함을 불러일으킬 수 있다는 듯 이들 대가들의 악보를 손으로 베꼈다. 모차르트는 최초의 피아노 협주곡 네 곡을 열한 살에 썼는데, 기교는 뛰어나지만 딱히 독창적이지는 않았다. 다른 작곡가들의 작품을 단순히 이어 붙였을 뿐이었다. 진정으로 독창적인 피아노 협주곡을 쓴 것은 열일곱 살이 되어서였다. 물론 그때도 어렸지만 오금이 저릴 만큼은 아니었다.

모차르트 신동설은 허구다. 물론 몇몇 젊은 음악가들이 남달리 뛰어난 연주를 선보이기도 하지만, 젊은 나이에 혁신적인 뭔가를 내놓는 일은 드물다. 빼어난 피아니스트 스물다섯 명을 조사했더니 그들은 모두 부모에게 지원과 격려를 받았지만 경력이 훨씬 많이 쌓이고서야 진정으로 두각을 나타냈다. 물론 어린아이들이 이따금 놀라운 기교를 보이기도 하지만, 창조적 천재성을 발휘하지는 못한다. 그건 시간이 걸리는 일이다.

그렇다면 왜 신동 신화가 사라지지 않는 걸까? 그것은 여느 신화와 마찬가지로 목적에 부합하기 때문이다. 호레이쇼 엘저(자수성가가 주제인 소설들을 쓴 미국의 소설가—옮긴이)의 소설처럼 신화는 이따금 의욕을 불러일으킨다. 불우한 형편에서 자란 가난뱅이 소년이 출세할 수 있다면 나도 그럴 수 있을지 몰라! 이따금 신화는 집착을 버리게 하여 마음의 평화를 선사하기도 한다. 모차르트는 유일무이한 존재이자 조물주의 장난이었어. 나는 그런 음악을 결코 작곡할 수 없으니 노력할 필요도 없지. 그나저나 리모컨 어디 뒀더라?

모차르트는 스승을 존경했지만, 이탈리아의 제자답게 레오나르도 다빈치의 명언을 잘 알고 있었음에 틀림없다. "스승을 뛰어넘지 못하는 제자는 이류다." 모차르트는 스승의 지식과 기교를 습득했지만, 그런 뒤 완전히 자기만의 스타일을 발전시켰다. 이런 일은 거대한 음악 실험실인 빈 외에 어디에서도 일어나지 못했을 것이다.

빈의 음악성은 모차르트가 이 도시를 사랑한 유일한 이유였다. 모차르트는 세대를 막론하고 젊은이들이 대도시로 몰려든 이유와 마찬가지 이유로 빈에 갔다. 자신의 이름을 날리고 큰물에서 자신을 시험하고 무엇보다 부모의 억압에서 벗어나기 위해서였다.

아버지 레오폴트 모차르트는 누구보다 억압적이었으며, 헬리

쿱터 부모의 원조라 할 만하다. 그는 실력은 뛰어나지만 이름 없는 음악가였기에 천재 아들을 내세워 자신이 실제로 당하거나 그렇게 느낀 멸시에 복수하겠노라 다짐했다. 재앙을 부르는 결심이었다.

당연하게도, 모차르트가 혼자 일어설 수 있게 되자, 둘 사이는 삐걱거렸다. 1781년 9월에 보낸 한 편지에서 볼프강은 여느 젊은 이처럼 자신이 혼자 힘으로 살아갈 수 있다며 발끈한다.

지난번 제 편지에 답장하신 걸 보니 제가 천하의 악당이거나 돌 대가리이거나 아니면 둘 다인 것처럼 쓰셨던데, 아버지께서 제 얘기 보다는 풍문이나 다른 사람들의 글을 더 믿으시고 저를 전혀 못 믿 으시는 듯하여 유감입니다. (⋯) 언제나 저를 믿어주세요. 저는 그 럴 자격이 있습니다. 이곳에서 제 한몸 건사하는 것만으로도 근심과 걱정이 이만저만이 아닙니다. 이런 상황에서 불편한 편지를 읽고 싶 은 생각은 조금도 없습니다.

내가 보기에 도시가 유망한 천재에게 줄 수 있는 무엇보다 큰 자산은 동료나 기회가 아니라 거리distance다. 옛 자아와 새 자아 간 의 완충 지대.

모차르트와 베토벤을 갈라놓은 것은 한두 가지가 아니었다. 15년 의 세월. 수백 킬로미터의 거리(베토벤은 본에서, 모차르트는 잘츠부 르크에서 태어났다). 음악 양식. 기질. 체형. 유머 감각. 패션 센스.

헤어스타일까지. 음악의 두 거인은 1787년에 딱 한 번 마주쳤다. 열여섯 살밖에 되지 않았으나 이미 자만심으로 가득한 베토벤이 빈을 방문했을 때였다. 베토벤은 모차르트의 피아노 연주를 듣고 그가 '체르학트zerhackt', 즉 음을 딱딱 끊어 친다고 평했다. 두 사람이 개인적으로 만났을까? 이에 대한 역사 기록은 불명확하지만, 만났다는 증거도 있다.

아, 그 자리에 함께할 수 있다면! 현재의 왕과 미래의 왕이 나란히 선 장면을 볼 수 있다면! 전기 작가 오토 얀에 따르면 베토벤은 모차르트 앞에서 짧은 곡을 연주했으며, 모차르트는 이 곡이 "이 자리를 위해 준비한 대표곡이라고 생각하여 심드렁하게 칭찬했다". 베토벤은 더 강한 인상을 남겨야 함을 깨닫고 모차르트에게 즉흥 연주 주제를 달라고 간청했다. 모차르트가 그러자 베토벤은 이번에는 훌륭한 연주를 선보였다. 전하는 이야기에 따르면 모차르트는 옆방에 있던 친구들에게 조용히 걸어가 이렇게 말했다고 한다. "저 친구를 주목하게. 언젠간 대단한 일을 해낼 테니."

모차르트는 자신의 예언이 실현되는 모습을 보지 못하고 눈을 감았다. 하지만 모차르트의 유령은 베토벤을 평생 쫓아다녔다. 베토벤은 음 하나조차 모차르트를 모방하지 않으려고 의식적으로든 아니든 안간힘을 썼다.

천재로 가득한 장소는 축복이자 저주다. 어딜 보나 영감을 얻을 수 있지만, 늘 모방의 위험이, 그럴 의도가 없더라도 도처에 존재한다. 이 두려움은 베토벤에게 평생 그림자를 드리웠으나 한편으로는 미개척된 새로운 길을 밟는 원동력이 되었다.

한 세기 뒤 빈의 소설가 로베르트 무질은 이 역학관계를 아름답게 표현했다. "각 사물이 존재하는 것은 오로지 한계—말하자면 자신의 환경에 적대적인 행위—덕분이다. 교황이 없었으면 루터도 없었고 이교도가 없었으면 교황도 없었을 것이므로, 인간이 동료 인간에게서 느끼는 가장 깊은 유대감은 분리에 있음을 부인할 수 없다." 모차르트는 하이든에게, 베토벤은 모차르트에게 반응했다. 당구공이 서로 부딪쳐 튕겨서 상대방을 새롭고 놀라운 방향으로 보내는 것처럼.

모차르트와 짧은 만남을 가진 뒤 5년이 지나서 베토벤은 빈에 영구 정착했다. 실력이 더욱 출중해졌고 자만심은 더더욱 높아졌다. 전기 작가 에드먼드 모리스에 따르면 빈과 그 교외는 "그를 감싸고 또 감싸서 소라게처럼 꼼짝 못하도록 했다".

♀

빈의 상징인 부르크 극장과 프로이트가 좋아했던 카페 란트만을 지나쳐 층층대 다섯 개를 올라가 작고 숨막히게 더운 아파트에 도착한다. 이전 세입자처럼 누추하고 낡고 투박하다.

여기 베토벤이 살았다. 하지만 빈에서 이렇게 말할 장소는 한두 군데가 아니다. 베토벤에 비하면 모차르트는 죽돌이였다. 베토벤은 끊임없이 이사를 다녔다(기록에 따라 다르지만, 빈에서 지낸 36년 동안 25~80번에 이른다).

1808년 빈으로 시간여행을 할 수 있다면 미덥지는 않더라도 술친구이자 여흥 친구로 제격인 사람은 단연 베토벤이다. 하지만 세입자로는 달갑지 않을 것이다. 그는 집주인에게 악몽 같은 존재였다. 방문객들이 허구한 날 드나들었다(주로 매력적인 젊은 여인들이었다). 그의 아파트에는 초고가 널브러져 있었다. 모차르트와 달리 베토벤은 끊임없이 악보를 수정했으며 늘 여러 곡을 동시에 작곡했다. 그의 목욕법은…… 예사롭지 않았다. 이따금 한창 작곡하다가 뮤즈가 사라질까봐 거실에서 그냥 물을 끼얹었다. 그는 상태가 점점 심해졌다. 한 이름난 프랑스인 방문객은 젊은 천재를 찾아가서 이런 장면을 봤다고 한다.

상상할 수 있는 가장 더럽고 무질서한 장소를 머릿속에 그려보라. 천장은 젖은 얼룩으로 덮여 있다. 낡은 그랜드 피아노에는 온갖 인쇄 악보와 자필 악보가 먼지와 자리다툼을 벌인다. 피아노 밑에는 (과장이 아니라) 비우지 않은 요강이 놓여 있었다. 그 옆에는 잉크가 말라붙은 펜 다발과 (…) 수북한 악보가 보였다. 의자는 전날 밤의 만찬을 보여주는 접시와 옷가지 따위로 덮여 있었다.

베토벤의 지저분한 습관이 그의 음악적 천재성을 설명하는 데 유용할까? 대부분은 틀림없이 그러길 바란다. 하긴, 『라이프』 잡지에 실린, 종이가 사방에 널린 아인슈타인의 책상을 담은 유명한 사진을 보고 위안을 얻지 않은 게으름뱅이가 어디 있겠는가?

미네소타대학의 심리학자들은 최근 이 오래된 의문에 실마리를 던질 일련의 실험을 수행했다. 내 책상이 돼지우리 같은 것은 천재의 징표일까, 내가 돼지라는 증거일까? 한 연구에서 참가자들은 두 집단으로 나뉘어 사무실에서 설문에 응답했다. 그다음 탁구공을 창의적으로 활용하라는 지시를 받았다. 몇몇은 깨끗한 방을 배정받았고, 몇몇은 종이와 집기가 널린 지저분한 방에서 과제를 수행했다. 두 집단은 똑같은 개수의 아이디어를 내놓았으나, 지저분한 방에서 배출된 아이디어를 심사위원들은 더 "흥미롭고 창의적인 것"으로 평가했다.

왜 그럴까? 연구 책임자 캐슬린 보스는 지저분한 환경이 "통념에서 벗어나도록 자극한다"고 추측한다. 주위가 무질서하고 사방이 난장판이면 정신이 이 방향을 따라 미지의 영역으로 나아간다는 것이다. 보스와 동료들은 디지털 환경에서 지저분함이 어떤 역할을 하는지 연구했다. 예비 연구에 따르면 비슷한 메커니즘이 작동했다. '깨끗한' 웹사이트는 '지저분한' 웹사이트에 비해 창의적 사고를 덜 고취했다. 베토벤은 이런 연구를 접하지 못했지만, 그의 지저분한 습관이 창조성의 냄비를 휘저어 일종의 자체 유도적 혼란을 일으키려는 잠재의식적 노력이었다는 생각이 머릿속에서 떠나지 않는다.

셋방에는 베토벤의 지저분한 습관을 보여주는 흔적이 싹 지워져 있다. **청소 잘했어, 루트비히.** 하지만 이곳을 베토벤 박물관이라고 부르는 것은 박물관에게도 베토벤에게도 실례다. 차라리 건성건성 대충대충, 나야 이런 게 좋지만. 과거는 치장하지 않았을 때 가장 가깝게 느껴지는 법이니까. 여기에는 당구대도, 가죽 장정의 악보도 없다. 근사한 진열품도 없다. 나를 안내하는 현명한 '목소리'도 없다. 기념품은 몇 개뿐이다. (당연히 괴발개발인) 자필 악보 몇 점과 〈코리올란 서곡〉 연주 초청장이 있고, 빈 옆방에는 베토벤의 피아노가 놓여 있다. 예상보다 훨씬 작다. 음악의 거인이 아니라 어린아이의 것처럼 보인다.

하지만 이곳에서 베토벤은 최초이자 유일한 오페라 〈피델리오〉와 〈엘리제를 위하여〉라 불리는 감미로운 소품을 썼다. 안내문을 보니 이 피아노는 베토벤 '최후의 창작 시기'로 거슬러올라간다. 너무 가혹한 실명 같다. 베토벤도 그렇게 생각했을까? 물론 그는 청각을 잃어간다는 걸 알았고 "다른 무엇보다 완벽해야 할" 감각의 상실로 괴로워했다. 하지만 청력 상실은 그의 창조성을 결코 방해하지 못했다.

많은 천재들이 질병과 장애를 겪었다. 에디슨은 한쪽 귀가 멀었고 올더스 헉슬리는 시력을 잃다시피 했다. 알렉산더 그레이엄 벨과 피카소는 난독증을 앓았다. 미켈란젤로, 티치아노, 고야, 모네는 모두 각양각색의 질병을 앓았지만 이로 인해 사실상 작품이 더 좋아졌다. 이를테면 미켈란젤로는 시스티나 성당화를 그리면서 거대한 천장을 칠하느라 몸을 뒤틀고 허리를 젖혀 엄청난 통증에 시달렸다. 작업이 진척되면서 그의 개인적 고통은 그가 그리는 인물에게도 반영되었다. 그들도 뒤틀린 형태를 취했다. 훗날 이는 미켈란젤로의 트레이드마크가 되었으며, 후대의 위대한 미술 사조인 매너리즘의 길을 열었다. 당신을 죽이지 못하는 것은 당신을 더욱 강하게 만들 뿐 아니라 더욱 창조적으로 만든다. 미켈란젤로의 그림은 '제약의 힘'이 개인 차원에서 발현된 예다.

베토벤에게도 같은 일이 일어났을까? 안내문에는 일언반구도 없다. 정작 필요할 땐 '목소리'가 어디 있는 거지?

베토벤은 일생 동안 쉼없이 흔들린 듯하다. 걸핏하면 주소를 바꿨을 뿐 아니라, 비버 해트를 바람에 날리며 빠른 걸음으로 도시를 누비고 커피숍에 뻔질나게 드나들었다. 이 모든 움직임은 주의를 분산시키고 내면의 무언가를 촉발하려는 시도가 아니었을까. 많이 돌아다닐 필요도 없었다. 에드먼드 모리스는 베토벤 전기에서 이렇게 말한다. "도시에서 시골로 풍경이 바뀌거나 길거리로 나가기만 해도 그의 창조성을 자극하기에는 충분했다."

'예민한 예술가'라는 오래된 통념은 생각보다 더 진실에 가깝다. 연구에 따르면 창의적인 사람들은 **생리적으로** 자극에 더 예민하다. 실험 결과, 이들은 덜 창의적인 사람들에 비해 전기 충격과 시끄러운 소음 같은 다양한 자극에 일관되게 더 강하게 반응했다.

창조적인 사람들이 왜 주기적으로 세상을 등지는지도 이로써 설명된다. 프루스트는 침실을 코르크로 방음했다. 디킨스는 원고 쓰기에 몰두했을 때 대외활동을 전폐했는데, "참석을 의식만 해도 때로는 하루종일 신경쓰이기" 때문이었다. 심리학자 콜린 마틴데일은 창조적인 사람들이 폭식과 단식을 오가는 역학관계를 보인다고 추측한다. 일정 기간 동안 스스로에게서 참신함을 빼앗았다가 나중에는 그걸 갈망하고 즐긴다는 것이다. 굶주림은 최고의 양념이다.

빈은 모차르트와 베토벤 같은 작곡가들에게 자극과 고립 모두를 제공하여, 그들이 세상에서 살아가는 동시에 세상과 동떨어지게 했다. 완벽한 균형 상태였다.

전화선 너머에서 프리데리케가 묻는다. "음악 모험을 떠나고 싶으세요?"

"물론이죠" 하고 대답하지만, 어떤 모험이 기다리는지는 알지 못한다. 프리데리케를 만난 적도 없으니 말이다.

그녀는 내 친구의 친구로 오스트리아 라디오에서 인기리에 방송되는 고전음악 프로그램의 진행자다. 듣자 하니 나 같은 초보자에게 음악을 설명하는 데 능숙하다고 한다. 그녀는 음악을 알고, 또한 빈을 안다. 그렇다면 천재에 대해 뭔가를 아는 게 틀림없다.

그녀가 금요일 아침에 데리러 오겠다면서 호텔 이름을 묻는다.

"아다지오입니다."

"아, 음악적이네요."

내가 대꾸한다. "음, 그렇네요. 음악적이군요."

그녀가 무슨 말을 하는지 통 모르겠다. 전화를 끊자마자 구글에 아다지오를 검색해본다. 나는 제약 회사가 의약품 이름을 지어내듯 호텔 체인이 근사한 유럽풍 이름을 지은 줄만 알았다. 위안과 안정감을 주지만 아무 뜻도 없는. 구글 교수님이 나의 착각을 바로잡는다. 아다지오는 정말로 음악 용어다. '느리게'라는 뜻이다. 이 이름으로 많은 것이 설명된다. 객실 벽에 그려진 1.5미터짜리 음자리표가 설명된다. 느려터진 서비스도 설명된다. 직원들은 정확한 빠르기를 지킬 뿐이니까.

프리데리케가 지쳐 보이는 푸조를 길가에 댄다. 금방 눈치챘는데, 그녀는 차와 대화를 나눈다. 이건 별로 마음에 들지 않는다. 게

다가 프랑스 차인데 독일어로 말하는 것도 혼란스럽다. 그녀의 말은 한마디도 못 알아듣겠지만, 어조는 다정하게 들린다. 둘의 관계가 화목해서 다행이다. 진심이다.

그녀가 지도를 건넨다. 나는 즉시 지도를 편다. 빈이 스파이의 온상이던 냉전시대에 제작된 옛 지도라고 한다. 하지만 그녀는 지도의 돋을새김, 빈 외곽의 등고선을 좋아한다고 한다. 어디로 가는 거죠, 하고 내가 묻는다.

프리데리케는 내 말을 듣지 않는다. 푸조에게 격려 비슷한 말을 건네고 있다. 차와의 대화를 끝내고, 빈이 왜 이토록 창조적인 장소인지에 대한 학설을 들려준다(솔직히 매혹적으로 들린다). 그녀는 알프스산맥이 여기서 시작한다고 말한다. 빈은 뱀의 머리인 셈인데, 뱀은 마력을 지녔다는 것이다. 지금껏 피해왔건만 (천재 무리에 대한) 머리를 멍하게 만드는 뉴에이지식 설명이다.

날씨가 좋지 않으냐며 잡담을 시도한다. "따뜻하고, 산들바람이 불고, 저기 나무에 꽃 핀 건가요?"

프리데리케가 그렇다고, 밤나무라고 말한다. 그녀는 날씨가 좋다고 인정하면서도, 북쪽에서 비구름이 몰려오고 있다고 재빨리 덧붙인다. 금세 지독한 추위와 습기가 찾아올 거란다. 그녀의 말에 암울한 체념이 배어 있다. 스코틀랜드인들이 떠오른다. 좋은 것은 빈에서도 결코 오래가지 않는다. 한순간 화창하다가도 다음 순간 물에 빠진 생쥐가 된다. 한때 활기찬 수도이자 제국의 중심에서 살아가다가 이내 자신이 이류의 변방도시에서 살고 있음을 깨닫는다. 석조 건물과 으리으리한 궁전이 견고해 보여도 겉모습에 속지 말라. 그래봐야 역사의 잔혹한 변덕에 휘둘릴 수밖에 없으니.

이제 프리데리케가 골수 스포츠 팬처럼 차분한 열정을 가지고서 작곡가들의 명단을 읊는다. 하이든은 무리의 어른이었고 덜 대담했으며 오늘날은 과소평가되고 있다. 슈베르트는 빈의 적자였다. 다른 작곡가들과 달리 그는 빈에서 태어났다. 베토벤은 프로메테우스처럼 "신에게서 불을 훔쳤다". 그녀는 베토벤을 좋아한다. 그녀는 베토벤의 음악을 '상자 안에 든 상자 안에 든 상자'라고 부른다. 늘 또다른 상자를 발견한다는 것이다. 그녀는 베토벤을 평생 들었는데도 아직도 상자를 발견한다고 한다. 모차르트에 대해서는 간결하게 평가한다. "모두의 신이었어요. 그의 음악은 낙원과 같아요."

아인슈타인도 모차르트를 흠모해 그의 음악이 "어찌나 순수한지 태초부터 우주에 존재하면서 거장이 발견해주길 기다렸던 것 같다"고 말했다. 사실 매우 중국적인 표현이다. 다시 말하지만, 창조성에 대한 동양인의 견해에 따르면 모든 발견은 사실 재발견이며 모든 발명은 재발명이다. 태양 아래 새것은 없으며 옛것은 놀라움으로 가득하다. 모차르트의 음악처럼, 드러나기를 기다릴 뿐.

우리는 도심을 뒤로하고 미지의 지역에 들어선다. 커다란 악기를 등에 멘 젊은 여인을 지나친다. 케이스가 몸과 하나인 것처럼 보인다. 어디까지가 악기이고 어디까지가 몸인지 분간이 되지 않는다. 영원히 살면서 세상사에 초연한, 느릿느릿 움직이는 코끼리거북이 떠오른다.

프리데리케에게 여인을 가리키면서 오스트리아 아이들이 전부 악기를 연주할 줄 안다고 들었다고 말한다. 정말인가요?

프리데리케가 그렇다고 대답한다. 하지만 내가 〈사운드 오브 뮤직〉 같은 환상을 품지 않도록 재빨리 바로잡는다. 오스트리아의 아이들은 어릴 적에 피아노나 바이올린을 **강제로** 배워야 하며 "여느 아이들과 마찬가지로 악기 연주를 싫어한다"고, 모퉁이를 돌면서 말한다.

이제 오르막, 또 오르막이다. 프리데리케가 귀염둥이 푸조를 어른다. 아우프 게츠, 마인 클라이너. 두 샤프스트 다스. "가자, 나의 귀염둥이. 넌 할 수 있어!"

이 산의 이름이 뭐죠? 대화를 자동차의 영역에서 인간의 영역으로 돌리고자 묻는다.

그녀가 꾸짖듯 말한다. "산이 아니에요. 언덕이죠."

깜박했다. 여기는 오스트리아라는 걸. 정확히 뭔지는 모르겠지만 무언가 자라고 있는 계단식 언덕을 지나친다.

프리데리케가 내 마음을 읽기라도 한 듯 말한다. "포도밭이에요." 빈에는 포도밭이 약 일흔 곳 있는데, 어느 도시보다 많은 수란다. 몰랐다. 베토벤이 이 산, 아니, 언덕으로 피신한 것은 그래서일까?

그녀는 그렇다고, 베토벤은 포도주를 좋아했다고, 하지만 그보다는 자연을 좋아했다고 말한다. 베토벤은 빈의 열기와 먼지와 악취에서 간절히 벗어나고 싶어했다. 그래서 실행에 옮겼다. 기회가 있을 때마다 마차에 올라타 시외의 초록 언덕 지대인 비너발트로 갔다. 숨막히게 하는 팬들과 까탈스러운 평론가, 성가신 집주인에게서 벗어나, 청중에게서 벗어나, 마침내 평안을 찾았다. 베토벤은 걷고 생각하고, 종종 땅거미가 지도록 밖에 머물렀다. 걸으면서 음이 떠오른다고 말한 적도 있는데, 소크라테스에게 질문이 떠오르거나 디킨스에게 문장이 떠오른 것과 같은 이치였으리라.

프리데리케가 푸조를 주차하고는 잘했다고 칭찬해준다.

내가 묻는다. "지금도 숲을 하이킹할 수 있나요?"

그녀는 "할 수야 있지요"라면서도 일본 속담을 인용한다. "힘센 자는 산에 오르고, 슬기로운 자는 물에서 쉰다고 하죠."

그렇다면, 옳거니, 하이킹은 없다는 얘기군. 나야 좋지.

우리는 몇 미터를 걸어(걷는 것과 하이킹은 별개인 활동이다) 전망 좋은 곳에 이른다.

프리데리케가 말한다. "저 언덕들 좀 보세요. 정말 부드럽고 비단 같죠?"

200년 전 베토벤이 바로 이 자리에 서 있는 장면을 상상한다. 청력은 약해져가나 정신은 어느 때보다 날카롭다. 그는 무엇을 보았을까? 이 나들이는 그에게 무슨 의미였을까? 그의 글에서 몇 가지 실마리를 찾을 수 있다. 베토벤은 자연을 '마음의 훌륭한 학교'라고 일컬으며 "이곳에서 나는 지혜를 배운다. 넌더리나지 않는 유일한 지혜를"이라고 덧붙였다.

베토벤의 이런 면은 뜻밖이다. 베토벤 하면 무뚝뚝한 남자, 바람둥이, 풍류객을 상상했지 나무 애호가는 아니었다. 하지만 사실이다. 말 그대로. 저 아래에 위치한 이른바 에로이카 하우스에서 베토벤이 동명의 교향곡을 작곡했는데, 그 근처에 커다란 피나무가 자란다. 속설에 따르면 베토벤은 영감을 얻기 위해 정기적으로 우람한 팔로 나무를 감싸안았다고 한다. 어느 날, 마법의 힘이 내게도 전해지기를 바라며 똑같이 해봤다. 아직까지는 음악적 능력이 불쑥 치밀어오르는 기미가 전혀 없다. 이렇게 금방 될 리가 없지.

프리데리케에 따르면 베토벤은 작곡할 때 늘 머릿속에 그림을 그렸다고 한다. "음악을 붓 삼아 그린 거죠."

그녀의 설명은 비유적이긴 하지만 공감각적이다. 이는 사람의 감각 '배선'이 합선되는 상태다. 공감각을 갖춘 사람들은 색깔을 듣거나 소리를 맡는다. 창조적인 사람들은 모두 어느 정도 공감각을 가진 듯하다. 영감의 원천을 하나의 감각에 국한시키지 않으니 말이다. 화가가 음악에서 영감을 얻기도 하고 작가가 독특한 냄새에서 영감을 얻기도 한다. 시인이자 철학자 프리드리히 실러는 글을 쓸 때면 언제나 책상 밑에 썩은 사과 한 상자를 두었다. 그러면 시골 생각이 난다는 것이었다. 피카소는 숲을 걷고 나면 '초목 체증'에 걸린다고 주장했다. "이 감각을 그림으로 게워내야만 했다."

우리는 푸조로 돌아왔다. 프리데리케가 작곡가 점수표를 다시 읊는다. 구스타프 말러의 음악은 빈의 특성을 가장 잘 담는단다. "결코 채워지지 않는 행복이에요. 쓰린 가슴. 너무나 슬프죠. 그게 삶인걸요." 음악은, 좋은 음악은, "슬픔을 수출하는" 것이라고 한다. 마음에 드는 표현이다. 음악뿐 아니라 모든 예술을 전혀 새로운 관점에서 보게 해준다. 예술가는 수출입 업무를 담당한다. 앞에서 보았듯 그들은 나머지 사람들보다 더 예민하며 불완전한 세상의 고통을 수입한다. 그런 뒤 그들은 이 고통을 가공하고 예술로 재창조

하여 수출함으로써 자신의 슬픔을 줄이고 우리의 즐거움을 늘린
다. 완벽한 공생관계다.

우연히 생물학 용어를 빌려 쓴 게 아니다. 생물학 분야는 창조
적 환경을 완전히 새로운 방식으로 생각하게 해준다. 심리학자 데
이비드 해링턴은 이를 '인간 창조성의 생태학'이라고 부른다. 이게
무슨 뜻일까?

무엇보다 천재를 총체적 관점에서 보고 모든 부분이 연결된다
는 걸 깨닫는다는 뜻이다. 생태계를 연구하는 생물학자들은 전제
를 근본적으로 바꾸지 않고 체계의 한 부분만 고치기란 불가능하
다는 사실을 안다. 해링턴은 창조학자creatologist도 창조적 천재에 대
해 같은 방식으로 생각해야 한다고 주장한다. 이를테면 '선택적 이
주' 개념을 들어보자. 이는 유기체가 어느 일정한 환경에 모여든
다면 자연재해로 보금자리를 잃었거나 내부 GPS의 명령에 따라서
이동하는 게 아니라 그 환경이 유익하다고 판단했기 때문이라는
개념이다. 자기네가 거기서 번성할 수 있음을 알아서다. 베토벤,
모차르트, 하이든도 바로 그렇게 했다. 그들은 이 도시가 자신들의
필요를 충족했고, 이곳에서 번성할 수 있음을 알았기 때문에 빈으
로 이주했다.

해링턴이 생물학에서 빌려온 또다른 용어로 **생화학적 요건**이 있
다. 유기체가 어떤 생태계에서 서식하려면 특정 요건이 충족되어
야 한다. 이를테면 식물은 햇빛과 물이 필요하다. 생태계가 이 요
건을 충족하면 유기체는 살아남고 그러지 못하면 죽는다. 간단하
다. 해링턴의 주장에 따르면 창조적인 사람들도 생태계에 대해 어

느 정도 '심리사회적 요건' 즉 "창조적 과정이 잘 이루어지기 위해 충족되어야 하는 요건"이 필요하다. 여기에는 시간, 작업 공간, 소통 수단, 청중과의 접촉 기회 등이 포함된다.

해링턴은 다시 한번 생물학에 빗대어 '유기체-환경 적합도'의 중요성을 강조한다. 궁극적으로, 유기체의 생존을 결정짓는 것은 유기체 자신이 아니라 환경과의 관계다. 마찬가지로 창조적인 사람들이 자신의 잠재력을 실현하려면 환경과 잘 '맞아떨어져야' 한다. 이를테면 어떤 사람들은 위험 감수를 장려하는 환경에서 잘나가는 반면 어떤 사람들은 그렇지 않다. 하지만 '괜찮은' 문화적 적합도가 반드시 마찰 없는 환경을 뜻하지는 않는다. 소크라테스가 가장 좋은, 또한 가장 비극적인 예다.

마지막으로, 생물학자라면 다 알겠지만, 환경은 유기체를 빚어낼 뿐 아니라 유기체에 의해 빚어지기도 한다. 유기체는 자원을 소비하지만, 그 대가로 무언가를 돌려준다. 식물은 이산화탄소를 빨아들이지만 훨씬 귀중한 산소를 대기 중에 내뿜는다. 마찬가지로 창조적 천재는 도시의 문화 자원—돈, 공간, 시간—을 빼가지만 무언가를 돌려준다. 파르테논 신전이나 두오모를 보면 알 수 있다.

그렇다면 빈의 음악 천재들을 이러한 생태학적 관점으로 새로이 바라보면 어떤 일이 일어날까? 우리는 모차르트, 베토벤, 하이든 같은 '유기체'가 선택적 이주를 통해, 자신이 가장 번성할 수 있는 생태계인 빈으로 이주하는 것을 본다. 이들이 후원자의 돈, 청중의 시간, 집주인의 인내심 같은 지원을 소비하는 것을 본다. 이들이 환경을 빚고 그뒤로 수 세기에 걸쳐 이를 변화시키는 것을 본다. 하이든은 모차르트에게 영감을 주었고 모차르트는 쇼팽, 차이콥스키, 슈만, 브람스 같은 다른 작곡가들에게 영감을 주었다. 우리는 이런 음악적 유기체들이 생태계에 들어맞되 꼭 들어맞지는 않음을 본다. 그들은 반발한다.

아인슈타인의 비서는 아인슈타인이 북극곰 사이에서 태어났어도 여전히 아인슈타인일 거라고 말한 적이 있다. 하지만 그 북극곰들이 이론물리학에 조예가 깊지 않았다면 그럴 수 없다. 아인슈타인은 아인슈타인이 못 됐을 것이다. 아인슈타인에게서, 또는 북극곰에게서 무언가를 빼앗으려는 게 아니라, 그가 창조적 생태계의 일부이며 그를 생태계에서 떼어내 고립시키려는 시도는 어리석을 뿐 아니라 헛수고임을 지적하는 것이다. 아인슈타인이 50년 일찍 태어났다면 우리는 그의 이름을 들어보지도 못했을 것이다. 그 시절에는 물리학이 새로운 아이디어에 개방적이지 않았기에 아인슈타인의 훌륭한 이론은 열매를 맺지 못한 채 시들어버렸을 것이다. 무엇보다 아인슈타인 같은 명석한 청년은 물리학에 뛰어들기보다 당대의 가장 중대한 질문이 있는 분야를 선택했을 것이다.

천재를 순전히 내면적 현상으로 여기는 태도가 지나친 단순화인 것과 마찬가지로 천재를 특정한 시간과 장소의 직접적 산물로 여기는 생각도 오해다. 빈이 모차르트를 '생산한' 것은 도요타가 신차를 생산하는 것과는 다르다. 장소와 천재의 관계는 그보다 더 복잡(혼잡이 아니라)하고 더 치밀하게 얽혀 있다. 더 **친밀하다**.

프리데리케가 말한다. "음식이요."

내가 대답한다. "네. 그게 어때서요?"

"빈과 빈의 음악을 이해하려면 음식을 이해해야 해요."

고대 그리스 요리와의 불운한 만남이 불현듯 떠오른다.

차를 세우고 작은 식당을 찾는다. 공기가 따스하고 쾌적한 근사한 날이라 밖에서 먹기로 한다. 프리데리케는 그러자고 하면서도, 오래 있을 순 없다고 덧붙인다. 추위와 비가 찾아오고 모든 것이 달라질 테니.

그녀의 말에 토를 달게 될까봐 잠자코 메뉴판을 들여다본다. 이제 교훈을 새기기 시작했다. 빈의 숙명론에 참견하지 말 것. 이는 그들에게서 음식을 빼앗는 일과 같다.

메뉴판을 해독하느라 골머리를 앓는데 프리데리케가 생선 수프와 샐러드에다 반주로 포도주 스프리처를 대신 주문해줘 나를 구해준다. 스프리처라는 말이 들어간 음료치고 좋았던 적이 한 번도 없지만, 그녀는 맛있을 거라 장담한다.

얼굴에 비친 햇살이 따스하다. 바람이 살갗을 어루만진다. 하지만 이것이 오래가지 않을 것임을, 찬비가 내릴 것임을 알기에 서둘러 질문을 던진다. 빈은 당시 풍부한 음악적 재능을 보유했는데, 그것만으로 천재의 영역으로 도약하기 충분했을까?

그녀는 아니라고, 재능만으로는 충분치 않았다고 말한다. "마케팅도 필요해요. 베토벤이 마케팅에 능하지 않았다면 천재로 알려지지 않았을 거예요. 모차르트는 아예 마케팅 기계가 내장되어 있었어요. 그의 아버지 말이에요." 고독한 천재라는 관념이 속설이고 우리가 듣고 싶어하는 이야기라는 사실에 그녀도 동의한다.

"자신을 판촉하고 이름을 알릴 기회가 없으면 천재가 될 수 없어요. 밤나무 밑에 앉아서 글을 쓰거나 그림을 그리거나 뭘 하는 것만으로는 안 돼요. 진짜 천재 화가 다섯 명을 알고 있는데, 아무도 그들을 발견하지 못했어요. 렘브란트만큼 실력이 뛰어나더라도 아무도 발견해주지 않으면 이론상으로만 천재인 거예요." 그녀는 필연적인 결론을 언급하지는 않는다. 이론상 천재는 결코 천재가 아니라는 사실을.

그녀가 스프리처를 홀짝거리며 말한다. 여기서 모차르트는 진짜 거장이었다고. 궁정 정치의 풍랑을 헤쳐나가고 자신의 때가 올 때까지 기다릴 줄 알았다고. 빈에 도착한 지 얼마 지나지 않아 모차르트는 툰 백작부인에게 줄을 댔다. 한 영국인 방문객 말마따나 '가장 이타적인 심장'을 가진 여인이었던 그녀는 연줄 만들기를 무엇보다 좋아했다. 그녀는 모차르트에게 문을 열었으며 그는 망설이지 않고 들어갔다. 하지만 모차르트는 귀족을 싫어했으며 이따금 노골적으로 경멸하기도 했다. 그는 요제프 황제의 동생 막시밀리안 대공을 두고 "무식이 눈으로 넘쳐흐른다"고 말했다.

모차르트가 이런 불경을 저지르고도 무사할 수 있었던 한 가지 이유는 뛰어난 재능이었고 또다른 이유는 시대 변화였다. 프리랜서 음악가의 시대가 꿈틀거리고 있었다. 그들은 자유를 얻었지만 한편으로는 두렵기도 했다. 불확실성이 프리랜서의 삶을 규정했으며(이것은 지금도 마찬가지다) 모차르트는 이를 경험한 최초의 음악가였다. 그는 이 일로 끊임없이 근심했으며 어쩌면 이 때문에 수명이 단축되었는지도 모른다. 하지만 이 덕분에 긴장도 늦추지 않았다. 안락은 천재의 적이며, 천만다행으로 모차르트는 결코 지나친

안락을 누린 적이 없었다.

환경은 중요하다. 언제 어디서 태어나느냐뿐 아니라 어느 젠더로 태어나느냐도 중요하다. 난네를이라는 별명으로 더 유명한 모차르트의 누나 마리아 안나도 천부적 재능을 지닌 음악가였으나 프리데리케에 따르면 "여자였기에, 아이를 낳는 것이 그녀의 운명이었다". "멘델스존과 그의 누나도 마찬가지였어요. 여성 천재들은 언제나 잊히죠." 프리데리케의 말투는 신랄하지 않고 마치 '식물은 물이 필요하다' 같은 자연법칙을 읊는 듯 담담하다.

나중에 이론상 천재였던 난네를 모차르트에 대해 더 알고 싶어서 그녀의 삶을 좀더 파고들었다. 그녀는 뛰어난 피아니스트이자 하프시코드 연주자였다. 동생보다 다섯 살 많은 그녀는 어린 시절 동생의 역할 모델이었다. 볼프강은 세 살 때 누나의 어깨너머로 피아노를 배우고 후에는 누나의 악보로 연습했다. 둘은 음악실 밖에서도 가까워서 비밀 언어를 만들어내고 '저쪽 왕국'이라는 가상 세계를 창조하기까지 했다.

모차르트가 여덟 살에 첫 교향곡을 썼을 때 실제로 펜을 들고 동생이 생각한 음을 악보에 옮긴 사람은 난네를이었다. 그녀가 필경사 이상이었을까? 그 교향곡은 그녀의 작품이었을까? 진실은 아무도 모른다. 하지만 그녀가 결혼하고 아이를 가지면서 음악가로서의 경력이 끊겼다는 사실은 안다.

오늘날 볼프강의 음악은 인간 성취의 정점으로 칭송받는다. 그렇다면 난네를은? 그녀의 이름을 딴 호주 술이 하나 있다. 난네를 살구 슈냅스. 꽤 맛있다고 한다.

왜 역사책에는 여성 천재가 그렇게나 전무할까? 이유는 간단하다. 최근까지 대부분의 세상이 이를 용납하지 않았기 때문이다. 우리는 정확히 우리가 원하고 우리에게 걸맞은 천재를 가진다. 창조적 천재의 형성에 환경이 얼마나 중요한가를 강조하는 뭔가가 있다면, 바로 만신전에 여성이 확연히 적다는 것이다. 역사적으로 여성은 창조적 탁월함에 필요한 자원 그러니까 멘토, (내적 및 외적) 보상, 후원, 청중을 얻지 못했다. 대부분의 천재가 주목받을 만한 업적을 처음으로 내놓는 이십대에 여자들은 아이 양육과 집안일에 시달렸다. 프루스트처럼 코르크로 방음한 작업실에 틀어박힐 수도 없었고 볼테르처럼 음식이 들어올 때만 문을 열 수도 없었다.

로마에는 **책이냐 아이냐**libri aut liberi라는 속담이 있었다. 역사를 통틀어 여성에게는 이러한 선택이 허용되지 않았다. 물론 마리 퀴리를 비롯한 예외도 있었지만 노벨상을 두 차례 수상한 퀴리는 안타깝게도 규칙을 입증하는 예외다.

여자들에게 기회가 있었다면 이는 반드시 예외적 환경 덕분이었다. 의학물리학자이자 노벨상 수상자 로절린 앨로는 미국이 2차 세계대전에 참전한 직후인 1941년 일리노이대학원에 입학이 허가되었을 때 자신이 두번째 여성 입학생이었다고 술회한다. (첫번째 여성은 1917년 입학했다.) 그녀는 농담조로 말했다. "남자들이 전쟁을 해야 했기에 제가 대학원에 들어갈 수 있었어요."

음식이 나오고 나는 기어를 바꿀 기회를 잡는다. 프리데리케의 라디오 방송이 궁금하다. 그녀는 자신의 청취자들이 애호가가 아니라 '평범한 사람들'이라고 설명한다. 그녀의 임무는 "그들이 음악을 듣도록 유혹하는 것"이란다. 그녀는 고전음악이 아니라 음악이라고 말한다. 이것은 우연이 아니다. 음악이든 미술이든, 뭐든 작품 앞에 고전이라는 수식어를 붙이면 생생함이 빠져나가버린다. 프리데리케가 음악에 그런 짓을 할 리 없다. 게다가 모차르트와 베토벤은 고전음악을 단 하나도 작곡하지 않았다. 지금 우리가 고전으로 분류할 뿐 그들은 현대음악을 작곡했다. 여기에는 큰 차이가 있다.

식사가 끝났다. 솔직히 스프리처는 나쁘지 않았다. 푸조로 돌아가 프리데리케에게 슈베르트 연주회를 보러 갈 참인데 "이해가 안 되면" 어쩌나 걱정이라고 말한다. 이 점에서 나는 엄격한 프로이트주의자다. 훌륭한 의사 프로이트는 뛰어난 심리학자였지만, 소문난 음치였다. 나도 마찬가지다. 그래도 초등학교에서 트롬본을 불긴 했다. 한동안은. 하지만 가족, 이웃, 동물학대방지협회 지부에서 불만이 터져나오면서 나의 음악 인생은 짧게, 그러나 자비롭게 끝을 맺었다. 그러니 슈베르트 연주의 음악적 미묘함을 어떻게 감상한단 말인가?

그녀가 말한다. "5분만 들어보세요."

"그래도 이해가 안 되면요?"

"5분만 더 들어보세요."

"그래도 감이 안 오면요?"

"그럼 나가세요." 안도감이 밀려들려는 찰나, 그녀가 이렇게 덧붙인다. "하지만, 그러면 우주 전체를, 세상을 잃게 된다는 사실을 명심하세요. 다시는 찾지 못할 거라고요."

말문이 막힌다. 살면서 자동차 열쇠며 지갑이며 수식어며 여러

가지를 잃어버렸지만 온 우주를 잃은 적은 한 번도 없다. 엄두가 안 난다. 그녀에게 충고에 유의하겠다고 약속한다.

우리는 아다지오 앞에 차를 댄다. 작별인사를 건네고 느리게, 아다지오로, 푸조에서 내린다. 프리데리케가 차를 뺄 때 자기 차에게 뭐라고 말하는 소리가 들린다. 한마디도 못 알아듣지만 내 귀에는 음악처럼 들린다.

⚲

황금기에는 악동이, 앙팡 테리블이 필요하지만 어른도 필요하다. 빈의 어른은 프란츠 요제프 하이든이었다. 그를 묘사하는 가장 좋은 방법은 그가 무엇이 아닌지 말하는 것이다. 그는 화장실 유머를 즐기지 않았다. 그는 노름에 빠지지 않았다. 그는 염문을 뿌리지 않았다. 우리가 가진 까탈스러운 천재의 이미지에 들어맞지 않았기에, 당시 파파 하이든으로 불린 그는 오늘날 음악의 만신전에서 말석으로 밀려났다. 옳지 않은 일이다. 하이든은 뛰어난 작곡가였을 뿐 아니라 모차르트와 베토벤 모두의 스승이자 멘토였다. 그는 황금기 전체에 걸쳐 살았으며 그는 여러 면에서 황금기를 하나로 만든 접착제 같은 인물이었다. 하이든은 모차르트가 태어나기 전 작곡을 시작해 일흔일곱 살까지 장수하다가 1809년에 죽었다. 그때 베토벤은 이미 이름난 작곡가였고 슈베르트는 빈소년합창단의 유망한 단원이었다.

안타깝게도 요즘은 파파를 찾는 사람이 거의 없다. 어느 날 아침 뭔가 해야겠다고 마음먹는다. 노파심에서 말하건대 동정심 때문만은 아니다. 파파 하이든은 빈의 음악적 천재성을 이해시켜줄 중요한 단서를 쥐고 있다.

하이든을 찾기란 쉽지 않다. 모차르트와 베토벤의 생가와 달리 하이든 하우스는 나이든 파파처럼 숨어서 도심에서 멀리 떨어진 지역에 있다. 이 도시의 모든 것과 마찬가지로 흠잡을 데 없는 지하철에 올라탄다. 나도 모르는 사이에 지상으로 올라오니 나무가 우거진 길과 과일 행상이 보이고 관광객은 하나도 없는 딴 세상이 나타난다. 하이든 시절에 이곳 빈트밀레는 귀족과 부자의 여름 휴양지였다. 시내까지 가려면 마차로 한 시간이 걸렸는데, 하이든은 가급적 출타를 삼갔으며 사과 농장과 포도원에서 지내기를 더 좋아했다.

양품점과 커피숍을 지나쳐 잠시 걷자 하이든가세 거리가 보인다. 이 작고 쾌적한 곳에서 아이들이 뛰놀고 꽃이 피었다. 하이든 하우스는 작은 크림색 건물로, 번듯하지만 결코 호화롭지는 않은 것이 전 거주자를 닮았다. 하이든은 이곳에서 생애 마지막 12년을 살았다. 어느 모로 보나 행복한 나날이었다. 그는 후원자 에스테라지가의 음악적 손아귀에서 벗어나 마침내 자유인이 되었다. 에스테라지 공의 부고를 듣고 하이든은 친구에게 이런 편지를 써 보냈다. "필연적인 자유의 맛은 얼마나 달콤한가."

매표소 직원이 날 보더니 놀란 표정이다. 이날 방문자는 나 말고는 영국인 커플뿐이다. '리브레토'(오페라 대본)니 '대위법'이니 하는 용어를 유창하게 구사하는 걸로 보건대 순례차 찾아온 진짜배기 음악 애호가인 듯하다.

집에 들어서자, 잘생기진 않았지만 근엄한 남자와 눈이 마주친다. 사자 머리의 베토벤과도, 멋쟁이 모차르트와도 다르지만, 수채화로 표현된 다정하고 차분한 눈빛으로 보건대 인격자가 틀림없다. 음악적으로 좋은 사람이라고나 할까.

또다른 벽에는 하이든의 일과가 쓰여 있다. 이 사람은 시간에 맞춰 살았다. 일찍 아침을 먹고는 오전 8시에 피아노 앞에 앉아 작곡을 시작했다. 11시 반에는 산책을 하거나 방문객을 맞았다. 점심은 오후 2시 정각에 먹었다. 오후 4시에 피아노 앞에 다시 앉았다. 밤 9시에 책을 읽었다. 저녁은 10시에 먹었다. 취침 시각은 11시 반이었다. 단순히 깐깐한 사람의 일과가 아니었다. 하이든은 하루의 최적 리듬을 파악하여 자신의 뮤즈가 움직이는 대로 따라갔다. 많은 천재들에게는 번거롭게도 하루를 일찍 시작해야 한다는 뜻이다. 빅토르 위고는 오전 6시에 일어나 아침을 먹고 글쓰기를 시작했다. 밀턴에 비하면 다들 게으름뱅이였다. 그는 여름철에 새벽 4시면 이미 집필중이었다. 파블로프의 개로 유명한 러시아의 행동심리학자 파블로프는 작업 시간에 특히 예민했다. 그는 오전 8시 반부터 9시 50분까지가 자신의 생산성이 가장 높은 시간이라고 생각했다.

영감은 아마추어에게나 쓸모 있다고들 한다. 진정한 창조성을 발휘하려면, 영감을 느끼지 못할 때에도 책상이나 피아노 앞에 앉아야 한다. 하이든이 그랬다. 그는 일할 기분이든 아니든 일과에 충실했다. 그는 아침 작업을 '몽상'이라고 불렀다. 이는 간략한 스케치였다. 다듬기는 산책 후에 했다. 음악사가 로저먼드 하딩에 따르면 하이든은 "옳다는 확신이 들지 않으면" 종이에 아무것도 적지 않았다.

확신은 충분히 자주 생겼다. 이 방에서 하이든은 걸작 〈천지 창조〉와 〈사계〉를 비롯한 최고의 작품을 작곡했다. 그는 엄청난 다작가였으며 만년에도 최고의 작품을 창작했다. 모차르트와 달리 그는 혼돈이 아니라 평온함 속에서 진가를 발휘했다. 또한 모차르트와 달리 결혼생활이 불행했다. 그와 아내 마리아 안나는 서로를 경원시했다. 그녀는 악처로—모리스는 "세평에 따르면 크산티페 이후 가장 포악한 아내"라며 소크라테스의 악처에 빗대었는데—하이든의 음악에 거의 관심이 없었다.

하이든은 제자 베토벤과 마찬가지로 자연에서 위안을 찾고 자연과 교제했다. 그는 열대 조류를 수집하는 데 돈을 아끼지 않아 한번은 희귀종에 (일 년 치 평균 임금인) 1415플로린을 쓰기도 했다. 우스꽝스럽고 비현실적인 취미였다. 특히 하이든처럼 나이들고 근엄한 사람에게는 더더욱 그랬다. 하지만 묘하게 안도감이 든다. 하이든은 자동인형도, 음악 로봇도 아니었다. 그에겐 인간적 약점이 있었다. 그게 천재다.

하이든은 모차르트와 베토벤을 둘 다 가르쳤기에 그를 멘토로, 빈의 베로키오 같은 인물로 분류하려는 유혹에 넘어가기 쉽다. 하지만 이는 부당하다. 하이든 자신도 작곡의 명수였다. 그의 장기 중 하나는 현악 사중주였다. 역사가 피터 게이에 따르면, 약간 과장을 보태자면 그는 "카이사르 아우구스투스가 로마에 한 일을 했다. 그가 올 때는 벽돌이던 것이 그가 떠날 때는 대리석이 되어 있었다".

하이든은 사중주에 대한 열정을 모차르트에게 전해주었으며 모차르트는 이를 재빨리 받아들였다. 하이든은 베로키오와 마찬가지로 재능을 알아보는 눈이 있었으며, 모차르트를 "내가 개인적으로 알거나 이름만 들은 모든 사람 중에서 가장 위대한 작곡가"라고 부를 만큼 겸손했다. 두 사람의 돈독한 관계는 널리 알려져 있다. 내가 보기엔 타향살이하던 모차르트가 하이든을 아버지 대리인으로, 그러니까 더 다정하고 덜 독재적인 레오폴트로 여긴 게 아닌가 싶다. 모차르트는 하이든에게 깊이 감사했으며 '하이든' 사중주로 알려진 작품의 작곡에 3년을 쏟았다. 그가 편지에서 썼듯 이 작품들은 "칭송받을 분이자 소중한 친구"에게 헌정되었다. 이 곡을 제외하면 모차르트는 공짜로 작곡한 적이 거의 없었다.

위층으로 올라가자 서른남은 점의 카논이 액자 속에서 누렇게 바랜 채 벽에 걸려 있다. 하이든이 작곡했지만 발표를 거부한 곡들이다. 왜일까? 궁금하다. 왜 이 곡들을 세상에 내보내지 않았나요, 요제프? 그럴 만큼 좋지 않았나요? 아니면 너무 좋아서인가요? 독실한 신자인 당신이 신의 영역을 침범할까봐 두려웠나요? 그랬을 법도 하다. 어떤 예술가들은 자신의 작품 중에서, 너무 귀중하기에 비평, 혹은 설상가상으로 찬사에 얼룩지지 않도록 혼자만 고이 간직하고 싶은 작품이 있다고도 말한다. 때로는 침묵이 최고의 찬사일 수도 있다.

옆방에는 갖가지 메달이 걸려 있다. 안내문에는 '영예의 징표'라고 쓰여 있다. 하이든은 이를 다르게 불렀다. '노인의 장난감'이라고. 그는 두둑한 급여를 받았으나 여느 창조적 천재와 마찬가지로 돈에 연연하지 않았다. "낡고 벌레 먹은 피아노 앞에 앉아 있으면 세상 어떤 왕의 금은보화도 부럽지 않다."

유리 너머로 하이든의 낭만적이고 급진적인 한 작품의 악보 초고가 보인다. 〈혼돈의 출현〉이라는 서곡이다. (하이든이 질서를 좋아했다는 점을 생각하면 아이러니한 제목이다.) 음악학자들은 이 작품이 제자 베토벤에게 영향받지 않았나 의심한다. 베로키오와 레오나르도와 마찬가지로 하이든과 베토벤의 사제관계는 양방향으로 이뤄졌다. 제자가 곧 스승이었고 스승이 곧 제자였다.

둘은 복잡한 관계이기도 했다. 하이든과 베토벤이 처음 만난 곳은 본이다. 하이든이 도시를 지날 때, 스무 살밖에 안 됐지만 자신감 넘치던 베토벤이 직접 작곡한 칸타타를 하이든에게 선보일 기회를 얻었다. 하이든은 감명받았으며 실제로 젊은 작곡가 베토벤에게 계속 정진하라고 말했다. 2년 뒤인 1792년 7월 베토벤의 후원자 발트슈타인 백작이 그를 하이든과 함께 공부하도록 빈에 보냈다. 출발 전날 밤, 백작은 격려 편지를 썼는데, 당시 빈을 사로잡고 있던 음악적 샤머니즘이 한 문장에 함축되어 있다. "성실히 노력하면 하이든의 손에서 모차르트의 정신을 전수받을 것이네."

하지만 애석하게도 전수는 그리 순조롭지 않았다. 두 사람은 달라도 너무 달랐다. 하이든은 형식을 차리고 옷차림이 완벽했으나 베토벤은 투박하고 후줄근했다. 베토벤은 성질도 급했다. 대위법이라는 음악 기법을 속성으로 배우고 싶었는데, 파파 하이든에게서는 그럴 수 없음을 금세 깨달았다. 베토벤이 보기에 하이든의 교수법은 너무 규격화되고 경직되었다. 한편 하이든은 젊은 작곡가 베토벤이 고집불통인데다 오만하다고 생각했다. 하이든은 베토벤을 놀림조로 '거물'이라고 불렀다.

수업이 계속될수록 베토벤의 분노는 커졌다. 하지만 그냥 그만 둘 수는 없었다. 그것은 직업적 자살 행위나 마찬가지였다. 그래서 베토벤은 양다리를 걸쳤다. 스승 하이든에게 계속 수업을 받았지만, 요한 솅크라는, 덜 유명한 작곡가를 진짜 스승으로 모셨다. 두 사람은 이 사실을 비밀에 부쳤다. 솅크의 요청에 따라 베토벤은 하이든이 알아차리지 못하도록 연습 과제를 자신의 필적으로 베꼈다.

베토벤은 결국 하이든과 화해했으며 그에게 한두 가지를 배우기도 했다. 1808년 3월의 어느 추운 날, 하이든은 마지막으로 공식 석상에 섰다. 그는 막 일흔여섯에 들어섰으며 건강이 나빠지고 있었다. 끝이 머지않았음을 누구나 알았다. 그날 연주된 곡은 하이든의 〈천지 창조〉였다. 베토벤은 객석 앞줄에 앉아 있었다. 연주가 끝난 뒤 '거물'은 무릎을 꿇고는 눈물을 글썽이며 자신의 스승이자 친구의 손에 입을 맞췄다.

♀

청중의 역할을 상상만 하다 마침내 직접 참여하는 날이 왔다. 며칠 전, 판매대 뒤에 앉아 있던 꽁지머리에 문신을 한 젊은 남자에게 표를 샀는데, 슈베르트를 듣고 싶다고 말하자 공감한다는 듯 고개를 끄덕였다. 미국에서는 있을 수 없는 일이었다. 꽁지머리에 문신을 한 젊은 남자들은 대개 슈베르트에 열광하지 않는다. 하지만 여기는 문화에서 엘리트주의를 전혀 찾을 수 없는 빈이다. 입장권

가격은 7유로밖에 되지 않았다. 이렇게 싼 데는 이유가 있는데, 이는 예나 지금이나 빈의 음악적 천재성에 대해 시사하는 바가 크다.

공연 당일에 도시를 가로질러 빈음악협회로 간다. 아마도 빈에서 가장 근사한 연주회장일 것이다. 도착하자 모차르트가 밖에서 나를 기다리고 있다. 자신의 트레이드마크인 프릴 달린 셔츠를 입고 흰 가루를 뿌린 가발을 쓴 채 휴대전화로 통화중이다. 사방 어디를 둘러봐도 모차르트가 있다. 다들 똑같은 차림으로 암표를 호객한다. 나중에 안 사실이지만, 이 도시의 모차르트들은 사실 다재다능한 알바니아인으로, 볼프강으로 돈을 벌려는 심산들이다. 늙은 레오폴트 모차르트가 아들의 초상권을 침해했다며 항의하는 소리가 들린다. 하지만 아들이 국제적 명성을 얻고 오래도록 브랜드 가치를 인정받아 내심 기뻐하는 표정이다.

꽁지머리 매표원의 조언대로 일찌감치 도착했다. 안내인에게 입장권을 보여주자, 슈테플래츠 구역이라고, 위층으로 올라가라고 안내한다. 여기까지는 좋다. 화려한 대리석 계단을 걸어올라간다. 청바지 차림의 젊은 여인이 나를 밀치다시피 스쳐지나간다. 그녀도 슈테플래츠 표를 가진 게 틀림없다.

'슈테플래츠'는 '입석'이라는 뜻으로 좌석이 없기에 자리싸움이 치열하다. 운이 좋았다. 마지막 남은 명당을 차지한다. 맨 앞 난간 근처에 자리잡으니 멀긴 하지만 무대가 훤히 보인다. 천장을 장식한 샹들리에, 금박 장식, 춤추는 천사의 프레스코화를 보면서 감탄한다. 경외감에 위를 올려다보다 내가 무엇을 보고 있는지 깨닫는다. 이곳은 세속의 성당이다.

슈테플래츠 표를 산 데는 이유가 있다. 구두쇠라서가 아니다. 적어도 그게 유일한 이유는 아니다. 허세를 가장 덜 부리며 문화를 체험하고 싶었다. 꼬박 두 시간을 서 있는 일보다 덜 허세스러운 일은 없다.

입석 관객들의 면면이 다양하다. 젊은이도 있고 노인도 있다. 말끔하게 차려입은 사람도 있고 누추한 사람도 있다(유럽의 누추함은 사실 전혀 누추하지 않다). 옆에는 젊은 일본인이 서 있다. 빈에서 바이올린을 공부중이란다. 이 도시는 과거의 영광을 대부분 잃었을지 모르지만, 도쿄와 홍콩 일부 지역에서는 음악의 약속된 땅처럼 여전히 위세를 떨친다.

버저가 울리자, 누군가 거대한 음소거 버튼을 누른 듯 잡담이 일시에 멈춘다. 객석은 기대감으로 충만하다. 몸을 쭉 뺀다. 마침내 교향악단이 무대로 걸어들어오자 다들 록 스타를 맞이하듯 열렬히 박수갈채를 보낸다.

그다음 코트와 연미복 차림의 우람한 피아니스트가 무대에 등장하고 박수 소리가 더욱 커진다. 빈 사람들은 음악을 지극히 사랑한다. 그들의 사랑을 방해했다가는 봉변을 당할 수도 있다. 한 세기 전 바로 이 연주회장에서 아르놀트 쇤베르크의 파격적인 실내악 교향곡 제1번이 초연되었다. 음악이 마음에 들지 않았던 청중은 난동을 부리고 하마터면 연주회장에 불을 지를 뻔했다. 고전음악 때문에 난동을 부렸다고? 정말? 하지만 여기 서서 청중의 열정을 느껴보니 의심이 가라앉는다. 오늘날 우리는 더 '문명화'되었지만─작곡가가 감수해야 할 최악의 제재는 뉴욕타임스의 혹평이다―문화를 길들이려다 그 정수의 일부를 잃지는 않았는가 의문스럽다.

명 피아니스트 예핌 브론프만이 연주를 시작한다. 아무 감흥이 없다. 두려워하던 일이 일어났다. 연주회 전 위스키 사워 칵테일을 마신 것도 후회된다. 다리에서 힘이 빠진다. 머리가 돌아간다. 몸이 들썩이는데, 음악 때문은 아니다. 아무도 눈치 못 챘으면 좋겠다. 더이상의 손해를 피하기 위해 명당을 포기해버릴까 하는 유혹이 들지만 프리데리케의 목소리가 들린다. "5분만 들어보세요. 5분만 더 들어보세요."

음악이 끝난다. 가만히 있는다. 연주가 끝난 줄 알고 박수를 쳤다가 망신당했던 적이 있기 때문이다. (연주가 끝난 게 아니라 악장과 악장 사이였기에―아다지오 부분이었는지도―다들 나를 얼간이 보듯 쳐다보았다.) 그래서 이번에는 기다린다. 큐 사인이라도 떨어진 듯 청중이 일제히 박수갈채를 보낸다. 그러다 다들 자리를 박차고 일어선다. 이곳 슈테플래츠 구역에 있는 우리만 빼고. 우리는 이미 일어서 있었으니까. 값싼 '자리'의 또다른 단점이다.

이들의 박수갈채가 진심인지 반사 작용인지 궁금하다. 브론프만의 음악보다는 그의 명성과 모차르트 마케팅에 대한 반응 아닐까? 이는 부당한 일 아닌가? 하지만 그렇지는 않은 듯하다. 글이든 음악이든 최신 블록버스터 영화든, 오늘날 우리는 매개되지 않은 무언가를 경험하는 일이 드물다. 홍수처럼 쏟아지는 문화 선택지의 다양성을 생각하면 큐레이션이 필수지만, 이는 누군가가 우리 머릿속에서 무엇을 좋아할지 말지를 알려준다는 뜻이기도 하다. 하지만 이곳 청중의 반응에는 직접적이고 날것인 무언가가 있다. 이는 음악에 대한 그들의 지식이 아니라 그들의 수용성과 개방성으로 설명되는 듯하다.

브론프만이 연주를 재개한다. 내 동요도 잦아들고 불안감도 가신다. 새로운 우주가 제 모습을 드러내지는 않지만, 정말 **무언가**를 경험한다. 위스키 사워를 마셨을 때와 다르지 않지만 사워에 없는 예리함과 냉료힘이 전해지는 기분 좋은 감각이다. 음악을 '액체 건축'이라고 논한 괴테의 말이 떠오른다. 그래, 이제 무슨 말인지 알겠다. 아치 길과 주랑 현관이 머릿속에서 출렁거리고 소용돌이치는 소리가 들린다. 음악적 현현은 10분에서 15분 정도로 오래가지는 않지만 상관없다. 현현의 구별 기준은 길이가 아니라 세기니까.

마침내 돌아서서 나온다. 소나타가 지겨워서가 아니라 다리와 등이 뻐근해져 어쩔 수가 없다. 슈테플래츠의 단점이다. 내가 공간을 비우자 압축 공기가 진공으로 밀려들듯 군중이 재깍 자리를 메운다.

알바니아인 모차르트와 손풍금 연주자와 신랄한 그라피티를 지나쳐 호텔로 돌아와 심오한 감상에 빠진다. 그렇다, 200년 전 작곡되었는데도 어제 것처럼 참신하게 들리는 음악에 대한 감상이자 이 음악을 낳고 기른 도시에 대한 감상이다. 모차르트와 베토벤과 수많은 음악가들이 이곳에서 승승장구했음은 놀랍지 않다. 도시 전체가 이들에게 환호했다. 환호 이상이었다. 당대의 청중은 이날 저녁의 청중과 마찬가지로 단순한 구경꾼이 아니었다. 그들은 음악가를 격려하고 채찍질하고 더 높이 밀어올렸다. 청중은, **좋은** 청중은 일종의 공동 천재다. 그들이 고개를 갸우뚱하면 천재는 발전한다. 음악가가 '제대로' 했을 때 감식안 있는 청중의 진심에서 우러나는 박수갈채보다 더 달콤한 것은 없다.

모차르트의 빈에는 또다른 종류의 청중이 있었는데, 어쩌면 이들이 가장 중요한 청중이었을지도 모른다. 여기서 W. H. 오든이 시인에 대해 한 말이 떠오른다. "시인이 상상하는 이상적 청중은 그와 잠자리에 드는 미인, 그를 저녁 식사에 초대하여 국가 기밀을 알려주는 권력자, 그리고 동료 시인이다. 시인이 만나는 실제 청중은 근시안적인 교사, 구내식당에서 식사하는 여드름투성이 젊은이, 동료 시인이다. 이 말인즉슨 시인은 사실 동료 시인을 대상으로 시를 쓴다."

이렇듯 빈의 음악 거장들도 서로를 대상으로 작곡했다. 모차르트는 자신의 스승이자 아버지 같은 존재인 하이든을 위해 곡을 썼다. 하이든은 베토벤을 가르쳤을 뿐 아니라 그에게 영향을 받았다. 베토벤은 죽은 모차르트를 염두에 두고 작곡했다. 그를 모방하지 않으려고 어찌나 애썼던지 이런 회피 행위 자체가 일종의 모방이었다.

이런 깨달음이 드물고도 값비싸고 치유적인 돌파구처럼 내 머릿속을 스친다. 그럴 만도 한 것이 창조적 천재의 그물이 가장 촘촘히, 그리고 생산적으로 엮인 지역이 바로 지그문트 프로이트의 빈이었기 때문이다.

7장

천재는
전염된다

언더도그,
균열과 모순에 응답하다.

소파 위의 빈

VIENNA, AUSTRIA

브레인스토밍의 문제는 비록 암묵적일지라도 의제가 있다는
점이다. 우리는 탁자에 둘러앉아 '진짜 끝내주는 아이디어'를
내놓기 전에는 못 일어난다. 압박이 이만저만이 아니다.
브레인스토밍은 거의 전적으로 외적 동기에 의존한다.
별로다. 이에 반해 빈의 커피숍에서는 의제가 전혀 없었다.

이 빈은 모차르트의 눈에 생소했을 것이다. 때는 1900년이었다. 모차르트 시절로부터 한 세기가 지났으며 도시는 열 배로 커졌다. 그동안 단명한 혁명, 콜레라 발발, 금융 붕괴를 겪었지만 천재는 별로 없었다. 물론 브람스가 있었으나, 천재 한 명으로 황금기가 이루어지지는 않는다. 1827년 베토벤이 죽은 뒤로 반세기 동안 광명은 찾기 힘들었다. 빈은 아테네와 피렌체와 대다수 천재의 장소처럼 일방통행로를 따라 내려가는 듯했다. 하지만 갑자기 방향이 뒤바뀌고 속도가 다시 빨라졌다. 이러한 유턴은 적절하게도 반짝거리는 새 도로가 건설되어서였다.

링슈트라세는 파리 재건 이후 가장 야심찬 도시 계획으로 거침없는 진보라는 당시 분위기를 물리적으로 구현했다. 새 황제 프란츠 요제프는 중세의 낡은 벽을 철거하고 한 역사가의 말마따나 "19세기판 디즈니 월드"를 건설하라고 명령했다. 이 새로운 도로에는 디즈니랜드의 투모로랜드에서 볼 수 있는 온갖 감상적 낙관주의가 투영되었다. 당시의 한 전차 운전수는 이렇게 말했다. "새로 건설된 링슈트라세로 걸어들어가면 미래를 생각하게 된다."

얼마나 대단한 미래였던가! 이 지적 스튜에서 알려진 인물 중 가장 유명한 사람은 프로이트이지만, 그에게는 수많은 친구들이 있었디. 언뜻 생각나는 이름만 해도 철학자 루트비히 비트겐슈타인, 미술가 구스타프 클림트, 작가 아르투어 슈니츨러와 슈테판 츠바이크, 물리학자 에른스트 마흐, 작곡가 구스타프 말러 등이 있다. 근대의 발상지로 이름 붙일 만한 장소가 단 한 곳 있다면 바로 빈이다.

세기말 빈의 천재성은 어느 한 분야에 국한되지 않았다. 도시의 모든 구석과 틈새에 스민 지적이고 예술적인 에너지에 천재성이 깃들어 있었다. 이 에너지는 캘리포니아 산불처럼 빠르고 맹렬하게 번졌다. 창조성이 전염되며 천재가 천재를 낳는다는 증거가 빈이다. 건축에서 패션, 기술, 경제학에 이르기까지 훌륭하고 근대적이라고 여겨지는 모든 것의 뿌리를 거슬러올라가면 우아하고 꼬불꼬불하고 북적거리는 세기말 빈의 거리를 만나게 된다.

이 뜻밖의 르네상스를 추동한 이들은 이에 못지않게 예상 밖인 소외된 이민자 집단이었다. 이들은 오스트리아·헝가리제국의 변방에서 설익은 야심과 신선한 통찰을 품고 등장했다. 빈의 이야기와 빈 유대인의 이야기는 작곡가와 그의 피아노처럼 불가분의 관계다. 이 외부인, 이 타자가 어떻게 빈의 황금기 제2막에서 결정적 역할을 한 걸까?

이 의문을 머릿속에 담은 채, 링슈트라세에서 몇 걸음 떨어진 카페 슈페를에 들어간다. 슈페를로의 입장은 시간을 거슬러올라가는 일이다. 카페 주인은 대견하게도 고급화를 위한 단장의 유혹을 꿋꿋이 이겨냈다. 레일 조명도, 와이파이도, 바리스타도 없다. 나무 칸막이와 뚱한 종업원이 전부다. 한쪽 구석에 당구대가 놓여 있고, 갓 내온 오늘의 요리처럼 긴 나무 막대로 철한 신문들이 뉘여 있다.

고백건대 나는 여기 카페인 때문에 왔지만, 그 때문만은 아니다. 빈 천재의 이야기는 커피숍 이야기를 빼놓고는 완성될 수 없다. 이 도시의 역사는 담뱃불 얼룩이 남은 탁자와 퉁명스럽지만 사랑스러운 종업원들의 얼굴에 쓰여 있다. 가게 안에서, 테라스에서, 빈의 천재성이 피어났다. 카페 슈페를에서 구스타프 클림트를 비롯한 일단의 미술가들은 빈 분리파 선언을 통해 빈의 근대미술운동을 일으켰다. "시대에는 예술을, 예술에는 자유를"이라는 클림트의 유명한 구호는 과거와의 이러한 단절을 잘 보여준다.

빈의 커피숍은 연주회장처럼 세속의 성당이요, 사상의 인큐베이터요, 지적 교차로였다(그리고 지금도 그렇다). 한마디로 빈 오페라하우스나 사과 파이 아펠슈트루델처럼 이 도시의 정신력을 이루는 제도였다. 빈 최고의(또는 최악의) 아이디어 중 일부는 연기 자욱한 커피숍에서 처음으로 약동했는데, 여기서 중요한 천재 수수께끼 하나가 제기된다. 빈의 커피숍은 왜 그토록 특별했던 걸까? 어떻게 카페인 음료를 파는 시설 하나가, 세상을 변화시키고 우리가 세상을 생각하는 방식까지 변화시킨 황금기의 불씨를 당긴 걸까?

커피숍은 빈에서 생긴 게 아니다. 세계 최초의 커피숍은 1554년 콘스탄티노플(지금의 이스탄불)에서 시작됐으며, 그로부터 거의 한 세기가 지나 사업가 기질이 다분한 제이컵이라는 청년이 잉글랜드 옥스퍼드에서 '쓴맛의 검은 음료'를 판 게 서유럽 최초의 커피숍이다. 커피는 처음부터 위험한 것으로 치부되었으며 군중을 자극하는 '혁명적 마실거리'로 알려졌다. 커피를 마시면 사람들이 흥분했는데, 이러한 흥분이 어떤 결과를 낳을지 누가 알겠는가. 제이컵이 커피숍을 열고 얼마 지나지 않아 찰스 2세가 커피숍 수를 제한하는 칙령을 공포했다. 이것은 놀랄 일이 아니다. 당시 공기에는 민주주의의 냄새가 감돌았다. 유럽 최초의 커피숍은 그곳의 단골손님들에 빗대어 수평파leveler라고 불렸다. 커피숍 안에서는 누구도 남보다 낫고 못하고가 없었다.

빈의 커피숍은 확실히 그랬다. 슈테판 츠바이크는 빼어난 회고록 『어제의 세계』에서 이렇게 말한다. "그것은 일종의 민주적인, 그리고 싼값의 커피 한 잔으로 누구와도 가까이할 수 있는 클럽이었다." 이 입장료를 내면 정확히 무엇을 얻었을까? 무엇보다 따뜻한 방을 얻을 수 있었다. 당시 빈은 인구가 폭발적으로 늘었는데, 주택 부족이 어찌나 심했던지 동물원을 무단 점유하는 사람들까지 있었다. 운좋게 숙소를 얻어도 좁고 웃풍이 들고 종종 난방도 되지 않았다.

입장료의 또다른 대가는 정보였다. 그것도 아주 많은. 이름값을 하는 커피숍에서는 으레 그날의 신문을 긴 나무 막대로 조심스레 철해두었는데, 이 관습은 오늘날까지 이어지고 있다. 이 덕분에 커피숍에 가면 세상 구석구석에서, 또한 지구 반대편에서 무슨 일이 일어나는지 알 수 있었다. 피렌체에서 보았듯 새로운 정보에 대한 접근은 무엇보다 중요하다. 정보만으로 황금기가 촉발될 수는 없지만, 정보 없이 점화될 수도 없다.

커피숍에서는 정보뿐 아니라 의견도 돌고 돌았다. 의견은 활발하게 거래되고 늘 수요가 많던 당대의 통화였다고, 슈테판 츠바이크는 설명한다. "우리는 매일 몇 시간씩 앉아 있었으며 무엇도 놓치지 않았다. 집단적 관심사 덕에 예술적 사건들의 '세계상'을 단지 두 개의 눈이 아니라 스무남은 개의 눈으로 보았기 때문이다. 한 사람이 무언가를 놓치면 다른 사람이 지적했다. 유치한 과시욕으로 늘 서로 경쟁했으며 최신의 정보를 알려는 욕망으로 마치 시합을 벌이듯 겨뤘다. 우리는 새로운 화젯거리를 손에 넣으려고 끊임없이 경쟁했다."

무엇보다 입장료를 내면 대화와 친교를 나눌 수 있었다. 커피숍 손님들은 동료 여행자들이었다. 커피숍 사람들은 대부분의 천재를 규정하는 특징인 내향성과 외향성이 기묘하게 조합된 특별한 사람들이었다. 아니, 알프레트 폴가르가 1927년에 훌륭한 에세이 「카페 센트랄 이론」에서 썼듯 "동료 인간에 대한 증오가 갈망만큼이나 격렬하고, 혼자 있고 싶어하나 친교를 필요로 하는 사람들"이었다. 이 구절이 마음에 든다. 읽을 때마다 고독한 영혼의 군도가 그려진다. 물론 섬이지만, 서로 가까이 놓여 있고 이 가까움이 모든 차이를 낳는다.

빈의 커피숍은 제3의 공간의 고전적 예다. 제3의 공간은 (제1의 공간과 제2의 공간인) 집과 사무실과 달리 비격식적이며 중립적인 만남의 장소다. 드라마 〈치어스〉 속 술집, 아니면 영국의 어떤 술집이든 떠올려보라. 이발소, 책방, 선술집, 식당, 잡화점 같은 다른 시설도 제3의 공간이 될 수 있다. 이곳은 모두 보호 구역 그러니까 유희를 연구한 학자 요한 하위징아에 따르면 "일상생활의 세계에 자리잡은 일시적 세계"다.

커피숍을 가득 채운 담소는 음악가나 코미디 극단의 즉흥 공연을 연상시켰다. 이런 유의 대화에서 좋은 아이디어가 배출될 가능성은 창의성 컨설턴트의 만병통치약인 브레인스토밍보다 훨씬 컸다. 브레인스토밍은 대단한 발상처럼 들리지만, 결과는 신통치 않다. 이것은 수십 건의 연구로 확고하게 입증된 바다. 사람들은 함께할 때보다 혼자일 때 좋은 아이디어를 더 많이—두 배까지—내놓는다.

브레인스토밍의 한 가지 문제는, 비록 암묵적일지라도, 의제가 있다는 점이다. 우리는 탁자에 둘러앉아 '진짜 끝내주는 아이디어'를 내놓기 전에는 못 일어난다. 압박이 이만저만이 아니다. 브레인스토밍은 거의 전적으로 외적 동기에 의존한다. 별로다. 이에 반해 커피숍에서는 의제가 전혀 없었다. 대화는 콜카타의 아다처럼 완전히 비선형적으로 전개되었다. 폴가르 말마따나 "무목적이 체류를 정당화한다".

그렇다고 해서 커피숍에서 좋은 아이디어가 나오지 않았다는 말은 아니다. 실제로 좋은 아이디어가 나왔다. 하지만 여기서 핵심 단어는 에서다. 아이디어는 일단 담배 연기가 걷히고 카페인이 가시고 새로운 정보의 홍수가 가라앉은 뒤 구체화되었다. 우리는 남들과 함께 점을 모으고 혼자 이를 연결한다.

때로는 제일 뻔한 설명이 최선일 때가 있다. 그렇다면 빈의 커피숍이 그토록 특별했던 이유는 커피 때문인지도 모른다. 애석하게도 증거는 나 같은 커피 중독자를 낙담시킨다. 카페인은 각성 효과가 있지만 각성과 창의성은 다르다. 각성이 증가하면 주의가 덜 분산되기 때문에, 창의적 사고의 트레이드마크라 할 뜻밖의 연결이 이루어지기 힘들다. 또한 카페인은 수면의 양과 질을 떨어뜨리는데, 연구에 따르면 깊은 렘수면을 취하는 사람이 그렇지 않은 사람에 비해 창의성 과제에서 높은 성적을 올린다.

커피가 아니라면, 빈 커피숍의 창조성을 설명할 만한 요소가 또 뭐가 있을까? 귀를 쫑긋 세운다. 에스프레소 머신이 칙칙거리는 소리, 즉흥적으로 대화를 나누며 웅성거리는 소리, 신문 넘기며 부스럭거리는 소리가 들린다. 사색하기에 이상적인 장소를 들라면 우리는 으레 조용한 장소를 떠올린다. 소로의 『월든』을 강제로 읽고 도서관 사서들에게서 조용히 하라는 잔소리를 들으며 이런 믿음을 주입받은 탓이다. 하지만 고요가 늘 최선은 아니다.

일리노이대학 어배너섐페인 캠퍼스의 라비 메타 연구진은 적당한 소음(70데시벨)에 노출된 사람들이 더 큰 소음에 노출되거나 완전히 고요한 상태인 사람보다 창의력 사고 점수가 더 높다는 사실을 밝혀냈다. 메타에 따르면 적당한 소음이 있으면 '산란된, 또는 분산된 집중 상태'에 들어갈 수 있게 된다. 다시 말하지만, 이는 창조적 도약이 일어나기에 이상적인 상태다.

♀

빈의 커피숍에는 단골손님마다 슈탐티슈Stammtisch라는 지정석이 존재한다. 다디스 맥너미의 슈탐티슈가 어딘지 몰라 난감하다. 그녀는 어디 있는 거지? 문제는, 나는 미국인을 찾고 있는데 다디스는 미국인 티를 벗은 지 오래라는 점이다. 그녀는 빈 사람이 다 되었다. 그러니 못 찾는 게 당연하지.

다디스 맥너미는 유진 마르티네스와 같은 뉴요커로, 18년 전 빈에 오자마자 이곳에 푹 빠졌다. 뇌가 새로운 언어를 받아들이지 못하리라 여겨지는 나이에 그녀는 독일어를 배웠다. 그녀는 내부인이자 외부인이다. 말하자면 빈의 브래디인 셈이다.

몇 번 헛짚은 뒤 마침내 그녀를 찾아낸다. 육십대로, 자신을 내세울 필요가 없어진 노년의 고요한 여유가 풍긴다. 그녀가 완벽한 빈 독일어로 주문을 한다. 표준 독일어보다 부드럽고 음악적인 빈 독일어는 오스트리아인의 크나큰 자랑거리다. 다디스에게 내 지론을 말한다. 오스트리아인은 스위스인과 똑같은데 유머 감각만 그만 못하다고.

그녀는 아니라고, 그 반대라고 대꾸한다. "사실 오스트리아인들은 스위스인들이야말로 지루하기 짝이 없다고 생각하죠." 빈이 스위스의 어떤 도시보다도 훨씬 흥미로운 이유는 예나 지금이나 문화가 교차하는 국제도시라서란다.

19세기에 세계 방방곡곡의 이민자들이 빈으로 몰려들었다. 갈리치아, 부다페스트, 모라비아, 보헤미아, 터키, 스페인, 러시아를 망라한다. 1913년이 되자 토박이 수가 빈 인구수의 절반에도 못 미쳤다. 빈이 이런 민족적 다양성을 당연하게 받아들인 것은 (츠바이크 말마따나) "빈의 천재성, 특히 음악적 천재성이 언제나 모든 민족적 언어적 대립을 내면에서 조화시키는 것이었기 때문"이다. 프로이트의 빈은 모차르트의 빈 못지않게, 선율뿐 아니라 경쟁하는 사상까지 화해시켰다는 점에서 어느 모로 보나 더욱 음악적이었다.

민족적 다양성은 창조성을 촉발할 수 있다. 딘 사이먼턴은 국가 차원에서, 이를테면 일본 같은 나라에서 이런 일이 일어날 수 있음을 밝혔다. 그렇다면 기업 회의실이나 커피숍 같은 소규모 집단에서는 어떨까?

아이오와대학의 심리학자들은 이 물음에 답하기 위해 실험을 설계했다. 그들은 학생 135명을 두 집단으로 나눴다. 한 집단은 영미계로만 이루어졌고 또다른 집단은 다양한 민족으로 구성되었다. 두 집단은 '관광객 문제'라는 과제를 수행했다. 미국에 더 많은 외국 관광객을 유치하기 위한 아이디어를 15분 안에 최대한 많이 생각해내야 했다.

민족적으로 다양한 집단은 민족적으로 균일한 집단에 비해 더 창의적이고 "유의미하게 더 현실적인" 아이디어를 내놓았다. 격차는 확연했다. 심리학자 키스 소여는 "집단 천재성이 일어나려면 집단 내의 두뇌에 죄다 똑같은 것이 들어 있어서는 안 된다"고 했다.

하지만 민족적 다양성은 단점도 있었다. 민족적으로 다양한 집단은 과제 성적 면에서 좋았지만 '부정적 정동 반응', 즉 반감을 더 많이 불러일으켰다. 민족적으로 다양한 집단의 구성원들은 민족적으로 균일한 집단만큼 편안해하지 않았다. 그럼에도 더 나은 아이디어를 생각해내긴 했지만.

빈의 커피숍에서도 같은 일이 일어났다. 서로를 북돋워주는 분위기가 이곳에 흘렀지만, 다른 한편으로는 좋게 표현하자면 매우 비판적이었다. 츠바이크가 말한다. "우리는 일간신문에서 문학평론가들이 고전 걸작을 비평하는 것보다 더한 엄격성과 예술적 전문성과 꼼꼼한 주의력을 가지고 서로 비평을 했다." 커피숍은 '화기애애한 장소'가 아니었다. 천재의 장소는 결코 그렇지 않다.

빈에는 여러 민족이 모였으나 공통어는 독일어였다. 이 사실은 중요하다. 중국에서 보았듯 언어는 단순히 생각을 반영하는 것이 아니라 형성하기도 한다. 중국어는 수천 개에 이르는 글자의 형태가 모두 고정되어 있어서 말장난에 알맞지 않다. 다디스가 독일어는 그렇지 않다고 말하는 와중에 커피가 나온다.

"사람들은 독일인이 창조적이지 않다고 힐난하지만, 독일인의 언어는 엄청나게 유연해요. 영어 사용자들은 이해하지 못해요. 제 말은, 독일인들은 끊임없이 신조어를 만들어요. 독일어는 신조어를 만들도록 설계되었답니다."

철학자 중에는 독일어를 구사하는 사람이 왜 이렇게 많을까? 언어는 오랫동안 나를 괴롭히던 이 의문에 실마리를 던진다. 쇼펜하우어에서 니체, 칸트, 괴테에 이르기까지 수많은 독일어권 철학자가 있다. 예전에는 을씨년스러운 겨울과 음울한 기질 때문이라고 생각했다. 다디스는 그런 탓도 있음을 인정하지만 독일어의 영향이 더 크다고 말한다. 독일어는 철학적 사유에 알맞은 언어라는 것이다. 이를테면 독일어는 영어와 달리 온갖 수식어와 삽입구를 붙여도 문장이 흐트러지지 않는다. "영어는 행위의 관점에서 생각해요. 행위자가 있고 행위 동사가 있고 행위의 대상인 사물이 있어요. 우리는 '나는 거기에 갔어. 내가 이걸 했어. 왔노라, 보았노라, 이겼노라'라고 말하죠. 그런데 독일어는 화자나 행위자에게 간접적으로 영향을 미치는 상황이 많아요. 하지만 상황은 그 자체로 존재해요. 이를테면 영어로 '나는 춥다'라고 말하는 상황을 독일어로는 '내게 춥다'라고 말하죠"라고 그녀가 말을 잇는다.

"아주 미묘한 차이인 것 같네요."

"알아요. 하지만 이건 실제로는 매우 큰 차이예요. 내가 추위를 겪는다는 사실이 가장 중요한 게 아니거든요. 추위, 날씨가 춥다는 사실이 더 중요해요. 그다음으로 내가 추위를 경험한다는 사실이 오는 거죠. 이렇듯 독일어에서는 경험의 질을 강조한답니다."

"그건 그렇다 치고, 그게 어떻게 창조적 사상이나 철학으로 변모하는 거죠?"

"문제는 행위가 전부가 아니라는 거예요. 행위 뒤에 존재하는 생각이 중요하죠. 제가 문장 안에서 위치에 따라 의미가 달라지는 독일어를 배우지 않았다면 제가 아는 걸 당연하다고 여기고 다른 방식의 가능성을 몰랐을 거예요." 장소는 중요하다. 심지어 문장에서도.

다디스와 몇 시간째 이야기를 나눈다. 그녀는 서두르는 기색이 없다. 급한 볼일도 없는 듯하다. 이 문제에 대해 조심스럽게 질문을 던진다.

"오스트리아나 빈의 비즈니스는 한 번도 비즈니스였던 적이 없어요."

"빈의 비즈니스가 뭐죠?"

"삶이요. 삶이야말로 빈의 비즈니스랍니다."

그녀는 빈이 '온건한 쾌락주의'를 실천한다고 말한다. 금요일 오후 2시가 지나면 아무도 일하지 않는다. "빈에서는 사람들을 몇 년씩 알고 지내면서도 무슨 일을 하는지 모를 수 있어요."

"안 물어보세요?"

"물어보고 안 물어보고가 중요한 게 아니에요. 사람들이 그런 얘기를 안 한다는 거죠. 사람들은 지난 휴일에 어디 갔는지, 공연장에서 뭘 봤는지, 어떤 영화를 봤는지, 무슨 책을 읽었는지, 어떤 강의를 들었는지, 어떤 대화를 나눴는지에 대해 이야기해요. 새로 찾아낸 식당 얘기를 할 수도 있겠죠. 직업이 뭔지 아는 건 아주아주 친한 친구 사이뿐이에요." 20세기 초반 빈에서도 똑같은 사회적 역학관계가 작용했다.

다디스가 이야기를 하나 들려준다. 요 몇 년간 커피숍 괴담 수준으로 유행한 이야기다. 1905년 어느 날, 한 외교관이 만찬 손님에게 러시아에서 혁명이 일어날 거라고 말하자 손님 하나가 회의적인 반응을 보인다. "그렇고 말고요. 근데 누가 혁명을 선동하죠? 카페 센트랄에 있는 브론슈타인 씨가?" 다들 웃음을 터뜨린다. 하지만 카페 센트랄에서 후줄근한 옷차림으로 체스를 두던 단골손님

레프 브론슈타인은 곧 이름을 바꾼다. 새 이름이 뭐냐고? 레온 트로츠키다. 그리고 그는 러시아혁명을 일으킨다. 추측건대 아무도 그에게 무슨 일을 하느냐고 묻지 않았을 것이다.

다디스는 이 이야기를 백번은 했을 텐데도 여전히 재밌어한다. 이 이야기는 빈에 대해, 이 도시의 격랑과 천재성이―한 역사가 말마따나 "왈츠와 휘핑크림의 더께 밑에"―어떻게 숨어 있었는가에 대해 많은 것을 알려준다. 에든버러에서처럼 모든 도시에는 두 얼굴이 있음을 실감한다. 보이는 얼굴과 아직 보이지 않는 얼굴이.

다디스와 작별하고 내키지 않는 걸음으로 카페 슈페를 나선다. 빈의 커피숍은 사람을 붙드는 힘이 있다. 한번 들어가면 영영 머물고 싶다. 당시 사람들은 정말로 그랬다. 그들은 커피숍에서 업무를 봤으며, 심지어 우편물을 커피숍에서 받는 사람도 있었다. 작가이자 카페 센트랄의 단골손님 후고 폰 호프만스탈은 이렇게 말했다. "우리 시대에 현대적으로 보이는 태도가 두 가지 있다. 하나는 삶을 분석하는 것이고 또하나는 삶에서 도피하는 것이다." 커피숍에서는 몇 실링만 있으면 두 가지를 동시에 할 수 있었다. 이것이야말로 진정한 천재성이었다.

프로이트 박사와 약속이 있다. 이 약속을 지키고 싶다. 아니, 꼭 그런 것은 아니다. 나의 일부는 약속 장소에 가고 싶어하지만 또다른 일부는 저항한다. 이 저항은 깊이 잠재된 유년기 트라우마에서 비롯한 것이 틀림없다. 아마도 우리 어머니와 관계가 있을 것이다.

하지만 지금은 이런 심리적 발굴 작업을 할 시간이 없다. 훌륭하신 의사 선생님을 기다리게 해서는 안 된다. 깊은 심리학적 통찰력과 엄격한 예약 취소 방침을 가진 분이니까. 게다가 빈이라는 지적 온실을 체현한 사람이 있다면 바로 지그문트 프로이트 아니겠는가. 프로이트와 빈의 관계는 복잡했다. 둘의 관계는 온갖 상충되는 동기와 무의식적 소망 충족으로 가득했는데 이는 이 훌륭하신 의사 선생님의 전문 분야였다.

가볍고 부드러운 발걸음으로 아다지오 호텔을 나서 링슈트라세에 들어선다. 웅장한 빌딩과 근사한 카페들. 프로이트 시절 이후로 사실상 달라지지 않았다. 프로이트는 링슈트라세를 좋아해 매일 오후 2시 정각이면 비가 오나 눈이 오나 이곳을 돌았다. 분주한, 아니 부산한 걸음으로. 틀림없이 '승화중'이었으리라.

날이 흐리고 안개비가 흩날리지만, 상관없다. 걸음을 내디딜 때마다 평온한 쾌감을 느끼며, 프로이트도 이 길을 걸었으리라는 유쾌한 사실을 음미한다. 바로 이 땅을. 단호한 동작으로 링슈트라세를 행진하며 그는 무슨 생각을 했을까? 정교수 승진에서 또 미역국을 먹은 일에 분통을 터뜨리고 있었을까? 이제는 고전이 된 『꿈의 해석』 초판이 300부밖에 안 팔려서 화가 났을까? 어쩌면 최근에 입수한 고고학 유물을 음미하고 자신의 연구를 집어삼킬 정도로 늘어만 가는 조각상과 골동품 사이에서 자리를 찾아주느라 들떴는지도 모른다. 어쩌면 프로이트는 한 발 앞에 다른 발을 놓을 때 아무 생각 없이 불교식으로 그저 존재했는지도 모르겠다. 하지만 그럴 가능성은 희박해 보인다. 프로이트는 늘 머릿속에서 뭔가를 굴리며 오래된 문제를 해결하거나 새로운 문제를 발견하려 했다.

프로이트는 빈에서 태어나지도 죽지도 않았으나, 이 도시는 크고 작은 방식으로 그를 빚고 다듬었다. 빈은 그가 인간 정신에 대한 급진적 발상을 내놓을 수 있도록 산파 역할을 했다(이 발상은 1900년 빈이 아니었으면 결코 빛을 보지 못했을 것이다). 그의 고향인 모라비아 프라이베르크(지금은 체코공화국에 있다)에서는 틀림없이 별 호응을 얻지 못했으리라. 프라이베르크는 인구 4500명에 근시안적이고 광적으로 반유대적인 도시로 프로이트의 전기 작가 자닌 버크에 따르면 "그의 가족이 떠나기에 이상적인 장소"였다. 실제로 그들은 지그문트가 네 살밖에 안 되었을 때 고향을 등졌다. 안 그랬다면 우리는 지그문트 프로이트라는 이름을 들어보지 못했을 것이다.

빈은 그의 집이 되었다. 그리고 집은 늘 복잡한 법이다. 프로이트와 빈의 가시 돋친 관계에 대해 알면 알수록 모차르트와 빈의 마찬가지로 뜨겁고 차가운 관계가 떠오른다. 모차르트는 진짜이든 아니든 사소한 문제에 격분하여 걸핏하면 파리나 런던으로 떠나겠다고 으름장을 놓았지만, 결코 사랑하는 빈을 떠날 엄두를 내지는 못했다. 모차르트와 마찬가지로 프로이트도 무시당하고 사랑받고 조롱당했으며 그의 명성은 폭풍우 속 다뉴브강처럼 오르락내리락했다. 모차르트처럼 프로이트도 마음이 오락가락했다. 어떤 때는 애정을 담아 "나의 빈"이라고 불렀지만, 제2의 고향에 꽤 심한 욕설을 퍼붓는 때가 더 많았다. 한번은 '꿈의 도시'(이 이름은 반어적이다. 프로이트의 꿈 이론은 처음에는 널리 조롱받았기 때문이다)를 "구역질나는" 곳이라고 묘사하기도 했다. 빈 시민들에 대해서는 "기괴하고 짐승 같은 얼굴에 (…) 머리통이 짜부라지고 코는 감자 같다"고 말했다. 서로에 대한 이런 적대감은 많은 천재들의 운명처럼 프로이트가 고국보다는 외국에서 더 큰 명성을 누린 한 가지 이유다.

빈은 그를 격분시키는 만큼("나의 빈을 작대기로 때리고 싶은 심정이다") 그에게 영감을 주었다. 이따금 우리는 즐거운 장소보다는 짜증스러운 상소(와 사람들)에서 더 많은 영감을 얻는다. 프로이트에게는 빈이 필요했고 빈에게는 프로이트가 필요했다. 어느 쪽도 이 사실을 인정하지는 않았지만. 프로이트는 그렇게 생각지 않았겠지만, 정확히 빈의 무엇이 그를 자극하여 위대한 인물로 키웠을까? 이 도시와의 관계가 엉망이었음에도 성공한 걸까, 아니면 엉망이라서 성공한 걸까?

행복한 삶의 비결을 묻자 프로이트는 이런 명언을 남겼다. "리베 운트 아르바이트Liebe und Arbeit." 사랑하고 일하라. 그는 후회 없이 진심으로 사랑하고 일했다. 이는 모두 같은 주소인 베르가세 19번지에서 이루어졌다. 그의 빅토리아식 건물은 재택 사무실이자 접견실이자 흡연실이자 서재이자 고고학 박물관이었다. 링슈트라세에서 방향을 틀어 골목에 들어서자, 세기말 빈의 위대함을 풀 실마리가 프로이트의 옛 주소에 담겨 있다는 생각이 든다. 하지만 어디에? 다시 한번 GPS가 나를 배신한다.

그러다 모퉁이를 돌자 짠! 하고 프로이트의 얼굴이 마치 치료의 돌파구처럼 나타난다. F. R. E. U. D라는 글자가 새겨진 선홍색 현수막이 수십 년째 마치 아우성치듯 눈길을 끈다. 저 표시에는 잠재의식적인 요소가 전혀 없다. 순수한 이드일 뿐. 프로이트라면 허락하지 않았을 것이다. 우리가 포도주 스프리처를 경멸하듯 그는 명백한 것을 경멸했다.

베르가세 19번지는 어엿한 중산층 구역으로, 이곳에서 프로이트는 수백 년간 이어져온 인간 정신에 대한 통념을 깨뜨렸다. 오늘날 이 건물은 중고품 판매점 그리고 뜨거운 돌 마사지와 손발톱 손질 서비스를 제공하는 고급 마사지 가게 맞은편에 있다. 이게 무슨 뜻일까? 궁금하다. 요즘 이 질문을 부쩍 많이 한다. 정신분석학 창시자가 내뿜는 시가 연기를 따라가다보면 어쩔 수 없다. 신중해야 해, 라고 스스로 다짐한다. 이런 식으로 도를 넘지 않게 경계하겠노라고, 시가는 그저 시가일 뿐이고 모든 기호sign가 징표SIGN는 아님을 명심하겠노라고 조용히 다짐한다.

프로이트가 그랬듯 베르가세 19번지에 들어서 육중한 나무 문들을 지나 단단해 보이는 넓은 대리석 계단을 올라간다. 건물의 모든 것이 단단해 보인다. 프로이트의 환자들도 이 견고함에 안도했을까? 허황한 얘기를 하는 돌팔이 미치광이(게다가 유대인)의 손에 자신의 정신 그리고 신체 건강을 맡겨야 한다는 불안감이 줄었을까? 그들은 지금 나처럼 이 단단한 계단을 오르면서 자신이 인간 정신의 미답지에 발을 내디뎠음을 알았을까? 몇몇은 마지막 순간에 돌아섰으려나? 아니면 프로이트의 자격증을 보고 확신을 얻거나 이 모라비아 의사에게 치료받은 친구의 추천에 용기를 냈으려나? 이 상처받은 영혼들, 빈의 근심 많은 부자들이 계단을 올라가 헤어 독토르Herr Doktor의 어수선한 진료실 문턱을 넘은 것은 벌거벗은 절망감 때문이었으리라.

"베르가세 19번지에 오신 것을 환영합니다"라는 소리가 들린다. '목소리'의 귀환이다. 이번에는 적절하게도 다정하면서도 의사같은 어조다. 안심이다. 다 잘될 거야. 하지만 목소리는 으레 그렇듯 이내 나를 실망시킨다. "이곳에서 그 유명한 소파를 볼 거라 기대하셨다면, 나쁜 소식을 전해드려야겠네요." 목소리는 그 소파가 지금 런던에 있다고 설명한다. 1938년 프로이트는 나치보다 한발 앞서 런던으로 피신했다.

좋아, 소파가 없다 이거지. 그래도 사는 데 지장 없어. 소파일 뿐이잖아. 게다가 여기에 사진도 걸려 있고. 쿠션이 불룩하게 놓이고 페르시아 러그(화려한 카슈카이 제품)가 덮인 모습에 솔직히 끌린다. 몇 분만 있으면 나도 마음을 열 것만 같다.

입구 홀에 들어서자 프로이트와 나를 가르는 세기의 벽이 순식간에 증발한다. 좁은 공간은 시간이 멈춘 듯하다. 훌륭하신 의사 선생님은 잠시 자리를 비웠나보다. 오후 습관대로 링슈트라세를 돌러 나갔다가 언제라도 돌아올 것만 같다. 저기 그의 모자와 지팡이, 여행 가방, 두툼하고 듬직한 가죽 왕진 가방, 매일 산책 때 가져가는 타탄 담요와 작은 포켓용 플라스크가 있다. 습관의 사나이 프로이트는 평생 같은 가구를 썼다. 피렌체의 고상한 물질주의자들이 떠오른다. 고고한 사상의 소유자를 한 명만 꼽으라면 지그문트 프로이트를 꼽겠지만, 그 또한 영영 꿈속에서 헤매지 않으려면 현실 세계에 발을 디뎌야 했다.

문패는 원래 그대로다. '교수 프로이트 박사'라고 쓰여 있다. 박사 직함은 비교적 쉽게 얻었지만, 교수 직함은 그렇지 않았다. 프로이트는 정교수 심사에서 몇 번이고 자기보다 못한 후보에 밀렸다. 인간의 성이라는 논쟁적 주제에 대한 관심이 역효과를 일으켰음은 분명하다. 유대인인 것도 마찬가지였다. 그는 끈기를 발휘하여 결국 정교수가 되었지만, 연줄 좋은 환자 두 명이 그를 위해 로비를 벌인 덕분이었다.

옆 대기실에 타로 카드 한 벌이 보인다. 프로이트는 빈의 여느 것과 마찬가지로 타로 카드 게임을 좋아했다. 입으로는 이 도시에 대해 뭐라 말하든, 습관 면에서든 기질 면에서든 그는 전형적인 빈 사람이었다. 그는 아침마다 자리에 앉아 일간지 노이에 프라이에 프레세를 읽었다. 당시 인기가 많았던 자유주의를 열렬히 표방한 유대계 신문이었다. 프로이트는 즐겨 찾던 커피숍 란트만에서 '아이넨 클라이넨 브라우넨'(블랙커피 작은 잔)을 홀짝였으며 알프스산맥을 여행할 때는 가죽 바지를 입고 깃털 모자를 썼다. 여느 유대인 이민자와 마찬가지로 프로이트는 위버비너리슈überwienerisch, 즉 빈 사람보다 더 빈 사람처럼 되려고 애썼다. 그의 목표는 동화였다. 어쩌면 스티븐 벨러가 빈 유대인의 역사에서 언급했듯 "보이지 않는 유대인이 되는 것"이 목표였는지도 모르겠다. 애석하게도 불가능한 목표였다. 당시 오스트리아에 투명 유대인은 존재할 수 없었다. 빈은 외부인을 기꺼이 받아들였지만, 여기에는 한계가 있었다.

프로이트 시절에는 아돌프 로스라는 문제적인 건축가가 주창한 극단적 미니멀리즘이 유행했지만, 프로이트의 생가는 미니멀리즘과는 거리가 멀었다. 그의 취향은 베토벤 정도까지는 아니나 빅토리아풍의 아늑함을 추구하는 쪽이었다. 프로이트의 전기 작가 피터 게이는 이를 "어지럽고 풍부한 상태"라고 표현했다. 모든 공간이 동양의 양탄자, 친구들의 사진, 동판화, 물론 책에 이르기까지 무언가로 덮여 있었다.

그의 오래된 상담실에 들어서자 프로이트의 흑백 사진들이 보인다. 양털 상인으로 고군분투했으나 불운했던(프로이트의 마음속에서 "영웅적이지 않은" 존재였던) 아버지 야코프 옆에 여섯 살도 채 되지 않은 어린 지그문트가 서 있다. 두 사람은 최근 빈에 도착했다고, 목소리가 알려준다.

이민자라는 신분은 위대한 인물이 되기에 좋은 조건이다. 빅토르 위고부터 프레데리크 쇼팽에 이르기까지 절대다수의 천재가 자의든 타의든 지리적으로 이동했다. 20세기 천재들을 조사했더니 오분의 일이 1세대 또는 2세대 이민자였다. 이 역학관계는 오늘날에도 작용한다. 미국 인구에서 외국 태생 이민자의 비율은 13퍼센트에 불과하지만, 이들은 미국 내 특허 중 삼분의 일 가까이와 노벨상 수상 미국인의 25퍼센트를 차지한다. 이민자로 사는 것은 '가족의 불안정성'과 더불어 천재들의 가장 공통된 인생 경험 두 가지 중 하나다. 둘 중 하나만 있어도 천재의 조건이 성립한다.

왜 이민자들은 천재가 될 가능성이 클까? 논란의 여지가 있는 설명이지만 그들이 긴밀한 집단에 속해 강하게 동기 부여를 받는다고도 한다. 이민자들은 존재 가치를 입증해야 한다. 이 설명은 정확하지만 불완전한 듯하다. 물론 이민자라는 신분이 경제적 상승에 영향을 미칠 수는 있겠지만, 창조적 우위를 어떻게 설명할 수 있을까? 다른 나라에서 태어난다고 왜 더 풍요로운 사상과 더 숭고한 예술을 갖는 걸까?

연구자들은 '다각화 경험'에 답이 있다고 생각한다. 네덜란드의 심리학자 시모너 리터르는 이를 "적극적으로 경험되며 개인을 '정상성'의 영역 밖으로 밀어내는 **고도로 이례적이고 예상치 못한 사건이나 상황**"으로 정의한다. 다각화 경험을 하면 우리의 '인지 유연성'이 커진다. 말하자면 세상을 새로운 시각으로 보게 된다.

세상을 다른 시각으로 보는 법을 알기만 해도 가능성이 열리고 인지 유연성이 향상된다. 그리고 이민자들은 자신의 인생 경험을 통해 이런 대안적 시각에 노출된다. 이민자들은 비이민자에 비해 활용할 재료가 더 많으며, 이로써 더 큰 창조성으로 이어질 **가능성**이 있다. 내가 **가능성**이라고 말한 것은, 외국 문화를 접하기만 할 뿐 새로운 사고방식을 받아들이지 않으면 창조성에 아무런 영향을 미치지 못하기 때문이다. 우리의 정신은 이례적인 뭔가를 맞닥뜨렸다고 해서 저절로 확장되지 않는다. 오히려 그 반대다. 타자와 맞닥뜨리면 심리적으로 위축되고 물러설 수도 있다. 그렇다면 왜 어떤 사람들은 다문화적 환경을 접했을 때 더 개방적으로 변하는데 다른 사람들은 문을 닫아걸거나 편협한 고집불통이 되는 걸까?

심리학자들은 확신은 못 하지만 방해물과 관련되리라 추측한다. 이민자들은 온갖 방해물 그리고 제약을 맞닥뜨리는데, 제약은, 더 정확히 말하자면 제약에 대한 우리의 반응은 창조성의 불을 지피는 연료다. 이를테면 프로이트는 젊은 시절 입대를 원했으나 유대인이라는 이유로 좌절되었다. 한때 변호사를 염두에 두기도 했는데, 그러던 차에 어느 날 강의중에 괴테의 수필 「자연에 대하여」를 듣게 된다. "자연! 그녀는 천 개의 이름과 구절 아래 숨어 있으나 늘 변함없다." 프로이트는 이 문장을 듣고 전율하며 과학 연구자가 되겠노라 맹세했다. 그러나 돈이라는 현실적 문제가 발목을 잡았다. 연구로는 가정을 꾸릴 만한 돈을 벌 수 없었기에, 그는 방향을 틀어 의학을 진로로 삼았다. 그러지 않았다면, 프로이트는 '히스테리' 환자들을 결코 보지 못했을 것이며 무의식 이론을 발견하지 못했을지도 모른다.

지금은 프로이트를 모르는 사람이 없지만, 1900년 빈에서 그는 친구 슈테판 츠바이크의 말을 빌리자면 "고집 세고 꼴사나운 외톨이 (…) 사귀기 힘든 외부인"에 지나지 않았다. 프로이트의 이론은 지금이야 칭송받지만 처음에는 하품과 비웃음을 자아냈으며 '허황한 이야기'로 치부되었다. 놀랄 일이 아니다. 진정으로 창조적인 사상은 모두 처음에는 거부당하기 마련이다. 현재의 상황을 위협할 수밖에 없기 때문이다. 새로운 사상이 열렬히 수용된다면 이는 독창적이지 않다는 확실한 징표다.

거부당한 프로이트는 분노했으며 결의를 다졌다. 칼 쇼르스케는 세기말 빈의 역사를 다룬 책에서 이렇게 말했다. "프로이트의 지적 독창성과 직업상의 고립은 서로 상승 작용을 일으켰다." 아테네에서 보았듯, 배제당하면 자포자기하는 사람이 있는 반면 되려 동기를 부여받는 사람도 있다. 사람마다 다르게 반응하는 이유는 무엇일까? 존스홉킨스대학의 연구자들은 스스로를 '독립적 정신의 소유자'로 여기는 사람들, 즉 세상과 동떨어져 자신의 타자성을 향유하는 사람들에게서 배제가 창조성을 끌어올리는 효과가 가장 두드러짐을 밝혀냈다. '정복자'를 자처하는 프로이트야말로 여기에 꼭 들어맞는 인물이었다.

프로이트는 이중으로 소외당했다. 유대인으로서 그는 자신의 말마따나 '이방 민족'에 속했기에 빈 사회의 변방에 머물렀다. 자신이 선택한 직업인 심리학에서도 주변부를 맴돌았다. 토머스 쿤이 기념비적 저서 『과학혁명의 구조』에서 지적하듯, 이는 천재들에게 흔한 현상이다. 쿤은 학문 분야의 신참이 전통적 규칙에 덜 얽매이며 "특히 이전의 규칙들이 해볼 만한 게임을 더이상 정의하지 못하게 되었음을 목격하고 그것들을 대치할 다른 규칙들을 착상하기가 쉬운" 사람들이라고 설명한다. 천재들은 늘 어느 정도는 소외된다. 현재 상황에 모든 것을 투자한 사람이 이를 무너뜨릴 리 만무하다.

역사상 가장 위대한 발견과 발명을 한번 훑어보기만 해도 외부인의 힘을 알 수 있다. 마이클 벤트리스는 건축가였는데, 유럽 최초의 문자이자 수 세기 동안 고전학자들의 골머리를 썩인 선형문자 B를 여가 시간에 해독했다. 벤트리스는 고전학에 대한 전문성이 없음에도 성공한 것이 아니라 없었기에 성공했다. 그는 나쁜 지식에 발목 잡히지 않았다. 루이스 앨버레즈도 마찬가지다. 그는 훈련받은 핵물리학자였지 고생물학자가 아니었으나, 거대 소행성이 지구에 충돌하여 공룡이 멸종했음을 밝혀냈다. 고생물학자들은 기후 변화나 초기 포유류와의 먹이 경쟁 등 지구에서만 멸종 원인을 찾으려 했지만 앨버레즈는 고개를 들어 하늘에서 답을 찾아냈다.

지그문트 프로이트도 같은 길을 걸었다. 당시의 의학은 대부분 젊고 건강한 여인인 프로이트의 환자들이 왜 '히스테리' 또는 다른 신경증을 겪는지 설명할 수 없었다. 심리학은 이 의문을 풀기 부적절한 분야였기에, 프로이트는 진정한 천재적 발상으로 전혀 새로운 분야를 창안해 여기에 정신분석학이라는 이름을 붙였다. 프로이트는 하버드대학의 심리학자 하워드 가드너가 '창조자'로 부르는 유형이지만 나는 그를 '도편수'라고 부르고 싶다. 이들의 천재성은 기존 분야에 이바지하는 데가 아니라 완전히 새로운 분야를 만들어내는 데 있기 때문이다. 이것이야말로 최고 형태의 천재성일 것이다.

목소리가 내게 말한다. "프로이트는 여행, 흡연, 수집에 관심이 있었습니다." 이중 하나가 그를 죽게 한다. 나머지 둘은 그에게 영감을 선사했고. 프로이트의 수집벽은 매우 빈 사람다운 성향이었으나, 그에게는 특별한 점이 있었다. 그는 아마추어 고고학자로서, 고대의 조각상과 골동품을 탐욕스럽게 끌어모았다.

이 열정의 증거물이 지금 내 눈앞에 놓여 있다. 무엇을 먼저 들여다보아야 할지 모르겠다. 이쪽에는 프로이트가 분석중에 자기 의자 옆에 둔 고대 이집트의 새 머리 모양으로 된 나무 신상이 있다. 저쪽에는 얕게 돋을새김된 이집트 묘석이 있다. 여기에 고대 부조 〈그라디바〉의 석고 거푸집이 있고 저기에 고대 유물로 가득한 캐비닛과 기자의 스핑크스 그림이 있다.

프로이트는 소장품을 나치에게 전부 빼앗길까봐 그중 두 점을 몰래 빼냈는데, 19세기 중국의 옥 부조와 지혜의 여신 아테나를 새긴 작은 그리스 조각상이었다. 이 조각상은 상처가 나고 구멍이 뚫린 채 프로이트의 책상 위에 당당하게 놓여 있다. 이는 우연이 아니다. 아테나는 지혜뿐 아니라 이성을 상징하는데, 프로이트는 우리를 기이하고 불건전한 방향으로 몰아가는 비이성적인 정신력을 이성적으로 이해하고자 했다. 이 조각상은 늘 눈에 보이는 곳에 자리하면서 이성의 우위를, 심지어 겉으로는 비이성적으로 보이는 때에도 끊임없이 상기시켰다.

프로이트는 운좋게도 고고학의 전성기에 살았다. 일주일이 멀다 하고 새 유적이 발견되었으며 고대의 경이로운 물건들이 출토되었다. 이중 상당수가 빈의 수많은 박물관과 프로이트가 즐겨 찾는 골동품점으로 흘러들었다. 이 놀라운 발견에 대해 기꺼이 이야기를 나눠줄 전문가도 부족하지 않았다. 프로이트의 영웅들은 거의 전부가 고고학자였다. 그가 가장 존경한 인물은 1871년 트로이 고대 유적을 발견한 하인리히 슐리만이었다. 프로이트는 고고학 교수 에마누엘 뢰비와도 친분을 쌓았다. 프로이트는 이렇게 썼다. "그와 함께 있으면 새벽 3시까지 깨어 있기 일쑤다. 그는 내게 로마 이야기를 들려준다."

프로이트는 애호가에 머물지 않았다. 그는 이런 고대 문화들을 깊이 이해했으며 이를 자신의 심리학 이론에 적용했다. 한번은 인간 정신의 출토가 자신의 임무라고 한 환자에게 말하기도 했다. "환자의 정신 가장 깊은 곳에 자리한 가장 귀중한 보물에 이를 때까지 한 켜 한 켜 들어내야 합니다."

프로이트는 천을 씌운 상담 의자에 앉아 어디를 보든 오래되고 의미 있는 물건이 눈에 들어오도록 골동품을 전략적으로 배치했다. 그가 환자를 치료할 때에도, 밤늦게 서재에 앉아 글을 쓸 때에도 골동품들은 그의 곁에 있었다.

이것은 창조적인 사람들의 습관이다. 그들은 시각적, 청각적, 심지어 후각적 자극으로 자신을 둘러싼다. 왜 그럴까? 어떤 문제에 대해 생각하지 않을 때에도 그들은 그걸 생각한다. 닭이 알을 품듯. 창조적 천재들은 이마를 찌푸린 채 보내는 시간이 일반인보다 훨씬 적다.

프로이트의 사무실을 가득 메운 골동품들은 그의 환자들에게도 영향을 미쳐, 몇몇 환자는 상담실을 묘사할 때 거의 종교적인 태도를 취했다. 나무들에 흰 늑대가 우글거리는 꿈을 꿔서 프로이트에게 '늑대 인간'이라고 불린 러시아의 부유한 귀족 세르게이 판케에프는 이렇게 회상한다. "늘 신성한 평화와 고요의 분위기가 있었다. (…) 이곳에는 온갖 종류의 작은 조각품과 더불어 특별한 물건들이 있었는데, 전문가가 아니어도 이것들이 고대 이집트의 고고학적 발굴품이라는 것을 알 수 있었다."

프로이트는 과시형 인간은 아니었으나 자신의 수집품에 대해서는 자랑을 아끼지 않았다. 그는 자신의 동료이자 훗날 경쟁자가 된 카를 융에게 이렇게 말했다. "내게는 언제나 사랑할 물건이 있어야 하네." 프로이트는 마지막 순간까지 수집을 했으며, "새로 추가되는 게 없는 수집품은 사실상 죽은 것"이라고 믿었다.

죽었다고 간주되는 문명에 대한 프로이트의 관심은(간주되는이라고 표현한 것은 고대 그리스와 로마의 사상이 모두의 내면에 여전히 살아 있기 때문이다) 내가 아테네에 발을 디딘 이후 줄곧 맞닥뜨리는 한 가지 사실을 강조한다. 그것은 과거가 중요하다는 사실이다. 과거를 토대로 삼지 않고서는 혁신할 수 없으며, 과거를 모르고서는 과거를 토대로 삼을 수 없다. 지그문트 프로이트는 이를 누구보다 정확히 이해했다.

고고학은 프로이트의 취미였으며 이 점에서 그는 여러 천재들과 통하는 면이 있다. 다윈은 소설을 탐독했다. 아인슈타인은 바이올린 연주를, 그것도 훌륭하게 해냈다. 그는 이렇게 말했다. "음악을 연주하지 않는 삶을 상상할 수도 없다." 최근 연구에 따르면 저명한 과학자들은 덜 저명한 과학자들에 비해 예술활동을 더 많이 한다.

이런 외적 관심사는 여러모로 쓸모가 있다. 무엇보다 주의를 분산해 문제를 숙성시킨다. 문제마다 다른 정신 근육을 쓰는데, 이를테면 아인슈타인은 특히 까다로운 물리학 문제를 풀다가 **잠깐씩** 음악으로 휴식을 취하곤 했다. 그의 아내 엘사는 "음악은 그이가 이론에 대해 생각할 때 도움이 돼요. 서재에서 나와 피아노에서 화음을 몇 개 누르고는 뭔가 끄적이다 서재로 돌아가죠"라고 말했다. 아인슈타인의 맏아들 한스 알베르트는 이렇게 회상했다. "아버지께서는 작업하시다 막다른 골목에 이르거나 곤란한 상황에 처하실 때마다 음악을 피난처로 삼으셨습니다. 그러면 대개 모든 어려움이 해소되었죠."

이따금 이런 일탈은 천재의 업적에 더 직접적인 영향을 미치기도 한다. 갈릴레오가 목성의 위성을 찾아낼 수 있었던 한 가지 이유는 미술, 특히 빛과 그림자를 묘사하는 명암법 훈련을 받았기 때문이다. 프로이트에게 고고학도 비슷한 역할을 했다. 오이디푸스 콤플렉스 같은 그의 심리학 이론은 고고학에서 직접적으로 영향을 받았다.

문화와 사상의 교차로 빈에서는 이런 지적 통합이 활발하게 이뤄졌다. 물론 어디나 그렇듯 학문적 직업적 제약이라는 틀도 있었지만, 사람들은 더 자유롭게 이 틀에서 저 틀로 오갈 수 있었다. 소설가 로베르트 무질은 공학을 전공했다. 동료 소설가 아르투어 슈니츨러는 의사였다. 물리학자 에른스트 마흐는 저명한 철학자이기도 했다.

프로이트는 빈의 지식인들과 친밀하게 교류하지 않았으나, 그럼에도 빈이라는 당구대의 혜택을 누릴 수 있었다. 그는 당대의 몇몇 창조적 천재들과 충돌했다. 작곡가 구스타프 말러는 발기 불능 때문에 프로이트를 찾아가 잠깐 동안 진료를 받았다. 벽에 걸린 석판화는 또다른 충돌을 짐작하게 한다. 석판화의 주인공은 더벅머리 아인슈타인이다. 두 사람은 1927년에 베를린 교외에서 한 번 만났는데, 커피와 케이크를 놓고 두 시간 정도 담소를 나눴다. 그뒤 프로이트는 아인슈타인을 "명랑하고 사근사근하고 확신에 찬" 인물로 묘사하며 이렇게 덧붙였다. "정신분석에 대한 그의 이해는 물리학에 대한 나의 이해와 비슷했기에 우리는 매우 즐겁게 대화를 나눴다."

하지만 둘의 공통점은 이것만이 아니었다. 아인슈타인의 일기를 읽다가, 그가 프로이트와 마찬가지로 스스로를 세상과 불화하는 추방자라고 여긴다는 사실에 깜짝 놀랐다. "나는 참으로 '외로운 여행자'이며 내 나라에도, 내 집에도, 내 친구들에게도, 심지어 내 가족에게도 진심으로 속한 적이 한 번도 없다." 이 문장은 프로이트나 미켈란젤로 혹은 그 어떤 천재가 썼다고 해도 이상하지 않으리라.

빈은 지그문트 프로이트 같은 젊고 호기심 많은 의사에게 온갖 실험 기회를 선사했다. 그중에는 결실을 거둔 것도, 그러지 못한 것도 있었다. 여기 유리 용기가 하나 전시되어 있다. 크기와 모양이 마요네즈병만한 이 용기는 불운한 실험담을 들려준다. 제약회사 메르크에서 구입한 이 용기에는 코카인이 들어 있었다. 19세기 후반인 당시 코카인은 새롭고 거의 알려지지 않은 약물이었다. 프로이트를 비롯한 일부 의사는 심장병에서 신경 쇠약에 이르는 온갖 질병을 코카인으로 고칠 수 있을지도 모른다고 생각했다.

프로이트는 자신에게 이 약을 실험해보고는 1887년에 이런 기록을 남겼다. "몇 달간 코카인을 투약했는데, 계속 투약하려는 욕구가 전혀 들지 않았다." 그가 코카인에 중독되지 않은 것은 틀림없이 제대로 투약하지 않았기 때문일 것이다. 이 약물로 인해 그가 평생 후회하고 꿈에서도 시달리게 되는 사건이 이어졌다. 프로이트는 아픈 친구에게 코카인을 처방했는데, 그 친구는 원래 병에다가 중독까지 얻어 더욱 고통스러워졌다. 사실 코카인은 눈 수술용 마취제로 치료 효과가 있었지만, 프로이트는 이 대발견을 못 보고 넘어갔으며 그 발견의 영예는 (프로이트가 '코카 콜러'라고 부른) 친구 카를 콜러에게 돌아갔다.

말하자면 프로이트는 실패했다. 여기서도 우리는 천재에 대한 가장 큰 오해 하나를 맞닥뜨린다. 바로 실패다. 대체로 이 주제가 입에 오르면, 어떻게 성공한 사람들이 "실패를 끌어안는지"에 대한 상투적인 반응이 돌아온다. 그건 사실이다. 그들은 실패를 끌어안는다. 문제는 실패자가 실패를 끌어안기도 한다는 사실이다. 오히려 실패자일수록 실패를 더욱 꼭 끌어안는다. 그렇다면 혁신으로 이어지는 실패와 더 많은 실패로 이어지는 실패의 차이는 무엇일까?

이제 연구자들은 그 답이 실패 자체가 아니라 실패를 회상하는, 더 정확히 말하자면 실패를 기억하는 방법에 있다고 생각한다. 성공적 실패자는 자신이 어디서 어떻게 실패했는지 정확하게 기억하기에 겉보기에는 다를지라도 같은 문제를 맞닥뜨렸을 때 이 '실패 색인'을 빠르고 효율적으로 검색한다. 한 심리학자는 이를 이렇게 설명한다. "결정적 정보가 발견되면 불완전한 그림이 갑자기 완전해지고 해법이 발견된다." 말하자면 '성공적 실패자'는 막다른 골목에 남들과 똑같이 다다르지만 이 막다른 골목의 정확한 '위치'를 기억하는 데 더 능하다. 그들은 복기를 마다하지 않는다.

여기에는 엄청난 의미가 담겨 있다. 무엇보다 지식 자체보다는 우리가 지식을 어떻게 기억하고 얼마나 쉽게 거기 접근하느냐가 더 중요함을 시사한다. 또한, 어릴 적 우리가 실수를 저지르면 들었던 '잊어버리고 계속 나아가거라'는 충고가 완전히 틀렸음을 알 수 있다. 천재의 방식은 '기억하고 계속 나아가거라'다.

신성한 땅에 들어서듯 조심스럽게 프로이트의 개인 서재에 발을 디딘다. 금테 거울이 책상 위에 걸려 있다. 그가 얼마나 자주 이 거울을 들여다보면서 수술 효과를 확인했을지 궁금하다. 프로이트 는 시가 때문에 구강암에 걸렸는데, 극심한 고통을 겪으면서도 죽을 때까지 시가를 피웠다. 그는 시가를 피우지 않으면 글을 쓸 수 없다고 말했다. 프로이트는 끊임없이 일했다. 아침 일찍부터 환자를 진료하고 저녁에는 동료와 친구를 만났으며 밤늦게까지 글을 읽고 썼다. 모차르트처럼 말이다.

프로이트가 무엇보다 아낀 물건은 여전히 여기 남아 있는 의자다. 프로이트는 앉는 자세가 남달랐는데 그에 맞게 친구가 디자인해준 의자였다. 프로이트는 대각선으로 앉아서 한쪽 다리를 의자 팔걸이에 걸치고는 고개를 들고 책을 공중에 띄운 채 읽었다. 나중에 이 자세를 재현해봤는데, 몇 초도 지나지 않아 몸 여기저기서 경련이 일어났다. 프로이트는 대체 왜 그런 자세로 앉았을까? 정말 편해서였을까? 단순히 마조히즘 때문이었을까? 저 자세의 의미는 무엇이었을까?

어쩌면 그는 '도식 위반schema violation'을 시도한 걸지도 모른다 (물론 무의식적으로). 도식 위반이란 우리의 세상이 뒤집히는 일을 뜻한다. 시간적 단서나 공간적 단서를 찾을 수 없다. 뭔가 문제가 생긴다. 베토벤의 돼지우리 같은 집이나 아인슈타인의 지저분한 책상은 일종의 도식 위반이다. 몇몇 심리학자는 실험실에서 도식 위반을 유도하고자 했다. 이를테면 일부 참가자에게는 아침 식사를 '틀린' 순서로 만들게 하고 다른 참가자들에게는 일반적인 방식으로 만들게 했다. 도식 위반을 겪은 첫번째 집단은 뒤이은 검사에서 '인지 유연성' 점수가 더 높았다. 직접 도식 위반을 해야만 이득을 보는 것은 아니다. 남이 하는 것을 보기만 해도 그들에게 공감할 수 있다면 충분히 효과적이다. 창의성 관점에서는, 남이 기이한 일을 하는 모습만 봐도 자신이 직접 기이한 일을 하는 셈이다.

이것으로 많은 것이 설명된다. 빈 같은 창조적 장소에서 한 분야의 혁신이 전혀 다른 분야의 혁신으로 이어진 이유도 설명된다. 하워드 가드너 말마따나 "새로운 회화가 존재할 **수 있음**을 아는 것만으로도 새로운 무용이나 시 혹은 정치가 존재할 가능성이 커졌다". 프로이트가 빈의 문화계에 직접 몸담지 않았으나 그럼에도 여기서 영향을 받은 사실은 도식 위반으로 설명할 수 있다. 빈에는 참신함이 속속들이 배어 있었다. 천재는 더 많은 천재를 낳는다.

게다가 프로이트의 사상처럼 새로운 사상은 빈 같은 도시에서 인정받기가 더 수월했는데, 미하이 칙센트미하이의 말을 빌리자면 "창의성은 새로운 사고가 수월하게 인정을 받는 곳에서 좀더 순조롭게 발전하기" 때문이다. 새로운 아이디어, 새로운 사고방식에 익숙한 장소는 그런 것들을 더 잘 받아들이고 천재성은 천재성의 인식과 불가분의 관계다. 둘 중 하나만 가질 수는 없다.

빈은 프로이트에게 이론을 벼리는 데 필요한 원료 또한 제공했다. 근심에 싸인 부자들이 프로이트의 푹신푹신한 소파로 끊임없이 밀려들었다. '꿈의 도시'는 '거짓말의 도시'이기도 했으니까. 이곳은 모두가 섹스를 하지만 아무도 그에 대해 말하지 않는 도시였다. 이곳은 거짓말을 근사하게 하는 기술이라는 뜻의 단어 '비너슈메Wienerschmäh'를 만든 도시였다. 이곳은 (언론인 카를 크라우스의 말을 빌리자면) "빈이라는 이름의 도덕적 하수구, 무엇도 누구도 정직하지 않은 곳, 모든 것이 가식인 곳"이었다.

펠릭스 잘텐의 예를 생각해보자. 그는 젊은 작가로, 디즈니 영화에 영감을 준 소설 『밤비: 숲속의 삶』의 저자다. 한편으로 잘텐은 『요제피네 무첸바허: 빈 매춘부의 비망록』의 저자이기도 하다. 소설의 첫 문단에 이런 문장이 있다. "나는 어린 나이에 창녀가 되어 침대에서, 소파에서, 탁자에서, 벤치에서, 벽에 기대 서서, 풀밭에 누워서, 캄캄한 복도에서, 개인 침실에서, 객차에서, 여관에서, 감옥에서, 사실상 상상할 수 있는 모든 장소에서 여인이 겪을 수 있는 모든 일을 겪었으나 후회는 없다." 이게 무슨 말인지 정확히 짚어보자. 밤비―밤비 말이다!―의 창조자가 뒤에서 은밀히 포르노소설을 썼다는 말이다. 이 사실 하나가 세기말 빈의 삶에 대해 모든 것을 알려준다. 지그문트 프로이트 그리고 인간 정신에 대한 그의 거창한 이론은 완벽한 장소를 만난 셈이었다. 가드너는 "전혀 다른 환경에서 프로이트의 학문적 업적이나 결과가 나왔으리라고 생각하기는 힘들다"고 결론 내렸다.

하지만 프로이트의 사상은 장소와 시간에 얽매이지 않았다. 명석한 아이디어는 다 그렇다. 특정한 환경에서만 싹트지만 보편성을 띤다. 아이디어는 바나나와 같다. 바나나가 열대 지방에서만 자란다고 해서 스칸디나비아에서 맛이 덜한 것은 결코 아니듯.

프로이트는 "호기심이 많고, 과감성과 끈기를 지닌 모험가"를 자처했다. 프로이트가 돈키호테였다면 그에게 산초 판사가 필요했다. 천재는 다 그렇다. 피카소에게는 조르주 브라크가 있었다. 안

무가 마사 그레이엄에게는 피아니스트 루이스 호스트가 있었다. 스트라빈스키에게는 발레 흥행주 세르게이 댜길레프가 있었다. 프로이트의 산초는 누구였을까?

수염을 기른 두 남자의 빛바랜 사진을 바라본다. 한 사람은 프로이트다. 만년의 근엄하고 구부정한 프로이트가 아니라 미식축구 선수 같은 덩치에 덥수룩한 수염, 그리고 눈에는 무모함이 서린 젊고 야성적인 프로이트다. 옆에 선 남자는 그에 비해선 왜소하다. 둘 다 무언가에 흥미가 동한 듯 먼 곳을 바라본다.

두번째 남자는 총명하지만 괴짜인 의사 겸 수비학數祕學자 빌헬름 플리스였다. 특이함 때문에 표류하던 두 남자는 한 학회에서 만나 금세 친해졌으며 십 년간 편지를 주고받았다. 프로이트는 첫 만남 직후인 1894년에 플리스에게 이런 편지를 썼다. "나는 이곳에서 신경증을 치료하는 일을 혼자 하다시피 하네. (…) 사람들은 나를 편집광 취급하지."

플리스는 프로이트의 원고를 읽고 비평과 조언을 했으며 프로이트는 플리스의 괴상한 아이디어에 귀를 기울였다. 둘은 천생연분이자 보완적 천재의 전형적 사례였다. 피터 게이에 따르면 두 사람은 "통용되는 의학적 연구의 경계선에서, 또는 그 너머에서 작업하는 고도로 훈련된 전문적인 의사들"이었다. 게다가 그들은 둘 다 유대인이었기에 "박해받는 민족의 형제처럼 쉽게 친밀해졌다".

플리스가 내놓는 아이디어는 매우 괴상했다. 그는 건강 문제, 특히 성적인 문제가 모두 코에서 비롯한다고 믿었다. 그는 이러한 '코 반사 신경증'의 치료법으로 코카인을 처방했으며 코카인이 들지 않으면 수술을 시행했다. 그는 여러 환자에게 이러한 수술을 진행했는데, 그중에는 새 친구 지그문트 프로이트도 있었다. 프로이트가 플리스의 황당한 아이디어들을 하나라도 믿었는지는 알 수 없지만, 게이에 따르면 플리스는 "프로이트에게 꼭 필요한 친구였다. 플리스는 이야기를 들어주는 사람, 속을 털어놓을 수 있는 사람, 자극을 주는 사람, 응원해주는 사람, 어떤 일에도 충격을 받지 않고 함께 생각을 나눌 수 있는 사람"이었다. 둘의 브로맨스가 활짝 꽃피었을 때 쓴 편지에서 프로이트는 플리스에게 "자네는 나의 둘도 없는 '다른 한쪽'일세"라고 말한다. 프로이트의 어휘 선택이 의미심장하다. 위대한 지그문트 프로이트는 이 '다른 한쪽'에게서, 코에 집착하는 작고 괴상한 남자에게서 무엇을 본 걸까?

우리는 당시에 플리스의 아이디어가 프로이트의 것보다 결코 더 괴상하지 않았음을 명심해야 한다. 그들은 둘 다 평판을 잃을지도 모르는 아슬아슬한 처지였기에 서로에게 의지했다. 프로이트는 감사하는 마음으로 이렇게 썼다. "널리 퍼진 모든 광기 뒤에는 약간의 진실이 숨어 있다는 사실을 자네가 가르쳐주었네."

하지만 광기 뒤에 더 큰 광기가 숨어 있을 때도 있는 법이다. 마침내 프로이트는 플리스에 대해 서글프지만 피할 수 없는 이러한 결론에 도달했다. 둘은 끊임없이 언쟁했다. 1901년 여름, 프로이트는 "자네는 통찰력의 한계에 이르렀네"라며 절교를 선언했다. 브로맨스는 끝났다.

오늘날 프로이트의 사상이 한물갔을지라도 그는 여전히 역사적 위인들과 어깨를 나란히 하지만, 빌헬름 플리스는 코에 대해 괴상한 아이디어를 가진 괴짜로 사람들의 기억에서 잊혔다. 하지만 산초 판사 플리스가 곁에 없었더라도 프로이트가 고립을 이겨내고 성공할 수 있었을까? 명심하라. 반대 견해에 노출되면 창의적 사고가 향상된다. **반대 견해가 완전히 틀렸더라도.** 프로이트에게는 플리스가 필요했다. 플리스는 프로이트의 공명판이었다. 코가 아니라 귀를 위한. 둘이 주고받은 편지에서는(프로이트의 편지만 남아 있다) 훌륭하신 의사 선생님이 절망과 씨름하고("우울한, 믿을 수 없을 만큼 우울한 시대") 자신의 새로운 아이디어를, 수용적이지만 비판적인 친구에게 검증받는 모습을 볼 수 있다.

빌헬름 플리스의 예에서 보듯 천재의 장소는 자석일 뿐 아니라 체이기도 하다. 이 체는 괴상하지만 번득이는 아이디어를 괴상하기만 한 아이디어와 분리한다. 빈은 플리스의 아이디어를 거부했지만 프로이트의 아이디어는 결국 받아들였다. 천재성은 체로 걸러져야 한다.

프로이트가 플리스를 버렸을지는 몰라도 그는 여전히 정복자였으며 동료 여행자가 필요했다. 하지만 이번에는 달걀을 무작정 바구니에 몰아 담지 않았다.

또다른 사진을 바라본다. 사진 속에서 대여섯 명이 뻣뻣하게, 당시 기준으로 보아도 뻣뻣하게 자세를 취하고 있다. 깊게 사색에 잠기거나 변비라도 걸린 듯 카메라를 뚫어져라 쳐다보는데, 몇몇은 어색하게 미소 짓고 있다. 프로이트는 예외다. 그는 자신의 위상을 보여주듯 한가운데 앉아 있다. 수염은 이제 깔끔하게 다듬었고 모자는 무릎에 놓아뒀으며 소크라테스처럼 표정에 아무것도 드러나지 않는다. 더 꼼꼼히 살펴보니 프로이트를 비롯하여 모든 사람이 똑같은 금반지를 끼고 있다. 이들은 수요심리학회 창립 회원들이다. 수요심리학회는 "정신분석을 배우고, 실행하고, 퍼뜨리고 싶은" 젊은 의사들의 모임으로, 1902년 가을 결성되었다.

수요심리학회는 저녁 8시 반에 프로이트의 집에서 저녁 식사 이후 모였다. 모임은 엄격한 절차를 따랐다. 창립 회원 막스 그라프의 회고를 들어보자. "우선 한 회원이 논문을 발표한다. 그러면 블랙커피와 케이크가 나온다. 시가와 궐련은 탁자에 놓여 있고 모두 양껏 피워댄다. 15분 정도 사교적인 이야기가 오간 뒤 토론이 시작된다. 마지막이자 결정적인 발언은 늘 프로이트가 한다."

분위기는 들떠 있었다. 방안에 모인 사람들은 새로운 종교 비슷한 무언가가 창조되는 현장에 자리한다고 느꼈다. 또다른 창립 회원 빌헬름 슈테켈은 이렇게 회상했다. "우리는 새로 발견된 땅의 개척자들 같았고, 프로이트가 지도자였다. 한 정신에서 다른 정신으로 불꽃이 튀는 것 같았으며, 매번 저녁이 하나의 계시였다."

프로이트에게는 수요심리학회가 필요했다. 그는 미답의 바다였다. 인간의 성에 대한 그의 이론은 급진적이고 전복적이었다. 그는 협력만이 아니라 제정신임을 확인받을 필요도 있었다. 여러 싹트는 천재들처럼 신경 쇠약에 걸리지 않도록 말이다. 하워드 가드너는 "유아기 초기 이후의 그 어느 시기보다" 창조적 도약 직전에 도움이 필요하다고 믿는다. 그는 싹트는 천재에게 무엇보다 대화가 필요하다며 이 대화는 "종종 불분명하고 고역"이지만 "창조자가 자신이 여전히 제정신인지, 자신에게 공감하는 동료에게 여전히 이해받을 수 있는지 검증하는 방법"이라고 말했다.

프로이트의 사무실을 떠나려다가 궁금증이 생긴다. 프로이트가 애지중지한 골동품들은 어떻게 되었을까? 말년에 그의 수집품 규모는 약 3000점에 이르러 베르가세 19번지의 모든 공간을 빼곡히 채웠다. 프로이트는 그의 가장 충실하고 힘있는 제자인 마리 보나파르트의 주도하에 1938년 빈에서 피신할 때 대부분을 가져갔다. 그는 런던에 정착했으며, 아끼는 골동품들에 둘러싸인 채 어느 방문객에게 이렇게 말했다. "보시다시피 여기도 제 집입니다."

물건이 있으니 집이긴 했지만 그의 도시는 아니었다. 프로이트는 죽는 날까지 빈에 대해 양가감정을 가졌다. 놀랄 일일까? 그렇지 않다. 천재와 그의 도시는 늘 그런 관계다. 완벽하게 맞아떨어지는 일은 결코 없다. 언제나 마찰과 불화가 생긴다. 소크라테스는 아테네를 형제처럼 사랑했으나 아테네는 그에게 사형 선고로 보답했다. 소동파가 사랑한 항저우는 그를 한 번이 아니라 두 번이나 귀양 보냈다. 레오나르도는 피렌체에서 출세했으나, 경쟁자들이 자신을 에워싸자 밀라노 공작의 부름에 냉큼 떠났다. 프로이트와 빈은 늘 행복한 조합은 아니었지만, **생산적인 조합**이었다. 둘은 서로에게서 최상의 것을 이끌어냈다. 프로이트의 서재를 거닐다보니 이것이 천재의 지도를 설명해주지 않을까 싶다. 그렇다. 나는 막 도약하려는 참인 듯하다. 창조적 천재의 본질에 대해서뿐 아니라 성취를 향한 일생의 탐구에 대해서도 뭔가 깊은 통찰을 얻을 것만 같다. 그래, 모든 것이 한꺼번에 온다. 빠진 것은 오로지……

이때 목소리가 내게 통보한다. "아쉽지만 오늘의 관람 시간이

종료되었습니다."

그럼 그렇지, 라고 생각하며 길거리로 나와 회청색 하늘을 바라본다. 링슈트라세와 아다지오 호텔을 향해 동쪽으로 걷고 있자니 미소가 절로 떠오른다. 프로이트는 죽어서도 여전히 깨달음과 좌절을 안겨주는군.

📍

호텔로 돌아가다가 프로이트가 국외자에 자칭 정복자이자 속물이었을지는 몰라도 빈의 지식인들과 적어도 한 가지 특징만은 공유했다는 사실이 떠오른다. 그는 유대인이었다. 이것은 빈의 황금기를 규정하는 특징 중 하나였다. 유대인은 빈 인구의 십 퍼센트밖에 되지 않았지만, 의사와 변호사의 절반 이상, 언론인의 삼분의 이가량을 차지했으며, 작가 아르투어 슈니츨러에서 작곡가 아르놀트 쇤베르크, 철학자 루트비히 비트겐슈타인에 이르기까지 압도적으로 많은 창조적 천재를 배출했다. 스티븐 벨러가 『빈과 유대인』에서 썼듯 "무시할 수 없을 만큼 많은" 숫자였다.

빈의 위대한 지성인 중에서 유대인이 이렇게 많았던 이유는 무엇일까? 유전학에 답이 있을까? 프랜시스 골턴 말마따나 유대인은 "귀중한 혈통을 들여온" 걸까? 물론 그렇지 않다. 답은 문화에 있다. 무엇보다 유대인은 수 세기에 걸쳐 문해력 전통을 누렸다. 이들은 유럽의 슈테틀shtetl(중·동유럽의 소규모 유대인 공동체—옮긴이)에 격리되어서도 자기네 언어를 지켰다. 유대인은 『탈무드』를 비롯한 경전을 공부하여 지력을 연마하고 지성에 대한 애정을 길렀으며 특유의 여가활동인 논쟁을 즐겼다.

　이러한 학구열은 그들의 성공을 전부가 아니라 일부만 설명할 뿐이다. 유대인의 야망이 얼마나 오랫동안 억눌렸던지, '1867년 해방'으로 마침내 족쇄가 풀리자 극적인 결과가 벌어졌다. 유대인 수천 명이 시골에서 빈으로 모여들었는데, 벨러에 따르면 빈은 "게토에서의 주요 탈출로"가 되었다.

　이렇듯 새로 유입된 유대인은 도나우운하 북쪽의 레오폴트슈타트 인근에 정착했다. 홀로코스트를 겪은 뒤인 오늘날 이곳은 훨씬 작은 규모의 유대인 공동체의 보금자리다. 나는 해답을 찾아 이곳에 왔다.

　점심 파트너가 추천한 조지안 카페에 들어서자마자 그가 눈에 띈다. 안경을 쓰고 스웨터 차림에 편안하고 지적인 인상이다. 소설가 도론 라비노비치는 빈에 오래 거주했으며 이 도시 유대인의 과거에 대한 전문가다.

　점심을 주문하고는 곧장 질문을 던진다. 세기말 빈 유대인 가운데 천재가 그토록 많았던 이유는 무엇인가?

　그는 수요 적체를 이야기한다. 군대나 대부분의 정부기관 같은 일부 직종에서는 계속해서 유대인을 받아들이지 않았기에 그들은 법률, 의료, 언론처럼 자신들에게 개방적인 분야로 에너지를 돌렸다.

　"좋아요. 그걸로 유대인이 이러한 분야들에서 성공한 이유가 설명된다 칩시다. 하지만 성공이 창조적 천재성과 똑같지는 않잖아요. 프로이트나 카를 크라우스가 유대인인 걸로 이들의 창조적 도약이 어떻게 설명되는 거죠?"라고 대꾸한다.

"프로이트를 봅시다. 그는 유대인이었기에 처음부터 외부인이었습니다. 그러니 자신의 발상 때문에 외부인이 된다 해도 두려워하지 않았습니다. 잃을 게 없었던 거죠."

바로 이곳, 빈의 유대인 구역에 자리한 조지안 카페에서 깨달음의 순간을 경험한다. 여러분이 내부인이라면, 이를테면 합스부르크 왕가의 일원이라면 여러분은 배를 흔들지 않을 것이다. 하지만 1900년 빈의 유대인이라면, 이미 배가 흔들리는데 파도를 좀더 일으키지 못할 이유가 뭐가 있겠는가? 외부인의 축복으로 빈의 유대인뿐 아니라 그 밖의 소외된 민족들이 두각을 나타낸 이유가 이로써 설명된다. 이를테면 미국의 유니테리언 신도 중에서 저명 과학자가 배출된 비율은 감리교, 침례교, 로마 가톨릭교 신도의 백배나 된다. 또한 천재는 타종교 간의 결혼으로 배출될 가능성이 통계적으로 더 크다. 마리 퀴리의 아버지는 무신론자였고 어머니는 가톨릭교도였다. (마리는 독실한 가톨릭 국가인 폴란드에서 자랐다.)

빈의 유대인을 위대하게 만든 것은 그들의 신앙이 아니라(그들은 대부분 세속주의자였다) 주변성, 즉 자신들의 위태로운 지위였다. 도론은 빈처럼 큰 도시에서는 "유대인만 빼고 모든 사람에게 제자리가 있었기에 그중 일부는 정말 흥미롭고 새로운 전위적 사상을 발전시켰다"라고 말한다.

"그중 하나가 프로이트의 무의식 이론인가요?"

도론은 "그렇습니다"라며 결코 우연한 일이 아니라고 덧붙인다. 프로이트 같은 유대인 사상가가 비합리성의 이론을 내놓기에 적격이었던 이유는, 그가 매일같이 비합리적 상황에 직면했기 때문이라는 것이다. "오스트리아인이 되고 싶어하면, 그들은 '좋아. 그럼 당신은 동화되어야 해'라고 합니다. 그런데 기껏 동화되고 나면, 당신의 내면이, 내면의 영혼이 여전히 유대인이기에 결코 진정으로 동화될 수는 없다고 합니다. 제 말은, 선생께서 빈의 유대인이라면 비합리성을 늘 마음속에 품는다는 겁니다. 사람들이 선생에게 비합리적으로 행동하니까요."

말이 된다. 앞에서 보았듯 창의적인 사람들은 모호함을 견디는 능력이 남달리 뛰어난데, 1900년 빈에 거주하던 유대인의 삶보다 더 모호한 것은 아무것도 없었다. 그들은 외부인이자 내부인이었고 우리이자 그들이었으며 받아들여지는 동시에 회피당했다. 이것은 안락한 위치—프로이트가 독서용 의자에 다리를 벌리고 앉은 자세에 대한 심리적 등가물—가 아니라 창조적 천재를 위한 완벽한 구성 요건이다. 유대인은 외부인이었기에 세상을 참신한 시각으로 볼 수 있었으며, 내부인이었기에 자신의 참신한 통찰을 전파해 보이지 않는 것을 보이게 할 수 있었다. 한동안은 그랬다. 그들이 차지하던 불안정한 위치는 오래가지 않았으며 비극으로 끝났다.

빈미술협회는 어느 모로 보나 견고하고 영속적인 기운을 풍긴다. 핵전쟁이 나도 살아남을 것만 같다. 온 힘을 다해 육중한 나무 문을 민다. 1904년에 한 젊은 미술가가 들어가려다 실패한 바로 그 문이다. 그는 두 번 지원했지만 두 번 모두 탈락했다. 젊은 미술가는 점차 낙담했으며 비통함은 이내 분노로 바뀌었다. 결국 그는 미술을 포기하고 정계에 입문했다. 문을 지나가면서, 협회가 아돌프 히틀러라는 이 젊은 미술가를 받아들였다면 역사가 어떻게 달라졌을까 궁금해진다.

이곳에서 마르틴 구트만을 만난다. 검은 티셔츠와 청바지 차림으로, 쉰 살 전후이지만 훨씬 젊어 보인다. 구트만은 이스라엘 태생의 물리학자인데, 표면상으로는 사진 촬영을 가르친다. 하지만 그는 그 일을 철학으로 여긴다. 모든 예술이 철학이라고, 그가 말한다. 그가 빈을 편안해하는 건 놀랍지 않다. 이 도시는, 적어도 역사적으로는 마르틴 구트만 같은 이종異種 사상가를 용납했으니 말이다.

우리는 화가 구스타프 클림트가 여러 차례 그랬듯 카페 슈페를 까지 걸어가 야외 테이블에 앉는다. 마르틴은 앉자마자 담뱃불을 붙인다. 주위를 보니 다들 연기를 뿜고 있다. 온순한 빈 사람들의 마지막 반항이다. 우리는 이제 문화로도 지성으로도 그 무엇으로도 세상을 이끌지 못하지만 담배만은 강대국처럼 피운다고!

마르틴에게 나의 탐사에 대해, 여지껏 빈에서 배운 것에 대해, 그리고 아직 배우지 못한 것에 대해 이야기한다. 가장 먼저 떠오르는 질문은 인구다. 아테네나 피렌체나 에든버러와 달리 빈은 거대한 도시였다. 1900년에 200만 명 이상이 여기서 북적였다. 이것이 빈의 융성에서 어떤 역할을 했을까?

"혹시 상전이相轉移라는 말을 들어보셨습니까?"

"아니요."

"좋아요, 그렇다면 여기 분자가 한 덩어리 있는데 이걸 가열하지 않고 더 작은 공간에 넣거나 더 큰 공간에 넣는다고 가정해봅시다. 그럼으로써 분자를 기체에서 액체로, 또는 액체에서 고체로 바꿀 수 있는데 이렇게 하면 관찰 가능한 성질이 전혀 달라집니다. 물의 부피를 줄여 압력만 가해도 얼음이 되죠."

"공간만 바꾸면 된다고요?"

"그렇습니다. 이게 바로 상전이입니다. 외부 환경을 바꾸면 전혀 다른, 새로운 성질을 만들어낼 수 있습니다. 다른 체제가 되는 것이죠. 이 현상은 주위에서 얼마든지 볼 수 있습니다."

1900년의 빈은 일종의 상전이를 겪고 있었다. 작은 공간에 욱여넣어진 게 분자가 아니라 사람이었을 뿐이다. 이것은 도심 밀집 이론과 비슷하지만, 한 가지 차이점이 있다. 마르틴에 따르면, 중요한 것은 밀집의 정도가 아니라 속도다.

"1880년대부터 1차세계대전 이전까지 빈의 인구가 너댓 배 증가했습니다. 도시 인구가 30년 만에, 이를테면 1980년대부터 오늘날까지 네 배로 증가하면 어떤 일이 일어날지 상상해보세요. 길거리에 나서면 순식간에 인파에 에워싸이게 될 겁니다. 물론 효과는 누적적으로 나타납니다. 하지만 느낄 수 있습니다. 사는 곳은 똑같은데 인구가 네 배 다섯 배로 증가하면, 갑자기 혼돈의 체제가 보이게 됩니다. '빈 같은 장소가 어떻게 천재성을 북돋우는가?'라고 물으신다면 이렇게 답하겠습니다. 1890년대에 사람들이 혁명적 아이디어에 더 개방적이었던 이유는, 질적으로 변화하는 상황을 몸소 체험했기 때문입니다."

마르틴과 그의 사고방식이 마음에 든다. 맥주를 홀짝거리고 남의 담배 연기를 들이마시고 남의 아이디어를 흡수하면서 하루종일이라도 여기 앉아 있을 수 있을 것 같다. 물리학에서 섹스까지 주제를 아우르며 대화를 나누다보니 1900년 빈에서 산다는 것이 어떤 의미인지 감이 온다. 봄날 오후. 시원한 맥주. 어떤 의제도, 어떤 파벌도 없다. 온갖 분야의 사람들이, 전문 용어의 장벽에 가로막히지 않고 대화를 나눈다. 마르틴이 말한다. "1890년대 물리학자의 책을 보면 사람들이 이해하게끔 쓰여 있습니다. 폭넓은 청중에게 자신의 이론을 설득시켜야 했으니까요." 자기 말을 아무도 이해하지 못해야 성공했다고 여기는 오늘날의 학계와는 얼마나 다른가.

마르틴은 '천재 분류학'이라는 나름의 방식을 고안했다. 그는 천재가 통합가와 혁명가 두 종류뿐이라고 생각한다. 둘 중 눈에 더 잘 띄는 유형의 천재는 통념을 무너뜨리는 혁명가다. 통합가는 "연관성이 없는 수많은 아이디어들을 합치되 완전히 납득이 가도록 한다". 통합가는 점을 연결하고 혁명가는 점을 새로 만든다.

마르틴은 어느 한 유형이 다른 유형보다 낫진 않으며 그저 다를 뿐이라고 말한다. 창조적 파괴를 숭배하는 오늘날은 혁명가를 더 높이 치지만 바흐와 칸트와 뉴턴 같은 통합가는 혁명가 못지않게, 때로는 그보다 더 세상을 바꿀 수 있다. 이를테면 바흐는 이질적인 음악 전통을 이전까지 누구도 못 해낸 방식으로 통합했다.

혁명가에게는 통합가에 비해 환경이 훨씬 중요하다. 마르틴은 "통합가는 어디에서나 될 수 있습니다. 하지만 혁명가가 되려면 특별한 환경이 필요합니다"라고 말한다.

"어떤 환경이 필요하죠?"

"역경을 각색하는 환경입니다."

"저항하게 만들기 위해서인가요?"

"아닙니다. 균열을 느끼게 하기 위해서죠."

"그게 무슨 뜻인가요?"

"1900년 빈에서는 누구나 균열을 느꼈습니다. 어디에나 균열이 있었습니다. 음악에서도 균열을 볼 수 있었고, 물리학에서도 균열을 볼 수 있었습니다. 사람들은 이렇게 말했습니다. '내 분야는 어떨까? 여기에도 균열이 있지 않을까?'"

맥주를 홀짝거리며 '도식 위반'과 딘 사이먼턴의 연구를 떠올린다. 사이먼턴은 역사 기록을 검토하여 새롭고 종종 경쟁하는 철학 학파들이 등장하면 **전혀 무관한** 분야도 번성한다는 사실을 밝혀냈다. 어디에나 균열이 있었다.

마르틴에 따르면, 1900년 빈은 "균열이 하도 많아서 세상이 모조리 쪼개지는 것 같았다"고 한다. 당대의 언론인이자 이야기꾼 카를 크라우스가 세기말 빈을 "세계 종말을 위한 실험실"이라고 부른 것은 그래서다. 사람들은 죽어가는 제국에서 살아간다는 사실을, 폭발이 임박했음을 알았다. 언제냐의 문제였다. 붕괴가 임박했다는 인식은 신기하게도 해방적이었다. 더는 옛 규칙이 통하지 않는다. 그렇다면 문제를 다른 관점에서 생각하지 못할 이유가 뭐가 있겠는가? 마르틴은 프로이트가 바로 이렇게 생각했다고 말한다.

"자신이 학대당한다고 프로이트에게 말하는 여인이 점점 늘어갔습니다. 프로이트는 이 여인들이 모두 학대받을 순 없다고 생각했습니다. 그래서 그는 그들에게 '환상 속의 삶을 산다'고 말하기 시작했습니다. 이것이 심리학의 진정한 출발입니다. 프로이트는 어느 순간 이렇게 말해야 했습니다. '이것들이 전부 사실일 순 없어.' 말하자면, 가장 단순한 설명이 통하지 않은 것이죠. 이러려면 특별한 심리 상태가 필요합니다. 선생 같으면 언제 이 방향으로 가시겠습니까?'

"배짱이 있어야겠죠. 안 그런가요?"

"배짱도 필요하지만, 상식과 정반대인 이런 쓰나미 아이디어에 마음을 열어야 합니다. 어떻게 그럴 수 있을까요? 바로 사방에서 이런 일이 벌어지는 것을 목격할 때입니다."

빈 일정이 끝나갈 무렵 로스 하우스 앞에 선다. 건축가 아돌프 로스가 남긴 혁신적 건물이다. 작은 광장 건너편에는 예전에는 황궁이었으며 세기말에는 통치자 프란츠 요제프가 살았던 호프부르크 궁전이 있다. 두 건물은 45미터쯤 떨어져 있다. 45미터와 약 500년을 사이에 두고서 하나는 구세계를, 다른 하나는 신세계를 대표한다. 궁전 앞은 고전 양식의 돔과 그리스 신의 조각상으로 극단적으로 현란하다. 동화 속 궁전이 기괴한 모습으로 변해버린 것 같다.

이에 반해 로스 하우스는 소박하고 미니멀리즘 양식이다. 사람들은 이 집을 '눈썹 없는 집'이라고 불렀는데, 블라인드가 없기 때문이었다. 로스는 이곳을 우연히 부지로 정하지 않았다. 그의 작품은 합스부르크 왕가의 허식에 대한 반발이었기 때문이다. 그는 에세이 「장식과 범죄」에서 자신의 건축 철학을 이렇게 설파한다. "문화의 진화는 유용한 물건에서 장식을 없애면서 앞으로 나아간다."

그는 물건을 과도하게 장식하면 유행에 뒤떨어져 한물간다고 생각했다. 장식은 낭비적이고 '퇴보적'이었으며 여기에 탐닉하는 사회는 스스로를 현대적이라고 부를 자격이 없다고 했다. 아테네에서 브래디가 말했듯, 천재가 세상을 좀더 단순화한다면 로스의 주장에 따르면 장식은 그 반대다. 로스는 "한 나라의 문화는 화장실 벽에 쓰인 낙서의 양으로 알 수 있다"고 했다. 이 문장을 읽고서 우리 문화는 어떨지 생각하니 한숨이 난다.

프로이트나 비트겐슈타인의 지적 운동은 이러한 장식에 대한 반발이자 모든 허식을 타파하고 진리에 도달하려는 시도였다. 빈은 선생이었으나, 이 선생은 무엇보다 본보기로 가르쳤다. 천재의 장소는 우리를 도발한다. 이곳들은 까다롭다. 이곳들은 외국 음식 식당이나 길거리 축제를 통해서가 아니라 우리를 도발하고 우리에게 **요구를 함으로써** 역사에 기록된다. 터무니없고 비현실적이고 아름다운 요구를.

프란츠 요제프 황제에게는 진보적인 면도 있었으나 건축은 그렇지 않았다. 그는 로스 하우스를 얕잡아 보았다. 이를 수백 년 동안 이어진 장식 전통에 대한 모욕으로 여겨 혐오했다. 놀라운 일은 아니다. 정작 놀라운 일은 이에 대해 그가 한, 아니 그보다는 **하지 않은** 일이었다. 그는 로스를 교수대에 매달지도, 심지어 체포하지도 않았다. 할 수 없어서 그런 것은 아니다. 그는 어쨌든 황제였으며, 역사에서 보듯 황제는 무엇이든 내키는 대로 할 힘을 가졌다. 하지만 프란츠 요제프는 집안에서 문제를 해결했다. 궁전 안 블라인드를 내려 로스 하우스를 안 보이게 하라고 명령한 것이다. 실용적이면서도 관용적인 반응이었다. 완벽하게 빈다운.

지금 쳐다보는, 링슈트라세 한가운데에 내걸린 포스터에 대한 반응도 마찬가지였다. 여인을 담은 그림이다. 그녀는 내 시선을 피해 한쪽을 바라본다. 탄탄한 몸매로도 모자라 근육질이다. 그녀는 연한 귤색 부츠를 신었으며 패션모델처럼 살짝 도도한 듯한 표정이다. 이게 전부다. 검은 털로 이뤄진 삼각형이 다리 사이로 뚜렷이 보인다. 보지 않을 도리가 없다. 화가 구스타프 클림트는 이를 의도한 것이 틀림없다. 이 그림은 지금까지도 눈길을 사로잡는다. 한 세기 전에는 어떤 반응을 자아냈을지 상상만 할 뿐이다. 클림트는 화가로서 여러 방해물을 만났으며 빈대학의 의뢰로 제작한 작품은 엄청난 논란을 낳았지만 대체로 자기 예술을 자유롭게 추구할 수 있었다. 마찬가지로 프로이트는 검열을 두려워하지 않고 인간의 성에 대한 도발적인 논문을 발표했다.

도나우운하를 거닐고 빈의 길거리를 걷고 비단결처럼 부드러운 전차를 타노라면 머릿속에 한 단어가 떠오른다. 근사하다. 오늘날 빈은 근사하다. 할아버지의 다락방처럼 과거의 영광이 진열된 유쾌한 골동품점. 커피만은 더 나은. 하지만 1900년 빈은 근사하지 않았다. 추잡한 정치와 매음굴의 도시, 임박한 재앙의 기미가 감도는 도시였다. 긴장은 천재의 장소에 꼭 필요한 성분이다. 정치라는 큰 무대에서의 긴장이든, 작가의 콘클라베와 이사회 회의라는 작은 무대에서의 긴장이든 긴장이야말로 필요보다는 발명의 어머니다.

비가 내린다. 처음에는 상쾌하게 흩뿌리더니 이내 달갑지 않게 들이붓는다. 카페 슈페를에서 비를 피한다. 이번에는 나 혼자다. 구석에 자리잡는다. 은은한 녹색의 부드러운 벨루어 쿠션은 색이 바랬으며 게뮈틀리히카이트Gemütlichkeit, 즉 특별한 아늑함을 풍긴다. 이것은 빈 커피숍의 이면이다. 대화가 아니라 성찰에서 비롯하는. 자리에 앉은 채 주의를 분산하여 세상이 돌아가는 모습을 본다. 그리 빠르게 돌지 않는다. 빈의 커피숍에서는 시간이 다르게 흐른다. 덜 프레스토하게, 더 아다지오하게.

어둠이 깔렸다. 치즈와 약간의 청어를 주문하고서 생각한다. 빈의 커피숍에 오랫동안 앉아 진한 에스프레소를 마시면 나도 천재가 될 수 있을까? 무의식 이론이나 혁신적인 미술 사조나 무조음악을 내놓을 수 있을까? 아니면 신경이 곤두서기만 할까? 쉽게 판단하기는 힘들다. 하지만 지금의 세상은, 로스가 상상한 것처럼 거대하면서 친밀해 보인다. 이 공식을 곱씹을수록 이것이야말로 빈의 천재성을 열어줄 열쇠가 아닐까 싶다. 창조하기 위해서는 두 가지 모두가 필요하다. 거대함은 타자에게 마음을 열게 하고 친밀함은 자신의 통찰을 단단하게 한다.

한 여인이 피아노 앞에 앉아 연주를 시작한다. 여기가 빈이라는 점을 감안해도 꽤 잘 친다. 청어를 먹고 음악을 듣고 있자니(아니 듣는다기보다는 마신다고 하는 게 낫겠다), 빈의 곱배기 천재성이 착각이었다는 생각이 든다. 빈의 두 황금기는 실은 하나로 연결된 황금기였다. 중간 휴식 시간이 있었던 덕에 교향악단은 연주 전에 숨을 고르고 다시 이어갈 수 있었다. 이번에는 훨씬 열정적이고 능란하게.

대부분의 황금기는 흐지부지해진다. 빈의 황금기는 펑 하고 끝났다. 말 그대로. 1914년 6월 28일 사라예보에서 가브릴로 프린치프라는 젊은 세르비아인 암살자가 오스트리아의 추정 상속인 프란츠 페르디난트 대공을 저격하여 살해한 일이 1차세계대전의 도화선이 되었다. 문화적으로도 과학적으로도 거인이었던 빈의 통치는 갑작스런 종말을 맞았다. 전쟁이 끝나자 이를테면 1920년대 파리와 베를린의 번성처럼 다른 유럽 국가 수도에는 볕이 들었지만 천재의 망토는 금세 대서양을 건너 서쪽으로 항해하여 신세계에 도달했다. 미국은 여느 천재의 장소와 달리, 덜 다채롭고 더 전문화되었다. 뉴올리언스와 재즈, 디트로이트와 자동차, 할리우드와 영화, 뉴욕과 현대 미술을 생각해보라.

이 새로운 단색 황금기의 궁극적 사례는 대도시가 아니라 북부 캘리포니아의 구릉지 농장과 교외 지구에 뿌리내렸다. 1971년 『일렉트로닉 뉴스』라는 업계지에 글을 쓰던 젊은 기자가 이 장소에 실리콘밸리라는 이름을 붙였다. 뇌리에 박히는 이름이었다. 가장 뜻밖이면서도 가장 광범위한 천재 집단에 어울리는 절묘한 작명이었다. 나를 거기 데려다줄 비행기에 올라타면서 생각한다. 그곳이 최후의 위대한 장소일까?

8장

천재는
약하다

**빨리 실패하고
더 잘 실패하라.**

실리콘밸리

SILICON VALLEY, US

어쩌면 실리콘밸리를 꿈꾸다 실패하는 무엇보다 중요한
이유는 단순히 너무 서둘러서인지도 모른다. 정치인들은
현직에 있을 때 결과를 보고 싶어하고 최고경영자들은 다음
분기에 성과를 내고 싶어한다. 하지만 이렇게는 되지
않는다.

아홉 살배기 딸과 책방에 와 있다. 『해리 포터』 코너를 솜씨 좋게 피하고 릭 라이어던(『퍼시 잭슨』 시리즈의 저자─옮긴이) 코너를 민첩하게 돌아 비소설 서가에 안착한다. 딸아이가 역사에, 또한 천재에 관심을 갖게 이끌 작정이다.

나의 두 가지 소원을 충족하는 코너를 발견한다. 『벤저민 프랭클린은 누구였을까요?』 『알베르트 아인슈타인은 누구였을까요?』 같은 유명한 역사적 인물들의 약전略傳이 진열되어 있다. 거기, 토머스 제퍼슨과 시어도어 루스벨트 사이에 스티브 잡스가 끼어 있다.

정말? 스티브 잡스가? 제퍼슨과 프랭클린, 그리고 아인슈타인과 나란히 드높은 지적 공간을 공유한다고?

이 책을 쓰려고 자료 조사를 하면 사람들은 으레 이렇게 물었다. "**천재**의 정의가 뭔가요?" 그러면 이렇게 반문한다. "스티브 잡스는 천재였나요?" 사람들은 언제나 열띤 반응을 보이는데, 딱 두 가지로 나뉜다.

어떤 사람들은 강조하듯 자기 아이폰을 흔들며 말한다. "그럼요, 완전히 천재였죠. 이것 좀 봐요. 얼마나 근사해요. 스티브 잡스는 세상을 바꿨어요. 당연히 천재였어요."

반대편 사람들도 열띤 반응을 보인다. "아니요, 그는 천재가 아니었습니다. 그는 아무것도 발명하지 않았죠. 남의 아이디어를 훔쳤잖아요." 물론 그들도 하나는 인정한다. "마케팅 천재였거나 디자인 천재였을지는 몰라도요." 그들은 진정한 천재는 수식어가 필요하지 않음을 안다. 우리는 아인슈타인을 '과학 천재'라고 부르거나 모차르트를 '음악 천재'라고 부르지 않는다. 이들은 특정 분야를 넘어섰다. 천재는 다 그렇다.

그렇다면 스티브 잡스는 어떤 사람이었을까? 천재였을까, 아니었을까? 패셔니스타 천재론에 따르면 잡스는 천재가 맞다. 우리가 (적어도 상당수가) 그렇게 믿으니까. 천재는 사회적 평결로 정해지며, 소셜 네트워크에서는 이미 평결이 내려졌다. 심지어 우리가 토머스 애더스에 대해서가 아니라 잡스에 대해 질문하는 것만 봐도 분명하다. 처음 들어보는 이름이라고? 그는 우리 시대에서 손꼽히는 위대한 고전음악 작곡가 중 한 명이다. 우리는 우리가 원하고 우리에게 걸맞은 천재를 가진다.

이 책의 관점에서 더 중요한 질문은 잡스가 천재였느냐 아니었느냐가 아니라 그를 길러낸 장소가 천재의 장소였느냐 아니었느냐다. 실리콘밸리는 고전기 아테네, 르네상스기 피렌체, 중국 송왕조 항저우와 어깨를 나란히 할 자격이 있을까? 다시 말하지만, 여러분 중 몇몇은 "어림없지!"라고 크게 외칠 것이다. 투키디데스 같은 옛 위인들은 자신들의 목표가 "영구 장서"를 만드는 것이라고 떳떳하게 천명했으나 여러분은 실리콘밸리에 거주하는 프로그래머와 기술공학자에 대해서는 그럴 수 없다고 지적할 것이다. 당신의 번쩍거리는, 마법 같은 새 아이폰은 투키디데스를 **발음**하기도 전에 퇴물이 될 거라고 꼬집을 수도 있겠다. 과거의 황금기는 예술, 과학, 문학 등 여러 방향으로 불꽃을 일으켰지만 실리콘밸리는 조성調性은 다를지 몰라도 기본적으로 한 음만을 연주한다고. 아테네와 피렌체의 이야기와 달리 실리콘밸리의 이야기는 과거형이 아니라는 사실도 문제를 복잡하게 만든다. 이곳의 이야기는 여전히 펼쳐지고 있다.

하지만 실리콘밸리가 천재성의 중요한 기준 하나를 충족하는 점은 분명하다. 그것은 영향력이다. 오늘날 우리가 25년 전과 다른 삶을 사는 것은 대체로 실리콘밸리에서 발명되지는 않았더라도 거기서 완성된 제품과 아이디어 덕분이다. 이러한 혁신들은 이야기하는 방식뿐 아니라 이야깃거리 자체를 바꿨다. 스탠퍼드대학의 역사가 레슬리 벌린이 지적했듯이 "수단을 바꿈으로써 내용을 바꾸는 것"이니 말이다.

나라에서 존경받는 것이 그곳에서 양성될 것이다. 실리콘밸리가 파는 것을 우리가 존경하는 것은 확실하다. 애플 제품의 최신판을 사려고 줄을 설 때마다, 페이스북이나 트위터에 로그인할 때마다 우리는 존경심을 표한다.

실리콘밸리가 여느 천재의 장소와 다른 점은 또 있다. 무엇보다 이곳은 도시가 아니라 교외 지구다. 캘리포니아의 햇살과 디지털 마법으로도 이 사실을 숨길 수는 없다. 또한 실리콘밸리는 아테네나 피렌체보다 더 친근하다. 그리스 조각상이나 르네상스 회화를 소장할 수는 없지만 아이폰을 가질 수는 있다. 한시를 쓰거나 인도 회화를 그릴 수는 없지만 구글 검색은 늘 이용한다. 고대 그리스 철학자를 알거나 메디치가와 사귀지는 못하지만 실리콘밸리에는 아는 사람들이 있다. 얼마 전에는 거기서 잠깐 살기도 했다. 게다가 〈실리콘밸리〉라는 HBO 드라마를 몰아서 본 적도 있다. 그러니, 장담컨대 나는 실리콘밸리를 안다.

과연 그럴까? 실리콘밸리는 아이폰과 무척 닮았다. 놀라운 일을 하고, 이게 없으면 못 산다. 하지만 어떻게 돌아가는지, 속에 뭐가 있는지는 전혀 모른다. 애플은 케이스를 열지 말라고 경고한다. 열었다가는 나쁜 일이 생길 거라며. 고분고분하게 그 말에 따랐다. 내 손바닥에 이토록 완벽하게, 이토록 인체공학적으로 놓인, 반짝이는 신화적 금속판의 주인이 됐음에 만족하면서. 하지만 이제는 바뀌어야 한다. 거기 드라이버 좀 주세요.

소크라테스가 말한다. 좋았어. 그대의 무지를 깨닫는 것이야말로 모든 지혜의 출발이라네. 고대의 제자 프로이트가 고개를 끄덕이며, 지나친 확신은 분명 깊은 불안을 감추는 것이며 이는 아마도 우리 엄마와 관계가 있을 거라고 덧붙인다. 데이비드 흄은 소크라테스와 프로이트에게 맞장구치는 한편 실리콘밸리의 역사를 모른다면 결코 실리콘밸리를, 아니 어디도 알 수 없을 거라고 덧붙인다. 그러면 나는 영영 어린아이로 남을 것이다. 이제 어른이 될 때다.

📍

팰로앨토에 도착하자, 실리콘밸리가 피렌체와 달리 자신의 역사를 길거리에 덧입고 있지 않음이 금세 분명해진다. 고급 식당과 자전거 공방이 즐비하며, 십만 달러짜리 테슬라 전기 자동차가 소리 없이 스쳐지나가는 멋들어진 유니버시티로를 걸어내려가면 과거는 어디에서도 찾을 수 없다. 이 도시는 미래를 상상하고 미래를 **창조**하느라 하도 바빠서 과거에 할당할 대역폭이 전혀 없는 것 같다. 하지만 여기엔 분명 과거가 있다. 조금만 파면 된다.

실리콘밸리의 뿌리를 찾는 순례자들은 하나같이 애디슨가 367번지로 직행한다. 그들의 관심사는 건물이 아니라 그뒤에 자리한 시설이다. 초록색 문이 달린 작은 차고. 1938년에 바로 여기서 젊은 스탠퍼드 졸업생 데이브 패커드와 빌 휼렛이 실험을 하며 시간을 보냈다. 아니, 그 정도까지는 아니고 기계를 뚝딱거렸다. 안내책자 『괴짜의 실리콘밸리』에서 활기차게 알려준다. "그들은 릭 천문대의 망원경이 천체를 더 정확하게 추적하게 하는 모터 컨트롤러나, 파울선을 넘으면 삑삑 소리가 나는 볼링 설비 같은 기계를 만들려고 애썼다." 결국 두 사람은 음향 장비를 검사하는 가청주파수 발진기를 발명하는 데 성공했다. 고개를 들어 작은 명판을 보니 성지에 왔음을 분명히 알겠다. '세계 최초의 첨단기술 지구의 발상지: 실리콘밸리.' 하지만 실리콘밸리가 으레 그렇듯 이 안내판은 오해의 소지가 있다. 여기는 실리콘밸리의 발상지가 아니다.

하지만 진짜 발상지는 멀지 않다. 내가 평생 벌어도 못 살, 작고 예쁜 집들을 지나 몇 블록 걸어 한때 에머슨가 913번지였던 곳 앞에 멈춘다. 건물은 사라지고 없다. 세탁소와 자동차 정비소 맞은편에는 명판만 남아 있다. 명판에 따르면 이곳은 페더럴텔레그래프가 맨 처음 자리잡은 곳이다. 그 이름과 달리 이 회사는 무선통신 회사였으며, 게다가 좋은 회사였다.

무선통신은 당대의 디지털 기술이었다. 새롭고 마법적이었으며 세상을 변화시킬 잠재력으로 가득했다. 1차세계대전 직전 총명하고 야심찬 젊은이들은 너나없이 무선통신 분야에 진출하고 싶어했다. 이 신생 산업은 1912년 뜻하지 않은 결과의 법칙 덕분에 엄청나게 부흥했다. 그해 타이태닉호가 침몰한 뒤, 미 의회는 모든 선박에 무선통신 설비 구비를 의무화하는 법안을 통과시켰다. 항구도시 샌프란시스코는 무선통신 기술에 대한 관심의 새 물결에 올라타기에 적격인 장소였다.

비슷한 시기에 페더럴텔레그래프는 리 디포리스트라는 젊고 총명한 무선기사를 채용했다. 미 서부 지역이 동부 지역에서 인재를 영입한 일은 이번이 처음이었을 것이다. 물론 마지막은 아니었지만. 디포리스트는 정체된 경력에 활력을 불어넣고 싶었다. 그는 이곳 에머슨가에서 최초의 진공관 증폭기와 발전기를 발명하여 대성공을 거뒀다. 이 장치는 무선통신 기술뿐 아니라 텔레비전과 온갖 전자 제품의 기초가 되었다. 디포리스트는 열성적으로 일했으며 이 "만질 수 없지만 화강암처럼 단단한, 보이지 않는 공중空中 제국"에서 즐겁게 시간을 보냈다. 이 비유는 오늘날 실리콘밸리에도 딱 들어맞는다. 보이지 않는 제국은 지금도 영역을 넓히고 있다.

무선통신은 산업만이 아니었다. 취미이기도 했다. 샌프란시스코 베이에어리어에서는 자작自作 문화가 꽃피었다. 햄 무선통신 클럽이 확산되어 이 지역에 아마추어 무선통신이 확고하게 자리잡았다. 1910년대와 1920년대 아마추어 무선통신 클럽은 1970년대와 1980년대에 개인용 컴퓨터의 발전에 중요한 역할을 한 홈브루 컴퓨터 클럽과 곧장 연결할 수 있다.

이 무선통신 혁명의 중심지는 뜻밖에도 소도시 팰로앨토였다. 팰로앨토타임스는 "에디슨의 멘로파크가 백열등의 발상지라면 팰로앨토는 무선통신과 전자 기술의 발상지입니다"라고 자부한다. 무선통신에 누구보다 열광한 사람은 호기심 많은 열네 살 소년 프레드 터먼이었다. 그는 이 신기술과 페더럴텔레그래프의 개척자들에게, 그러니까 그의 전기 작가 스튜어트 길모어에 따르면 "말 그대로 우람한 존재"인 그들에게 매료되었다. "'비밀' 실험을 위해 20킬로미터 길이의 알루미늄을 묶은 15미터 높이의 기둥 네 개를 새로운 회사 부지 위로 우뚝 세웠다." 곳곳에 위험 표지판이 세워져 있었는데 십대 소년은 금지된 것에 환장하기 마련이다. 터먼은 시간 날 때마다 페더럴텔레그래프 근처를 얼쩡거렸으며 심지어 꼼수로 아르바이트 자리를 따내기도 했다. 이 일화를 읽으니 젊은 필리포 브루넬레스키가 돔 없는 산타 마리아 델 피오레 성당을 매일 지나면서 '돔을 덮으면 어떨까?'라고 생각한 일이 떠오른다. 어린 프레드 터먼도 비슷한 꿈을 꾸었을까?

터먼은 여러모로 스탠퍼드의 자식이었다. 그는 여든두 해 평생의 대부분을 여기서 보냈을 뿐 아니라, 스탠퍼드대학 심리학과 교수이자 널리 쓰이는 지능 지수 검사법인 스탠퍼드-비네 검사법의 공동 개발자인 루이스 터먼의 아들이었다. 루이스 터먼은 교육자들이 잠재적 천재를 일찌감치 발견하여 육성하는 것이 중요하다고 믿었다. 대린 맥마흔은 천재의 역사를 다룬 빼어난 책에서 이렇게 말했다. "터먼은 다름아닌 문명의 미래가 걸렸다고 생각했다." 터먼은 미국의 골턴이었다. 그는 천재가 유전되며 교육자의 임무는 '올바른' 유전자를 가진 사람들을 가려내는 것이라고 확신했다.

1921년 루이스 터먼은 바로 이 임무를 위한 기념비적 연구에 착수했다. 그는 지능 지수가 140 이상인 아동('떡잎 천재') 약 천 명을 선발하여 여러 해 동안 추적 조사했다. '흰개미Termite'(연구자 터먼에 빗댄 이름—옮긴이)로 알려진 이 집단은 학술적으로는 훌륭한 성과를 거뒀지만 진정한 천재적 업적은 거의 내놓지 못했다. 게다가 터먼의 실험은 미래의 노벨상 수상자인 루이스 앨버레즈와 윌리엄 쇼클리를 감지하지도 못했다. 맥마흔은 이렇게 해명한다. "그들은 지능 지수가 140에 못 미쳤기에 탈락했다."

루이스 터먼은 총명했지만, 여느 총명한 사람들과 마찬가지로 맹점이 있었다. 그는 지능과 창조성의 관계가 희박하며 교육과 창조성의 관계도 마찬가지임을 깨닫지 못했다. 교육 수준이 높다고 해서 천재일 가능성이 더 높아지지는 않는다. 어느 날 실리콘밸리의 미래학자 폴 새포가 크레이프를 먹으며 내게 "당신은 정말로 멍청한 천재가 될 수 있습니다"라고 말했는데, 터먼은 이 또한 알지 못했다.

터무니없이 들리겠지만, 새포는 자신의 주장을 정당화하려고 콜럼버스의 달걀이라는 출처가 의심스러운 이야기를 예로 들었다. 이 이야기에 따르면 콜럼버스는 아메리카 항해를 마치고 영웅이 되어 돌아왔지만 몇몇 스페인 사람들은 그의 위업에 심드렁했다.

그중 한 명이 저녁 식사 자리에서 말했다. "대양의 항해는 누구나 할 수 있소. 당신이 한 것처럼 말이오. 세상에서 가장 간단한 일이지요."

콜럼버스는 대답 대신 달걀을 가져와 저녁 식사 자리에 있던 손님들에게 똑바로 세워보라고 했다. 아무도 세우지 못하자 콜럼버스는 달걀 껍데기 끄트머리를 깨뜨렸다. 달걀은 거뜬히 섰다. 콜럼버스가 말했다. "세상에서 가장 간단한 일이지요. 누구나 할 수 있소. 어떻게 하는지 보고 나서는 말이오."

젊은 프레드 터먼은 아버지가 행한 사회적 실험의 그늘에서 자랐다. 이게 그에게 어떤 영향을 미쳤을지 궁금하다. 적어도 그는 학문적 성과로 아버지에게 인정받고 싶었던 듯하다. 그는 스탠퍼드에서 학위를 두 개 취득했으며 뒤이어 미시시피 서부 최초의 전자 연구소를 설립했다. 훗날 스탠퍼드 공과대학 학장이 되었을 때는 동부 연안 최고의 수재들을 영입했다. 페더럴텔레그래프의 경영자들처럼 그는 과감하게 인재들을 끌어모아 최고만을 선발했다. 그는 이렇게 썼다. "1.8미터를 점프하는 선수가 아무리 많아도 2.1미터를 점프하는 선수 한 명보다 못하다." 그는 "탁월함의 첨탑"을 짓는 게 자신의 목표라고 공언했다.

터먼은 공학자의 눈으로 세상을 보았다. 그는 계량화가 유행하기 오래전부터 계량화를 신봉했다. 그는 숫기가 없었으며, 공학자에 대한 오래된 농담에 틀림없이 맞장구를 쳤을 것이다. "외향적인 공학자를 어떻게 알아볼 수 있을까? 그는 **상대방의 신발을** 쳐다보는 사람이다." 하지만 터먼은 실리콘밸리의 전형적 인간형인 영웅형 괴짜heroic nerd의 시초가 되었다.

터먼은 내향적이었지만, 외향적인 흉내를 능숙하게 냈다. 그의 장기는 사람들을 맺어주는 것이었다. 네트워크라는 단어가 오늘날 같은 금전적 뉘앙스를 풍기기 전, 그는 원조 연결자networker였다. 길모어는 이렇게 썼다. "그는 사익을 챙기거나 짭짤한 후원 기관을 꾀기 위해서가 아니라 관계망 활성화를 자신의 임무로 여겼기에 '네트워크'에 주력했다."

그는 자신의 학생이던 빌 휼렛과 데이브 패커드를 맺어주었다. 두 사람이 개발한 가청주파수 발진기를 상업화하도록 격려했으며 종잣돈으로 538달러를 빌려주었다. 두 젊은 대학 졸업생이 과감한 선택을 할 수 있었던 데는 사실상 대공황의 영향이 컸다. 데이브 패커드가 훗날 술회했듯, 어차피 일자리는 부족하니 창업하지 않을 이유가 없지 않겠는가.

성공은 금세 찾아왔다. 두 사람의 첫 거물 고객은 월트 디즈니 스튜디오로, 이들은 〈판타지아〉를 제작하기 위해 발진기 여덟 대를 구매했다. 실리콘밸리와 할리우드의 협업은 여기에서 시작되었는데, 오늘날 이러한 제휴관계를 가장 뚜렷하게 보여주는 예로 픽사가 있다.

실리콘밸리의 탄생에 있어서 스탠퍼드대학의 역할을 많이 거론하고 그럴 만도 하지만, 그 이유는 통념과 다르다. 스탠퍼드가 세계 일류 대학이어서가 아니었다. 당시만 해도 스탠퍼드는 세계 일류가 아니었다. 오히려 프레드 터먼의 스탠퍼드는 대학의 역할을 재정의했다. 터먼은 학계와 '현실 세계'를 나누는 장벽을 무너뜨렸다.

스탠퍼드는 가진 것은 많지 않았지만 땅이 있었다. 그것도 많이. 1951년에 터먼은 남는 땅에 스탠퍼드산업단지(지금의 스탠퍼드 연구단지)를 지었다. 이 결정은 당시 어마어마한 논란을 불러일으켰다. 산업단지라고? 그런 건 대학이 할 일이 아니었다. 아이비리그를 꿈꾸는 대학이라면 더더욱.

이 사업은 다윈의 '바보의 실험'과 비슷했다. 터먼은 무엇을 하는지는 정확히 몰랐지만, 자신이 뭔가 다른 일을 하고 있으며 그게 중요하다는 사실을 알았다. 스코틀랜드인들이 환영했을 법한 실용적 조치로, 스탠퍼드산업단지는 사업이 실패하면 고등학교로 전환될 수 있도록 설계되었다.

사업은 실패하지 않았다. 터먼의 적절한 발상은 시대와 맞아떨어졌다. 산업단지는 가장 뜻밖의 장소인 팰로앨토의 페이지밀 도로에 자리잡았다. 근처에서는 말들이 풀을 뜯던, 아무것도 없는 곳이었다. 아폴로 계획 못지않게 원대한 사업이었다. 첫 입주자는 아이슬란드 이민자의 아들들로, 실리콘밸리의 초창기 성공 스토리를 쓴 베어리언 형제였다.

훗날 터먼은 스탠퍼드연구소를 설립했다. 이곳의 임무는 "대학의 전통적 역할과 내부적으로 온전히 양립하지 않을 수도 있는 실용적 목적을 위해 과학을 추구하기"였다. 터먼은 대학 안에 일종의 반反대학을 만들었다. 현명한 선택이었다. 매우 스코틀랜드적인. 또한 터먼은 직장인 학위과정을 개설하여 공학자와 과학자가 회사에서 전업으로 근무하면서도 스탠퍼드에서 석박사 학위를 취득할 수 있도록 했다.

바야흐로 냉전이 절정에 이르렀을 때, 터먼은 동부 연안의 여러 대학과 달리 모든 얼리어답터의 어머니인 엉클 샘(미국 정부—옮긴이)이 주는 자금을 마다하지 않았다. 풍족한 방위비 지출은 아이러니하게도, 샌프란시스코 베이에어리어를 휩쓸 반反문화 운동과 맞물려 실리콘밸리의 산파 노릇을 했다.

프레드 터먼에게는 또다른 강점이 있었으니, 바로 칩이었다. 마이크로칩이 아니라(마이크로칩은 몇 년 뒤에나 등장한다) 그의 어깨에 놓인 칩이었다('어깨 위의 나뭇조각chip on shoulder'은 지기 싫어하는 마음을 뜻한다—옮긴이). 앞에서 말했듯 스탠퍼드는 오늘날과 달리 일류 대학이 아니었다. 이 지역은, 그리고 특히 스탠퍼드대학은 오랫동안 동부 연안 사람들에게 조롱거리였다. 1891년에 철도왕이자 미국 상원의원 릴런드 스탠퍼드가 어린 나이에 죽은 아들을 기려 대학을 설립했을 때 동부 연안의 지식인층은 시큰둥했다. 『뉴욕 메일 앤드 익스프레스』에서는 이렇게 코웃음쳤다. "캘리포니아에 새로운 대학을 지어야 할 필요성은 은퇴한 선장들을 위한 안식처를 스위스에 지어야 할 필요성과 맞먹는다."

20세기까지도 잦아들지 않은 이런 조롱에 터먼은 틀림없이 격분했을 테지만, 무엇보다 분통 터지는 일은 졸업 후 학생들이 동부로 떠나는 일이었다. 그는 스탠퍼드가 자석처럼 사람들을 끌어들이는 장소가 되길 바랐다. 달아나는 장소가 아니라. 오늘날 야심가의 어깨에 단단히 놓인 칩의 힘은 아직도 실리콘밸리에 활기를 불어넣는다. 한 벤처 투자가는 스타트업 기업에 투자할지 말지를 결정할 때 최고경영자의 어깨에 놓인 칩을 살펴본다고 말했다. 칩은 클수록 더 좋다.

장소에도 칩이 있다. 내가 방문한 천재의 장소들은 대부분 여기에 해당한다. 아테네는 군사력 면에서 스파르타에 뒤졌고 피렌체는 군사력 면에서는 밀라노에, 경제력 면에서는 베네치아에 뒤졌다. 이는 그들에게 위대함을 추구하는 동기가, 적어도 동기의 일부가 되었다. 마찬가지로 에든버러는 속속들이 런던이나 파리에 버금간다는 사실을 간절히 입증하고 싶어했고, 콜카타는 속속들이 서구에 버금간다는 사실을 간절히 입증하고 싶어했다. 약체underdog는 더 열심히 노력할 뿐 아니라, 아웃사이더이기에 더 잘 본다.

터먼은 많은 업적을 이루었고 '실리콘밸리의 아버지'로 기억되지만, 알기 쉽지 않은 인물이다. 한 스탠퍼드 졸업생은 터먼을 이렇게 회상한다. "다정한 표정에 안경을 쓰고 다소 후줄근한 차림이었다. 늘 서류를 든 채 목적지를 향해 걸었다. 서성거리는 일은 한 번도 없었다." 그를 "가혹하고 유머 감각이 없다"고 평한 사람도 있었다. 어느 게 진짜 프레드 터먼일까?

진실을 알고자 실리콘밸리 자료관으로 향한다. 나무 캐비닛과 역사로 가득찬 거대한 방에 들어선다. 사서가 커다란 판지 상자를 건넨다. 상자는 수십 개나 된다. 프레드 터먼은 무엇보다 편지를 즐겨 썼기 때문이다. 내가 받은 상자에는 터먼이 하버드무선연구소에 있을 때 주고받은 편지들이 들어 있다. 그는 2차세계대전 기간에 연구소 운영을 위해 마지못해 캘리포니아를 떠나야 했다. 스탠퍼드 전체 예산보다 큰 예산으로 비밀리에 운영된 이 연구소에서는 적군 레이더를 교란하는 방법을 찾아내고자 했다. 터먼 연구진은 기발한 해결책을 내놓았다. 작은 금속 조각 수십억 개를 뿌려 독일과 일본의 레이더를 교란한다는 계획이었다. 그 덕에 연합군 폭격기 800대와 승무원들을 구할 수 있었다.

편지 하나를 연다. 누렇게 바랬지만 글자는 여전히 선명하다. 전쟁이 치열해지고 있었고 터먼은 직원 850명을 감독했지만, C. K. 창이라는 스탠퍼드 물리학과 학생에게 편지를 쓸 시간은 있었다. "우리는 헤테로다인 검출 연구를 논문으로 쓴다는, 아주 오랫동안 지연된 계획을 언젠가 실현해야만 하네." 첫머리는 공학자처럼 시작했지만 다음 문장은 좀더 친근하다. "다소 유감일세. (…) 자네는 여기서 뛰어난 연구를 했으며 합당한 대접을 받을 걸세." 다른 편지에서도, 특히 스탠퍼드가 동부 연안 학교들을 앞지르는 문제에 대한 내용일 때도 일관된 분위기가 전해진다.

터먼의 편지를 뒤적이다보니 피렌체의 실라와 그녀가 우연히 발견한 갈릴레오의 편지가 생각난다. 편지를, 특히 평범한 편지를 우연히 발견했을 때의 희열이 어떤 의미인지 이제 알겠다. 몇 세기를 가로질러 도청하는 듯한 스릴과 막연한 위험이 전해진다.

상자의 내용물을 더 꺼내자 1944년 4월자 신문 스크랩이 나온다. '미국의 외국인 공학자 훈련 계획'이라는 헤드라인이 달린 기사로 스탠퍼드 총장 도널드 트레시더의 자필 메모가 붙어 있다. "이 사실 알고 있소? 관심이 있는지? 그렇다면 어떻게 해야겠소?" 터먼의 답변은 찾을 수 없지만, 긍정적으로 답하고 후속 조치를 취했으리라 확신한다.

말년에 프레드 터먼은 후회 없이 살았노라고 말했다. "다시 산다 해도 똑같은 삶을 살 것이다." 그는 여든둘에 사택에서 눈을 감았다. 조문객 수백 명이 스탠퍼드 메모리얼 교회를 찾아 그에게 경의를 표했다. 총장 도널드 케네디는 추도사에서 터먼의 가장 탁월한 점을 "미래에 대해 생각하는 능력"이라고 꼽았다. 그는 생각하는 능력뿐 아니라 실행하는 능력도 갖췄다.

이 모든 일이 캘리포니아에서 일어난 것은 우연이 아니다. 캘리포니아주는 예나 지금이나 도망자가 향하는 곳, 그러니까 버림받은 연인, 파산한 사업가, 잃어버린 영혼의 피난처다. 스트라투스 컴퓨터를 설립한 윌리엄 포스터 말마따나 "실리콘밸리에서 실패하면, 가족은 알지 못하고 이웃은 신경쓰지 않을 것"이다.

캘리포니아에는 또다른 이점이 있었다. 여기는 있는 것이 별로 없었다. 역사가들 말마따나 캘리포니아주는 "처음부터 현대적"이었다. 정착이 늦게 이루어졌기에 기존에 세워진 동부 연안을 뛰어넘을 수 있었다. 깊이 뿌리내린 문화가 없었기에 새로 온 사람들은 그저 저 나름대로 문화를 만들어갔다. 여기서는 처음부터 DIY식 모험이 벌어졌다.

실리콘밸리는 미국식 천재성이 궁극적으로 발현된 곳이다. 역사가 대린 맥마흔에 따르면 이곳의 천재성은 "단순히 새로운 생각을 하거나 새로운 물건을 만들어내는 것이 아니라 새로운 쓸모를 찾아내고 이를 이용하여 돈을 버는 것"이었다.

미국의 풍부한 자원을 하나만 꼽으라면 그것은 낙천성이다. 그리고 낙천성은 어쨌든 어느 정도는 천재의 전제 조건이다. 음울한 천재라는 이미지가 있기 하지만, 창조적 과학자들은 덜 창조적인 동료들에 비해 더 낙천적인 경향이 있다. 한 연구에 따르면 낙천적인 직원은 비관적인 직원보다 더 창의적이다. 그리고 실리콘밸리보다 낙천적인 곳은 어디에도 없다.

이곳 주민 말마따나 "인정사정없이 낙천적인" 곳이다. 실리콘밸리를 제외한 미국 모든 곳에서는 새로운 아이디어를 내놓으면 온갖 부정적 의견을 만나지만, 실리콘밸리에서는 도전을 만난다. 왜 안 해? 뭘 기다리는데? 인정사정없다.

픽사 영화나 모차르트 교향곡처럼, 성공한 사람과 장소는 모두 두 가지 차원에서 동시에 작동한다. 성공 신화가 있고, 성공의 진짜 이유가 있다. 물론 일부 겹치기도 하지만, 일부일 뿐이다. 실리콘밸리도 이 규칙의 예외가 아니다. 이곳의 신화는 애플이 신제품을 출시할 때처럼 매끈하게 윤색된다.

실리콘밸리 신화는 이를테면 이런 식이다. 손가락 터치 한 번으로 과거의 위대한 창조적 천재들을 만날 수 있는 새 앱을 개발한다고 해보자. 우리의 신화 속 실리콘밸리에서 이 아이디어는 심드렁한 표정에 청바지 차림으로 빈백 소파에 눕다시피 앉은 스물세 살 청년의 머릿속에 완벽한 상태로 완전히 형태를 갖춰서 등장한다. 빈백 소파는 '창업지원센터'에 놓여 있는데 역시나 심드렁한 표정에 총명한 스물세 살짜리 청년들이 이 공간을 공유한다. 커피도 빠질 수 없지.

젊은 천재로 이뤄진 수뇌부가 이 새로운 아이디어의 진가를 금세 알아차리고 머리를 맞댄 채 브레인스토밍을 시작한다. 몇 분 지나지 않아 다들 앱 이름을 아인스타인Einstyn으로 하는 데 동의하고 축하 파티를 연다. 인디아 페일에일 맥주가 빠질 수 없지.

이제 우리의 젊은 천재는 벤처 투자가를 만난다. (이 사람도 청바지 차림이지만 윗도리는 말끔하게 다린 와이셔츠다.) 그가 아인스타인의 진가를 금세 알아보고 거액을 내놓는다. 우리의 젊은 천재보다 서른 살쯤 많은 이 벤처 투자가는 힘겹게 얻은 지혜를 나눠주겠다고 제안하지만, 젊은 천재는 거절한다. 내면의 GPS를 따라 자기 방식대로 하겠단다. 벤처 투자가는 고개를 끄덕인다. 창업 기념식에는 청바지 차림에 우쭐한 표정의 젊은이들이 자리를 메운다.

우리의 젊은 천재는 팰로앨토에 사무실을 임대한다. 옆에는 테슬라 대리점이 있고 성지 중의 성지인 스티브 잡스의 생가도 멀지 않다. 몇 달 지나지 않아 아인스타인 앱이 출시된다. 돌아오는 반응은…… 침묵이다. 아무도 앱을 깔지 않는다. 우리의 젊은 천재는 사람들이 멍청하다고 결론 내린다. 한편 아인스타인의 개발 자금은 F-16 이륙 속도만큼 빠르게 소진된다. 이윽고 벤처 투자가가 사업의 플러그를 뽑는다. 파산하고 실직한 우리의 젊은 천재는 금세 영웅으로 칭송받는다. 다들 알다시피 실리콘밸리는 실패를 끌어안으니까.

한 달 뒤 똑같은 빈백 소파에서 우리의 기술 천재가 온전한 형태를 갖춘 근사한 아이디어를 또다시 생각해낸다. 이번에는 잃어버린 양말을 찾아주는 GPS 추적장치다. 그는 석스Scks라는 이름을 붙인다. 벤처 투자가는 앱이 맘에 들어(정말로!) 전보다 더 많은 금액을 투자한다.

멋진 이야기다. 최신 애플 제품을 보는 것만큼이나 유쾌하다. 하지만 뒤판을 뜯어 안을 들여다보자. 무엇보다 빈백 소파에서는 쓸 만한 것이 아무것도 나오지 않았다. 단 하나도. 내 경험에서 하는 얘기다. 천재 이야기는 다른 측면에서도 문제가 있어 보인다. 정확히 어떤 측면인지 단언할 수는 없지만. 우리의 기술 천재와 달리, 나는 도움이 필요하면 기꺼이 그 사실을 인정한다. 나는 '휴대전화가 없는 남자'에게 도움을 청하는데, 야누스적 스코틀랜드인이라면 이 아이러니한 상황에 미소 지었을 것이다.

인류학자이자 실리콘밸리 토박이 척 대러가 반바지와 샌들 차림으로 마운틴뷰에 위치한 커피숍에 도착한다. 공언한 대로 휴대전화는 없다. 그가 당연하다는 듯 말한다. "사람들이 저와 쉽게 연락이 닿는 게 싫습니다." 생각해보니 맞는 말이다.

휴대전화만 빼면 척은 전형적인 실리콘밸리 사람이다. 그는 이 지역이 미국 내에서 자두의 수도로 유명하던 시절 스탠퍼드병원에서 태어났다. 그때는 생과일과 건과일 말고는 변변한 생산물이 없었다. 어린 척의 눈에, '마음의 기쁨 계곡'(샌타클래라밸리의 별명—옮긴이)에서의 삶은 목가적이었다. 뭐든 다른 곳보다 조금씩 나았다. 과일은 더 맛있었고 공기는 더 깨끗했다. 호두는 크기가 자몽만 했다. "어린 시절을 보내기 무척 포근한 곳이었죠." 그의 눈을 들여다보니, 나를 내버려둔 채 다른 시절, 더 나은 시절로 순간이동을 한 게 틀림없다. 마이크로칩이 생기기 전의 에덴동산으로.

척은 마이크로칩의 시대가 도래하는 모습을 보지 못했다고 털어놓는다. "어느 날 누군가 와서 말하더군요. '새로운 게 나왔어. 실리콘이래.' 그래서 이렇게 말했습니다. '실리콘이 뭔데? 세상에서 제일 바보 같은 물건처럼 들리는군.' 그가 '계산용 칩을 만들고 있어'라고 하기에 '대체 무슨 소리를 하는 거야?'라고 대꾸했습니다. 그러니 저는 마이크로칩의 도래를 전혀 못 본 거죠." 하지만 이제 척은 실리콘밸리의 인류학자 마거릿 미드다. US101 도로에 웃자란 풀을 베며 원주민과 그들의 신기한 생활양식을 연구한다. 그는 이 일에 무한히 매혹된다.

우리는 커피를 주문하고 야외 테이블에 앉는다. 이곳은 캘리포니아 아닌가. 매일매일이 그렇듯 오늘 날씨도 완벽하다. 햇빛의 밝기는 아테네에 버금간다. 이번에도 기후로 실리콘밸리를 설명할수 있을 것 같다는 유혹을 느낀다. 하지만 참는다. 날씨는 결코 아니다. 적어도 날씨 때문만은 아니다.

척에 따르면 실리콘밸리는 최고여서가 아니라 단지 처음이어서 성공을 거둔 것이다. 이를 '선도자 우위'라 하는데 실리콘밸리뿐 아니라 모든 혁신이 이로써 설명된다. 노트북 키보드를 생각해보라. 영어 자판의 맨 윗줄 왼쪽의 글자는 QWERTY(쿼티)다. 왜 그럴까? 자판을 배열하는 가장 효율적인 방법이어서일까? 그럴 리가. 실은 일부러 **비효율적**으로 배열한 것이다. 초창기 타자수들은 종종 타자가 엉켰는데, 그래서 디자이너들은 타자 속도를 느리게 하여 타자가 엉키지 않도록 자판을 배열했다. 타자기가 개량되면서 엉킴 현상은 사라졌지만 쿼티 키보드는 이미 확고하게 자리잡았다. 타자수들은 쿼티 자판에 길들었으며 그로 인한 제약에도 익숙해졌다. 타자 학원에서는 쿼티 자판을 가르쳤다. 그래서 쿼티 자판은 '최고의' 배열이 아님에도 공식 자판이 되었다. 베타맥스 기술이 명백히 뛰어났음에도 VHS 비디오 포맷이 시장을 장악한 것도 마찬가지 이유에서다. 필그림 파더스(종교의 자유를 찾아 영국에서 미국으로 이주한 최초의 청교도들—옮긴이)가 버지니아가 아니라 매사추세츠만灣에 정착한 것은 그들이 단지 길을 잃었기 때문이었다.

요점은 '최고'의 기술이나 아이디어가 늘 채택되지는 않는다는 것이다. 이따금 우연이 작용하거나 뜻하지 않은 결과의 법칙이 통하기도 한다. 더 중요한 사실은 그 뒤에 일어나는 일도 영향을 미친다는 것이다. 우리는 비효율적인 키보드에 적응하여 손가락이 날아다닌다. VHS는 DVD 그리고 이제는 스트리밍 동영상에 대체될 때까지 훌륭하게 작동한다. 필그림 파더스는 뉴잉글랜드의 혹한을 이겨내고 결국 번성한다. 천재의 장소도 마찬가지다. 천재의 장소는 완벽하거나 아름답지 않을지는 몰라도 나름의 방식으로 우리에게 도전한다. 우리가 대담하고 창의적으로 이 도전에 응하면 황금기를 위한 토대가 놓인다. 하지만 그러려면 누구보다 먼저 거기

462

가야 한다. 이것이 실리콘밸리 철학의 바탕이다. 완벽한 제품을 내일 출시하는 것보다는 불완전한 제품을 오늘 시장에 내놓는 것이 낫다. 스티브 잡스 말마따나, 전구가 발명되었을 때 너무 어둡다고 불평한 사람은 아무도 없었다.

실리콘밸리 같은 선도자들은 자석이 된다. 일단 자성을 띠면 거부할 수 없는 인력이 생긴다. 다시 말하지만 창조성은 전염된다. 여러 연구에 따르면 우리는 창의적인 동료들과 함께 있을 때 이들과 직접 상호작용하지 않더라도 더 창의적이 된다. 게다가 '도식 위반'(이를테면 누군가 저녁으로 팬케이크를 먹는 모습)을 보는 것만으로 창의성이 커진다는 사실을 떠올려보라. 창의적인 사람 곁에 있으면 무언가가 우리를 자극하여 더 창의적으로 생각할 수 있다.

나도 이런 전염을 어느 정도 경험한다. 실리콘밸리에서 며칠을 지냈을 뿐인데 세상이 다르게 보인다. 동부에서는 보지 못했던 가능성이 보인다. **베타 버전**이나 **해카톤**(해킹과 마라톤의 합성어로 일정 시간과 장소에서 쉬지 않고 프로그래밍을 하는 프로젝트―옮긴이) 같은 단어가 혀에서 술술 흘러나온다. 나는 사업가 기질이 충만한 사람은 아니지만, 여기서 캘리포니아의 햇볕과 상큼한 낙관주의를 쬐다보니 세상을 바꾸고 그 과정에서 엄청난 부자가 될 수도 있겠다 싶다.

척을 만나러 오는 길에 이삿짐 트럭 한 대가 마운틴뷰의 평범한 사무용 건물 앞에 세워진 것을 보았다. 인부들이 인체공학 디자인 의자와 고급 책상을 분주히 나른다. 실패한 벤처의 사체를 치우고 다음 벤처를 위한 공간을 마련중인 것이 틀림없었다. 실리콘밸리

의 가장 뚜렷한 상징물은 아이폰이나 마이크로칩이 아니라 이삿짐
트럭이다.

척은 이런 유동성이야말로 실리콘밸리를 이해하는 열쇠라고 말
한다. 실리콘밸리에는 머물러 있는 것이 하나도 없다. 이 장소에는
운동에너지가 있다. 콜카타에서 본 것과 다르진 않지만 더 집중되
어 있다. 페이스북 창업자 마크 저커버그의 좌우명 '빨리 움직이고
부수라'는 실리콘밸리 신화의 일부가 되었다. 최근에 그가 '부수라'
부분을 좌우명에서 빼기는 했지만.

실리콘밸리의 최상위 기업 열 곳을 보라고 척이 말한다. 5년이
나 10년마다 한두 곳만 빼고 명단이 싹 바뀐다. "어마어마하죠. 회
전율이 어마어마합니다." 이것은 새로운 개념이 아니다. 피렌체가,
그리고 유명한 두오모인 오페라 델 두오모를 감독하는 위원회의
주도권이 몇 달마다 바뀐 일이 떠오른다.

척에 따르면 실리콘밸리의 가장 큰 신화는 이곳 사람들이 위험
을 감수한다는 신화라고 한다. 이는 참이기도 하고 거짓이기도 하
다. 스코틀랜드인이 킥킥거릴 만한 야누스적 상황이다. 척은 실리
콘밸리가 위험을 찬양하기는 하지만 그와 동시에 "위험의 결과를
회피하는 세계 최고의 메커니즘을 가졌다"고 말한다.

"예를 들자면요?"

"생각을 해보세요. 이 사업가들은 위험을 감수했기 때문에 거액
을 벌어들일 자격이 있다고들 말합니다. 하지만 여기 빌딩 꼭대기
에서 뛰어내리는 사람은 아무도 없습니다. 다들 발을 땅에 붙이고
있죠. 그들은 이런 장소에 안착하여 카푸치노를 마십니다. 이들이

감수하는 위험은 독특한 종류의 위험이거든요. 첨단기술에 종사하는 사람들은 대부분 일자리를 잃으면 딴 데서 찾을 수 있다고 말합니다. 심지어 더 나은 일자리를 얻을 수도 있고요."

"그러니까 안전망을 쳐놓고 일한다는 거네요?"

"그렇습니다. 거대한 안전망이죠. 안전하게 보호받는다면 위험을 감수하기가 쉬워지니까요."

피렌체에서 위험을 감수한 사람들과 얼마나 다른가. 그곳에서의 실패는 미술사가 실라의 말마따나 "자신뿐 아니라 자기 가문까지 몇 대에 걸쳐 망하는 길"이지 않았던가.

이런 종류의 중대한 위험을 곱씹으며, 맛있는 커피를 홀짝이며, 구글 무인 자동차가 지나가는 모습을 바라보는데, '휴대전화가 없는 남자'가 또다른 실리콘밸리 신화를 깨부순다. 구체적으로 말하자면 이곳이 좋은 아이디어의 온상이라는 신화다. 그게 아니란다. 고백건대 내게도 놀라운 얘기다. 실리콘밸리의 강점은 좋은 아이디어라고 늘 생각했기 때문이다.

척이 잘라 말한다. "헛소리입니다." 실리콘밸리를 특별하게 만든 것은 아이디어 자체가 아니라 아이디어가 이곳으로 흘러든 뒤에 일어나는 일이다. 인도가 아이디어를 인도화하듯 실리콘밸리는 아이디어를 실리콘밸리화한다. 믹서기에서 나오는 것은, 알아볼 수는 있지만 근본적으로 다른 물질이다.

실리콘밸리에서는 아이디어가 발명되지는 않지만 다른 곳보다 더 빠르고 똑똑하게 가공된다. 척은 이렇게 설명한다. "제게 아이디어가 있으면 사람들은 이미 작동하는 아이디어의 생태계

어디에 제 아이디어가 들어맞을지 알려줍니다. 똑똑한 사람들이 모이게끔 메커니즘이 확립되어 있고 기반이 잡혀 있으니까요." 실리콘밸리가 뇌의 부위라면 전두엽이나 뇌세포가 아니라 연결자인 시냅스일 것이다.

실리콘밸리의 핵심은 기술이 아니다. 물론 기술을 기반으로 제품을 생산하지만, 이것은 수단이 아니라 목표다. "사람들은 실리콘밸리가 기술의 중심지여서 이곳에 온다고 말합니다. 하지만 이는 자신의 행위를 정당화하는 말에 불과합니다. 사람들이 여기 오는 진짜 이유는, 이곳에서는 거래가 다른 식으로 이뤄지고 다른 식으로 실현될 수 있기 때문입니다."

실리콘밸리는 새로운 것을 흡수하는 데에도, 뱉어내는 데에도 능숙하다. "이곳에 몇 주만 있었던 사람들과 이야기를 나눠보면, 그들은 마치 자신이 늘 실리콘밸리의 일부였던 양 말합니다. 실리콘밸리는 사람들을 받아들이고 내치는 데 더할 나위 없이 훌륭한 장소입니다." 다시 말하지만, 천재의 장소는 자석이자 체다.

실리콘밸리에 대한 또다른 신화는 이곳이 느슨하다는 것이다. 척은 이 신화가 사실이라고 말한다. 평균적인 실리콘밸리 사람은 많은 사람을 알지만 깊게 알지는 못한다. 장소에 대한 사람들의 애착이 아니라 애착의 결여야말로 실리콘밸리의 성공 비결이다. "사람들은 자신을 빠르게 관계망에 넣을 수도 있고, 마찬가지로 빠르게 관계망에서 빼낼 수도 있습니다. 이게 실리콘밸리의 마법입니다. 사람들은 이런 식으로 말하지 않습니다. '실리콘밸리에 뼈를 묻으리. 실리콘밸리를 위해서라면 살인도 저지를 수 있어.' 오히려 그 반대죠."

1973년, 마크 그래노베터라는 젊은 사회학자가 학술 논문을 하나 발표했는데, 세월이 흐르면서 이 논문은 사회학 분야에서 가장 많이 인용되었다(마지막으로 집계했을 때 2만 9672회였다). 「약한 유대의 힘」이라는 논문이다. 당시 저자가 "이론의 조각"이라고 부른 이 소논문은 단순함 때문이든, 흥미롭고 반직관적인 논제 때문이든 무척 매혹적이다.

제목이 모든 것을 설명한다. 지인이나 동료처럼 우리가 약한 유대라고 여기는 관계에는 사실 엄청난 힘이 있다. 마찬가지로 친한 친구나 가족처럼 우리가 강한 유대라고 여기는 관계는 사실 약하다. 그래노베터는 논문에서 이것이 터무니없게 들린다고 인정하면서도 "역설은 매사를 너무 말끔하게 설명하는 이론에 대한 반가운 해독제다"라고 장난스럽게 덧붙인다.

이 이론에 매료되어, 실리콘밸리의 성공을 이로써 설명할 수 있지 않을까 고심해본다. 그래노베터가 어디 있든 그를 찾아가야겠다고 다짐했다. 그러니 그가 바로 이곳 팰로앨토에 있음을 알았을 때 내가 얼마나 기뻤겠는가. 콜카타와 마찬가지로 이곳은 다른 어느 곳보다 우연의 일치 가능성이 커보인다.

이튿날 아침 그래노베터의 스탠퍼드 연구실로 찾아간다. 베토벤과 아인슈타인이 뿌듯해할 만한 연구실이다. 책상에는 종이 더미가 지금은 멸망한 문명의 건축물처럼 솟아 있다. 언제라도 무너질 듯한 종이탑 밑에 연구실 주인이 앉아 있다. 과묵하지만 쌀쌀맞지는 않다.

자리에 앉아 종이탑 뒤쪽에 있는 그래노베터를 보려고 목을 쭉 빼고는 이론의 조각에 대해 묻는다. 약한 유대가 어떻게 강할 수 있느냐고.

"약한 유대에서는 새로운 것을 배울 가능성이 큽니다." 이유는 많다. 약한 유대는 다른 배경을 가진 사람과 엮이는 경우가 많기 때문에, 빈이나 실리콘밸리 같은 이민자 사회의 이점을 누릴 수 있다. (오늘날 실리콘밸리 스타트업의 50퍼센트는 공동 창업자 중 적어도 한 명이 외국 태생이다.) 또한 우리는 유대가 약한 사람에게 더 모질게 말하는데, 이 점이야말로 창의성의 중요한 요소다.

강한 유대는 편안함과 소속감을 선사하지만, 우리의 세계관도 제약한다. 강한 유대를 맺는 집단은 약한 유대 집단에 비해 집단사고에 빠질 가능성이 크다.

그래노베터는 약한 유대가 늘 좋지는 않다고 설명한다. "선생이 별다른 일이 일어나지 않는 안정적인 존재이고 선생에게 주로 필요한 것이 뒷받침이라면, 약한 유대는 별 도움이 안 될 겁니다." 하지만 실리콘밸리 같은 장소에서 약한 유대는 황금과 같다.

약한 유대를 점이라고 생각해보라. 앞에서 보았듯 점은 많을수록 좋다. 유동적인 장소에서는 이 모든 점이 수도관처럼 지식을 전달하고 아이디어를 처리한다.

그래노베터의 약한 유대 이론이 가진 아름다움은 실리콘밸리의 작동과정뿐 아니라 그곳에서 생산하는 많은 제품의 작동과정을 묘사한다는 점이다. 하기야 페이스북이 약한 유대의 슈퍼마켓이 아니면 무엇이겠는가? 마크 저커버그는 약한 유대를 발명하지는 않았지만 그래노베터 말마따나 이를 "훨씬 값싸게" 만들었다.

세월이 흐르면서 그래노베터의 조각 이론은 다른 사회학자들의 검증을 거쳐 살아남았다. 에머리대학 경영학과 교수 질 페리스미스는 어느 응용과학연구소를 연구대상으로 삼아 소수의 가까운 동료가 있는 과학자보다 약한 유대를 더 많이 가진 과학자가 더 창의적임을 밝혀냈다. 다른 연구들에서도 결과는 비슷했다. 심리학자 키스 소여는 반농담조로 이렇게 결론 내렸다. "절친한 친구는 창의성에 도움이 안 된다."

그래노베터에게 이게 진짜냐고 물으니, 그럴 수도 있겠지만 약한 유대와 강한 유대 둘 다 나름대로 장점이 있다고 말한다. 그리고 자신의 이론이 강한 유대를 모두 끊으라는 얘기는 아님을 명확히 하고자 한다. "제 말은, 제 아내는 그런 걸 안 좋아할 거라는 말입니다."

♀

서니베일의 평범한 상점가에 자리한 평범한 스타벅스(안 그런 스타벅스도 있나?)에 앉아 있다. 어느 교외의 어느 상점가여도 마찬가지일 것 같지만, 그렇지 않다. 이곳의 역사를 안다면. 여러분이 1970년대 초 여기 있었다면 십대 두 명을 목격했을지도 모른다. 청바지와 군용 재킷 차림의 장발 게으름뱅이 둘은 투박한 십 단 기어 자전거를 타고 오언 러셀의 컴퓨터 가게에 갔다. 거기서 전선, 케이블, 머더보드, 악어집게를 잔뜩 사서는 집으로 돌아왔다. 두 게으름뱅이의 이름은 스티브 잡스와 스티브 워즈니악이었다. 두 사람이 구매한 물건은 최초의 개인용 컴퓨터 중 하나인 애플 원의 부품이었다.

실리콘밸리 사람답게 마이클 멀론은 확신에 차서 단언한다. "그리하여 아무 볼 것 없는 이 상점가에서 현대 세계가 시작된 겁니다." 멀론은 이 은밀한 역사의 목격자였다. 그는 잡스의 집에서 세 블록 떨어진 곳에서 자란 덕분에 두 스티브가 컴퓨터 가게에서 돌아오는 모습을 종종 보면서 둘이 무슨 일을 꾸미는지 궁금해했다. 멀론은 악어집게가 대마초 피울 때 쓰는 '꽁초 집게'인 줄 알았다. 사실 두 스티브는 대마초를 많이 피웠으며, 20년 전 리 디포리스트와 프레드 터먼 같은 사람들이 닦은 대담한 자작自作의 길을 따르고 있었다.

멀론은 아무도 역사에 관심이 없는 듯한 지역의 유일한 역사광이다. 열두 살 때부터 실리콘밸리에서 살았고, 한동안 휴렛팩커드에서 일했으며, 『새너제이 머큐리 뉴스』에 인기 칼럼을 기고했고, 이 지역의 주요 인물들에 대해 몇 권의 전기를 썼으며, 현재 '실리콘밸리의 명예교수'라는 비공식 직함을 달고 있다.

멀론을 보니 뭔가 이상하다 싶다. 아, 이제 알겠다. 그는 이곳에서 유일하게 스포츠 재킷을 걸치고 있다. 실용적인 선택이었다고, 그가 다소 방어적으로 말한다. 신문사에서 일할 때 기자 수첩을 겉주머니에 넣던 버릇이 남아 있어서 그렇단다. 실리콘밸리에서는 스코틀랜드에서와 마찬가지로 패션마저도 실용적 근거로 정당화된다.

멀론은 샌타클래라 카운티의 밭에서 체리 따기를 하던 시절("별 거지 같은 직업이었죠")에서 아름다운 날씨("날씨는 중요합니다. 동부 연안에서는 다들 아니라고 말하지만 개소리입니다. 완전히 중요합니다"), 실리콘밸리의 좋은 삶("이봐요, 왜 여기서 안 살겠다는 겁니까?")에 이르기까지 모든 것에 대해, 대개 거친 말투로 견해를 표명한다.

실리콘밸리의 진짜 성공 비결이 뭐냐고 다그치자 이렇게 털어놓는다. "이 모든 일에 어느 정도 행운이 작용했죠."

실리콘밸리에 작용한 '행운'은 무엇이었을까? 어떤 부품을 꽂았기에, 상쾌하긴 해도 그 외에는 별 볼 일 없던 과수원과 건자두의 계곡이 경제계의 공룡으로, 현대판 아테네나 피렌체로 탈바꿈했을까? 목록은 길다. 우선, 아름다운 날씨. 무선통신기에서 시작하여 트랜지스터와 마이크로칩으로 이어진 자작 전통. 명석하고 끈기 있는 교수와 그의 비정통적 접근법을 후원해준 대학. 냉전과 막대한 정부 지원. 1960년대 반문화운동. 이걸 다 합치면 어마어마한 행운이 한번에 찾아온 격이다.

'서두르지 마세요'라는 딘 사이먼턴의 목소리가 들린다. 운이 좋은 것과 '행운을 잡는 것'은 별개 문제다. 실리콘밸리의 '행운' 중 어느 하나라도 다른 곳에서라면 간과되었을지도 모른다.

멀론이 불쑥 입을 연다. "자, 갑시다."

"어디로 가는 겁니까?"

"가보시면 압니다."

우리는 그의 픽업트럭에 올라탄다. 그의 스포츠 재킷과 전문가적 태도 때문에 뇌에서 잠시 도식 위반이 일어나지만 말끔히 회복된다. 몇 분 뒤 교차로에서 멈춘다. 보행자들이 감히 못 건너는 캘리포니아 특유의 교차로다. 하지만 우리는 트럭에서 내려 걸어가 교차로 한가운데에 선다. 차들이 쌩쌩 스쳐가는데, 운전자들은 마치 화성에서 온 외계인이나 동부 연안 출신이라도 보듯 우리를 흘겨본다.

"이렇게 교차로 한가운데 서 있는 이유가 뭔가요?"

"지금이 1967년이라고 해봅시다."

"좋아요, 그러죠. 1967년. 이제 가도 될까요?"

"주중의 어느 오후, 대여섯시 정도고요."

"그래서요?"

"선생께서 여기 서 계셨다면 한 아이가 자전거를 타고 이리로 오는 모습이 보일 겁니다. 스티븐스크릭강에서 수영 연습을 마치고 집에 가는 길이죠. 아이는 여기까지 왔다가 저기로 해서 집에 갑니다. 자전거를 탄 아이가 한 명 더 있네요. 메르세데스 한 대가 프리먼트 로를 내달려 로스앨토스 컨트리클럽으로 향합니다. 자전거를 탄 아이가 누구냐고요? 개인용 컴퓨터를 발명한 스티브 워즈니악입니다. 또다른 아이요? 마이크로프로세서를 발명한 테드 호프입니다. 메르세데스를 탄 친구요? 로버트 노이스입니다. 집적 회로의 공동 발명자이자 페어차일드와 인텔의 설립자죠. 이렇게 해서 집적 회로, 마이크로프로세서, 개인용 컴퓨터가 만납니다. 오늘날로 따지면 금전적 가치가 얼마나 될까요? 십조 달러입니다. 현대 세계를 규정하는 세 가지 발명이죠."

"단지 교차로일 뿐 아닌가요?"

"바로 그겁니다. 교외 고속도로 옆에 교차로가 났고 천재들이 그곳을 지나다닌다는 사실보다 더 실리콘밸리적인 일이 있을까요?"

미술품처럼 장소도 지나치게 예쁠 수 있다. 화려한 장식 때문에 진지한 목표에서 주의를 빼앗길 수 있다. 하지만 실리콘밸리에는 그런 문제가 없다. 이 지역 중심가인 엘 카미노 레알은 자동차 소음기 수리점, 세탁소, 패스트푸드 식당 등 미국 여느 장소와 똑같은 풍경이 펼쳐진다. 앞에서 보았듯 천재에게는 낙원이 필요치 않다. 시대를 통틀어 수많은 천재들이 남루한 환경에서 최상의 성과를 냈다. 이를테면 아인슈타인은 일반상대성이론을 베른의 허름한 아파트 식탁에서 창안했다.

천재에게 비범한 환경이 필요하지 않은 것은 평범 속에서 비범을 보기 때문이다. 때로는 일상적이고 재미없는 것이 가장 중요한 법이다. '약한 우선주'를 생각해보라. 애플 워치나 구글 자율주행차만큼 섹시하지는 않지만 이것이야말로 실리콘밸리에서 가장 중요한 혁신이자 성공의 비결이다. 약한 우선주로 주식 구조가 완전히 달라진 덕에 창업이 쉬워졌다. 재미없지만, 이런 것이 중요하다.

📍

실리콘밸리에서 지내는 내내 어떤 장면들이 떠올랐다. 계속 이런 생각이 든다. '어라, 이건 전혀 새롭지 않잖아. 아테네에서, 피렌체에서, 항저우에서 하던 방식 아냐?' 하지만 입밖에 내지는 않는다. 아무도 듣고 싶지 않을 테니까. 그들은 실리콘밸리가 엑스 니힐로, 즉 무에서 창조되었다는 환상에 사로잡혀 있다. 사실 실리콘밸리는 프랑켄슈타인 같은 장소다. 과거 황금기의 조각들을 이어 붙여 뭔가 새로운 것처럼 보이도록 땜질했을 뿐이다.

어디로 고개를 돌려도 과거 황금기의 메아리가 들린다. 고대 아테네에서처럼 사람들은 사익이 아닌 뭔가 다른 것을 추구한다. 이들은 자신을, 적어도 자신만을 위해서가 아니라 자신들의 신앙을, 그러니까 기술의 힘으로 세상을 더 나은 곳으로 만들겠다며 창업한다. 컨설팅 회사 액센추어의 최근 조사에 따르면, 실리콘밸리에서 일하는 사람들은 다른 지역에서 일하는 사람들에 비해 동료들이 무슨 생각을 하는지 신경을 더 많이 쓴다고 한다. 그들은 매우 충성스러운 노동자다. 하지만 이들은 특정한 회사나 서로에게 충성하는 것이 아니라 기술이라는 신조에 충성한다.

실리콘밸리와 가장 비슷한 곳은 에든버러다. 이는 우연이 아니다. 미국 건국의 아버지들은 스코틀랜드 계몽주의에 깊은 영향을 받았기 때문이다. 기억하겠지만, 당시의 천재들은 단순한 사상가가 아니라 행동하는 사상가였다. 그들은 개선할 수 있으면 개선하라 원리를 지침으로 삼았다. 더 나은 방법이 틀림없이 있을 거야.

'너머를 볼 수 있는 남자'를 만나게 되다니 흥분된다. 실리콘밸리 일각에서 로저 맥너미는 이렇게 불린다. 벤처 투자가이자 음악가이자 가수 보노의 친구 겸 사업 파트너인 로저는 힌두교 신에게 예배를 드리거나 스타트업을 창업할 때 꼭 필요한 뛰어난 선견지명을 갖췄다.

실리콘밸리의 월가로 유명한 멘로파크 샌드힐로드에 위치한, 산뜻하지만 평범하기 그지없는 사무실이 늘어선 작은 회의실에서 기다리고 있는데 로저가 걸어 들어온다. 예상대로 청바지, 티셔츠, 끈팔찌 차림에 장발이다. 사업 얘기를 할 때 경영학자 마이클 포터보다는 가수 제리 가르시아를 인용할 가능성이 훨씬 커 보인다. '휴대전화 없는 남자'와 달리 '너머를 볼 수 있는 남자'는 휴대전화가 여러 대라 이것들을 부적처럼 탁자에 올려놓는다.

여기까지는 좋다. 하지만 너머를 볼 수 있는 기계에 대한 환상을 그가 박살내자 실망감이 밀려든다. 그가 말한다. "다 헛소리입니다." 이곳에 온 뒤로 **마이크로칩**보다 더 많이 들은 단어다.

"알겠습니다. 벽 너머를 보지 않는다면, 정확히 무슨 일을 하십니까?"

"역사를 공부합니다. 실시간 인류학을 공부하죠. 그러고는 다음에 무슨 일이 일어날지 상대확률로 가설을 세웁니다."

로저는 정말 이런 식으로 말한다. 히피 골턴 같다. 금세 깨달은 사실인데, 로저는 실리콘밸리의 어떤 인간형을 대표한다. 인간관계에 서툴고 사람보다는 숫자를 편안해하나, 역설적으로 우리의 사회적 자아에 대해서, 외향적인 사람에게는 없는 드문 통찰력을 지녔다. 영웅적 괴짜가 통치하는 실리콘밸리는 로저 맥너미 같은 사람들에게 더할 나위 없는 장소다.

그를 몰아붙인다. "하시는 일이 정확히 뭡니까? 아이디어에 투자할 가치가 있는지 없는지 어떻게 판단하시나요?"

"저는 미래가 과거와 다르며 과거에 얽매여 있지 않다는 생각을 받아들입니다."

또다른 장면이 떠오른다. 이번에도 스코틀랜드 계몽주의로 거슬러올라간다. 데이비드 흄의 입에서 나왔어도 전혀 이상할 게 없는 말이니 말이다. 로저의 말은 흄의 경험론을 한마디로 표현한다. 캘리포니아식으로 비틀긴 했지만. 흄은 미래가 과거와 똑같으리라는 가능성을 받아들였지만 거기 얽매이지는 않았다. 어제 해가 떴다고 해서 내일도 뜨리라는 보장은 없다. 데이비드 흄은 뛰어난 벤처 투자가가 되었을 것이다.

로저는 스코틀랜드의 또다른 발명품인 셜록 홈스와 마찬가지로 탐정의 접근법을 취하여 동기와 기회에, 특히 기회에 초점을 맞춘다. 그는 이렇게 말한다. "기회는 어마어마하게 과소평가되어 있습니다. 사람들은 자기가 능력이 뛰어나서 성공했다고 말합니다. 여기서는 그런 자기기만이 엄청납니다."

로저의 관점에 따르면 실리콘밸리 같은 천재의 장소에서 유일하게 중요한 요소는 임계질량(마르틴 구트만이 말하는 상전이)을 만드는 것이다. 여기에는 두 가지 방법이 있는데, 하나는 공간이고 또하나는 시간이다. 관건은 타이밍이다. 레오나르도 다빈치를 16세기 피렌체에서 뽑아내 21세기 피렌체에 떨어뜨리면 그는 천재가 아니라 아름다운 감옥의 수감자가 될 것이다.

헤라클레이토스는 "만물이 변한다"고 말했다. 고대 그리스의 이 사상은 실리콘밸리의 삶을 속속들이 설명한다. 이곳에서는 유동성에 대한 거의 신학적인 믿음과 기술의 복음이 결합했다. 아니, 로저 말마따나 이것은 "세상이 바뀌어야 하며 우리가 운전대를 잡은 건지도 모른다는 생각"이다.

이런 성마른 낙관론은 유익하지만, 예리한 타이밍 감각으로 이를 다듬어야 한다. 제2의 마크 저커버그가 되고 싶은 기술 천재들이 매일같이 실리콘밸리를 찾지만, 로저 말마따나 이들은 "저커버그식 성공은 끝났으며 제2의 저커버그가 탄생하려면 십 년은 지나야 할 것"임을 알지 못한다. "이런 건 요구한다고 뚝딱 생기지 않습니다. 무슨 일을 하든 사회적으로 용인된다는 전제 조건이 충족되어야 합니다."

모차르트라면 더 적절하게 표현할 수도 있다. 그는 청중이 중요하다는 사실을 알았으며, 자신의 성공을, 적어도 그 일부를 빈의 귀 밝은 청중 덕으로 돌렸다. 실리콘밸리 사람들도(적어도 똑똑한 사람들은) 청중의 중요성을 인정한다. 하지만 이들의 청중은 왕실 사람들이나 음악 애호가가 아니다. 전 세계다. 인터넷을 쓸 수 있고 가용 소득 몇 달러만 있으면 된다.

실리콘밸리에서 가장 끈질긴 신화 중 하나는, 실리콘밸리가 전통과 완전히 단절했다는, 과거와 무관하게 근미래에 존재하는 장소라는 신화다. 하지만 이 문구를 곱씹어보라. "앞서 온 것을 이해하지 않으면 앞으로 올 것을 이해할 수 없다." 고대 그리스인이나 중국의 철학자, 계몽기 스코틀랜드인이 했을 법한 말이다.

하지만 이 격언의 주인공은 스티브 잡스다. 그는 마이크로칩의 아버지 로버트 노이스와의 관계를 언급하면서 이렇게 말했다. 자신감이 결코 부족하지 않은 잡스지만, 애플 초창기에는 그도 노이스에게 조언을 구했다. 이와 마찬가지로, 몇 해 뒤 구글 창업자들은 잡스에게 조언을 구했다. 마크 저커버그는 페이스북 초창기에 문제가 생기자 로저 맥너미에게 조언을 청했다.

모든 황금기에는 공식적이든 아니든 멘토 체계가 있다. 실리콘 밸리 전역의 창업지원센터와 스타트업에서는 베로키오 공방의 첨단기술 버전이 운영되고 있다. 그때보다는 먼지가 덜 날리고 발밑을 돌아다니는 닭과 토끼도 훨씬 적지만, 지혜로운 노장이 열성적인 신참에게 지식을 전수한다는 원칙은 동일하다. 물론 이 신참들은 레오나르도 다빈치만큼 진득하지 못하며, 수십 년간 문하생 생활을 견딜 사람은 거의 없다. 하지만 "스승을 뛰어넘지 못하는 제자는 이류다"라는 레오나르도의 격언에는 틀림없이 동의할 것이다.

이 기술 천재들은 자신도 모르게 전통을 따르는 셈이다. 전통을 '무너뜨리는' 전통이긴 하지만. 문화는 사회적 DNA다. 문화는 전통을 한 세대에서 다음 세대로 전달하며, 이 과정은 대체로 눈에 보이지 않는다. 어느 유전자가 파란 눈을 만드는지는 몰라도, 파란 눈은 여전히 파란 눈이다. 마찬가지로 우리가 특정 행동을 하는 것은 이런 보이지 않는 사회적 DNA 때문이다.

개방형 사무실이 좋은 예다. 개방형 사무실이 창의성을 기르기보다 창의성을 억누르고 효과가 없다는 사실은 뚜렷이 입증되었다. 그런데도 실리콘밸리의 스타트업은 죄다 개방형 사무실이다.

왜 그럴까? 늘 그래 왔기 때문이다.

물론 전통에 호소한다고 벤처 투자가에게서 거금을 받아낼 수는 없다. "저의 혁신적인 앱은 수 세기의 전통에 바탕을 둡니다"라고 말해봐야 소용없다. 획기적으로 새롭고 파괴적인 것처럼 포장해야 한다. 실리콘밸리에서는 다들 이런 수작을 부린다. 하지만 똑똑한 사람들은 이것이 수작임을 안다.

우리의 대화는 자연스럽게 실리콘밸리의 단골 주제인 실패로 넘어간다. 실리콘밸리가 실패를 끌어안는다는 통념에 대해 그에게 묻는다.

그는, 실패가 혼합체의 일부이기는 하지만 목적이 아니라 수단일 뿐이라고 말한다. 번번이 같은 식으로 실패하는 사람은 천재가 아니라 바보다. '성공적 실패'의 관건은 과학적 방법이다. "과학적 방법이란 뭔가 될 때까지 실패하는 것입니다. 알겠어요? 신중하고 효율적으로 실패하는 것이죠. 실패가 훌륭한 학습 경험이 되려면 현재의 과정에 유익해야 합니다." 로저는 일찍 실패하는 게 중요하다고 말한다. "효과가 없는 것은 단번에 버려야 하니까요."

이는 실리콘밸리의 좌우명 '빨리 실패하라'와 그 파생물인 '빨리 실패하고 더 잘 실패하라'와 직접 연결된다. 빨리 실패하는 것은 좋은 생각이지만—시대를 통틀어 모든 천재에게는 안 되는 일에서 손을 떼고 앞으로 나아가는 능력이 있었다—이 좌우명이 핵심을 놓쳤다는 생각이 든다. 더 잘 실패하라고? 이게 무슨 말이지? 더 잘 실패할 수는 없다. 다르게 실패할 수 있을 뿐이다.

찰스 다윈은—그의 이론은 실리콘밸리에 크나큰 영감을 주었다(우리는 모두 진화한다!)—우리에게 어리석게 실패하라고 충고할 것이 틀림없다. 그의 '바보의 실험'은 오늘이 어제와 같지 않고 내일이 오늘과 같지 않다는 희박한 가능성에 기대어 운명에 도전하기 위함이었다. 실리콘밸리와 마찬가지로 다윈은 실패가 아니라 가능성을 끌어안았다.

실패에 대한 이런 접근법은 '제약의 힘'과 근사하게 맞아떨어진다. 로저가 주장하듯 최고의 아이디어는 불완전하고 망가진 채 세상에 들어서는 것이다. 이 아이디어는 보수해야 한다. 그리고 개량하고 끊임없이 어리석게 실패함으로써 결국 더 나은 것, 훌륭한 것이 탄생한다. 실리콘밸리의 성공은 실패의 시체 더미 위에 세워진다. 이 계곡에서 실패는 거름이다. 하지만 여느 거름과 마찬가지로 솜씨 좋은 농부가 현명하게 써야지 그러지 않으면 무용지물에다 악취만 난다.

앞에서 말했듯 실리콘밸리에서 발명된 것은 거의 없다. 트랜지스터는 뉴저지에서, 휴대전화는 일리노이에서, 월드와이드웹은 스위스에서, 벤처 투자는 뉴욕에서 발명되었다. 실리콘밸리 사람들은 고대 아테네인과 마찬가지로 상거지다. 플라톤이 그리스인에 대해 한 말은 실리콘밸리에도 적용된다. 그들은 외국인에게서 빌린 (또는 훔친) 것을 완벽하게 만든다. 실리콘밸리는 좋은 아이디어가 태어나는 곳이 아니다. 그런 아이디어가 걸음마를 배우는 곳이다.

실리콘밸리는 많은 아이디어가 와서 죽는 곳이기도 하다. 매일같이 아이디어가 무자비하고 체계적으로 박살난다. 이것이 실리콘밸리의 진정한 천재성이다. 모든 황금기에는 감식가가 필요하다.

나쁜 아이디어로부터 좋은 아이디어를 구별해내고, 장인의 음악으로부터 아름다운 음악을 구별해내고, 점진적 발전으로부터 과학적 혁신을 구별해내고, 단어의 잡탕으로부터 숭고한 시를 구별해내는 재능을 가진 사람 말이다. 아테네에서는 폴리스, 즉 시민이 그 역할을 했다. 음악도시 빈에는 왕실 사람과 귀 밝은 청중이 있었다. 피렌체에는 후원자, 특히 메디치가가 있었다. 실리콘밸리의 메디치가는 누구일까?

이 물음에 한마디로 답할 수는 없지만, 벤처 투자가와 이른바 에인절 투자자가 가장 비슷할 것이다. 완벽한 비유는 아니지만—로저가 비웃는다—어떤 아이디어가 보살핌을 받고 어떤 아이디어가 포도나뭇가지에서 죽어갈지를 돈이 결정하는 세상에서 돈을 주무르는 사람은 큰 힘을 갖는다.

로저가 좋다. 시인 같은 문제의식을 가진 과학자처럼 말하는 방식이 맘에 든다. 장밋빛 구글 글래스를 쓰고서가 아니라 맨눈으로 실리콘밸리를 바라보는 방식이 맘에 든다. 그는 천재일까? 장담은 못하겠지만, 천재 성향이 있는 것은 분명하다. 이를테면 그는 우리가 정상이라고 생각하는 것보다 더 오랫동안 한 문제에 집중할 수 있는 능력을 가졌다. 하지만 그는 '탈집중된 주의'를 구사하며, 그 밖의 관심사도 많다. 해마다 소설을 마흔 권씩 읽고 문앨리스라는 밴드에서 연주한다. "소설을 읽으면 사람들을 이해하는 데 도움이 됩니다. 음악은 저 자신을 이해하는 데 유익하고요." 그는 이렇게 말하고는 작별인사를 건넨다. 뒤돌아섰다가 발걸음을 멈추고 최후의 질문을 던진다.

"선생께서는 똑똑한 겁니까, 운이 좋은 겁니까?"

로저는 머뭇거리지 않는다. "그게 뭐 빌어먹을 차이가 있나요?"

차로 돌아가면서 그가 현란한 미국식 표현으로 포장해 답했지만 실은 매우 그리스적인 말이었음을 깨닫는다. 어디에서 인간의 영역이 끝나고 어디에서 신의 영역이 시작되는지를 필멸자에 불과한 우리가 어떻게 알겠는가?

피렌체에서 만난 죽은 내 친구 유진도 실리콘밸리를 좋아했을 것이다. 훌륭한 피냐 콜라다처럼 실리콘밸리도 재료를 절묘한 비율로 섞었다. 실리콘밸리는 가차없는 경쟁과 너그럽고 지혜로운 협력의 균형을 유지한다. (한 연구에 따르면 서로 경쟁했던 사람들은 한 번도 그러지 않았던 사람들보다 나중에 협력을 더 잘한다고 한다.) 실리콘밸리는 크면서도 작은 장소다. 전 세계에 영향을 미칠 만큼 크지만 사람들이 여전히 성이 아닌 이름으로 서로를 부를 만큼 작다. 실리콘밸리는 내적 동기와 외적 동기를 결합한다. 내가 이 일을 하는 건 이 일이 좋아서야. 게다가 돈도 엄청나게 벌잖아. 실리콘밸리는 매우 사교적인 장소이지만, 내성적인 사람들이 지배한다. 실리콘밸리는 세상을 파괴하는 장소이지만, 여러분이 어떻게 생각하는지에 지대한 관심을 쏟는 장소이기도 하다. 실리콘밸리는 지극히 평범한 무대에서 비범한 도약이 이루어지는 장소다. 실리콘밸리에 대해 어떤 옳은 소리를 하든 그 반대도 참이다.

신화가 반드시 나쁜 것은 아니다. 신화는 목적에 부합한다. 신화는 영감을 선사한다. 신화가 전무한 사회는 창조성도 없을 것이다. 실리콘밸리에서 무엇보다 뿌리깊은 신화인 무어의 법칙을 생각해보라. 인텔의 공동 창업자 고든 무어는 마이크로칩의 연산 능력이 2년마다 두 배씩 증가한다고 주장했다.

무어의 법칙은 결코 법칙이 아니다. 사회적 계약이나 목표, 모질게 말하자면 채찍이다. 하지만 이것을 중력의 법칙처럼 확고부동한 '법칙'으로 규정함으로써 무어와 그 계승자들은 가능성을 기대로, 필연으로 탈바꿈시켰다. 이는 훌륭한 마법이자 실리콘밸리 최고의 혁신이다.

우리의 젊은 실리콘밸리 '천재'에게 돌아가 이 과정이 실제로 어떻게 전개되는지 들여다보자. 물론 그는 창업지원센터에서 살고 커피도 물론 마신다. 하지만 비슷한 점은 여기까지다. 무엇보다 아인스타인 아이디어는 그의 것이, 그만의 것이 아니다. 그는 그리스식으로 아이디어를 훔쳤다. 하지만 플라톤과 로저 맥너미의 조언을 따라 그는 아이디어를 완벽하게 만든다. 노력 없이는 아무것도 이루어지지 않는다. 그는 분투한다. 그의 아이디어는 개선되고 또 개선된다. 그는 자신을 믿지 못해 괴로워하나, 어떤 이름 없는 힘에, 아마도 어깨에 놓인 칩에 이끌려 끈기를 발휘한다. 안타깝게도 그는 실패한다. 하지만 실패에 빠져 허우적거리지 않는다. 실패를 관찰하고 정확히 어디서 어떻게 실패했는지 알아낸 다음에는 다르게 실패하겠노라고 다짐한다. 결국 그는 성공하나 이 아인스타인은 원래 발상과 닮은 점이 하나도 없다. 이 과정에서 빈백 소파는 한 번도 등장하지 않는다.

우리의 젊은 천재가 맞닥뜨리는 시련은 과거의 천재들이 맞닥뜨리지 않은 것이다. 이 시련을 가장 훌륭히 설명하는 이론은 하이젠베르크의 불확정성의 원리로 이에 따르면 실험의 관찰을 결과와 분리하기란 불가능하다. 관찰 행위 자체가 결과를 바꾼다. 바로 이것이 오늘날 실리콘밸리에서 일어나는 일이며 실리콘밸리를 과거 황금기와 구분 짓는 요소다. 고대 아테네에서는 여론조사기관이 끊임없이 대중의 분위기를 파악하지 않았다. 르네상스 피렌체에서는 길거리에서 사람들을 불러 세워 미래에 대해 낙관적인지, 약간 낙관적인지, 전혀 낙관적이지 않은지 묻지 않았다. 실리콘밸리라는 이름의 실험은 관찰을 통해 매일같이 달라진다. 우리는 모두 적극적인 실험 참가자로서 결과에 영향을 미친다. 구글 검색을 하거나 최신 애플 제품을 살 때마다 우리는 실리콘밸리가 나아갈 방향을 작게나마 결정한다.

아테네나 피렌체와 달리 실리콘밸리는 황금기 숙취를 **바로 지금** 겪으면서도 여전히 빛난다. 제2의 스티브 잡스나 마크 저커버그가 되어야 한다는 압박은 어마어마하다. 스탠퍼드 공대생이 1학년 때 창업을 하여 상장하지 못하면 그는 자신을 패배자로 여긴다. 미래학자 폴 새포는 스탠퍼드에서 십 년간 강의를 했는데 최근에야 굼뜬 학생을 보았다고 한다. "이런 생각이 들더군요. '우와, 정말 신선하군.'"

실리콘밸리는 또다른 중요한 측면에서 여타 황금기와 다르다.

이곳에서 만들어내는 여러 형태의 디지털 기술은 나머지 사람들이 무엇을 어떻게 만들어내는가 또한 좌우한다. 르네상스 피렌체는 그렇지 않았다. 〈모나리자〉는 최고의 미술 작품이며 고금을 막론하고 수많은 화가에게 영감을 주었지만, 경리가 장부를 기록하거나 군주가 영토를 다스리는 방식을 바꾸지는 않았다. 하지만 디지털 기술은 우리 삶의 구석구석에 스며든다. 한 장소가 이토록 많은 삶에 좋게든 나쁘게든 관여한 적은 역사상 한 번도 없었다.

📍

앞에서 보았듯 황금기는 오래가지 않는다. 몇십 년, 어쩌면 반세기쯤 지나고 나면, 왔을 때처럼 갑자기 사라진다. 천재의 장소는 연약하다. 짓기보다는 무너뜨리기가 훨씬 쉽다. 추정컨대 실리콘밸리는 한 세기를 향해 내달리고 있다. 천재의 척도로 보면 엄청난 기간이다. 이는 미국의 어느 장소보다 긴 성공 가도로 할리우드 정도가 유일한 예외일 것이다. 시간이 다 됐을까? 실리콘밸리는 아테네나 디트로이트의 전철을 밟을까?

실리콘밸리의 들뜬 분위기와 탄탄한 주가를 보면 기우인지도 모르겠지만, 1940년에 디트로이트의 몰락을 예견한 사람은 아무도 없었다. 기원전 430년 아테네도 마찬가지다. 1900년 빈 사람들만이 종말이 가까웠음을 감지했는데("세계 종말의 실험실") 아이러니하게도 이 때문에 최후의 극적인 창조성의 분출이 자극됐다. 결승선이 어디인지 모르면, 게다가 경주가 영원하리라 스스로를 현혹한다면 결승선을 향해 전력 질주할 수 없다.

실리콘밸리에서 만난 많은 사람들은 쇠퇴라는 말에 콧방귀를 뀌었다. 그들은 1970년대부터 사람들이 실리콘밸리의 몰락을 예언 했지만 이곳은 여전히 스스로를 **재발명**—이 끔찍한 단어를 쓰고 싶지 않지만 이 외에 마땅한 단어가 없다—하고 있다고 말한다. 아마추어 무선통신에서 트랜지스터, 집적 회로, 클라우드에 이르기까지 혁신은 혁신을 낳는다고.

물론 실리콘밸리는 민첩성을 입증했지만(이는 아주 좁은 의미의 민첩성이다. 하드웨어에서 소프트웨어로의 전환은 추상미술에서 이론물리학으로의 전환과 비교할 수 없다) 자연법칙을 거스를 수는 없다. 해는 서쪽에서 뜨지 않으며 나무는 달까지 자라지 않는다. 캘리포니아적송도 그렇게는 못 자란다.

아이러니하게도 실리콘밸리가 계속 성공할 수 있었던 이유는 반짝거리는 새 기기 덕분이 아니라 역사에서 교훈을 얻었기 때문이다. 애석하게도 이런 앱은 없지만, 실리콘밸리가 확률의 불리함을 이기고 더더욱 성숙한 노년을 맞이하기 위해 취할 만한 조치와 피할 만한 함정이 있다.

위대한 문명은 제각각의 이유로 위대해졌지만 무너지는 이유는 하나다. 오만 때문이다. 아무리 위대한 문명도 교육학 교수 유진 본 판지가 이름 붙인 "스멀거리는 허영"을 이길 수 없다. 그는 고전 시대 아테네의 쇠퇴를 언급했지만, 빛을 잃기 시작한 모든 황금기에도 얼마든지 적용할 수 있다. "머지않아 아버지들과 할아버지들이 개척한 모든 위대한 것들에 익숙해진 아들들은 신생아처럼 무력해져 호전적이고 변화하는 세상의 냉혹한 현실과 맞닥뜨려야 했다."

이 스멀거리는 허영이 실리콘밸리에 스며들고 있음은 아인슈타인이 아니라도 알 수 있다. 블링(요란한 장신구나 옷가지, 과소비와 허세로 나타나는 행동 양식—옮긴이)이 반짝이는 머리를 쳐들었는데 이는 결코 좋은 조짐이 아니다. 아테네도 같은 일을 겪었음이 떠오를 것이다. 아테네의 몰락은 사치의 증대와 식도락의 유행 말고는 설명되지 않는다. 황금기의 블링은 탄광 속 카나리아다.

실리콘밸리가 길을 잃었다는 또다른 신호로 수단과 목적의 혼동을 들 수 있다. 널리 회자되는 개념인 파괴는 한때 혁신의 부수작용이자 결과로 인식되었으나 이제는 목적 자체가 되었다. '파괴 학술대회disrupt conference'가 열리니 말이다. 좋지 않은 현상이다. 소크라테스는 아테네를 재미로 '파괴'하지 않았다. 그에게는 목적이 있었다. 바로 지혜라는 목적이.

추상적 창조성은 존재하지 않는다. 추상적 혁신 또한 마찬가지다. 창업가나 파괴자를 자처하는 일은 운동선수나 사상가를 자처하는 일만큼이나 무의미하다. 그래요? 어떤 운동을 하시는데요? 무슨 사상을 펼치시는데요?

황금기는 이를 유지하는 힘만으로는 활기를 얻기 힘들다. 중간에 연료 공급원을 바꿀 수 있어야 한다. 르네상스는 고전 문헌의 재발견으로 촉발되었지만, 이 문헌들을 발견한 인문주의자들은 이내 저 나름의 사상과 지적 추진력을 만들어냈다. 실리콘밸리가 살아남으려면 대체에너지원을 찾아야 한다. 단순히 창조적인 신제품이 아니라 창조성을 **유지할** 새로운 방법이 필요하다.

작은 것이 아름다울 뿐 아니라 창조적이라는 사실 또한 명심해야 한다. 비만은 또다른 형태의, 특히나 해로운 자만이다. 애플과 구글 같은 기업은 이런 위험을 인지하며, 이제 거대 기업이 되었지만 맨 처음의 작은 스타트업처럼 행동하려고 애쓴다. 이를테면 이들은 의사 결정권을 분산하는데, 세상의 모든 빈백 소파를 합친 것보다 훨씬 더 중요한 조치다.

규모 줄이기와 더불어 실리콘밸리는 반드시 유동성을 유지해야 한다. 이삿짐 트럭이 계속 움직이고 거름이 계속 돌도록 해야 한다. 쉬운 일은 아니지만, 실리콘밸리에는 한 가지 강점이 있다. 이곳의 생산물인 정보기술이 본질적으로 분산적이라는 사실이다. IT 시스템의 노드와 네트워크는 실리콘밸리의 사회관계망을 반영한다. 그 반대일 수도 있지만, 상관없다. 실리콘밸리가 이 네트워크를 급류처럼 흐르고 섞이게 하는 게 관건이다.

실리콘밸리를 위한 중요한 교훈 하나는 뜻밖의 곳에서 찾아왔다. 어느 날 아침, 눈을 뜨니 마윈이 날 쳐다본다. 그는 자신의 회사 알리바바를 방금 뉴욕 증권거래소에 상장했다. 우리가 만났을 때 30억 달러이던 그의 자산은 260억 달러가 되었다. 어느 홈페이지를 열어도 그의 웃는 얼굴이 화면을 가득 메운다. '잘했어, 마윈'이라고 속으로 말하며, 이제 그를 만나려면 얼마나 많은 꽌시가 필요할지 가늠해본다. 저 어마어마한 0들. 머리가 지끈거린다. 하지만 마윈의 얼굴을 보니 창조성을 발휘하고 창조적 장소를 양성하는 방법이 한 가지만이 아니라는 생각이 떠오른다.

실리콘밸리는 이미 아시아로 눈을 돌리고 있다. 많은 제품이 아시아에서 생산되며 아시아 내 판매량도 늘고 있다. 마운틴뷰 길거리에서는 아시아인의 얼굴과 아시아 식당을 볼 수 있다. 명상 센터와 요가 수련원은 말할 것도 없다. 동양의 가르침 중에서 실리콘밸리가 유념해야 할 점이 하나 있다면, 올라간 것은 반드시 내려가야하지만 결국은 다시 올라가리라는 것이다. 서구적 관점과 다른 얘기다. 우리는 시간이 강처럼 흐른다고 생각하기에 쇠퇴를 편도 여정으로 여긴다. 일단 내리막에 들어서면 올라갈 방법이 없다고 말이다. 이런 세계관은 쇠퇴가 더 많은 쇠퇴를 낳을 뿐인 자기충족적 예언이 된다. (빈은 규칙을 입증하는 예외다.)

중국과 인도는 다른 길이 있음을 우리에게 상기시킨다. 시간이 순환한다고 생각하면 쇠퇴는 되돌릴 수 있다. 사소한 철학적 차이처럼 보일지도 모르겠지만, 결코 사소한 문제가 아니다. 이를테면 중국이 역사를 통틀어 부침을 겪은 것은 부침이 존재한다고 믿기 때문이기도 하다.

♀

실리콘밸리는 또다른 난제를 제기한다. 이곳은 최후의 위대한 장소일까? 이곳은 황금기를 향한 길의 종착지일까? 천재의 장소뿐 아니라 장소 자체도 끝난 걸까? 실리콘밸리의 현자들은 틀림없이 그렇다고 말할 것이다. 그들은 지리적 위치는 한물갔다고 말한다. 인터넷과 디지털 기술 덕에 어디서나 살 수 있고 어디서나 일할 수 있다고 말한다. 장소는 무의미해졌다고.

하지만 장소 없는 미래를 예언하는 이 모든 현자들이 한 장소에 사는 것이 흥미롭지 않은가? 그들은 같은 식당에서 밥을 먹고 같은 카페에서 더블 라테를 마시고 같은 시골길에서 1만 달러짜리 자전거를 탄다. 실리콘밸리의 교황청이라 할 만한 거대한 구글 사옥은 대면 접촉을 촉진하게끔 설계되었다. 야후를 비롯한 많은 회사들이 재택근무를 없애겠다고 선언했다. 이들은 미래학자 폴 새포 말마따나 "자주 봐야 친해진다"는 사실을 안다.

지리학은 죽지 않았다. 장소는 중요하다. 어느 때보다 중요하다. 디지털 기술이 확산되면서 장소의 의미가 오히려 커졌다. 영상 통화와 이메일을 많이 주고받을수록 얼굴과 얼굴을 맞대려는 욕망이 커진다. 디지털 기술이 등장하면서 비행기 여행이 더 인기를 끈다. 한편 중국과 인도의 젊은 대학 졸업생들은 짝퉁의 가상 공간이 아니라 실물의 실리콘밸리에서 일하기를 갈망한다. 그들은 수확의 결실을 맛보았으며 성장에 참여하고 싶어한다. 모든 아이폰은 약속의 땅으로 이어지는 빵 부스러기다.

어쩌면 실리콘밸리의 가장 위대한 수출품은…… 실리콘밸리인지도 모른다. 모든 도시 계획가들은 비밀 소스가 뭔지 궁금해하며, 이를 위해 기꺼이 지갑을 연다. 작은 컨설턴트 회사들이 등장했으며, 이들의 도움으로 영국(템스밸리)에서 두바이(실리콘 오아시스)에 이르는 수십 곳의 장소가 실리콘밸리를 모방하려 했다. 하지만 소수의 예외 외에는 전부 실패했다. 왜일까?

한 가지 이유는 실리콘밸리를 일종의 공식으로 생각했기 때문이다. 실리콘밸리가 문화이고 특정한 시간과 특정한 장소의 산물임을 망각했기 때문이다. 설령 실리콘밸리를 문화로 인식하더라도 자기네 문화에 이식하려든다. 이런 시도는 하나같이 많은 장기 이식이 실패하는 것과 같은 이유로 실패한다. 공여자와 수혜자가 맞지 않기 때문이다.

어쩌면 실리콘밸리를 꿈꾸다 실패하는 무엇보다 중요한 이유는 단순히 너무 서둘러서인지도 모른다. 정치인들은 현직에 있을 때 결과를 보고 싶어하고 최고경영자들은 다음 분기에 성과를 내고 싶어한다. 하지만 이렇게는 되지 않는다. 아테네, 항저우, 피렌체, 에든버러. 이곳은 모두 오랜 잉태의 결과이며 고통스러운 합병증을 동반했다(흑사병과 페르시아전쟁을 생각해보라). 실리콘밸리를 모방하고자 하는 도시와 국가는 마찰 없는 장소를 만들어야 한다고 생각하지만, 실은 어느 정도의 마찰과 긴장이야말로 천재의 장소를 이끄는 원동력이다.

이 모든 시도에서 더 대담한 질문이 제기된다. 실리콘밸리만이 아니라 아테네와 피렌체 같은 천재의 장소를 만들어낼 수 있을까? 어쩌면 그것은 무지개나 행복한 가족을 만들어내려는 시도처럼, 근사하지만 지극히 비현실적인 생각일까? 지금까지 맞닥뜨린 질문 중에서 가장 까다롭다. 다행히도 북쪽으로 몇 킬로미터만 가면, 하고많은 장소 중 한 빵집에서 해답을 찾을 수 있다.

후기

빵 굽기와 파도타기

빵을 한입 베어 문다. 따스하고 쫄깃쫄깃하고 촉촉하다. 순수한, 아니 불순한 천재성이다. 사워도(천연 발효빵—옮긴이)는 샌프란시스코의 전유물이 아니다. 고대 이집트에서 발명되었다. 하지만 오늘날 샌프란시스코 사워도는 세계 최고로 손꼽힌다. 왜일까? 피셔맨스워프에 자리한 부댕 베이커리의 작은 박물관에 실마리가 있다. 3달러만 내면 사워도에 대해 알아야 할 모든 것을 알 수 있다.

이 회사 창립자는 이지도르 부댕이라는 젊은 프랑스인 제빵사로, 골드러시가 한창이던 1849년에 샌프란시스코로 이주했다고 한다. 관찰력이 뛰어난 이지도르는 "해무 같은 주변 환경이 효모 발효와 굽기 과정에 어떤 영향을 미치는지" 예리하게 이해했다.

박물관은 샌프란시스코 사워도의 우수성을 흥미롭게 설명한다. 빵은 공기 중의 특정 박테리아에 유난히 민감하다. 이 미생물이 빵의 풍미를 결정한다. 안내문에 따르면 샌프란시스코에는 사워도를 굽기에 특히 적합한 박테리아가 있다고 한다. 현미경으로 들여다보면 막대기 모양의 작은 녀석이 꿈틀거리는데, 이 박테리아의 이름은 락토바실루스 샌프란시스켄시스다.

훌륭한 설명이지만, 오해의 소지가 있다. 샌프란시스코 사워도를 미생물로 설명하는 것은 골턴의 덫에 빠지는 격이다. 즉, 빵이 좋은 이유를 한 가지 요인으로, 골턴이 모든 천재를 '올바른' 유전자 덕으로 돌렸듯 생물학적 요인으로 돌리는 셈이다. 이렇게 설명하면 훌륭한 사워도 덩이를 만드는 데 들어가는 다른 모든 요인, 즉 이지도르 부댕의 혁신적인 제빵 기법, 골드러시 시기 샌프란시스코에서 발달한 제빵 문화, 자신들의 임금으로 신생 산업인 제빵업을 먹여 살린 광부들, 게다가 뉴욕과 파리에도 락토바실루스 샌프란시스켄시스를 비롯하여 수많은 흥미로운 미생물이 존재한다는 불편한 진실 등을 간과하게 된다.

어리둥절한 것은 사워도만이 아니다. 창밖을 보라. 오늘 일기예보가 적중했는가? 우리는 수많은 과학적 성취를 이뤘지만, 단 며칠 뒤 날씨 예측에도 여전히 서투르다. 날씨가 룰렛처럼 완벽하게 무작위적이라서가 아니다. 날씨 체계는 합리적으로 행동하지만, '비선형 동역학계' 안에서 그렇게 행동한다.

어렵게 들리겠지만, 비선형 동역학계는 기본적으로 2 더하기 2가 언제나 4는 아닌 체계다. 선형계에서는 투입이 적으면 산출도 적다. 자동차 운전대를 살짝 돌리면 자동차는 오른쪽이나 왼쪽으로 살짝 회전한다. 이에 반해 비선형계에서는 적은 투입이 큰, 때로는 무지막지하게 큰 산출을 낳는다. 운전대를 살짝 돌렸는데 차가 유턴을 하거나 몇 시간 뒤 전자레인지가 고장나는 식이다.

이런 현상의 예로 가장 유명한 것은 나비 효과다. 이를테면 아르헨티나에서 나비 한 마리가 날갯짓을 하면 몇 주 뒤 버뮤다 해안에 몰아치는 허리케인의 경로와 세기가 달라진다. 터무니없이 들리지만 사실이다. 어떤 현상의 초기 조건이 미세하게만 변해도, 이를테면 나비의 날갯짓 때문에 공기가 교란되면 그 영향이 눈덩이처럼 불어나 비교적 짧은 시간에 훨씬 큰 효과로 이어질 수 있다. 문제는, 그리고 대중문화에서 나비 효과를 엉뚱하게 이해하는 이유는, 이러한 사건의 연쇄가 어떻게 전개될지 정확하게 예측하기가 극도로 어렵고 어쩌면 불가능하기 때문이다. 일기 예보가 이토록 힘든 것은 기상 조건이 무작위적이서가 아니라 상호 연결되어 있기 때문이다.

이는 창조성과, 특히 협력적 창조성과 무척 비슷하게 들린다. 재즈 트리오가 즉흥 연주를 하면 개별 음악가들 혼자서는 결코 만들 수 없는 연주가 탄생한다. 심리학자이자 재즈 음악가 키스 소여는 "각 음악가의 정신 구조에 대해 모든 것을 알더라도 집단적 즉흥 연주가 어떻게 나타날지 예측하기란 여전히 난해하다"고 말했다. 악단 전체는 부분의 합보다 크다. 이제 작은 악단을 교향악단으로, 작은 도시로, 아테네나 피렌체 같은 대도시로 확장해보라.

그러면 문제가 보일 것이다. 황금기는 비선형계라서 예측이 불가능하지는 않을지라도 극히 어렵다. 한 가지 요인에 집중해서는 설명할 수 없다. 날씨나 사워도 덩이처럼 복잡하고 맞물린 체계다.

따라서 황금기의 개별 요소(관용, 돈 등)를 살필 수는 있지만 그런다고 언제 어디서 황금기가 나타날지 예측할 수는 없다. 적은 투입이 뜻밖의 큰 산출로 부풀어오르지만, 어떤 적은 투입이 가장 중요한지는 쉽게 파악할 수 없다. 모든 나비가 허리케인을 일으키지는 않듯, 흑사병이 창궐한다고 반드시 르네상스가 찾아오지는 않는다.

창조성의 또다른 신비한 측면의 중심에는 역사가 아널드 토인비가 '도전과 응전'이라고 부른 것이 놓인다. 토인비에 따르면 위대한 인간적 성취는 모두 도전에 대한 창조적 응전이었다. 말이 된다. 하지만 질병을 앓거나 어린 시절 부모를 여의는 개인적 비극을 겪었을 때 왜 어떤 사람들은 마음의 문을 닫아걸거나 잘못된 길로 빠지는 반면 어떤 사람들은 이러한 비극을 창조적 천재성의 연료로 삼는 걸까? 마찬가지로, 전염병의 발발 같은 집단적 비극을 겪었을 때 왜 어떤 장소들은 시선을 안으로 돌려 편협해지는 반면 어떤 장소들은 지평을 넓혀 위대한 일을 해내는 걸까? 우리도 모른다. 화창한 날을 발명할 수 없듯 천재의 장소를 만들 수 없는 이유도 그래서일 것이다.

하지만 그렇다고 해서 손을 들고 항복해야 하는 것은 아니다. 화창한 날에는 선글라스를 쓰고 비 오는 날에는 우산을 챙기듯 적절히 준비할 수 있다. 다가오는 기상 전선을 추적하고 하늘을 읽고 파도를 타며 미래를 예측할 수도 있다. 이 책에서 만난 천재들은 이런 일에 무척 뛰어났다. 그들은 서퍼였다. 서퍼는 파도를 만들지 않는다. 파도를 관찰하고, 즉 힌두교에서와 같은 심오한 의미로 관찰하고 파도와 함께 춤춘다.

대형 폭풍우가 해안도시를 덮치고 대피 경고가 발령될 때면 언제나 지역 텔레비전 방송에서는 정신나간 몇몇 서퍼들이 목숨을 걸고 파도를 타는 장면을 잡는다. 그중 일부는, 아마도 대다수는 장렬하게 나자빠질 것이다. 하지만 몇몇은 아름답게 파도를 탄다. 소크라테스, 심괄, 애덤 스미스, 모차르트, 프로이트, 그리고 스티브 잡스가 그랬다. 이들은 모두 서퍼였다.

우리의 임무는 두 가지다. 서핑 기술을 향상시키기, 그리고 좋은 파도의 가능성을 높이기. 많은 사람들은 피냐 콜라다 제조법처럼 천재의 장소를 만드는 공식을 만들어내려 했다. 이런 시도는 거의 언제나 과녁을 빗맞혔다. 그들은 창조적 장소의 열매를 그 원인과 혼동하기 십상이다. 이를테면 인기 있는 한 도시학자는 창조적 도시에 기술technology, 재능talent, 관용tolerance, 이 '세 가지 T'가 존재한다고 말했다. 이중 기술과 재능은 창조적 장소의 원인이 아니라 산물이며, 기술이 천재의 장소를 위한 전제 조건인 경우는 드물다. 무수한 천재를 낳았지만 신기술 면에서는 보잘것없던 두 장소, 고대 아테네와 르네상스 피렌체를 생각해보라. 한편 관용은 틀림없이 창조적 장소의 특징이지만, 이것만으로 모든 것이 설명되지는 않는다. 라스베이거스는 관용이 넘치는 장소이지만 딱히 창조적이지는 않다.

내 생각에 창조적 장소의 특징은 세 가지 T보다는 무질서disorder, 다양성diversity, 감식안discernment이라는 세 가지 D인 듯하다. 앞에서 보았듯 현 상황을 뒤흔들고 거기에 균열을 일으키려면 무질서가 필요하다. 점의 개수뿐 아니라 **종류**를 늘리려면 민족의 다양성과 관점의 다양성이 필요하다. 감식안은 어쩌면 가장 중요하면서도 가장 간과되는 요소일 것이다. 노벨상을 두 번이나 수상한 저명한 화학자 라이너스 폴링에게 한 학생이 어떻게 하면 좋은 아이디어를 생각해낼 수 있는지 물었다. 폴링은 쉬운 일이라고 대답했다. "아이디어를 많이 생각해내고 나쁜 것을 버리면 된다네."

물론 말처럼 쉽지는 않다. 우리가 천재성을 종교처럼 떠받들고 총명한 사람들을 신의 경지로 숭배하는 데는 이유가 있다. 고대 그리스의 한 시인은 이렇게 말했다. "탁월함의 문 앞에는 높은 신들의 수많은 땀이 놓였다. 노동의 땀은 종종 고통의 땀과 섞였다."

무익한 신화에 매달리면 창조성은 더욱 고통스러워진다. 특히, 고독한 천재라는 신화는 우리를 기운 빠지게 한다. 직원들이 "더 창조적으로 생각하게" 하기 위한 워크숍에 기업들은 돈을 쏟아붓는다. 대견한 일이긴 하지만, 그들의 업무 환경이 새로운 아이디어에 열려 있지 않다면 헛수고로 끝날 것이다.

반짝이는 새 애플 제품을 쥐고 이어질 대파괴를 숨가쁘게 고대하면서 우리는 스스로를 속속들이 현대적이라고 생각한다. 하지만 창조성에 대한 우리의 생각은 19세기에 머물러 있다. 우리는 골턴 상자에 갇혀 있다. 거기서는 숨을 쉴 수 없다. 빠져나와야 한다. 창조성이 유전적 자질이자 선물이 아니라 획득되는 것이라고 생각해야 한다. 이를 위해서 부단한 노력이 필요하지만 유리한 환경을 신중하게 조성해야 한다. 창조성을 개인적 방종이 아니라 공공선으로 생각해야 한다. 우리는 우리가 원하고 우리에게 걸맞은 천재를 갖는다.

♀

천재는 자선활동처럼 가정에서 시작된다. 내가 이 거창한 바보의 실험을 벌인 한 가지 이유는 천재가 되고 싶어서가 아니라(그러기엔 너무 늦었다) 아홉 살짜리 딸을 위해서였다. 가족은 실제로 주조할 수 있는 일종의 문화다. 그래서 빚는다. 그렇다고 해서 우리집을 아테네의 시끌벅적한 아고라나 피렌체의 먼지 날리는 보테가처럼 바꾸지는 않았다. 식탁을 빈의 커피하우스처럼 바꾸거나 거실을 실리콘밸리의 창업지원센터처럼 장식하지도 않았다. 하지만 이번 여행에서 몇몇 귀중한 교훈을 얻었으며 이를 적용하려고 최선을 다했다.

무엇보다 내적 동기와 외적 동기를 두루 제시한다. 때로는 '제약의 힘' 때문에 장애물을 던진다. 소크라테스처럼 바보 시늉을 하며 딸에게 '뻔한' 질문을 던진다. 항저우의 시인 황제처럼, 말로만 창조성을 설교하지 않고 직접 실천하여 본보기를 보이려고 애쓴다. 메디치가처럼 딸에게 '어울리지 않는' 임무를 맡긴다. 종종 아다를 진행하는데, 경이로울 만큼 목표가 없는 이 대화를 아홉 살짜리 아이는 자연스럽게 받아들인다. 이따금 팬티를 머리에 뒤집어쓰는 식의 도식 위반을 집안에서 벌인다. 나는 딸에게 경험을 두려워하지 말라고 가르친다. 그게 녹색 음식을 먹는 경험일지라도 말이다. 우리집은 관용적이지만, 무제한 관용하지는 않는다. 딸이 용돈을 올려달라고 하면, 페리클레스가 그랬듯 약간의 돈은 창조성을 진작하지만 너무 많은 돈은 창조성을 억누른다는 사실을 지적한다. 딸에게 자주, 바보같이 실패하라고 부추긴다. 딸의 말을 (대체로) 경청하는 청중이 되려고 노력한다.

딸에게 자만의 위험을 경고하며, 어떤 상황에서도 시칠리아를 침공해서는 안 된다는 사실을 똑똑히 주지시켰다. 꿈도 꾸지 말라고. 딸에게 탈집중된 주의의 기술을 가르치지만, 숙제할 때는 아니다. 나는 무지의 중요성을 종종 몸으로 보여준다. 우리 가족은 하루 일과를 정해두었지만, 곧잘 혼돈에 빠진다. 우리는 싣고, 논쟁하고, 웃는다. 교육이 창조성과 직접 연관되지 않는데 왜 학교에 가야 하느냐고 딸이 물으면 엄마에게 물어보라고 답한다.

이 모든 것은 유전과 아무 상관이 없다. 늙은 골턴의 헛기침 소리가 시대를 뛰어넘어 들린다. 미안해요, 프랜시스, 하지만 당신이 **본성 대 양육**이라는 용어를 만든 탓에 우리는 각각의 장단점을 놓고 열띤 토론을 벌여야 했답니다. 그건 바보 같은 주장이에요. 불필요하고요. 창조성은 '여기 안에서'나 '저기 바깥에서'가 아니라 둘 사이의 공간에서 일어난다. 창조성은 **관계**다. 사람과 장소의 교차로에서 펼쳐지는 관계.

이 교차로는 여느 교차로처럼 위험하고 인정사정없는 장소다. 주의를 기울이고 걸음을 늦추고 저기 바보들을 조심해야 한다. 하지만 교차로는 위험을 감수할 만한 가치가 있다. 고대 아테네든 서니베일의 상점가든, 초라한 교차로야말로 진정한 게니우스 로키이기 때문이다. 천재가 사는 장소.

천재를 속성으로 만들어낼 수 없듯 천재에 대한 책도 속성으로 쓸 수 없다. 이 교훈을 힘겹게 배웠다. 감사하게도 친구, 가족, 생판 낯선 사람 등 많은 이들이 도움을 주었다.

세라 퍼거슨, 아트 콘, 한스 스타이거, 리사 콜린스, 데이비드 스노디와 애비 스노디 부부는 생각하고 쓸 장소를 제공해줬다. 버지니아 크리에이티브 아트 연구소, 특히 미술 서비스 부장인 실라 플레전츠에게 감사한다. 덕분에 생산적이고 행복하게 머물 수 있었다. 또한 가장 귀한 선물인 도서관 출입증을 발급해준 조지타운 대학 모타라 국제연구소와 캐슬린 맥나마라 소장에게 감사한다. 근사한 집필 장소인 DC 작가의 집을 열고 운영한 앨릭스 카렐리스와 찰스 카렐리스에게도 감사한다.

존 리스터, 스테판 군터, 마닐 수리, 조시 호르위츠, 바버라 브로트먼, 척 버먼은 초고를 읽고 귀한 조언을 해주었다. 앨리슨 라이트는 많은 분량의 인터뷰 녹취를 부지런히 기록해줬다.

자료 조사를 하면서 죽은 친구 로리 매스터턴의 표현을 빌리자면 '황금 실'에 큰 도움을 받았다. 사람들은—그중에는 친구들도 있었지만 낯선 사람도 많았다—너그럽게 소개나 조언을 해주었는데, 매번 그 덕에 적절한 사람을 적절한 때에 만날 수 있었다. '황금 실'을 꿰어준 사람들 중 몇몇은 이 책에 이름이 실리지 않았다. 그중 몇 명만 언급하자면 조이 카토나, 로스 킹, 인 쯔, 톰 드발, 게리 홈스, 톰 크램프턴, 알렉산드라 코리, 킴벌리 브래들리, 라주 나리세티, 댄 모샤비 등이 있다. 피렌체에서 만난 다비드 바티스텔라는 시간과 지식을 아낌없이 내어주었다.

좌절감이 치밀어오를 때면 친구들은 내게 다정한 말 한마디나 독한 술을, 종종 둘 다를 건네주었다. 마크 랜들러, 앤절라 텅, 로라 블러멘펠드, 스티븐 페트로, 마틴 레그 콘, 캐런 마주르케비치, 스티브 리바인, 누리 누를리바예바, 트레이시 왈, 짐 베닝, 알리차 마르쿠스, 앤드루 아포스톨루, 제니퍼 해너월드, 그리고 타의 추종을 불허하는 워런 래빈에게 감사한다. 특히 비공식적이지만 꼭 필요한 나의 지지 그룹 '점심 먹는 작가들' 회원인 마튼 트루스트, 플로런스 윌리엄스, 팀 치머만, 데이비드 그린스푼, 줄리엣 아일퍼린, 조시 호르위츠에게 감사한다.

저작권 대리인 슬론 해리스는 늘 나를 채찍질하고, 내가 허튼짓을 할 때마다 기꺼이 지적한다. 사이먼 앤드 슈스터 출판사의 메건 호건, 조너선 에번스, 시드니 타니가와 등 여러 직원들은 무대 뒤에서 열심히 일했다. 그들 덕에 책이 더 훌륭해진 것에 감사한다.

편집자 조너선 카프는 자신이 천재가 아니라고 주장하지만, 그의 말을 믿지 말라. 그토록 재능 있는 편집자가 때로는 휘청거리는 나의 배를 인도해줘서 얼마나 다행인지 모르겠다. 우리 딸 소냐는 크게든 작게든, 의도적이든 아니든 엄청난 영감의 원천이었다. 소냐는 내가 집에 없을 때에도, 문장이 떠오르지 않아 신경질을 부릴 때에도 끈기 있게 참아주었다.

아내 샤론의 변함없는 지지가 없었다면 이 책을 쓰지 못했을 거라 해도 과장이 아니다. 아내는 나의 뮤즈이자 나의 연인이다. 아내가 곁에 있는 한, 모든 곳이 나의 게니우스 로키다.

마지막으로, 무거운 마음으로 유진 마르티네스에게 감사를 전한다. 그를 안 시간은 짧았지만 그는 듬직한 가이드이자 친구였다. 그가 그립다. 유진 마르티네스를 기리며 그에게 이 책을 바친다.

Albert, Robert S., and Mark A. Runco. *Theories of Creativity*. London: Sage, 1990.

Amabile, Teresa. *Creativity in Context: Update to the Social Psychology of Creativity*. Boulder, CO: Westview, 1996. 『창조의 조건』(고빛샘 옮김, 21세기북스, 2010).

Anderson, David Emmanuel et. al., eds. *Handbook of Creative Cities*. Cheltenham, UK: Edward Elgar, 2011.

Arieti, Silvano. *Creativity: The Magic Synthesis*. New York: Basic Books, 1976.

Austin, James H. *Chase, Chance, and Creativity: The Lucky Art of Novelty*. New York: Columbia University Press, 1978.

Barron, Frank X. *No Rootless Flower: An Ecology of Creativity*. New York: Hampton Press, 1995.

Baxter, Stephen. *Ages in Chaos: James Hutton and the Discovery of Deep Time*. New York: Tom Doherty, 2003.

Bell, Clive. *Civilization*. London: Penguin, 1928.

Beller, Steven. *Vienna and the Jews, 1867–1938: A Cultural History*. Cambridge: Cambridge University Press, 1989.

Boorstin, Daniel. *The Creators*. New York: Random House, 1992. 『창조자들』(장석봉, 이민아 옮김, 민음사, 2002).

Bramly, Serge. *Leonardo: The Artist and the Man*. London: Penguin, 1994. 『레오나르도 다빈치』(염명순 옮김, 한길아트, 2004).

Braunbehrens, Volkmar. *Mozart in Vienna: 1781–1791*. New York: Grove Weidenfeld, 1986.

Briggs, John, and David F. Peat. *Seven Life Lessons of Chaos: Spiritual Wisdom from the Science of Change*. New York: HarperCollins, 1999.

Broadie, Alexander. *The Scottish Enlightenment: The Historical Age of the Historical Nation*. Edinburgh: Birlinn, 2001.

――――, ed. *The Cambridge Companion to the Scottish Enlightenment*. New York: Cambridge University Press, 2003.

Brucker, Gene. *Renaissance Florence*. Berkeley: University of California Press, 1983.

Buchan, James. *Capital of the Mind: How Edinburgh Changed the World*. Edinburgh: Birlinn, 2007.

Burckhardt, Jacob. *The Civilization of the Renaissance in Italy*. New York: Random House, 1954.

Burke, Janine. *The Sphinx on the Table: Sigmund Freud's Art Collection and the Development of Psychoanalysis*. New York: Walker&Company, 2006.

Campbell, Donald. *Edinburgh: A Cultural History*. Northampton, UK: Interlink Pub Group, 2008.

Chaudhuri, Amit, ed. *Memory's Gold: Writings on Calcutta*. New Delhi: Penguin Viking, 2008.

――――. *On Tagore: Reading the Poet Today*. New Delhi: Penguin Books India, 2012.

Chaudhuri, Sukanta, ed. *Calcutta: The Living City, Volume 1: The Past*. New Delhi: Oxford University Press, 1991.

――――, ed. *Rabindranath Tagore: Selected Poems*. New Delhi: Oxford University

Press, 2004.

Chitnis, Arnand C. *The Scottish Enlightenment: A Social History*. London: Rowan & Littlefield, 1976.

Cronin, Vincent. *The Florentine Renaissance*. London: Pimlico, 1992.

Csikszentmihalyi, Mihaly. *Creativity: Flow and the Psychology of Discovery and Invention*. New York: Harper Perennial, 1996. 『창의성의 즐거움』(노혜숙 옮김, 더난출판사, 2003).

D'Angour, Armand. *The Greeks and the New: Novelty in Ancient Greek Imagination and Experience*. Cambridge: Cambridge University Press, 2011.

D'Epiro, Peter, and Mary Desmond Pinkowish. *Sprezzatura: 50 Ways Italian Genius Shaped the World*. New York: Anchor Books, 2001. 『천재의 방식 스프레차투라』(이혜정 옮김, 서해문집, 2003).

Dasgupta, Subrata. *Awakening: The Story of the Bengal Renaissance*. Noida: Random House India, 2011.

Deighton, Hilary J. *A Day in the Life of Ancient Athens*. London: Bristol Classical Press, 1995.

───. *The Renaissance*. New York: Simon & Schuster, 1953.

Durant, Will. *The Life of Greece*. New York: Simon & Schuster, 1939. 『문명 이야기: 그리스 문명』(권영교, 김운한 옮김, 민음사, 2011).

Dutta, Krishna. *Calcutta: A Cultural and Literary History*. Oxford: Signal Books, 2003.

─── and Andrew Robinson. *Tagore: The Myriad-Minded Man*. New York: Bloomsbury, 1995.

Ellis, Markman. *The Coffee House: A Cultural History*. London: Orion Books, 2004.

Eysenck, Hans. *Genius: The Natural History of Innovation*. Melbourne: Cambridge University Press, 1995.

Firestein, Stuart. *Ignorance: How It Drives Science*. New York: Oxford University Press, 2012.

Flacelière, Robert. *Daily Life in Greece at the Time of Pericles*. London: Macmillan, 1965. 『고대 그리스의 일상생활』(심현정 옮김, 우물이있는집, 2004).

Florida, Richard. *The Rise of the Creative Class*. New York: Basic Books, 2011. 『신창조 계급』(이길태 옮김, 북콘서트, 2011).

Gardner, Howard. *Extraordinary Minds*. New York: Basic Books, 1997. 『창조적 인간의 탄생』(문용린 옮김, 사회평론, 2016).

――――. *Creating Minds: An Anatomy of Creativity Seen Through the Lives of Freud, Einstein, Picasso, Stravinsky, Eliot, Graham, and Gandhi*. New York: Basic Books, 1993. 『열정과 기질』(임재서 옮김, 북스넛, 2004).

Gay, Peter. *Mozart*. New York: Penguin, 1999. 『모차르트』(정영목 옮김, 푸른숲, 2006).

――――. *Freud: A Life for Our Time*. New York: W. W. Norton&Company, 1988. 『프로이트』(정영목 옮김, 교양인, 2011).

Geddes, Patrick. *The Life and Works of Sir Jagadis C. Bose*. London: Longmans, Green, and Co., 1920.

Gernet, Jacques. *Daily Life in China on the Eve of the Mongolian Invasion: 1250–1276*. Stanford: Stanford University Press, 1962.

Gillmor, C. Stewart. *Fred Terman at Stanford: Building a Discipline, a University, and Silicon Valley*. Stanford: Stanford University Press, 2004.

Glasser, Edward. *Triumph of the City: How Our Greatest Invention Makes Us Richer, Smarter, Greener, Healthier, and Happier*. New York: Penguin, 2011.

Goldthwaite, Richard A. *Wealth and the Demand for Art in Italy, 1300–1600*. Baltimore: The Johns Hopkins University Press, 1993.

Goody, Jack. *Renaissances: The One or the Many?*. Cambridge: Cambridge University Press, 2010.

Gosling, David L. *Science and the Indian Tradition: When Einstein Met Tagore*. New York: Routledge, 2007.

Grudin, Robert. *The Grace of Great Things: Creativity and Innovation*. Boston: Houghton Mifflin, 1990.

Hall, Sir Peter. *Cities in Civilization*. New York: Random House, 1998.

Hamilton, Edith. *The Greek Way*. New York: W. W. Norton&Company, 1964.

Harding, Rosamond E. M. *An Anatomy of Inspiration*. New York: Routledge, 2012.

Herman, Arthur. *How the Scots Invented the Modern World*. New York: Crown, 2001.

Hibbard, Howard. *Michelangelo*. New York: Harper&Row, 1985.

Higgins, Charlotte. *It's All Greek to Me: From Homer to the Hippocratic Oath, How Ancient Greece Has Shaped Our World*. New York: HarperCollins, 2010.

Holland, John H. *Complexity: A Very Short Introduction*. New York: Oxford University Press, 2014.

Janik, Allan, and Stephen Toulmin. *Wittgenstein's Vienna*. Chicago: Ivan R. Dee, 1996. 『비트겐슈타인과 세기말 빈』(석기용 옮김, 필로소픽, 2013).

Jardine, Lisa. *Worldly Goods: A New History of the Renaissance*. New York: W. W. Norton & Company, 1996. 『상품의 역사』(이선근 옮김, 영림카디널, 2003).

Johnson, Paul. *Socrates: A Man For Our Times*. New York: Penguin, 2011. 『그 사람, 소크라테스』(이경아 옮김, 이론과실천, 2013).

――――. *The Renaissance: A Short History*. New York: Random House, 2000.

Kaufman, James C. et. al., eds. *The Cambridge Handbook of Creativity*. New York: Cambridge University Press, 2010.

Kenney, Martin, ed. *Understanding Silicon Valley: The Anatomy of an Entrepreneurial Region*. Stanford: Stanford University Press, 2000.

King, Ross. *Brunelleschi's Dome: How a Renaissance Genius Reinvented Architecture*. New York: Bloomsbury, 2000. 『브루넬레스키의 돔』(이희재 옮김, 세미콜론, 2007).

Kitto, H. D. F. *The Greeks*. Piscataway, NJ: Transaction Publishers, 1951. 『그리스 문화사』(김진경 옮김, 탐구당, 2004).

Kotkin, Joel. *The City: A Global History*. Oxford: Phoenix, 2006. 『도시, 역사를 바꾸다』(윤철희 옮김, 을유문화사, 2013).

Kroeber, A. L. *Configurations of Culture Growth*. Berkeley: University of California Press, 1944.

Landry, Charles. *The Creative City: A Toolkit For Urban Innovators*. London: Earthscan Publications, 2000. 『크리에이티브 시티 메이킹』(메타기획컨설팅 옮김, 역사넷, 2009).

Landucci, Luca. *A Florentine Diary, 1450 to 1516*. Florence: Arno Press, 1969.

Lau, Sing et. al., eds. *Creativity: When East Meets West*. Singapore: World Scientific, 2004.

Levey, Michael. *Florence: A Portrait*. Cambridge, MA: Harvard University Press, 1996.

Lopez, Robert S. "Hard Times and Investment in Culture," in *The Renaissance: Six Essays*. New York: The Metropolitan Museum of Art, 1953.

Lubart, Todd I., and Robert J. Sternberg. *Defying The Crowd: Cultivating Creativity in a Culture of Conformity*. New York: The Free Press, 1995.

Lucas-Dubreton, Jean. *Daily Life in Florence in the Time of the Medici*. New York: Macmillan, 1961.

McCarthy, Mary. *The Stones of Florence*. New York: Harcourt, 1963.

McClelland, David C. *The Achieving Society*. New York: The Free Press, 1967.

McMahon, Darrin. *Divine Fury: A History of Genius*. New York: Basic Books, 2013.

Mitra, Peary Chand. *A Biographical Sketch of David Hare*. Calcutta: W. Newman & Co., 1877.

Morris, Edmund. *Beethoven: The Universal Composer*. New York: HarperCollins, 2005.

Mote, F. W. *Imperial China 900–1800*. Cambridge, MA: Harvard University Press, 1999.

Mumford, Lewis. *The City in History*. New York: Harcourt, 1961. 『역사 속의 도시』(김영기 옮김, 지식을만드는지식, 2016).

Murray, Charles. *Human Accomplishment: The Pursuit of Excellence in the Arts and Sciences, 800 BC to 1950*. New York: HarperCollins, 2003.

Murray, Penelope, ed. *Genius: History of an Idea*. Hoboken, NJ: Wiley-Blackwell, 1991.

Musil, Robert. *The Man Without Qualities* (Vol. 1). New York: Vintage, 1996.

Nicholl, Charles. *Leonardo da Vinci: Flights of the Mind*. New York: Penguin, 2004. 『레오나르도 다 빈치 평전』(안기순 옮김, 고즈윈, 2007).

Nuland, Sherwin B. *Leonardo da Vinci*. New York: Penguin, 2000.

Ochse, R. *Before the Gates of Excellence: The Determinants of Creative Genius*.

Melbourne: Cambridge University Press, 1990.

Oldenburg, Ray. *The Great Good Place: Cafes, Coffee Shops, Bookstores, Bars, Hair Salons and Other Hangouts at the Heart of a Community*. New York: Marlowe & Company, 1989.

Parsons, Nicholas T. *Vienna: A Cultural and Literary History*. Oxford: Signal Books, 2008.

Paulus, Paul B., and Bernard A. Nijstad, eds. *Group Creativity: Innovation Through Collaboration*. New York: Oxford University Press, 2003.

Plumb, J. H. *The Italian Renaissance*. Boston: Houghton Mifflin, 1961.

Rao, Arun. *A History of Silicon Valley: The Greatest Creation of Wealth in the History of the Planet*. Palo Alto, CA: Omniware Group, 2013.

Repcheck, Jack. *The Man Who Found Time: James Hutton and the Discovery of the Earth's Antiquity*. New York: Basic Books, 2009. 『시간을 발견한 사람』(강윤재 옮김, 사람과책, 2004).

Richards, Ruth, ed. *Everyday Creativity and New Views of Human Nature*. Washington, DC: American Psychological Association, 2007.

Roberts, Royston M. *Serendipity: Accidental Discoveries in Science*. Hoboken, NJ: John Wiley & Sons, 1989.

Robinson, Andrew. *Genius: A Very Short Introduction*. New York: Oxford University Press, 2011.

──── . *Sudden Genius? The Gradual Path to Creative Breakthroughs*. New York: Oxford University Press, 2010. 『천재의 탄생』(박종성 옮김, 학고재, 2012).

Rogers, Perry M., ed. *Aspects of Western Civilization* (Vol. 1). Upper Saddle River, NJ: Prentice Hall, 2003.

Rothenberg, Albert. *The Emerging Goddess: The Creative Process in Art, Science, and Other Fields*. Chicago: University of Chicago Press, 1980.

Runco, Mark A. *Creativity: Theories and Themes: Research, Development, and Practice*. London: Elsevier, 2007. 『창의성』(전경원, 고진영, 박숙희 외 9인 옮김, 시그마프레스, 2009).

──── , and Steven R. Pritzker, eds. *Encyclopedia of Creativity* (Vols. 1 and 2). London: Harcourt, Brace & Company, 1999.

Sachs, Harvey. *The Ninth: Beethoven and the World in 1824*. New York: Random House, 2010.

Sawyer, Keith R. *Explaining Creativity: The Science of Human Innovation*. New York: Oxford University Press, 2012.

———. *Group Genius: The Creative Power of Collaboration*. New York: Basic Books, 2007. 『그룹 지니어스』(이호준 옮김, 북섬, 2008).

Saxenian, AnnaLee. *Regional Advantage: Culture and Competition in Silicon Valley and Route 128*. Cambridge, MA: Harvard University Press, 1994.

Schorske, Carl E. *Fin-De-Siècle Vienna: Politics and Culture*. New York: Vintage Books, 1981.

Simonton, Dean Keith. *Genius 101*. New York: Springer, 2009. 『천재 101』(김정희 옮김, 시그마프레스, 2011).

———. *Creativity in Science: Chance, Logic, Genius, and Zeitgeist*. Cambridge: Cambridge University Press, 2004. 『과학 창의성』(이정규 옮김, 학지사, 2011).

———. *Origins of Genius: Darwinian Perspectives on Creativity*. New York: Oxford University Press, 1999.

Singer, Irving. *Modes of Creativity: Philosophical Perspectives*. Cambridge, MA: MIT Press, 2011.

Smith, Leonard. *Chaos: A Very Short Introduction*. New York: Oxford University Press, 2007.

Som, Reba. *Rabindranath Tagore: The Singer and His Song*. New Delhi: Penguin Books India, 2009.

Spike, John T. *Young Michelangelo: The Path to the Sistine: A Biography*. New York: The Vendome Press, 2010.

Sternberg, Robert J., and Janet E. Davidson, eds. *The Nature of Insight*. Cambridge, MA: MIT Press, 1994.

Stokes, Patricia D. *Creativity from Constraints: The Psychology of Breakthrough*. New York: Springer, 2006.

———. *My Reminiscences*. New Delhi: Rupa&Co., 2008.

———. *Personality*. New Delhi: Rupa&Co., 2007.

———. *My Life in My Words*. New Delhi: Penguin Books India, 2006.

Tagore, Rabindranath. *Gitanjali*. New Delhi: Rupa&Co., 1992. 『기탄잘리』.

Thucydides. *History of the Peloponnesian War*. Translated by Rex Warner. London: Penguin, 1954. 『펠로폰네소스 전쟁사』.

Törnqvist, Gunnar. *The Geography of Creativity*. Cheltenham, UK: Edward Elgar, 2011.

Unger, Miles J. *Magnifico: The Brilliant Life and Violent Times of Lorenzo De' Medici*. New York: Simon&Schuster, 2008.

Vance, Ashlee. *Geek Silicon Valley*. Guilford, CT: The Globe Pequot Press, 2007.

Vasari, Giorgio. *The Lives of the Artists*. New York: Oxford University Press, 1991.

Walcot, Peter. *Envy and the Greeks: A Study in Human Behavior*. Warminster, UK: Aris & Phillips, 1978.

Waldrop, M. Mitchell. *Complexity: The Emerging Science at the Edge of Order and Chaos*. New York: Simon&Schuster, 1992. 『카오스에서 인공생명으로』(김기식, 박형규 옮김, 범양사, 2006).

Walker, Paul Robert. *The Feud That Sparked the Renaissance: How Brunelleschi and Ghiberti Changed the Art World*. New York: HarperCollins, 2002.

_____. *Why Socrates Died: Dispelling the Myths*. New York: W. W. Norton&Company, 2009.

Waterfield, Robin. *Athens: From Ancient Ideal to Modern City*. New York: Basic Books, 2004.

Watson, Burton, tr. *Selected Poems of Su Tung-p'o*. Townsend, WA: Copper Canyon Press, 1994.

Watson, Peter. *Ideas: A History of Thought and Invention, From Fire to Freud*. New York: HarperCollins, 2005. 『사람이 알아야 할 모든 것: 생각의 역사』(남경태 옮김, 들녘, 2009).

Weiner, Richard Paul. *Creativity and Beyond: Cultures, Values, and Change*. Albany: State University of New York, 2000.

Weisberg, Robert W. *Creativity: Beyond the Myth of Genius*. New York: W. H. Freeman and Company, 1993.

Wormald, Jenny. *Scotland: A History*. New York: Oxford University Press, 2005.

Yutang, Lin. *The Gay Genius: The Life and Times of Su Tungpo*. Beijing: Foreign

Language Teaching and Research Press, 2009. 『소동파 평전』(진영희 옮김, 지식
산업사, 2012).

Zhang, Cong Ellen. *Transformative Journeys: Travel and Culture in Song China*.
Honolulu: University of Hawai'i Press, 2011.

Zweig, Stefan. *The World of Yesterday*. Translated by Anthea Bell. London:
Pushkin Press, 2011. 『어제의 세계』(곽복록 옮김, 지식공작소, 2014).

옮긴이 **노승영**

서울대학교 영어영문학과를 졸업하고, 서울대학교 대학원 인지과학 협동과정을 수료했다. 컴퓨터 회사에서 번역 프로그램을 만들었으며 환경단체에서 일했다. '내가 깨끗해질수록 세상이 더러워진다'고 생각한다. 옮긴 책으로 『트랜스 휴머니즘』 『나무의 노래』 『노르웨이의 나무』 『정치의 도덕적 기초』 『그림자 노동』 『새의 감각』 『테러리스트의 아들』 『이렇게 살아가도 괜찮은가』 『숲에서 우주를 보다』 『스토리텔링 애니멀』 등이 있다.

홈페이지 http://socoop.net

천재의 지도
—위대한 정신을 길러낸 도시들에서 배우다

1판 1쇄 2018년 5월 21일
개정판 1쇄 2021년 11월 16일

지은이 에릭 와이너 | 옮긴이 노승영

책임편집 박영신 | 편집 임혜지 황수진
디자인 강혜림 이주영 | 저작권 박지영 이영은 김하림
마케팅 정민호 양서연 박지영 안남영
홍보 김희숙 함유지 김현지 이소정 이미희
제작 강신은 김동욱 임현식 | 제작처 한영문화사

펴낸곳 (주)문학동네 | 펴낸이 염현숙
출판등록 1993년 10월 22일 제406-2003-000045호
주소 10881 경기도 파주시 회동길 210
전자우편 editor@munhak.com | 대표전화 031) 955-8888 | 팩스 031) 955-8855
문의전화 031) 955-2655(마케팅), 031) 955-2697(편집)
문학동네카페 http://cafe.naver.com/mhdn | 트위터 @munhakdongne
북클럽문학동네 http://bookclubmunhak.com

ISBN 978-89-546-8359-3 03900

* 잘못된 책은 구입하신 서점에서 교환해드립니다. 기타 교환 문의 031)955-2661, 3580

www.munhak.com